北京外国语大学中国语言文学学院 编

人文丛刊

第十二辑

学苑出版社

图书在版编目（CIP）数据

人文丛刊.第十二辑／北京外国语大学中国语言文学学院编.
—北京：学苑出版社，2019.6
ISBN 978－7－5077－5752－1

Ⅰ.①人… Ⅱ.①北… Ⅲ.①人文科学－文集 Ⅳ.①C53

中国版本图书馆 CIP 数据核字（2019）第 132373 号

责任编辑：战葆红
出版发行：学苑出版社
社　　址：北京市丰台区南方庄 2 号院 1 号楼　100079
网　　址：www.book001.com
电子信箱：xueyuanpress@163.com
销售电话：010－67601101（营销部）、010－67603091（总编室）
印　刷　厂：保定市彩虹艺雅印刷有限公司
开本尺寸：787×1092　1/16
印　　张：22.5
字　　数：446 千字
版　　次：2019 年 7 月北京第 1 版
印　　次：2019 年 7 月北京第 1 次印刷
定　　价：100.00 元

编 委 会

主　　编：魏崇新
执行主编：高育花
编　　委：魏崇新　　张晓慧　　石云涛
　　　　　陈小明　　黎　敏　　戴曼纯
　　　　　熊文新　　高育花　　王继红

目 录

【语言本体研究】

传教士所编方言词典的收词特点与原则
　　——以马礼逊《广东省土话字汇》为例 ················ 陈小明(1)
中日汉字字形微差的理据性对比分析 ············ 方稚松　孔德然(11)
先秦至西汉时期汉语平比句与比拟句研究 ················ 高育花(20)
清代子弟书时体助词"着""了"及其混用现象 ········ 王继红　陈思佳(36)
漫谈汉、日语量词的差异性　闻广益 ···························· (51)
日汉数量定语标记功能之异同　杨玉玲 ··························· (68)

【语言教学研究】

非目的语环境下幼儿汉语教学中的高效语言输入和输出 ········ 陈　慧(80)
课堂教学中"教"与"学"的有机融合
　　——记马来师资项目初级汉语综合课的一次教学尝试 ········ 方　杰(89)
近代日本汉语现代文教材探析 ····························· 侯红玉(99)
PPT课件在汉语综合课中使用的调查与思考 ················· 来静青(108)
区域本土汉语教师培训的探索与实践
　　——对"中东欧本土汉语教师培训"需求与内容的分析 ····· 黎　敏　谭　越(114)
认知心理学理论对听后复述的启发意义 ···················· 梁冬梅(124)
基于三一语法理论的汉语作为第二语言中动构式教学研究 ······ 刘芳芳(132)
非华裔马来西亚留学生对中国文化的认知情况调查 ···· 刘继红　孙晓梅(141)
与数字相关的对外汉语初级阶段教学研究 ·················· 鲁文霞(154)

提高汉语教师语用意识的三要素 …………………………… 吕滇雯（168）
任务型教学法在写作课教学活动设计中的应用 …………… 吕　军（179）
做好汉字传播　讲好中国故事
　　——浅谈《汉字里的中国》巡展策划思路与操作实践……… 孟德宏　许　菁（193）
浅谈韩汉翻译课应为韩国学生构建的几个翻译意识 ……… 万玉波（210）
中高级留学生词汇教学中隐转喻理解能力培养 …………… 王　波（221）
外语类院校中文专业现代汉语课程教学实践探索 ………… 王霜梅（228）
基于学习需求的教材语言点的二次开发 …………… 吴思娜　朱海若（233）
构建适合意大利学习者的孔子学院教学模式
　　——以罗马大学孔子学院为例 …………………… 张　红　王珺琪（241）

【文学文化研究】

故人与故国
　　——从观宁侯萧永之死与周弘正聘周看王褒入北后的心态 …… 罗　静（253）
越南使臣武辉珽的《华程诗》研究 ……………………… 吕小蓬　赵　阳（263）
从《北京折叠》的英文译本 FOLDING BEIJING 看刘宇昆的跨文化沟通能力
　　…………………………………………………………… 冉利华（274）
汉唐时期石榴审美与实用价值的认知 ……………………… 石云涛（289）
《千金》的生态主义解读 …………………………………… 杨　春（299）
女性的质疑
　　——萧红后期创作偏离抗战文艺的原因 ………………… 张　霖（306）

【博士专栏】

哈萨克斯坦汉语学习者的汉语量词教学调查 ………………………………
　　………………………… MELLAT DILNAR（迪丽娜·米来提）（312）
"同伴辅导"研究与汉语国际教育硕士教学实践能力培养 …… 孙　琳（323）
中西文化交流视域下的裴矩与西域经略 …………………… 王慕尧（338）
浦安迪《中国叙事学》的方法论意义 ……………………… 王学功（346）

【语言本体研究】

传教士所编方言词典的收词特点与原则
——以马礼逊《广东省土话字汇》为例

陈小明

【内容摘要】 以马礼逊《广东省土话字汇》为例，探讨传教士所编方言词典的收词特点及原则，指出词典编纂的目的是影响词典成败得失的关键所在，而针对性、区域性、交际性、整体性等收词原则，则是词典质量的有力保证。

【关键词】 传教士　方言词典　收词　特点　原则

一、引　言

世界汉语教育史研究对象的基本内容，一言以蔽之，即"汉语作为第二语言教育在世界范围内所发生的历史过程"（张西平，2008）。西方来华传教士所撰写的汉语方面的论著，自然当属这一"历史过程"之一环，尤其是他们关于汉语方言的著述更是一个不可忽视的重要组成部分。据游汝杰（2002）统计，西方来华传教士汉语方言著作的种类与数量大致如下：

	粤语	吴语	闽语	客家话	赣语	小计	最早版本年代
语音	12	12	10	3	1	38	1835
语法	3	3	1	1	0	8	1853
课本	32	32	13	17	0	94	1839
词典	43	25	32	10	1	111	1828
小计	90	72	56	31	2	251	

其中方言词典竟有111部之多，高居各类著作之首。由此可见，编纂各地方言词典，以供来华者学习使用，乃传教士投入最多、用力最勤之"头等大事"。因为不解决语言沟通问题，欲顺利前往中国这个方言大国传教或经商，几乎是不可能完成

的任务。而编纂各地方言学习词典，予学习者以工具，乃至人手一册，则是学习语言、解决语言交流的最为有效的途径之一。因此，对这一世界汉语教育史上最为有效、最具特色的汉语方言学习途径，确实很有必要加以全方位的探讨。然而，学界对来华传教士所编方言学习词典的研究，一直以来都是一个较为薄弱的环节。其实无论是体例格式，还是收词释义等方面，它们均有诸多特色，很值得当下外语学习词典编纂者加以借鉴。

在来华传教士所编方言词典中，粤语学习词典以43部之多居于首位。对一种汉语方言竟编纂出如此之多的学习词典来，在世界外语教育史上实属罕见之现象。由此足见：广东作为中国最早的通商口岸，对西方传教士和商人有着怎样非同一般的吸引力；方言学习词典对帮助他们在粤语地区顺利传教经商起到了何等重要的作用。因此，对来华传教士所编粤语方言词典展开全面而深入的研究，确实有着特殊的意义和价值。

本文拟以马礼逊出版于1828年的《广东省土话字汇》为例，分析该词典的收词特点及原则，指出只有坚持以词典使用者为中心的理念，才能编纂出符合使用者需求的优质词典，舍此别无他途。

二、《广东省土话字汇》的编纂目的与使用反馈

(一)《广东省土话字汇》的编纂目的

编纂该词典的主要目的有二：一是让西方商人和传教士以该词典为"拐杖"，快速进入汉语之门，粗通汉语并初步了解蕴含其中的中国文化，从而为和中国人打交道做好必要的准备。因为当时的中国仍严守闭关锁国之策，是不允许外国人士直接进入中国进行贸易的，只有东印度公司与广州十三行有一定的商贸往来，而且限定其只能在其中的一两条街上进行活动。这种限制极大地阻碍了东印度公司的发展，公司上层一直在苦苦寻找"突出重围"的缺口，最后达成了一致的认识：要找到进入中国的缺口，就必须学习当地的方言土语！在这种背景下，为了进一步打开中国的大门，在中国获取更大的商业利益，东印度公司决定资助马礼逊编写这本词典。

二是为了实现一种更为深入人心的文化输入——传教。长期生活在粤方言区的马礼逊，深知传教士入华后"苦于风土人情之不谙，语言文字之隔膜"的困难，并深刻认识到，学习中文，不仅仅要学会官话，还必须尽可能多地去了解、学习汉语的方言。要在广州、港澳，乃至南洋等地顺利进行传教等活动，学会广东省土话自然成为当务之急。因此，在1823年编纂完《华英字典》后，马礼逊便着手编纂一部广东话方言字汇，经过若干年的努力，终在1828年由东印度公司出资在澳门出版了

这部《广东省土话字汇》。

(二)《广东省土话字汇》的使用反馈

《广东省土话字汇》出版后,众多使用者都予以了充分的肯定,其使用效果在东印度公司当时的报告中便有所反映。尤其是这本词典所收录的大量直接、间接与商业相关的词汇和短语,对当时的商业活动起到了巨大的促进作用,故东印度公司对这本词典的编写、使用情况均予以高度认可。

东印度公司的书面报告中曾这样记载:公司的职员反映说词典的第一部分尤其实用。词典对在现在这个时期的水路货运的正常进行很有帮助。海岸线地区的当地人几乎不懂英语,而词典为我们和当地人进行接触搭建了语言平台。第二和第三部分适合于已经有一定中文基础的雇员学习使用。整部词典为欧洲人学习中国语言提供了便利,这绝对值得大力赞扬。报告接着评价了马礼逊博士的努力使欧洲人掌握了丰富的中国语言知识,从而摆脱了洋泾帮语言的束缚。

一部词典获得如此好评,肯定有其不同于其他词典的特点以及保证这些特点得以呈现的编纂原则。

三、《广东省土话字汇》的收词特点

(一)《广东省土话字汇》简介

《广东省土话字汇》(A Vocabulary of the Canton Dialect)是我国最早的一部粤方言词典,作者是基督新教第一位来华传教士罗伯特·马礼逊(Robert Morrison,1782—1834)。马礼逊1807年来华,在华时间近27年,在许多方面都有首创之功。他在中国境内首次把《圣经》全译为中文并予以出版,使基督教经典得以完整地介绍到中国;编纂第一部《华英字典》,成为以后汉英字典编撰之圭臬;他创办《察世俗每月统纪传》,为第一份中文月刊,在中国报刊发展史上位居首尊;他开办"英华书院",开启了传教士创办教会学校的先河;他又和东印度公司医生在澳门开设眼科医馆,首创医药传教的方式。他所开创的译经、编字典、办刊物、设学校、开医馆、印刷出版等事业,使其当之无愧地成为近代中西文化交流的先驱。

《广东省土话字汇》全书分为三部分,装订为两册:第一部分为英汉字汇,第二部分为汉英字汇,第三部分为成语词组;最后附有英国文语凡例传。全书共584页,收词7363条,以方言词为主,还收录了一定数量的广州方言熟语和句子。词目是汉字,罗马字母注音,用英文释义。其记录结构大致可归纳如下:词目(汉字)、注音(罗马字母,无标调符号)、词语解释(英文)、熟语(汉字,用罗马字母注音)、熟语解释(英文)、句子(汉字,用罗马字母注音)和句子解释(英文)等。

(二)《广东省土话字汇》词目选收特点

词目选收得当与否是决定一部词典质量高低的关键因素。在探讨《广东省土话字汇》词目选收得失之前,很有必要对其词目选收上的特点加以考察,因为只有了解了特点,才能找到判别一部词典优劣得失的最佳切入点。纵观整部词典,发现《广东省土话字汇》具有以下几个较为显著的特点。

1. 以词为主,兼收熟语、短语及句子。

收词5500余条,如:

大俾(大腿)　下底(下面)　鸡公(公鸡)　鸡媰(母鸡)
污糟(肮脏)　好耐(很久)　打交(打架)　听闻(听说)

收熟语(成语、惯用语、谚语等)1500余条,如:

肆无忌惮　粗口粗舌　隔离邻舍　形同木偶
唔顾面皮(不顾脸面)
贪多唔知足(贪多不知足)
行船全在把梢人(行船全靠掌舵人)

收自由短语近800条,如:

一只雀仔(一只小麻雀)　吓一惊(吓一跳)　叫佢来(叫他来)
唔赢得佢(赢不了他)　着衣服(穿衣服)　跌落黎(掉下来)

收句子590余条,如:

佢独一个人在。　(他独自一人在那里。)
你先佢去。　　　(你比他先去。)
俾我個本书。　　(给我那本书。)
你做乜嘢?　　　(你做什么?)

2. 以方言词语为主,兼收一定数量的官话词语。

方言词语上文已有举例,下面只列官话词语:

问候　验货　审问　替代　代理　算命　比较
能干　恐怕　同伴　茶馆　船尾　食物　桂皮

3. 以商务、宗教、称谓词语为主,兼收日常生活的基本词语。

商务词语:装货　歇店　估价　割价　定银　罚银　利钱　扣除
宗教词语:吉日　造化　好命　纳福　跪香　天神　拜神　道姑

称谓词语:茶师　通事　师爷　管事　大班　先生　番人　船夫
生活词语:稀饭　豆角　布袋　筷子　下棋　咳嗽　牛黄　生日

《广东省土话字汇》所呈现出来的这些特点,与作者的编纂目的及遵循的原则等,均有着密切的相关性。为学习者编写的学习词典,其词目收录的得当与否,直接影响到学习者的学习效果。因为待选的语言单位数以万计,哪些可以成为选收词目,哪些可以舍去,哪类应该多收,哪类应该少收等问题,必须确立一些贯穿其中的选收原则。如果该收的不收或者收录不当,学习者便无法借助词典去构建相对完整而又具有某种针对性的语言词语图式,自然就无法在交际时从心理词典中予以提取并顺利输出。

四、《广东省土话字汇》的收词原则

(一)针对性原则

江蓝生(2006)提出词典编纂必须谨记以下四个要素:"凡编写词典大致都要面对为谁编,编什么,怎么编,谁来编这样几个问题。为谁编,是要确定词典的使用对象;编什么,是根据使用对象的要求,有针对性地设计词典的内容和功能;怎么编,主要解决词典的体例、形式以及编写流程等;谁来编,则是选择和组织最适任的主编和编写人员。"

"为谁编"与"编什么"就是要解决针对性的问题。《广东省土话字汇》的使用对象主要是来自西方的"商人"和"传教士",他们来华的最大需求就是"经商"与"传教"。因应这种特定的使用者和特殊的需求,词典编纂者的首要任务就是为他们量身定做出具有针对性的词目选收方案,即收录与"经商传教"相关的最典型、最常用的词语,从而帮助学习者实现学以致用的目的。称谓词语是交际中使用频率最高的词汇类集,无论是经商还是传教,与中国人打交道,称谓词语往往是交际时不可或缺的第一步,故该词典共收称谓词语近300条(包括面称、背称);宗教习俗词语也与经商传教高度相关,该词典也收录了此类词语近200条。因篇幅所限,下面仅以词典所收商务类词语(近400条)为例,做一个相对详细的展示。

1. 关于货物的词语

因鸦片、茶叶等作为当时的主要贸易商品,作者对与之相关的词语进行了全面而细致的收录。

①关于鸦片的词语
鸦片总称:鸦片、鸦片膏、鸦片坨、鸦片烟、鸦片屎
鸦片种类:公、姑、白、金花红、黑货
相关事物:走私艇、鸦片艇

②关于茶的词语

茶叶总称：茶、茶叶

茶叶种类：武夷茶、白毫茶、大茶、绿茶、押冬茶、工夫茶、包种茶、小种茶、小焙茶、珠茶、拣焙茶、松罗茶、屯溪茶、熙春茶、正茶、雨前、雨前茶、皮茶、珠兰茶、黑茶、茶油、茶头、茶末

饮茶器具：茶杯、茶匙、茶盅、茶几、茶罐、茶箱、茶桶

沏茶工序：斟茶、称茶、看茶、烹茶、吃茶

场馆人员：茶行、茶船、茶仔、茶师、茶客

2. 关于交通运输的词语

船是当时中国和外国进行贸易的主要运输工具，所以该词典对船的种类、船的结构（如关于桅杆）等方面的词语几乎进行了穷尽性的收录。

①船只种类：湾船、湾答刀、炕船、三板、三板艇、艇、船、大船、西瓜扁船、西瓜扁艇、扫舱艇、货艇、大艇、西瓜扁、快艇、小艇、细艇、渡船、师船、出师船、白漕船、盐船、天津船、贼艇、快蟹艇、拖船、洗船、谭船、掉、掉桨、撑篙、两枝桅船、驶三板、驶船（欧洲船）、走私艇、鸦片艇、打烂船、横水渡、一帮船、同一帮船、鱼船、过海渡、护货船（convoy for ships）、巡船

②船体部件：

a. 关于桅杆：桅夹、大桅夹、埋夹、桅、头桅、大桅、二转桅、三桅、尾桅、下桅、落桅、起桅；b. 关于锚：锚、钉（澳门人称锚作钉）、扯锚、起锚、抛锚、落锚、水石钉；c. 定位图仪：罗经字（罗盘箱）、罗经、定罗经、指南针、一个规、一幅海砂图（制图）、地理图；d. 其他部件：船尾、船尾棚、鱼解（anchovy）、舱位、缆、帆布、船货、一枝桨、船头银、船抽银、舱门、船舱货物、船舱板、柜面、二层舱、船边

③行船情况：打挣船底、装货落船、船身漏水、跌落水、跌落黎、在船、下船、上船、在岸上

④水路交通：新埠、禁口、港口、闸河、运河、运粮河、漕运

⑤水文地理：湾、海湾、洋、洋海、西洋、海州、海岛、深水、经度、纬度、水干、水退、水消、东边、东面

⑥天气情况：风息、风定、无风、风浪止息、顺风、逆风、风飓（飓风）、立夏南风、立冬北风、东风

⑦运输费用：水脚（fare by water）、装货水脚（fare for goods）、往来水脚（for persons）

⑧工作人员：船主、船夫、梢公、把梢人、伙长、大伙文

3. 关于交易活动的词语

①一般词语：停止贸易、禁止贸易、装货出口、验货（海关验货）、装货、额数、搭

货、歇店、入口货物、关口、押船(customhouse boat that is attacked to each ship)

②估价议价:议定价钱、价钱平、公平价钱、价钱高、价钱贵、个的货物挨边贵、时价、价钱低、平价、实价、你唔好开价、话得平价、价钱唔高、唔低、加添价钱、估价、估几多价、我估错、扣头银(discount)、定实、定银、罚银、违例罚银、罚一本戏、割、割价

③招聘解雇:任用、个个人堪以任用、辞去工人、伙计分数(dissolve a partnership)、养口、养口银、扣除、照额分派

④收支账目:账目、账目单、欠债、债主、负欠、负债人、负欠人、债仔、欠几多银、除收外尚欠几多、履历、背履历、念履历、揽搜、放账、借债、登部(账本)、分年偿还、利市、利钱、利、利息、羡银、赡银、舌本、失本、赊去、赊来、倒行(bankrupt)算、算数、平分、均分、一副(dozen)、驶用(花销)、驶用大、驶用紧、限期(demurrage, vessels on 英文解释为逾期费)驶用(expense, or expenditure)、水脚银(money paid for carriage)、水脚(fare by water)、装货水脚(fare for goods)、往来水脚(for persons)、规银(fee of office)

⑤货币单位:钱、银钱、铜钱、金、黄金、锭、一锭银、一个银钱、一员银、银钱一员、个半银钱、我俾你个半

⑥经济形式:独市生意(monopoly 垄断)、股份生意、你代我买

⑦合同契约:褶单、立约、一张议单、退约、散约、屋契、写立屋契、一角文书(document)、规矩、规例

⑧交易场所:一间行(工厂)、十三行、夷馆(The European Factories in Canton are calles 十三行 or 夷馆,广东人称欧洲工厂)、一间栈房、市头、字号、会馆、公司、公司大楼、公所、写字楼、精品店、公司银房、英吉利国公司、广利行、京城、望厦、代换银铺、钱局、典屋、古董铺

4. 与贸易相关的新词语

及时收录新词新语,是词典注入新鲜血液、保持活力的重要手段。某些传入的外来事物,如支士(cheese)、朱古力、柠檬水、千里镜(telescope)等都及时地被收进了该词典,而且有些词语一直沿用至今。

①生活用品:蜡、黄蜡、安息香(benjamin, gum)、千里镜(telescope)、显微镜、照身镜、面镜、铅笔、鹅毛笔、西洋布、西洋巾、印花洋布、洋白毡、洋靛、玻璃樽、千层纸(云母)、花露水、香水、番碱、火石粉等。

②食物酒水:烘面头(bake bread)、局面色(bake a pie)、面头、面包、面饼、饼干、蓝花椰菜、椰菜、荷兰豆、荷兰薯、薯仔、牛奶油(cream)、牛油、牛妳饼、鸡蛋糕(cake)、红萝卜、支士(cheese)、朱古力、知古辣(chocolate)、西米、牛奶布颠(pudding)、牛奶膏、猪脚冻、乳奶、牛乳、牛奶、一只火腿、洋参、乳香、佛囒仁(flannel)、

番饼(cheese cake)、水擁子(olive)、鸟榄(olive)、啤酒、罢兰地酒、红酒(claret)、柠檬水、檬水、枳(cork 软木塞)、酒钻(corkscrew)等。

词典从商品名称→估价议价→合同契约→招聘解雇→经营形式→交易场所→货物运输→收支账目等商贸交易过程所涉及之词语均予以全面覆盖,收词详尽而细致。如此丰富复杂而又层次分明的商务词语、格式,构成了彼此牵连、层层叠加的商务语言图式。词典既然提供了如此丰富完整的商务语言图式,只要使用者经过自己的努力,便可将其内化为自己的心理词典,并于真实的商贸交易活动中,一一从心理词典中提取出相应的语言图式来进行得体的交际,进而实现自己预期的交际目的。

(二)区域性原则

《广东省土话字汇》作为一部粤方言词典,自然要在词典中体现出这一方言的区域特性,在词目的选收方面,更需要通过严格筛选,把最典型、最核心的方言词,尤其是那些"对内具有一致性,对外具有排他性"的方言特征词收入其中,才能充分凸显其收词的区域特性。

以是否为"方言特征词"的标准来进行鉴别,从而保证了所收词语的地域特征,让学习者以较少的时间学到最地道的、最有用的粤方言词语,收到了事半功倍的效果。譬如《广东省土话字汇》所选收的含"—仔"缀称谓词共有 18 个,每一个都是高频词,且带有明显的方言色彩,属于名副其实的方言特征词:

嫩仔　　男仔　　妹仔　　笨仔　　孖仔
哑仔　　事仔　　娣仔　　盲仔　　烂仔
财主仔　亚官仔　兴家仔　弹唱仔
亚娘仔　打工仔　细蚊仔　姑娘仔

再如含"—佬""—婆"缀的称谓词,也是非常典型的粤方言特征词语:

拐子佬　剃头佬　泥水佬　机房佬　洗衣裳佬
接生婆　卖针婆　花婆　　觋婆　　媒婆

(三)交际性原则

所收录的词目必须是交际中常用的词语,并且还应该最大限度地收录相关词语,供学习者选用,以满足其在不同的交际场合中使用。《广东省土话字汇》的作者马礼逊,其最可贵之处就是时刻保持着"以使用者为中心"的理念投入到词典的编纂工作中去。这种强烈的"对象感"意识,加上丰富的中国生活经验,使其在收词方面比其他人更清楚使用者需要什么。一个来自西方的商人或传教士,一旦进入中国这片土地,就意味着他要跟各种阶层的人打交道,不管是衙门官吏、社会贤达,还是平头百姓、箪食卖浆者流,都是不可避免地要相互接触的,而与不同阶层者接触时所使用的词语,肯定也会有所不同,所谓"到什么山头唱什么歌",说的就是这个道理。因此,一部好的语言学习词典应该同时收入应对不同交际场所的不同词语,扩大词语的交际适应性。《广东省土话字汇》在这方面是用了心的,做到了以方言词为主,并适当兼收官话词汇。

《广东省土话字汇》从编纂至出版,正值中国的清道光年间。清朝自雍正皇帝始,便颁布谕旨推广"官话",要求官员在进行公务活动时使用官话,并在方言土语最难懂的福建、广东等地设立"正音书院",让读书求仕的人学习官话,否则就不许参加科举考试。在这种背景下,不少官话词汇被方言吸收,逐渐成为方言词汇系统中的新成员,并在方言地区流行开来。尤其是在官府衙门等一些正式场合,使用源自官话系统的词汇,有时候甚至成了不二之选,例如"水师提督、将军、提督、总督、制台、审判官、管事、文官、武官"等这些职务称谓就似乎很难用方言土语来替换。可见,学习这些来自官话的词汇,也是提升学习者"在不同场合使用得当词语进行交际"这一应对能力的有效途径。

(四)整体性原则

上文已谈及词目的选收并不限于一般所说的"词",还兼收熟语、短语,甚至某些句子。这种思路与做法,与当下热推的"语块"理论有不谋而合之处。对"语块"的界定,学界尚无统一的定义,但该理论所倡导的注重语言组合结构的"整体性"输入与输出的理念得到了普遍的认同。此外,"语块"的提出,突破了词的局限,把经由若干语言成分或单位缀连而成、结构与语义等具有一定固定性的语言组合体,进行整体理解、存储、记忆和输出,这种"整体性"理论无论是对语言的教学,还是对语言学习词典的编纂,都是一种很大的贡献。

它告诉我们语言单位的生成是使用一些预先编制好的语块构建而成的,从而缩短了从理解到产出语言信息的时间,因而可极大提高语言使用的正确性和流利性。

在编纂汉语学习词典时,若能用"语块"的意识去选择词目,则会大大提高词典的功能,也会给词典使用者带来更显著的学习效果。譬如韩国学生学习离合动词"见面"时,常常在后面带上宾语(如"见面你"),我们就可以在面向韩国汉语学习者的词典中,选入"跟你/他/同学……见面"这样的语块词条,在他们第一次接触这类离合动词时,就通过语块词条阻断其向"化石化"演变的途径。

《广东省土话字汇》的作者马礼逊是有超前意识的,他非常注意语言学习的"整体性"问题。他认识到汉语的词语之间并非一盘散沙,而是存在着各种各样的联系,这种联系为它们之间的组合搭配提供了某种可能性和某种程度的同现固定性。如果让词典使用者对这种呈现某种同现固定性的组合搭配(语块)进行整体理解、记忆及输出,则可以达到事半功倍的效果。通过考察《广东省土话字汇》,看到了作者在这方面的努力。譬如词典中收录了"着衣服"这一语块词条,"着"在粤方言中还保留着"穿"的古义,除了"衣服"以外,还可以跟"衫""裤""袜"等搭配。这种语块词目,通过"动＋宾"关系形成了"动作＋受事"这一整体语义结构,看到"着"就会主动链接后面的"衣服",而看到"衣服"时,也会主动指向前面的"着",这种相互之间的角色自动指派与认定,缩短了词典使用者从理解到产出的时间,同时如果把"着衣服"当作一个整体看待时,学习者便可借助结构成分之间的勾连、依存关系进行整体记忆,从而生成具有较大稳固性的语块心理词典。《广东省土话字汇》还收录了若干"数词＋量词＋名词"的语块词条,如"一只熊""一只驴""一只雀仔""一只骆驼"等。在粤方言里,与数量结构"一只"搭配的名词,大多数情况下,都可以跟指称动物的名词结合,具有相当程度的同现性与稳固性,把"数词＋量词＋名词"结构作为语块收录,比把它们拆分为三个词条录入,更利于学习者理解、记忆和输出,也更利于学习者语块意识的培养。学习者一旦获取了语块辨认、提取的能力,便仿佛进入了一种近似于"不假思索"就可进行整体输入、理解、储存和输出的状态,大大缩短了从理解到产出的时间。

五、结　论

中国是一个方言大国,"十里不同音,百里不同俗",所言非虚。本文以马礼逊所编世界上第一部粤方言词典《广东省土话字汇》为例,通过对其所收商务词语、称谓词语、宗教词语和新词新语等进行统计分析,揭示其收词特点,剖析其词目选收原则,指出"针对性""区域性""交际性""整体性"等收词原则对实现编纂目的、满足使用者需求等提供了有力的保证,说明粤方言词典对西方人来华传教经商所起到的特殊作用,佐证方言词典在世界汉语教育史中的特殊地位。《广东省土话字汇》除了词目选收之外,其在注音、释义、配例等方面,尚有诸多方面可以做进一步的探讨,希望有更多的学者关注西方来华传教士所著的汉语方言著作。

参考文献

[1]段怀清.晚清英国新教传教士"适应"中国策略的三种形态及其评价[J].世界宗教研究,2006(4).

[2]江蓝生.《商务馆学汉语词典》序[M].北京:商务印书馆,2006.

[3]游汝杰.西洋传教士汉语方言学著作书目考述[M].哈尔滨:黑龙江教育出版社,2002.

[4]张西平.世界汉语教育史的研究对象与研究方法[J].世界汉语教学,2008(1),2006(4).

中日汉字字形微差的理据性对比分析[①]

方稚松　孔德然

【内容摘要】 本文以日本文化厅2010年11月公布的《常用汉字表》为依据，选取其中和中国国务院2013年6月公布的《通用规范汉字表》中存在字形微差的汉字进行对比分析。字形微差指的是不涉及繁简、异体关系，仅仅是笔画、笔形之间存在的细微差别。这类差别一般不会影响人们对汉字的辨识，国际标准组织也把这类存在字形微差的中日汉字编为同码字。但是从汉字源流上看，这类微差背后往往蕴含着一些道理。本文主要从字形角度出发，以古文字字形为依据，分析了中日汉字之间这种细微差别所体现出的理据性。

【关键词】 中日汉字　字形比较　微差原因　理据性

引　言

日本作为"汉字文化圈"中的成员，使用汉字，但中日汉字字形之间存在一定差异。许多学者对中日汉字字形的差异进行了分析、归类。例如唐磊（1996）根据中日汉字结构、笔形、笔画数的差异将中日汉字字形差异分为"中国已简化而日本仍沿用繁体""日本简化了而中国未简化""中日汉字简化方法不同""中日互为异体字""中日汉字因笔画、笔顺或笔形不同而产生差异""日本仿照中国汉字结构创造的字，中国无"六种情况。邵文利、杜丽荣（2005）将中日汉字对比归为"与规范汉字同形者""为规范汉字之繁体者""为规范汉字之异体者""为规范汉字之旧字形者""为规范汉字之所无者"五类。本文所讨论的"字形微差"，大致属于唐磊（1996）所说的第五种情况："中日汉字因笔画、笔顺或笔形不同而产生差异"；包含邵文利、杜

[①] 本文写作得到"中央高校基本科研业务费专项资金（Supported by the Fundamental Research Funds for the Central Universities）"资助，谨致谢忱。

丽荣(2005)分类标准中"为规范汉字之旧字形者"中的一部分汉字以及他们归为"与规范汉字同形者"中的一部分汉字。

我们所讨论的日本同中国存在微差的汉字,有很大一部分都属于中国汉字的俗体或旧字形。关于中国汉字俗体字或旧字形,许多学者已经做了深入的研究。例如李荣(2012)主要依据五种晚明刻本小说,对中国俗体字进行了分类探讨;张涌泉(2010)对中国俗体字进行了溯源、考辨,也探讨了日本 汉字"仏""弁"等的源流及字理。也有学者依据中国的俗体字,专门对比中日汉字之间的差别,从事溯源等方面的工作。例如何华珍(2010)对日本汉字"夂""円"来源的研究。另外,何华珍在中日汉字对比、日本汉字溯源等方面有广泛深刻的研究,例如他的《日本汉字和汉字词研究》一书对日本国字、日本简体字、日本俗字都做了释义、溯源等方面的整理。但是关于中日汉字对比分析,学者们关注的重点大多在于考证日本汉字来源,并不重视分析为什么中日最后采取了不同的规范字形。对中日之间汉字的差异,学者们关注较多的是涉及繁简、异体关系的汉字,对存在字形微差的汉字关注较少。因此,本文以中日存在细微差别的汉字为对象,从字形角度入手,探讨为什么会出现这些差别,试图分析其中的理据性。

本文对比中日汉字字形差异,均采取"哀—哀"形式,"—"左边为中国汉字,右边为日本汉字,下文不再一一说明。

(一)笔画差异体现的理据性

王宁先生在《汉字构形学导论》中指出,笔画是汉字的书写元素而非构形元素。① 更有学者认为:"笔画层级既无表词功能,也无构意、构音功能,与古文字一点一线皆表示物象不同,笔画与字形表现对象脱离了直接关系。所以说今文字字形功能的认知焦点已上升为整字和构件,而笔画只成了书写成分。"② 两位学者对今文字笔画功能的认识十分深刻,在单一的中国今文字系统中来看也的确如此。但是,这不意味着我们可以忽视笔画的细微差别;而且由于汉字是有层级的符号系统,笔画间的细微差别也会影响对部件、整字的判断和理解。对比中日汉字笔画差异后我们发现,这些笔画层面的微差,背后能显示一定的理据性。首先,某些笔画间的差异可以通过字形演变找出其来源;其次,笔画的差异会影响人们对部件的识别与判断,影响到大家是否方便地辨认出声符、意符,是否方便从字形推测字的本义以及和其他字意义的联系。

1. 笔画差异体现出文字字源

户—戶,在"户"字及含部件"户"的汉字中,中国将第一笔写作点,日本写作横。

---

① 王宁.汉字构形学导论[M].北京:商务印书馆,2015:77.
② 王贵元.汉字笔画系统形成的过程与机制[J].语言科学,2004(9):550.

"户"在《说文》中的解释是:"护也。半门曰户。象形。凡户之属皆从户。""户"的甲骨文字形为 ，《睡虎地秦简》中字形为 ，《说文》中篆书字形为 。将第一笔写成横,更接近古文字的字形,更能体现出"户"的字形是由半扇门的形状演变而来的。

戋—戋,这组汉字也存在中国写作点而日本写作横的区别。"戋"在甲骨文中的字形是 ,字形像是用戈攻击人的下半身,将人杀死,有"灭"的意思。《说文》中解释"戋"从"戍",篆书字形是 ,形状像是人背着戈。在字形演变过程中,人的身子的形状取向右下倾斜之势,变为了一点,所以中国汉字"戋"下半部分就写作"戍",更接近古文字字形。

反—反,在"反"及含部件"反"的汉字中,日本将"反"的第一笔写作横。"反"的甲骨文字形是 ,杨树达先生认为其字形含义是用手攀岩,本义应为攀爬,相反、反覆是引申义①。所以日本汉字"反"第一笔写成平直的横画,更像崖石之形,与从厂的"匡""历"等字保持一致。

在笔画的连、断之间,同样可以体现对古文字字形不同程度的继承,从而看出笔画连断这类差异背后的理据性。

曾—曽,"曾"字中的两点在日本汉字中连为一横。朱芳圃认为"曾"是"甑"的初文②,"甑"是古代的一种蒸食用具,下盛水,上盛饭,为了让水汽上升,中部留有孔,类似于我们现在的蒸笼中的箅子。"甑"甲骨文字形为 ,其中类似"田"的部分,是对"甑"俯视而看到结果,字形突出了中部类似箅子的部分。日本汉字将两点连为一横,恰好和甲骨文字形一致。

具—具,中国汉字上半部分与下半部分连为一个整体,而日本汉字则是上半部分写作"目",下半部分写作" "。"具"在商代甲骨文中写作 ,字形含义是两只手捧着一尊鼎;在西周早期金文中写作 ,其中上半部分的"鼎"变成了"贝";春秋时期金文中出现 的写法,上半部分的"贝"又省形写作"目"。"鼎""贝"在汉字演变过程中出现过讹混,而"贝"又可以省形为"目"。"具"写作 在马王堆出土的西汉《老子》帛书中就已经出现了。日本汉字上半部分同下半部分断开,保留了"目"这一部件。

直—直,日本汉字保留了"目"这个部件,而中国汉字中部和下面的一横连为一

---

① 杨树达.积微居小学述林·释反[M].北京:中国科学院出版社,1954:67-68.
② 朱芳圃.殷周文字释丛(3卷)[M].北京:中华书局,1962:104.

体。"直"在《说文》中的解释是"正见也",甲骨文写作 ,篆书字形为 ,从字意和字形来看,都和"目"有关。

查—査,据《说文》,查为从木,且声,日本汉字写作"査",保留了下面的"且"这一声符,而中国汉字则将"且"字断开,形成了"旦"字,失去了声符。

修—修,其区别在于中国规范汉字中部件彡上面写作攵(字形为倒写的止,表示脚),日本规范汉字上面写作夂(字形含义为手持棍棒扑打)。从字源角度上,日本写作夂是合理的,因为修从攸得声,攸即是从夂的,现简化字条的繁体条亦是从攸声。不过中国规范汉字之所以将修、条上面写作攵,一方面是因为攵与夂相似度极高,但更为主要的是因为部件所处位置的系统性:在汉字书写方面,攵多是位于字的上方,如夅、夆、备等字;攵多位于字的右边,如效、教等字。而在修和条中,虽本应写作夂,但因其位于字形上方,故被写作了攵。与此情况相反的汉字为致,致本应从攵(也是倒止之形)表意,但因其位于字的右边,故将攵写成了夂。

此外,如"兔""象"的头部口形中的笔画,中国现规范汉字是一长撇贯穿下来,而日本汉字则先在口中写一短竖,然后再接上一撇,分作两笔写成。"兔"甲骨文字形为 ,"象"甲骨文字形为 。这些字形的上半部分现在都演化成类似"匈"的形状,用来表示动物的头部。日本汉字将上下两部分分开写,可以反映出上半部分代表动物的头部,下半部分代表动物的身子,一定程度上模拟了古文字构形方式。同样,日本汉字将"鬼"字中的一长撇分成两笔,也和"鬼"字最初的字形有关。"鬼"的甲骨文字形是 ,象头部带有面具的人形。因此,"鬼"字上下分开书写,体现的是头和身子两部分。

2. 笔画差异影响对部件的识别

添—添,这组汉字中,中国汉字右上部分第一笔写作横,日本汉字写作撇。《说文》中无"添"字但收有"忝(忝)"字,从心,天声。所以中国汉字第一笔写作横,保留"天"字原样,语音方面,能体现"天"和"添"语音上的联系。

判—判,这组汉字中,中国汉字将"判"中的部件"半"进行变形,将竖变为竖撇;日本则保留部件"半"原本的字形。"判"以"半"为声,左侧保留竖画,易于辨认声旁。

所—所,这组汉字的差异同样可以体现笔画对部件辨识的影响。"所"在《说文》中是从斤,户声,日本汉字将左半部分第一笔写成横,和其"戶"字的写法一致,易于辨别出声旁。

在"少"字及含部件"少"的汉字中,中国汉字短竖下不带钩,而日本汉字则写成"小"加"丿"的形状"少"。"小""少"是同一个字分化而来的。"少"字竖画带钩,上半部分写成"小",可以更容易看出"小"和"少"的关系。而含部件"糸"的汉字,如

"系—糸""索—索"则是中国汉字笔画末带钩,写成"小"的样子,而日本汉字笔画末无钩。"糸"在《说文》中的解释是"细丝也,象束丝之形"。甲骨文中的写法为 ，小篆的写法为 。可见"糸"和"小"无太大的关系。

同样是笔画末是否带钩的差别,含"朩—木"部件的字也值得讨论。例如"条"字,繁体写作"條",在《说文》中属于"木"部,"小枝也,从木攸聲",写成"木"更能体现字意。再比如"新",《说文》:"取木也。从斤新聲",和"取木"有关,所以左下部分写成"木"更能突出"新"的本义。其实,在中国教育部 2009 年 8 月 12 日发布的《通用规范汉字表(征求意见稿)》中,"说明"部分的第九条,对一些汉字字形做出了微调,其中就包括将"条""杂""新""薪"等一批汉字中的"朩"改为"木"。但是由于书写习惯等原因,《通用规范汉字表(征求意见稿)》中所提出的这一建议并没有被采纳,在 2013 年公布的《通用规范汉字表》中,"条""新"这类字仍保留了下半部分写成"朩"的写法。

笔画的断连,也会影响对形旁的判断。中日羊字头的写法存在连断差异:中国将"羊"字中的一竖变为撇,一笔贯穿;日本则先写一短竖贯穿三横,再加一撇。以"羞"字为例,"羞"在甲骨文中的字形为 ，是手拿羊进献的意思。上半部分写成变形的"羊",从字形上能很好地看出和本意的联系。

另外,中国汉字为了书写美观、构形紧凑等原因,在搭配组合时,将一些原本成字的部件做出了笔画上的微调。日本则较多保留成字部件原本的形态,搭配时很少调整笔形,尽量减少不成字部件。例如"改—改""切—切""窃—窃""雌—雌"等几组汉字,日本未将竖弯横钩(乚)改为竖折提(ㄥ),保留了"己""切""此"原本的字形,减少了非成字部件。

(二)笔画差异体现的系统性

1.笔画差异与部件的一致性

化—化,中日这组汉字的差别在于右半部分"匕"笔画是否出头。"化"甲骨字形为 ，字形含义是一个正着的人,一个倒着的人,表示"变化"之意。古文字中的人形有很多都演化成了"匕"的写法。例如"北",甲骨文写作 ，字形为二人相背,右边的人形演变为"匕";再如"此",甲骨文字形 ，右边的人形现在也写作"匕";繁体"眞"上的"匕"也是由倒着的人形演化而来,金文字形为 。由此可见,"北""此""眞"中的"匕"都是由人形演变而来,和现在读作 bǐ、表"匕首"意的"匕"无关。由于"化"的右半部分也是由人形变来,日本汉字写作"化",右半部分不出头,和"北""此""眞"等保持一致,系统性更强。

今—今,在"今"字及含部件"今"的汉字中,中国将第三笔写作点,日本写作横。

甲骨文"今"可写作A,或加一笔写作A。裘锡圭认为古文字"今"是用倒口之形表示闭口不言,是古书中训为"闭口"之"吟(噤)"之初文①。田炜举古文字"今"有等形,顶部凸出一笔,很难认为是"倒口",认为"商代甲骨文'今'字可以写作'亼',古文字偏旁中的'今'又多写作'亼',故'今''亼'应该是由一字分化而来的。'亼'象器盖之形,多加一笔表示被覆盖之物即为今"②。依据古文字字形字义,"今"第三笔写成横有一定理据性。与此同理的是"食—食"这组,"食"甲骨文中作，上面亦为器物之盖,上面"人"形之间写作横,也是源于古文字构形。将"今""食"这种上面写作"亼"形,不仅符合文字源流,而且能与同样表器物之盖的"合""会"等中的"亼"写法保持一致。

另外,在"令—令"这组字中,日本汉字字形下方采取"卩"形,不仅符合跪坐人形大多都演变为"卩"的正常规律,且也容易看出"令"和"命"之间的关系:"命""令"一字分化,"命"是在"令"字上再添加一"口"形而来。

印—印,"印"字古文字字形作，字形以用手按压跪坐人形来表抑、压之意。现字形右边的"卩"来自于跪坐人形,左边即为"爪"形,日本汉字左边作，与表同样含义的"學""興""與"等字形中的写法保持一致。

2.日本汉字对同类字形的整改

对比中日汉字笔画差异,可以看出日本对一些字形做出了统一的整改,增强了其汉字系统内部一致性。

关于"曾(曾)"中日本汉字将两点连为一横的理据性前文已有讨论,日本汉字对于类似的"黒(黑)""毎(每)"及以这些汉字作部件的字几乎都做了统一整改。唯一的例外是"母"字。"母"在《说文》中的解释是:"牧也。从女,象褁子形。一曰象乳子也",由于两点代表乳形,所以日本汉字在写"母"时,仍将两点分开来写,尽量减少对字理的破坏。对"黒(黑)""毎(每)"的调整和"曽(曾)"两点连为一笔这种方法具有一致性。

对比中日汉字可以发现日本汉字"卑""鬼""免""象"中的撇都不贯穿,而是分作短竖和撇两笔。但是,在日本汉字原来的字形中,"卑(卑)"和"免(兔)"中的撇是一笔贯穿的(括号中为日本原来的字形)。日本新公布的字形将"卑"和"兔"的长撇断为两笔,保持了和"鬼""象"的一致性。

日本还对一些汉字做出了笔画增减的调整,有的是为了减少不成字的部件,有

---

① 裘锡圭.说字小记·说"去""今"[A].裘锡圭学术文集·第3卷[C].复旦大学出版社,2012:420−421.
② 田炜.说"今""酓"——从商代甲骨文与西周金文中的"阴"说起[J].文史,2014(2):248.

的是统一省去易漏写的笔画,下面以点的增减为例进行讨论。

在"步—步(歩)""涉—涉(渉)"这两组汉字,日本汉字"歩"比中国汉字多了一点,中国汉字下半部分不成字,日本汉字下半部分为"少"。"歩"和"少"在字意上其实是没有什么关系的:"步"的甲骨文字形为 ,是两只脚的形状,隶变后上半部分定形为"止",下半部分写成类似" "的形状。日本汉字原本和中国汉字写法一致,即括号中的写法,后来将" "上多加一点,变为"少"字,以达到减少不成字部件的目的。

日本统一删去了"臭(臭)"等从"犬"的汉字中的点,将"犬"改为"大"。但是"犬"单独成字时保留点,避免与"大"混淆。"拔(抜)"右上角的点也被删去,因为"犮"从字源上看和"犬"有关:"犮"篆书字形为 ,《说文》中解释为"走犬皃。从犬而丿之。曳其足,则剌犮也",属犬部。删去部件"犬"中的点这一做法在中国汉字中也有体现,例如"类",其繁体为"類",从犬頪声,中国在简化汉字时省去部件"页"以及"犬"中容易漏写的点。另外,日本汉字中"者"的写法原本比中国多一点,写作"者",《常用汉字表》中也基本都将含部件"者"的字中的点删去(除"箸""賭"之外),和中国现行规范汉字写法一致。

(三)笔画细微差异的原因分析

王宁在《汉字构形学导论》中提出"为书写连贯""为结构紧凑""为构形美观"汉字笔形会产生变异。中日汉字笔画间存在的差异,有一部分是由于中日某一方追求书写便利与美观而对笔画进行了变形,另一方则更注重系统性、理据性。上文提到的"改—改"的差异,就是中国汉字追求结构的紧凑而对左边字形进行了调整。有些笔画的增减,考虑到构形的美观,借鉴了古代书法作品中的字形。例如"德—德(德)"这组汉字,"德"字右上部分已经有三个并列的横画了,日本汉字删去了中间独立的一横。这一横的删除很可能受到了历代书法作品的影响。历代各书家都倾向删除这一横,如汉隶《曹全碑》 ,东晋王羲之 ,唐欧阳询 ,唐颜真卿 ,唐柳公权 等。有一些笔画位置的移动和追求书写便利有关。例如"骨—骨"这组汉字中"冎"上半部分中间的折笔的位置。"骨"的甲骨文字形为 ,像骨架支撑的样子,后来加形符"肉"。西汉马王堆帛书中的字形为 ,《说文》中的篆书字形为 ,可见上半部分的骨架形已经变为类似"冎"的形状,日本汉字定形为"冎",承袭了篆书的写法。从马王堆帛书的字形来看,字形 上半部分方便一笔写成,所以折笔的开口向右。按照篆书书写方式,这一折笔开口朝左或朝右都可以一笔写成;但是楷书笔画和篆书不同,有反逆向书写的习惯,即不能从右至左写横,因此如果折笔开口朝右就要分为两笔了。现在通行的中国汉字将这一折笔定为开口朝左书写,横折一笔即可完成,书写起来更加方便。

　　在"非—非""判—判"这两组汉字中,中日竖和撇的差别受书法影响。中国汉字"非"选择了完全对称的字形,在一个汉字中出现了平行的两个竖画;而日本汉字则在一侧做出了形变,改竖为撇,改最后一短横为提。而中国汉字"判"则将左半部分"半"的竖变为撇,日本汉字则保留声符"半"的原本形态。齐冲天先生在《书法文字学》中说:"楷书中有一条通则,两竖相并的时候,左一竖或右一竖就要转换为撇……《书谱》:'至若竖画并施,其形各异;众点齐列,为体互乖。'唐代人就说了这样的话。这是隶楷以来笔画和结体安排中的指导思想,即是要求多所变异,打破简单的平衡、对称、整齐的局面。"①观察中国现行规范汉字,可以发现很多类似的改变笔画形态以追求灵活变化的例子,如"亦""辩""肃"等字。但"非"字似乎是个例外。"非"在甲骨文中写作 , 字形像是两个相背的人,人头上加两短横,是为了和"北( )"相区别。在金文中,"非"的字形变为 ,人头上的两短横变长,且位置发生了改变。隶书承袭金文的写法,写作 。此时,表示人身体形状的两笔基本变化成为了向左、向右的两个竖折,但是还是由一笔写成。北魏《匡喆刻经颂》中这两个折笔断开,分两笔写成,且竖画下端超过最后一横,字形为 。笔画断为两竖后,在楷书中按理应该依照回避两个并列的竖这一原则,将左边的竖变为撇,但是在王羲之(非)、欧阳询(非)、颜真卿(非)等人的书法作品中却仍都写作竖,两竖只有长短上的差别。因此,中国汉字"非"坚持写为两竖,有对历代书法作品的继承。但是我们可以明显看出王、欧、颜等书法大家都将左边最后一短横写作提,避免六横并列,增强了字形的灵动感,所以我们可以认为日本汉字"非"中变横为提是为了追求书写的美观。而在"判—判"这组字中,则是中国汉字依据"竖画并施,其形各异"的要求,将声旁"半"进行了形变。在中国汉字中,采取类似形变的还有"邦"等汉字。

　　总之,中日汉字之间字形微差的现象很容易被人们忽视,但通过上述分析可知字形之间的细微差异往往都具有一定的理据性。这一理据性既表现在对古文字字形的演变继承,也表现在为保持文字的系统性而进行有意的改造。笔画差异中理据性较弱的一方,多是出于对书写便利的追求,也有的是受到了书法的影响。

---

① 齐冲天.书法文字学[M].北京:北京语言文化大学出版社,1997:411.

参考文献

[1]北京书同文数字化技术有限公司.中日韩常用汉字对比分析[M].北京:商务印书馆,2009.

[2]陈怡媛.中日汉字字形比较研究[D].山东大学硕士学位论文,指导教师:邵文利,2007.

[3]顾蔼吉.隶辨[M].北京:中华书局,1986.

[4]何华珍.日本汉字和汉字词研究[M].北京:中国社会科学出版社,2004.

[5]何华珍."匁"与"円"[J].浙江学刊,2010(2).

[6]何华珍.日本"国字"辩证[J].语言研究,2005(2).

[7]李永增.中国汉字与日本汉字字形的异同[J].天津外国语学院学报,1996(2).

[8]李荣.文字问题(修订本)[M].北京:商务印书馆,2012.

[9]李月松.现代日语中的汉字研究[M].上海:上海外语教育出版社,1998.

[10]刘复,李家瑞.宋元以来俗字谱[M].北京:文字改革出版社,1957.

[11]裘锡圭.文字学概要(修订版)[M].北京:商务印书馆,1988.

[12]齐冲天.书法文字学[M].北京:北京语言文化大学出版社,1997.

[13]邵文利,杜丽荣.中日韩常用汉字规范异同考[J].学术界,2005(5).

[14]苏培成.现代汉字学纲要[M].北京:商务印书馆,2014.

[15]唐磊主编.现代日中常用汉字对比词典[M].北京:北京出版社,1996.

[16]万业馨.应用汉字学概要[M].北京:商务印书馆,2012.

[17]王宁.汉字构形学导论[M].北京:商务印书馆,2016.

[18]吴玉章等.简化汉字问题[M].北京:中华书局,1956.

[19]谢世涯.新中日简体字研究[M].北京:语文出版社,1989.

[20]张书岩主编.简化字溯源[M].北京:语文出版社,1997.

[21]张书岩主编.异体字研究[M].北京:商务印书馆,2004.

[22]张涌泉.汉语俗字研究[M].北京:商务印书馆,2010.

[23]周有光.汉字改革概论[M].北京:文字改革出版社,1979.

[24]朱芳圃.殷周文字释丛[M].北京:中华书局,1962.

先秦至西汉时期汉语平比句与比拟句研究[①]

高育花

一、引 言

从有系统文字记载的殷商时期至西汉末年,历时1300余年[②],但从现有语言材料看,有比较标记的严格意义上的比较句,应该是西周以后才出现的事情[③]。在语料的选择上,我立足语言特点,同时结合时代,把这一时期分为西周至战国中期、战国末期、西汉三个阶段,每一阶段选择几部语言时代相对可靠的传世文献和出土文献进行检阅。以散文为主,韵文为辅。这些代表性语料有:

西周至战国中期:《今文尚书》《诗经》《左传》《论语》《孟子》《庄子》

战国末期:《睡虎地秦墓竹简》《战国纵横家书》[④]《荀子》《韩非子》《吕氏春秋》

西汉:《战国策》《淮南子》《新书》《新语》《史记》《春秋繁露》《盐铁论》

从总体上看,这一时期语料内部差别较大。体裁方面,有史书、散文、诗歌、政论文,在口语性强弱上有一定差异。语言性质方面,极为复杂:有的文献具体成书年代不确定,只能确定大致时段,如《今文尚书》《诗经》《论语》等;有的文献语言存在古今杂糅问题,尤其是西汉文献,经常直接引用早期文献中的语句,如《战国策》《史记》等。因此在统计、分析语言现象时,我们将剔除其直接引用的语言现象;对于间接引用的文献语言,则需重点检阅其中的变化情况。

关于平比句和比拟句的关系,学界争议较多。在历时考察的基础上,我们从结

[①] 本文是国家社科基金项目《汉语平比句和比拟式的历史发展与演变机制研究》(12BYY084)、北京外国语大学校级科研重点项目《汉语平比句和比拟式的历史发展与演变机制》(2011XJ013)的阶段性成果。

[②] 这一时期的汉语,学界一般将其称为"上古汉语"。以下论述中,凡涉及此期的表述,一律写作"上古汉语"。

[③] 主要依据早期比拟标记"于""如""若""犹"等出现时间确定。

[④] 可能是因为篇幅太短的原因,我们在《战国纵横家书》中既未发现平比句,也未发现比拟句。

构形式、句义和比较参项的语义范畴等三方面对汉语的平比句和比拟句做出明确界定:从形式上看,汉语平比句都是一种表示程度等同的独立句式;而比拟句在形式上既可以是独立的句子,也可以是充当句子成分的结构。如果是独立的句子且表示属性的词语没有出现,那一定是比拟句;如果表示属性的词语出现,主体和基准项确定属于同一属概念,但分属同一层级的不同种概念,则是平比句;如果主体和基准项确定分属不同属概念,或分属不同属概念之下的种概念,则是比拟句[①]。

下面,我们分别对这些代表性语料中平比句和比拟句的使用情况做细致的统计、描写和分析。

二、上古汉语中的平比句

这一时期的平比句数量很少,形式也比较单一。在我们所检阅的 17 部语料中,《今文尚书》《论语》《荀子》三书中都没有出现平比句,其他 14 部语料中,平比句共出现了 73 次。根据比较标记的数量,分为两类:单标记平比句和双标记平比句。

(一)单标记平比句

单标记平比句是指只出现一个比较标记的平比句,这一时期能够进入该类句式中的比较标记只有"如、若、于"三个,句型有"X+W+如/若+Y""X+W+于+Y""X+如+Y+W"三种,共出现 31 次,占整个平比句总量的 42.47%。其中"X+W+如+Y"22 次,"X+W+若+Y"1 次、"X+W+于+Y"6 次,"X+如+Y+W"2 次。分别讨论如次。

1. X+W+如/若+Y

在我们所检阅的语料中,"X+W+如/若+Y"平比句战国中期才出现,比较结果多为单音节形容词,比较主体和基准基本为名词或名词性结构,不过比较主体经常承前省略。例如:

(1)且夫属其性乎仁义者,虽通如曾史,非吾所谓臧也。(《庄子·骈拇》)

(2)丞乙爰书:令令史某、隶臣某诊甲所诣子,已前以布巾裹,如衃血状,大如手,不可知子。(《睡虎地秦墓竹简》)[②]

(3)苏代谓燕昭王曰:"今有人于此,孝若曾参、孝己,信如尾生高,廉如鲍焦、史鳅,兼此三行以事王,奚如?"(《战国策·燕策一》)

[①] 关于汉语平比句和比拟句界定问题的详细论述,请参看拙文《试论汉语的平比句和比拟句》,《励耘语言学刊》2016 年第 2 辑(总第 26 辑)。

[②] 《睡虎地秦墓竹简》"X+W+如+Y"共出现了 4 例,其中有 W 为形容词"大"的就有 3 例。

(4)余睹李将军悛悛如鄙人,口不能道辞。及死之日,天下知与不知,皆为尽哀。(《史记·李将军列传论》)

(5)天下之势,方病大肿。一胫之大几如腰,一指之大几如股,恶病也。平居不可曲信,一二指搐,身固无聊也。(贾谊《新书·大都》)

在我们所检阅的语料中,"X＋W＋如/若＋Y"平比句只有例(4)这一例的比较结果为双音节形容词,其余均为单音节形容词(而且以形容词"大""通"为多数)。例(5)作为平比句,比较特殊,因为按照我们对平比句的界定,平比句中比较主体和比较基准必须属于同一属概念(但分属同一层级的不同种概念),而且比较结果不能省略,例(5)中,比较主体"胫""指"和比较基准"腰""股"都是分属同一属概念"身体"下的不同种概念,但其中"大"可否作为比较结果,有一定争议(因为"大"其实是主谓结构"N＋之＋AP"中的谓语)。虽然目前学界比较倾向将其作为主语中心词①,但这种名物化了的主谓结构,仍有侧重其中谓语的作用,因此我们把这类句子也看作是变形的"X＋W＋如/若＋Y"平比句,其中"大"虽是主语中心词,也不影响其表达比较结果的作用②。与此相似的还有两例,即:

(6)谁谓荼苦?其甘如荠。(《诗经·邶风·谷风东》)

(7)举世混浊,清士乃见。岂以其重若彼,其轻若此哉?(《史记·伯夷列传》)

以上例(6)(7)中"其"做句子形式的主语,"其甘""其重""其轻"结构都有侧重形容词谓语"甘""重""轻"的作用,强调的依然是比较结果。

2.(X＋)W＋于＋Y

此类句式中,"W"均为表"齐、同"意的形容词"同、齐、夷",整个句子主要说明比较主体和比较基准在某一方面是相同(或不同)的,但比较点不够明确,是非典型的平比句。在我们所检阅语料中,共6例,其中有1例以否定形式出现。例如:

(8)叔孙氏惧祸之滥,而自同于季氏。(《左传·昭公二十七年》)

(9)所谓言者,齐于众而同于俗。(《淮南子·修务训》)

(10)若惠顾前好,徼福于厉、宣、桓、武,不泯其社稷,使改事君,夷于九县,君之惠也,孤之愿也,非所敢望也。(《左传·宣公十二年》)

(11)故曰:道不同于万物,德不同于阴阳,衡不同于轻重,绳不同于出入,和不同于燥湿,君不同于群臣。(《韩非子·扬权》)

---

① 持此观点的主要有太田辰夫、魏培泉。参看太田辰夫《中国语历史文法》(修订译本)164页,蒋绍愚、徐昌华译,北京:北京大学出版社2003年版;魏培泉《中古汉语新兴的一种平比句》,《台大文史哲学报》2011年第54期。

② 在中古汉语中,这种句式依然有少量用例,我们也将其视作是变形的"X＋W＋如/若＋Y"平比句。

3. X＋如＋Y＋W

在我们所检阅语料中,比较结果出现在比较基准后面的仅 2 例,均出现在《史记》中。即:

(12)泄公劳苦如生平驩,与语,问张王果有计谋不。(《史记·张耳陈馀列传》)

(13)躁者有余病,即饮以消石一齐,出血,血如豆比五六枚。(《史记·扁鹊仓公列传》)

例(12)中"驩"通"欢",形容词,指关系融洽(后以"平生欢"专指素来交好),做比较结果。"泄公劳苦如生平驩,与语"即为"泄公如生平驩,劳苦、与语"("泄公和张敖像平常一样关系融洽,慰问,和他交谈"),两个比较参项应该分别是泄公和张敖"目前的关系"和"平素的关系"。

典型的平比句中,比较结果一般为形容词,但也可以是表示数量、判断、评价、爱好等的其他词、词组或小句。例(13)比较结果为名量结构,此句从表面看,似乎是两个非同类的事物("血"和"豆比")在做比,事实上,该句子的两个比较参项应该分别是"血的多少"和"豆比的多少",因此我们把它也视为平比句[①]。

在我们所检阅的语料中,虽然从先秦到西汉,比较结果出现在比较基准后面的平比句仅 2 例,比较结果也不是典型平比句中比较结果的词性——形容词,但我们不能因此否定上古汉语中"X＋如＋Y＋W"式平比句已经萌芽的事实。魏培泉(2001)所说的上古汉语平比句只有"X＋W＋如/若＋Y"的说法也值得进一步考察、验证。

(二)双标记平比句

双标记平比句是指句中有两个比较标记,分别称为前比较标记和后比较标

[①] 我们认为平比句重在说明两种具有某种现实联系的不同事物、行为在性质、程度、状态、数量等方面的等同关系。具体论述可参看拙文《试论汉语的平比句和比拟句》,《励耘语言学刊》2016 年第 2 辑(总第 26 辑)。另外,在上古汉语中,"X 不如 YW"时或可见,例如:孟子曰:仁言不如仁声之入人深也,善政不如善教之得民也。善政民畏也,善教民爱之,善政得民财,善教得民心。(《孟子·尽心上》)陈平曰:"陛下精兵孰与楚?"上曰:"不能过。"平曰:"陛下将用兵有能过韩信者乎?"上曰:"莫及也。"平曰:"今兵不如楚精,而将不能及,举兵攻之,是趣之战也,窃为陛下危之!"(《史记·陈丞相世家》)

如果仅从形式上看,此类句式可以看成是平比句的否定式,但如果从语义上看,这种否定式强调的是比较项和基准项在程度上的差别,而不是二者的不同,我们认为归入差比句更合适一些。

记①。在我们所检阅的语料中,前比较标记只有两个,一个是介词性质的"与"②,一个是像义动词"如";后比较标记有"同、等、然、殊、异(无异)"等;双标记平比句共出现42次,占整个平比句总量的57.53%。其中"X+与+Y+同"28次(否定式3次),"X+与+Y+等"1次,"X+与+Y+异/无异"4次,"X+与+Y+殊"1次,"X+如Y+然"8次。分别讨论如次。

1. X+与+Y+同/等/异(无异)/殊/③

在这种表示等同(或不同)关系的平比句中,肯定形式占多数,但也有一些否定形式。否定形式中,否定词既可以出现在前比较标记之前,也可以出现在后比较标记之前。例如:

(14)孟子曰:"何以异于人哉?尧舜与人同耳。"(《孟子·离娄下》)

(15)若使景与表等,则高与远等也。(《淮南子·天文训》)

(16)瞽师有以言白黑,无以知白黑,故言白黑与人同,其别白黑与人异。(《淮南子·主术训》)

(17)且夫韩入贡职,与郡县无异也。(《韩非子·存韩》)

(18)如使口之于味也,其性与人殊,若犬马之与我不同类也,则天下何耆皆从易牙之于味也。(《孟子·告子上》)

在肯定形式的表异同关系的平比句中,句尾经常带有语气词"耳""也"等。

在我们所检阅语料中,表示不同关系的平比句共3例。即:

(19)我诸戎饮食衣服不与华同,贽币不通,言语不达,何恶之能为?(《左传·襄公十四年》)

(20)夫断死与断生者不同,而民为之者,是贵奋死也。(《韩非子·初见秦》)

---

① 此类平比句和现代汉语所说的"框式结构"并不完全相同,现代汉语的框式结构平比句式一般是"比较本体+比较词+比较基准+助词(一样)+比较结果",而我们这里所说的后比较标记并非助词,而是具有"相同""不同"含义的形容词,它们在句中既是比较标记,也表示比较结果。

② 在"X与Y同/等/相似"等类句子中,"与"并非典型的连词,而是处于介词到连词的过渡阶段的特殊虚词。在此类句式中,比较主体X和比较基准Y之间的主从关系还很明显,不可前后调换位置,直至现代汉语也是如此。但此类"与"的语法功能和典型介词的语法功能(典型介词的语法功能是整个介宾结构修饰其后的谓语动词)又有所不同。所以我们说其是"介词性质"的词语。

③ 在我们所检阅的语料中,还出现了1例"与……相似"的用例,即:"子夏曰:'非也,是己亥也。夫己与三相近,豕与亥相似。'"(《吕氏春秋·慎行论》)我们认为此句中的"相似",与中古出现的表平比的"如……相似"句还不一样,"如……相似"中的"相似"在功能上发生了变化,已经有助词化倾向,而《吕氏春秋》中的"相似"还是典型的形容词。我们认为把此句放到表"异同"类中,不太合适。

(21)秦之欲并天下而王之也,不与古同。(《战国策·韩策三》)

在这类句子中,否定词的位置与否定焦点和立场表达密切相关。以上三句,从句义看,虽然都表示两个比较参项的不同,但例(19)(21)的主观性明显高于例(20)。例(19)是春秋时期戎子驹支与晋国卿相范宣子的一段对话,这段对话不仅是对"诸戎饮食衣服与华不同"这一事实的否定,也表达了说话人戎子驹支对自己民族饮食衣服是否应与华同的一种主观态度,否定的焦点是"应与华同"这一观点;例(21)是韩人攻宋时,有人劝谏韩王不能与当时的大国秦国结盟,而应与赵、梁两个小国结盟的一段对话,说话人对秦国有较强的敌对心理,所以在说秦"不与古同"时,不只是要说明秦"王天下"的方式与古代有所不同,更是对秦"王天下"方式的否定,带有极强的主观性。这两句中的"与"更接近于介词,比较项和基准不能交换位置。例(20)只是否定"同"这种客观事实,"与"更接近于连词,比较项和基准交换位置句子的意思基本不变。从这个角度看,否定词出现在"同"之前的句子应该是更为典型的平比句。

"X+与+Y+同/等/异(无异)/殊"类平比句,基本上都是表示所比较事物的性状相同或不同,有学者认为其只是表示"异同"的句子,而非真正的平比句。但是,正如吕叔湘《中国文法要略》"异同·高下"章所言:两件事情"必须有相同的部分,又有相异的部分,才能同中见异,或异中见同,才能有比较关系"①。因此我们认为这种表示"异同"的句子,也是平比句的一个重要组成部分,只是这些句子中的后比较标记比较特殊,因为同时具有形容词性质,可以在句子中相当于比较结果,说明两个比较项性质、性状相同或不同,所以就"身兼两职"了。

2. X+如 Y+然

江蓝生(1999)指出:这一时期(先秦时期)的"D+X+然"式主要表示比喻和比拟,但同时又有表示一种疑似判断语气的②。在我们所检阅语料中,先秦至西汉时期的"如/若……然"除表示比拟之外,"如……然"中间也可加入名词,构成双标记平比句,表示两种情况相同。共 8 次,全都出自《睡虎地秦墓竹简》。例如:

(22)尉计及尉官吏即有劾,其令、丞坐之,如它官然。(《睡虎地秦墓竹简·效律》)

(23)凡不能自衣者,公衣之,令居其衣如律然。(《睡虎地秦墓竹简·秦律十八种》)

---

① 参看吕叔湘《中国文法要略》352 页,《吕叔湘文集》(第一卷),北京:商务印书馆,1993年。

② 此处 D 就相当于我们所讨论的像义动词"如、若"等,X 就相当于我们所讨论的喻体"Y"。

(24)"废禾若干石,仓啬夫某、佐某、史某、禀人某。"是县入之,县啬夫若丞及仓、乡相杂以封印之,而遗仓啬夫及离邑仓佐主禀者各一户,以气人。其出禾,有书其出者,如入禾然。(《睡虎地秦墓竹简·效律》)

《睡虎地秦墓竹简》这8例"X+如Y+然"平比句,均用于记载与法律条文相关的内容。用这种句式,不仅能明确地表达两种比较对象之间的等同关系,也能通过句尾的"然"加强肯定判断的语气①。这可能也是此文献使用该句式较多的一个重要原因。

(三)小结

我们统计了先秦到西汉时期的17部语料中平比句的使用情况,具体使用频次见表(1):

表1 先秦到西汉各语料中平比句的使用情况

类型 次数 语料	单标记			双标记					合计
	X+W+如/若+Y	X+W+于+Y	X+如Y+W	X+(不)与+Y+(不)同	X+与+Y+殊	X+与+Y+等	X+与+Y+异/无异	X+如Y+然	
今文尚书	0	0	0	0	0	0	0	0	0
诗经	1	0	0	0	0	0	0	0	1
左传	0	3	0	1	0	0	0	0	4
论语	0	0	0	0	0	0	0	0	0
孟子	0	0	0	2	1	0	0	0	3
庄子	4	0	0	2	0	0	0	0	6
睡虎地秦墓竹简	4	0	0	0	0	0	0	8	12
荀子	0	0	0	0	0	0	0	0	0
韩非子	0	2	0	3	0	0	1	0	6
吕氏春秋	0	0	0	14	0	2	0	0	16
战国策	9	0	0	1	0	0	0	0	10
淮南子	0	1	0	1	0	1	1	0	4
新书	1	0	0	0	0	0	0	0	1
新语	0	0	0	1	0	0	0	0	1
史记	4	0	2	0	0	0	0	0	6
春秋繁露	0	0	0	1	0	0	0	0	1

---

① 上古汉语中,"然"可以用于句末,表示比较肯定的语气,相当于"焉"。例如:若由也,不得其死然。(《论语·先进》)

续表

类型\次数\语料	单标记			双标记					合计
	X+W+如/若+Y	X+W+于+Y	X+如+Y+W	X+(不)与+Y+(不)同	X+与+Y+殊	X+与+Y+等	X+与+Y+异/无异	X+如+Y+然	
盐铁论	0	0	0	2	0	0	0	0	2
合计	23	6	2	28	1	1	4	8	73

通过以上分析和统计，我们可以看出，上古汉语中的平比句具有以下几个特点：

第一，这一时期的平比句大多是比较典型的平比句式①，即无论是单标记平比句还是双标记平比句，比较参项基本上都是名词性词语，比较结果也多为单音节形容词，但总体使用频次较低。在我们所检阅语料中，《睡虎地秦墓竹简》全文仅37400多个字，是所检阅语料中字数相对较少的文献之一，但平比句的使用频次却是最高的，共出现12次，占到了总平比句使用总量的16.44%。这可能和其所反映的内容有一定的关系：《睡虎地秦墓竹简》主要内容包括"蒙学"类知识、法律条律以及选择时日吉凶的数术，简明易懂、准确应是其写作目标之一，而"平比"则能清楚地明示两事物在某一方面具有相同或接近的量度，这正好与此目标相契合。《战国策》中，"X+W+如/若+Y"平比句虽然出现了10次②，但实际上只是同一句子"苏代谓燕昭王曰：'今有人于此，孝若曾参、孝已，信如尾生高，廉如鲍焦、史鲥，兼此三行以事王，奚如？'"（《战国策·燕策一》）在不同篇章中稍加改造而成，比较参项、比较结果及位置均无变化。所以，从实际用例看，先秦至西汉平比句使用并不广泛。

第二，从平比句使用类型来看，虽然貌似"种类繁多"（小类有8种），但实际使用频次仅集中在表示"异同"的"X+与+Y+同/等/异（无异）/殊/"和表"等同"的"X+W+如/若+Y"两类上。"异同"类最多，共28次，占到了整个平比句的38.36%；其次是"X+W+如/若+Y"类，共23次，占31.51%；其他6小类总计（22次）仅占30.13%。在"X+W+如/若+Y"类句式中，表结果的W比较单一，仅单音节形容词"大"就出现了7次，占到该类句式比较结果总数的30.43%。因此，我们可以说先秦至西汉时期的平比句类型相对比较单一。

第三，从地域和语体角度看，因为这一时期平比句总体使用数量偏少，无论是不同阶段、不同地域还是不同语体，都没有表现出明显的使用差异。

---

① 所谓典型形式，就是指平比句中各比较参项和比较结果最常出现的形式。

② 本文在统计数据时，"次"和"例"有时并非完全相同，有时1例可能会计不止1次。比如"今有人于此，孝若曾参、孝已，信如尾生高，廉如鲍焦、史鲥，兼此三行以事王，奚如？"对于"X+W+若+Y"类而言，就是1次，而对于"X+W+如+Y"而言，就是2次。本研究中所有语料均按此方法统计。

三、上古汉语中的比拟句

根据是单独成句还是在句中充当句法成分，我们将汉语中的比拟分为两类：一类是单独成句的比拟句，一类是在句中充当句法成分的比拟式。在我们所检阅的先秦至西汉时期的18部语料中，只有单独成句的比拟句，没有比拟式。比拟句数量很多，共出现978次；类型比较丰富，有"X＋如/若/犹/似 Y""X＋犹如/有若/有似＋Y""X＋W＋如/若/似＋Y""X＋如/若＋Y＋W""X＋如/若＋Y＋然"等五种类型①。分别讨论如次。

(一)X＋如/若/犹/似 Y

在我们所检阅的语料中，这种形式的比拟句最为常见，共有854次，占整个比拟句总量的87.32%。其中最常见的是"X＋如＋Y"，共385次，其次是"X＋若＋Y"225次，"X＋犹＋Y"176次，"X＋似＋Y"最少，只有68次。例如：

(1)勖哉夫子！尚桓桓，如虎如貔，如熊如罴，于商郊。(《尚书·牧誓》)

(2)瞻彼淇奥，绿竹如箦。有匪君子，如金如锡，如圭如璧。(《诗经·卫风·淇奥》)

(3)夫其败也，如日月之食焉，何损于明？(《左传·宣公二十一年》)

(4)民望之，若大旱之望云霓也。(《孟子·梁惠王下》)

(5)至治之国，君若桴，臣若鼓，技若车，事若马。(《韩非子·功名》)

(6)故贤主之用人也，犹巧工之制木也，大者以为舟航、柱梁，小者以为榱、楔。(《淮南子·主术训》)

(7)由其道，功名之不可得逃，犹表之与影，若呼之与响。(《吕氏春秋·仲春纪》)

(8)南郭子綦隐机而坐，仰天而嘘，嗒焉似丧其耦。(《庄子·齐物论》)

在"X＋如＋Y"比拟句中，本体和喻体多为名词性成分(如例(1)(2))，动词性成分比较少见(如例(3)，本体是谓词性主谓结构)；"X＋若/犹/似＋Y"中，本体和喻体多由谓词性短语或小句充当(例(4)(6)(8))，也可以是单个词语、词组(例(5)(7))。

---

① 这一时期"象"主要表示类似、好像。如《左传·桓公六年》："以名生为信，以德命为义，以类命为象，取于物为假，取于父为类"；《左传·宣公三年》："昔夏之方有德也，远方图物，贡金九牧，铸鼎象物，百物而为之备，使民知神、奸"；《荀子·强国》："天下之和上，譬之犹响之应声，影之象形也"。这些"象"字句，主要强调的是二者之间具有相似性，是"述实"而非描写，既不需要明确二者之间的等同程度，也无意探寻本体与喻体间的相似点。但有一例与上述例句有些不同，即《荀子·乐论》"故其清明象天，其广大象地，其俯仰周旋有似于四时"，和中古出现的"象"字比拟句已经很接近了。但从总体上看，这一时期的"X象Y"类的句子大多还不是真正的比拟句。

多数情况下,这类句式中的本体和喻体是一对一的关系,如以上例(3)—(7);也有本体和喻体是一对多的关系,如例(1)(2);还有一种情况是:本体和喻体虽然仍是一对一的关系,但是由几个形式和意义相仿或相对的比拟句以连用形式出现,形成一个句群。除了《诗经》这种特殊体裁外,先秦至西汉时期的其他散文类语料中也有使用。例如:

(9)彼汾一方,言采其桑。彼其之子,美如英。美如英,殊异乎公行。彼汾一曲,言采其藚。彼其之子,美如玉。美如玉,殊异乎公族。(《诗经·魏风·汾沮洳》)

(10)夫水遍与诸生而无为也,似德。其流也埤下,裾拘必循其理,似义。其洸洸乎不淈尽,似道。若有决行之,其应佚若声响,其赴百仞之谷不惧,似勇。主量必平,似法。盈不求概,似正。淖约微达,似察。以出以入,以就鲜洁,似善化。其万折也必东,似志。(《荀子·宥坐》)

(11)水则源泉混混沄沄,昼夜不竭,既似力者;盈科后行,既似持平者;循微赴下,不遗小间,既似察者;循溪谷不迷,或奏万里而必至,既似知者;障防山而能清净,既似知命者;不清而入,洁清而出,既似善化者;赴千仞之壑,入而不疑,既似勇者;物皆困于火,而水独胜之,既似武者;咸得之而生,失之而死,既似有德者。(《春秋繁露·山川颂》)

(二)X+犹如/有若/有似+Y①

这种形式的比拟句使用很少,而且出现较晚,战国中期才开始萌芽。在我们所检阅的语料中,只出现2次。即:

(12)动发举事,犹如运之掌中。(《史记·滑稽列传》)

---

① 在我们所检阅语料中,也出现了不少"X+譬如/譬若/譬犹+Y"类用例,例如:"边长不宁,中长不静,譬如伏虎,见便必动,将何时已!"(《新书》)"堂鸡公曰:'为人主而漏泄其君臣之语,譬犹玉卮之无当。'"(《韩非子·外储说》)这类句子经常以"X,譬如/譬若/譬犹 Y,S'(小句)"形式出现。虽然整个句子也能体现两事物的相似点,但这种句子的焦点并不是凸显二者的相似点,而是要凸显所陈述事物的某种特征。在凸显这种特征时,借用了一种更常见、更具体的事物为例,以便使读者更容易理解和接受这种特征。因此,我们更倾向于把这类句子看成是通过打比方的修辞手段来说明事物的普通陈述句而非比拟句。在《战国策》中有"也""似"相连出现的用例,即"夫物多相类而非也,幽莠之幼也似禾,骊牛之黄也似虎,白骨疑象,武夫类玉,此皆似之而非者也"(《战国策·魏策》),但该句中的"也"是句中表示停顿的语气词,"似"为像义动词,此类句子既非我们所界定的平比句(没有比较结果),也非比拟句(两个比较参项属于同一属概念)。此类"也似"和近代汉语中所出现的比拟助词"也似"在结构和语义上都不相干。另外,在我们所检阅语料中,也出现了3例"X有似Y"的句子,如"故其清明象天,其广大象地,其俯仰周旋有似于四时"(《荀子·乐论》),但这类句子也如同上面所讨论的"X也似Y"一样,既非平比句,也非比拟句。

(13)今万物之来,擢拔吾性,攫取吾情,有若泉源,虽欲勿禀,其可得邪。(《淮南子·俶真训》)

(三)(X+)W+如/若/似+Y

在我们所检阅的语料中,此种句式共出现 101 次,占整个比拟句的 10.33%。其中"(X+)W+如+Y"为常见,共出现 71 次(占此类比拟句总量的 70.3%);"(X+)W+若+Y"28 次(占此类比拟句总量的 27.7%),"(X+)W+似+Y"1 例 2 次(占此类比拟句总量的 2%)。这种句式西周即已出现,《诗经》中出现最多①。其中比拟结果 W 多为形容词(或形容词性词组),本体和喻体多为名词性成分。例如:

(14)彼君子女,绸直如发。(《诗经·小雅·都人士》)

(15)战战兢兢,如临深渊,如履薄冰。(《诗经·小雅·小旻》)

(16)卑弱柔如蒲苇,非摄夺也;刚强猛毅,志厉青云,非本矜也,以乘时应变也。(《淮南子·氾论训》)

(17)渊渊乎其若海,魏魏乎其若山,终则复始也,万物皆将资焉而不匮。(《庄子·知北游》)

(18)若然者,其心志,其容寂,其颡頯;凄然似秋,暖然似春,喜怒通四时,与物有宜而莫知其极。(《庄子·大宗师》)

在我们所检阅语料中,此种句式的比拟本体省略情况较多,如例(15)(16)(18)等。例(17)中,比拟结果出现在了比拟本体之前,和上古时期的主谓倒装句(如:《论语》"大哉,尧之为君也!")一样,其目的主要是为了凸显比拟结果,多用于表示感叹的句子,比拟结果也多为正向词语。但这类比拟句在上古汉语中并不常见。②

另外,此类句式中还有一种比较特殊的用法,本体为代词"其"。例如:

(19)委蛇,其大如毂,其长如辕,紫衣而朱冠。(《庄子·达生》)③

"(X+)W+如/若/似+Y"比拟句中,本体和喻体一般是一对一,但偶尔也有用多个喻体并列来比拟一个本体,然后用不同的形容词来说明比拟结果,本体和喻体在数量上形成一对多的关系。例如:

(20)上得天时,下得地利,中得人和,则财货浑浑如泉源,汸汸如河海,暴暴如丘山,不时焚烧,无所臧之。(《荀子·富国》)

---

① 如果单纯从各语料中该类句式的使用次数看,在我们所检阅语料中,《荀子》《史记》的使用频次超过了《诗经》,但这两部语料中的"(X+)W+如/若/似+Y"句式多是对《诗经》及其他早期语料的直接引用或稍加改造,不能看作是这两部语料自身语言情况的真实反映。

② 如果按照太田辰夫(2003:164)关于"君子之交淡若水,小人之交甘若醴"的分析(即"君子之交"是话题成分,"淡"是主语,"若"是同动词),例(17)中的"渊渊乎""巍巍乎"也可分析为母句主语,"其"为子句主语,"若"是做谓语的像义动词。

③ 关于对此类形式的理解,具体如前"平比句"中的例(6)(7)。

例(20)中本体为名词"财货",喻体分别为名词"泉源""河海""丘山",比拟结果分别为形容词"浑浑""沄沄"和"暴暴"。

(四)X+如/若+Y+W

这一句式在我们所检阅出现了2例3次,2例句均出自于《诗经》。其中有1次是《荀子》对《诗经》句子的直接引用。即:

(21)秩秩斯干,幽幽南山。如竹苞矣,如松茂矣。(《诗经·小雅·斯干》)

(22)武王载旆,有虔秉钺。如火烈烈,则莫我敢曷。(《诗经·商颂·长发》)

以上例中的比拟结果W"苞"(义为"丛生、茂密")"茂""烈烈"均位于喻体之后,且均为形容词。

上古汉语中比拟句的这一特殊的用法,可能是由诗歌这一特殊的体裁形式决定的,因为节奏的缘故而省说名物化标记"之"①。同样是在《诗经》中,我们也看到了喻体和比拟结果中间加名物化助词"之"的用例。例如:

(23)如月之恒,如日之升;如南山之寿,不骞不崩;如松柏之茂,无不尔或承。(《诗经·小雅·天宝》)

在西汉时期的语料中,如果比拟结果出现在喻体之后,其间依然都有助词"之"。例如:

(24)梦中许人,觉且不背其信,陛下已诺,若日出之灼灼。(《新书》)

(25)其在人者,亦宜行而无留,若四时之条条然也。(《春秋繁露》)

不过,从总体上看,先秦至西汉语料中,无论喻体和比拟结果之间是否有助词"之",比拟结果出现在喻体之后的用法都很罕见。

(五)X+如/若+Y+然

在"X+如/若+Y"句式中,其后有时也会出现"然"字,构成"X+如/若+Y然"这一句式②。在我们所检阅的语料中,"X+如/若+Y然"用例很少,共出现6例,"如……然"3例,"若……然"3例。即:

(26)枉矢,类大流星,蛇行而仓黑,望之如有毛羽然。(《史记·天官书》)

---

① 魏培泉:《中古汉语新兴的一种平比句》,《台大文史哲学报》2001年第54期。

② 江蓝生(1999)认为先秦比拟助词还有"者"字,例证为:"之哭也,一似重有忧者。"(《礼记·檀弓》)这类句子并非本课题所认定的比拟句,而是表示推测、像似意义的句子。虽然在我们所考察的语料中,也有"如……者"句子,例如"观其朝廷,其朝闲,听决百事不留,恬然如无治者,古之朝也"(《荀子·强国》),但这类句中的"者",基本上都用在动词性成分后,更接近于特殊指代词"者"。另外,在"X+犹+Y"后经常常出现"也"字,构成"X犹Y也"各式。例如"夫子之不可及也,犹天之不可阶而升也"(《论语·子张》)。在这类句式中,XY基本由小句构成,小句末也都会出现"也"字,我们认为此类"也"字基本功能依然是表肯定判断,因此不将其归入此类双标记比拟句中。

(27)两人相为引重,其游如父子然。(《史记·魏其武安侯列传》)
(28)四法修于所故,祖于先帝,故四法如四时然。(《春秋繁露》)
(29)夫道若大路然,岂难知哉?(《孟子·告子下》)
(30)善养生者,若牧羊然,视其后者而鞭之。(《庄子外篇·达生》)
(31)在人者,亦宜行而无留,若四时之条条然也。(《春秋繁露》)

在这些比拟句子中①,喻体均为名词性词组。此类句式中"然"字的性质问题,学界看法不一。江蓝生(1999)将其界定为"比拟助词",李焱、孟繁杰(2010)将其界定为语气词。我们更倾向于江先生的观点。因为在我们所考察语料中,"X+如/若+Y+然"类句式与类似的"X+犹+Y+也"句式相比,在表肯定、判断的语气的同时,表示XY二者等同相似的意味更浓,"然"字在某种程度上,更接近"一样""相似"义。

(六)小结

在我们所考察的语料中,五种形式的比拟句各小类在所检阅语料中的具体使用频次见表(2):

表2 先秦至西汉各语料中比拟句使用情况

类型 次数 语料	X+如+Y	X+若+Y	X+犹+Y	X+似+Y	X+犹如+Y	X+有若+Y	X+W+如+Y	X+W+若+Y	X+W+似+Y	X+如+Y+W	X+如/若+Y然	总计
尚书	3	12	0	0	0	0	0	0	0	0	0	15
诗经	73	4	0	0	0	0	11	2	0	3	0	93
左传	42	0	2	1	0	0	0	0	0	0	0	45
论语	1	0	3	0	0	0	1	0	0	0	0	5②
孟子	14	2	18	0	0	0	0	0	0	0	1	35
庄子	15	34	7	38	0	0	2	10	2	0	1	109
睡虎地秦墓竹简	0	0	0	0	0	0	0	0	0	0	0	0

---

① 以上6例中,例(26)(27)似乎也可以理解为比拟式,"如Y然"在句中做谓语;但我们认为将其看作是省略了比拟主体的比拟句似乎更为合适。如例(26),强调的是"柱矢"的形状,完全可以理解句读为"望之,(其)如有毛羽然";例(27)强调两人关系之亲密,句意其实应是"两人相为引重,游,其如父子然"。

② 《论语》中的"(X+)W+如+Y"用例引自《诗经》,因此并不能算是《论语》自身的语言实际情况。

续表

语料\次数\类型	X+如+Y	X+若+Y	X+犹+Y	X+似+Y	X+犹如+Y	X+有若+Y	X+W+如+Y	X+W+若+Y	X+W+似+Y	X+如/若+Y+W	X+如/若+Y然	总计
荀子	35	6	20	14	0	0	12	2	0	1①	0	90
韩非子	2	8	18	0	0	0	4	0	0	0	0	32
吕氏春秋	5	5	1	1	0	0	6	0	0	0	0	18
战国策	4	4	13	0	0	0	0	0	0	0	0	21
淮南子	39	51	40	0	0	1	12	5	0	0	0	148
新书	21	11	13	0	0	0	3	4	0	0	0	53
新语	2	5	2	0	0	0	0	0	0	0	0	9
史记	89	24	0	3	1	0	16	3	0	0	0	136
春秋繁露	25	30	20	10	0	0	2	0	0	0	2	89
盐铁论	20	28	19	0	0	0	2	4	0	0	0	73
合计	390	224	176	68	1	1	71	28	2	4	6	971

通过以上分析和统计,我们可以看出,上古汉语中的比拟句具有以下几个特点:

第一,从使用频次和具体类型看,这一时期的比拟句虽然使用数量较多,但句式类型比较集中,尤其是战国末期以前,基本上都集中在"X+如/若/犹/似+Y"这一句式上;西汉时期,不同类型的比拟句式开始增多,基本上每部语料都会出现5种及以上类型(《史记》最多,达到了7种),但"X+如/若/犹/似+Y"使用频次依然占绝对优势。

第二,从语体差异看,不同体裁、不同写作风格的文献,比拟句的使用频次、类型差别显著,如《诗经》《庄子》《淮南子》《春秋繁露》《盐铁论》(后者为哲学著作、政论文),比拟句使用很多。这应该与比拟句本身具有修辞作用有关。这些语料有的对韵律要求较高(如《诗经》),有的通过寓言故事说明事理(如《庄子》),有的通过对经典的阐释来说明己意(如《春秋繁露》),有的是通过辩论来论证自己的观点,运用比拟句,不仅可以形象地阐明自己的观点,也可以增强作品的文学性,从而起到语义和修辞双赢的效果。《睡虎地秦墓竹简》大多是法令条文,语言要求准确、简洁,而比拟句作为一种修辞手法,其所表达的语义经常是超越社会和时代的,具有一定程度的不确定性,所以《睡虎地秦墓竹简》未使用这种句式。

---

① 《荀子》中的"(X+)+如+Y+W"用例引自《诗经》,因此也并不能算是《荀子》自身的语言实际情况。

四、总　结

通过以上研究,我们发现,先秦至西汉时期的汉语平比句和比拟句主要有以下几个特点:

第一,从使用频次上看,比拟句占绝对优势。在我们所检阅的18部语料中,比拟句共出现了978次,而平比句仅出现了73次,后者不及前者的十分之一。平比句与比拟句使用频次相差悬殊的原因,应该与二者的内涵密切相关。平比侧重等同的程度,是真实的等同意义,是一种实比;比拟侧重等同的方式,是一种虚比。程度是一种简单的维度,而方式则更为复杂和多维,需要听话人进行二次意义加工。在二次加工过程中,对同一个事物,不同的社会、个人可能会有不同的认识,因此表达形式更为多样和丰富。在我们所检阅语料中,一些比拟句,即使本体相同,但喻体却可以完全不同。例如同在《孟子·告子上》中,同样是在谈论人性,就用了不同喻体来阐述:

告子曰:"性犹杞柳也,义犹杯棬也;以人性为仁义,犹以杞柳为杯棬。"

告子曰:"性犹湍水也,决诸东方则东流,决诸西方则西流。人性之无分于善不善也,犹水之无分于东西也。"

正因为比拟表达的丰富性,使得其使用频次要远远多于与其相似的另一种表达方式——平比句。

第二,从使用类型看,平比句和比拟句基本相当,都有8种小类型,而且不少类型基本相同。比如,都有"X+W+如/若+Y""X+如+Y+W"形式;使用频次上,也都以"如"字句为最多。这种"一种形式多种功能"的现象,也在一定程度上反映了这一时期的汉语是"高度综合的汉语"[①]。

第三,从比较(比拟)标记看,在我们所检阅语料中,不同语料的比较(比拟)标记大多都只有"如"一个。虽然《战国策》中有"如、若"两个,但平比句标记"若"只出现了1例。从时间角度看,早期比较标记以"如"为主,战国后期至西汉"犹"的使用频次也开始增多。

第四,从比较(比拟)结果看,无论是平比句还是比拟句,都以形容词性词语最为常见。从比较主体和比较基准来看,早期语料中较为单一,多为简单名词;战国末期直至西汉,比较主体尤其是比较基准,复杂化程度逐步增高,有时甚至以复句

---

① 姚振武.上古汉语语法史[M].上海:上海古籍出版社,2015:22.

形式出现。

第五，从语序类型上看，此期平比句比较结果大多出现在比较基准的前边；比拟句比拟结果出现较少，在有比拟结果的句子里，也和平比句一样，大多出现在喻体之前。在我们所检阅语料中，只有2例比拟结果出现在喻体之后。

第六，从语体角度看，诗歌类（如《诗经》）、寓言类以及哲学类（如《庄子》《春秋繁露》《淮南子》等），比拟句的使用频率很高，平比句的使用频率很低甚至没有。另外，在我们所检阅的两部出土文献《睡虎地秦墓竹简》中，仅有平比句，且使用比率较高，比拟句未见使用。这除了与比拟句和平比句的表达特点密切相关外，也与韵律、语料内容紧密相关。

另外，这一时期比拟的使用仅出现了独立成句的比拟句，没有出现充当句子成分的比拟式，除了因为比拟本身的发展还不够成熟和多样外，也与这一时期汉语句法表达相对简单有关。

参考文献

[1]冯胜利.论语体的机制及语法属性[J].中国语文,2010(6).

[2]高育花,华雨.试论汉语的平比句和比拟句[J].励耘语言学刊,2016(2)(总第26辑).

[3]高育花.元代汉语中平比句和比拟句[J].长江学术,2016(4).

[4]江蓝生.从语言渗透看汉语比拟式的发展[J].中国社会科学,1999(4).

[5]姜南.汉译佛经等比标记"如……等/许"探源[J].语言研究,2012(1).

[6]魏培泉.中古汉语新兴的一种平比句[J].台大文史哲学报,2001(54).

[7]魏培泉.中古汉语时期汉文佛典的比拟式[J].台大文史哲学报,2009(70).

[8]向熹.简明汉语史（下）[M].北京：高等教育出版社,1993.

[9]姚振武.上古汉语语法史[M].上海：上海古籍出版社,2015.

[10]太田辰夫.中国语历史文法（修订译本）[M].蒋绍愚,徐昌华译.北京：北京大学出版社,2003.

[11]张赪.汉语语序的历史发展[M].北京：北京语言大学出版社,2010.

清代子弟书时体助词"了""着"及其混用现象[①]

王继红　陈思佳

【内容摘要】 子弟书是清代八旗子弟创制的一种通俗讲唱文学，可以用来观察满汉语言接触中后期旗人汉语使用情况。时体助词"了$_1$"在《子弟书全集》中出现频率远高于"了$_2$"，最常见形式为"动＋了$_1$＋宾"。双"了"句的使用情况显露出满汉语言接触痕迹，均为光杆型双"了"句。少量"了"可以表示进行，这是近代汉语的一种特殊用法。"着"在《子弟书全集》中多表示动作的进行或状态的持续，少数用来表示动作的完成。因为受到满汉语言接触的影响，"了"和"着"存在混用现象，二者分工尚不完全清晰。

【关键词】 子弟书　旗人汉语　了　着　满汉语言接触

一、前　言

子弟书是清代八旗子弟创制的一种说唱艺术，约在雍正、乾隆年间起于京城，至乾隆、嘉庆年间已广为演唱，清代后期逐渐衰落。清初的八旗贵族子弟无须担忧生计，富裕且有余暇，多以听戏唱戏为日常娱乐。当时流行的昆曲文辞雅致，对于生于北国的旗人贵族来说较为费解，而传统的北方乐曲又略显粗俗，因此旗人子弟中的文人雅士便创造出了子弟书这种通俗讲唱文学，在清代文学创作中独树一帜。

子弟书题材多来自明清小说、宋元戏曲和杂戏等口语程度高的艺术形式，经过旗人子弟用当时的语言重新编排，具有浓烈的口语色彩。子弟书的主要语言形式有四种：满汉合璧（仅《哭城》一篇）、汉语夹杂满语（仅《拿螃蟹》一篇）、汉语夹杂汉

[①] 本文得到北京市社科基金（14WYB018）、北京外国语大学一流学科建设科研项目成果（YY19ZZA026）的资助。

字记录的满语音译词和纯汉语。绝大部分子弟书以汉语写作,这种满式汉语"既是满族旗人和清廷的贵族语言,又是北京满、蒙、汉、回各族人民的通用语言",今天的老北京话主要就是"由明代北京汉语和旗人满式汉语再加上满语借词三部分构成的"。(金道荣,2010)子弟书"虽以清丽典雅著称,却也不乏《为票傲夫》《穷鬼叹》《厨子叹》《老侍卫叹》等反映旗人境况和老北京市井生活的作品。"(刘云,2013)例如,子弟书《代数叹》讲述清末学生学习代数时的困难与痛苦,台词中甚至夹杂了英文,颇具口语色彩。例如:

(1)要是侥幸算得准,手把着小本 Copy 得凶。(卷9.代数叹.3491)

北方汉语在历史上同阿尔泰语的大规模接触至少发生过三次,其中第三次发生在清代。满族统治中国260余年,从清军入关到清末的200多年里,满文满语经历了一个逐渐被汉语代替的过程,这也是满语对汉语词汇语法产生影响的过程。子弟书诞生并兴盛的时间恰好与满语由盛而衰的过程同步。张美兰、綦晋(2016)将满语和汉语融合的进程划分为三个阶段:第一阶段为满汉语言文化接触初期,时间大约在后金和清初时期;第二阶段为满汉语言接触加深阶段,大约从康熙朝后到乾隆时期,但根据地域不同有一定差异;第三阶段从乾隆后期、嘉庆、道光到末期,满语文急剧衰落,甚至整个旗人社会都出现满语被汉语代替的趋势。子弟书创作最盛时期处于满汉语言接触的第二和第三阶段,旗人汉语可以反映满汉两族语言接触的结果,是研究清代满汉语言接触的重要语料。

子弟书最初以钞本形式流传,随着时代变迁有些篇目已经流散,直到20世纪末后世学者才对子弟书进行系统搜集整理。黄仕忠等人主编的《子弟书全集》共十卷,是目前收录子弟书最全的著作。《子弟书全集》收录子弟书510种,存目70余种,每一文本前均有解题,篇目完备,内容翔实,是系统研究子弟书的重要资料。《子弟书全集》中时体助词"了"出现8293例,"着"出现3290例。本文随机抽选第三卷进行量性分析,以反映旗人汉语时体助词使用的倾向性规律。

二、子弟书中的时体助词"了"

时体助词"了"在《子弟书全集》(第三卷)中有759例。"了$_1$"的语法功能较为明确,主要用作完成体标记,出现702次。

了₁					了₂	双"了"句
动+了₁+宾	动+了₁+补	动+了₁+后续小句	动+了₁(+一/又)+动	形/拟声词+了₁	动+了₂	动+了₁+宾+了₂
626(82.5%)	21(2.8%)	2(0.3%)	33(4.3%)	20(2.6%)	57(7.5%)	0
702(92.5%)						

(一)表示动作完成的"了₁"

1.动+了₁+宾

《子弟书全集》(第三卷)里,"动+了₁+宾"形式最为常见,共有626例,宾语类型丰富多样。

(2)姑娘业已求了你姑父,许你参参把旧业兴。(卷3.马上联姻.904)

(3)况残冬滴水成冰天正冷,娘身居暖阁都换了貂裘。(卷3.望儿楼.996)

(4)这一日怕误了朝中去点卯,这黑爷五鼓披衣蹭火镰。(卷3.窃打朝.1006)

(5)求三哥替我摘弄,或钱或当,我恰像羊入了篱笆进退难。(卷3.窃打朝.1013)

(6)老爷你血战了一天一夜,人不曾卸甲,马不曾摘鞍。(卷3.周西坡.941)

(7)一连打了几十下,打的个一戒着疼直着嗓子喊。(卷3.罗刹鬼国.1179)

(8)瘦腰儿可怜剩了一把,脸旦儿难堪冻的趣青。(卷3.絮阁.1215)

例(2)(3)(4)(5)宾语均为名词性词语,例(6)宾语为时量短语,例(7)宾语为动量短语,例(8)宾语为物量短语。"动+了₁+宾"中"了₁"为完成体标记,而且不受时间的限制,可以是过去的完成,也可以是将来的完成或假设的完成。例(2)"求"这个动作已经实际发生,为过去的完成,动词"求"前面有"业已"提示动作已经完成。例(3)虽然没有明确提示时间的词语,但是根据语境判断,"换"这个动作也已经完成,"换了貂裘"中的"了"表示过去的完成。但在例(5)中,"恰"字表明"入"这个动作并没有真正发生,只是一种假设的完成。王力(1985)指出,"希望和恐惧,都可用'了'字表示,因为希望者是希望事情的完成,恐惧者也是恐怕事情的完成"。例(4)"怕"后面加上表示完成的动态助词"了",即表示句中主语害怕"(耽)误朝中去点卯"这件事的完成。

动词后可以加上补语,组成"动+补+了₁+宾",共有188例。补语说明动作完成并达到了某种结果,"了"字指向补语所达到的结果。(11)中,比起表示"落"这个动作的完成,"了"字更倾向于表示"满"这个结果的达成。

(9)张紫艳稳住了丫鬟先去睡,这佳人一计方成两泪涟。(卷3.盗令.862)

(10)仔细你冰着了玉体,哭坏了蛾眉。(卷3.马上联姻.896)

(11)招的奴登高爬梯把妆楼上,雪花儿打脸扑头落满了身。(卷3.庄氏降香.927)

(12)行过了五六搭残山剩水,又望见两三处草舍茅庵。(卷3.惊变埋玉.1238)

《子弟书全集》中"了₁"有一种特殊用法,很接近现代汉语中"着"的用法,表示前后两个动作同时进行。例如:

(13)收拾完,带了遗书登古道,到洛阳,寻访这位刘使军。(卷6.麟儿报.2501)

(14)到门前,偏遇院公带了酒,靠着门框正发疯。(卷8.荷花记.3160)

(15)你跟了我去,自有个章程。(卷10.一匹布.4126)

例(13)中"带了遗书登古道"可以理解为"带着遗书登古道了",例(14)中"偏遇院公带了酒"可以理解为"偏遇院公带着酒了",例(15)中"你跟了我去"可以理解为"你跟着我去了"。需要注意的是,"带着遗书登古道了"不等于"带着遗书登古道",前者有事态已经完成了的意味,而后者表示事情正在进行。此时"了"仍是完成体而非进行体,因为将"着"改为"了"字,就可以表示整个叙述语是已经完成的事实。

近代汉语时体助词系统成员在虚化过程中相互影响,早期分工不够明确,容易出现混用的情况。王力(1980:311)认为,"直到元代,'了'和'着'的分工还是不够明确",有时候"了"字表示行为的延续,相当于现代汉语里的"着";有时候"着"字表示行为的完成,相当于现代汉语里的"了"。李淑霞(2005)发现明代话本《清平山堂话本》中的动态动词也存在这种混用情况。《清平山堂话本》虽成书于明代,但较多地保留了宋元时代的语言特点。可见,近代汉语时体助词在宋元时期还在发展完善的过程之中,即便到了清代也没有完全明确各自的分工。

2. 动+了₁+补

"动+了₁+补"共出现21例,"了"字后的补语主要有趋向补语、情态补语、结果补语以及程度补语。有时补语前带"个",组成"动+了₁+个+补语"。例如:

(16)谨谨收藏拿了去,所以才借此生端成话痨。(卷3.马上联姻.907)

(17)别后爹爹安也否?莫怪儿不守深宫赶了父来。(卷3.马上联姻.910)

(18)那妇人且不烧汤乐了个呆。(卷3.子母河.1150)

(19)一会儿小玉亦入销金帐,李十郎软玉温香看赏了个真。(卷3.负心恨.1271)

(20)狼餐虎咽吃了个饱,望上磕头谢主恩。(卷3.打登州.875)

(21)我想儿想了一身病,喜今朝从人愿,母子相逢。(卷3.望儿楼.998)

(22)道宗臊了一个了不禁,说:"黑小子,今日往我闹雁儿单。"(卷3.窃打朝.1007)

例(16)"拿了去"表示"拿"这个动作已经完成,"去"作为趋向补语放在"了"后表示动作的结果。例(18)"乐了个呆"表示"乐"这个动作已经完成,"呆"放在"了"后面表示动作完成时的状态。"了"后带程度补语的例子较少,如例(22)。现代汉语中程度补语也较少,限于"极、很"和"透、慌、死、坏、多"等,表示达到极点或程度很深。中心语主要是性质形容词,也可以用某些能前加"很"的动词。这在子弟书中略有不同,如第六卷《卖油郎独占花魁》中"王婆哭了几个死,花魁上轿去不还"一句,"哭了几个死"中的"死"是虚义的,表示王婆伤心的程度很深,但此处用的是不能前加"很"的动词"哭"。(黄仕忠等,2012:2540)

3.动+了$_1$+后续小句

在子弟书中,当"动+了$_1$"不独立成句,而是有后续小句时,表明这个动作完成后出现另一动作或出现某一状态,也可以表示这个动作是后一情况的假设条件。例如:

(23)他婆母听了急忙前去观。(卷3.贤孙孝祖.835)

(24)那名利尽都是祸根儿,无人参透,岂不晓,得之不喜失了也不忙!(卷3.钓鱼子.1017)

例(23)中是"了"前的动作先完成后才开始了小句中的动作,即"听"这个动作完成以后才"急忙前去观",这是一先一后的关系,"了$_1$"在这里表示动作的过去的完成。例(24)中"了"前的动作为后续小句发生的假设条件,即使"失去"以后也"不忙","了$_1$"表示动作的假设的完成。

4.动+了$_1$(+一/又)+动

汉语动词重叠可以表示短时貌。若要同时表示事件已经完成,可以在两个动词中间加上完成貌词尾"了"。子弟书中的"动+了$_1$+动"既有短时义,又可表示完成。例如:

(25)这佳人张了张香口,露了露银牙。(卷3.马上联姻.891)

(26)揉了揉二目观仔细,太君吓的体筛糠。(卷3.托梦.977)

(27)听了听前边静悄人睡定,书房的秀士还把书攻。(卷3.投店连三不从.1031)

"动+了$_1$+又+动"不再表示动作时间很短,只表示动作已经完成,并且进行了多次。例如:

(28)才待要扶肩携手相亲近,又把那放荡的心肠存了又存。(卷3.投店连三不从.1034)

(29)手持着柬,帖儿看了又看,脚踏着苍苔儿急了又急。(卷4.红娘寄柬.1362)

(30)目送潘郎睄了又睄。(卷6.玉簪记.2262)

子弟书中还有"动+了$_1$+一+动"形式。例(31)(32)"观了一观""翻了一翻"表示已完成的动作持续时间较短,语法意义与"观了观""翻了翻"接近。例(33)"拜了四拜"并不是表示事情已经完成的短时貌,而单纯指动作已经完成,并且进行了四次。

(31)佳人听得解元二字,慢自回头观了一观。(卷10.幻中缘.4167)

(32)眼角儿轻轻地翻了一翻。(卷10.幻中缘.4168)

(33)那新娘向上拜了四拜。(卷7.三笑姻缘.2815)

5. 形/拟声词+了$_1$+宾

在清代汉语中,形容词后可以出现完成体标记"了"。子弟书中有18例"形+了$_1$+宾"。例(34)"黄了脸"其实是指脸色变黄了,表示改变过程已经完成,并且出现了一个新的状态"黄"。例(35)"呆了半天"是指"呆"这个状态曾经持续了"半天",但是现在"呆"状态已经结束了。(36)"脏了铁棒"是一种假设的行为完成,并没有实际发生,可以理解为"如果铁棒变脏了","了"指向改变过程的完成。

(34)髯公棋子一推黄了脸,说"中原无分矣"!(卷3.红拂女私奔.858)

(35)这英雄点点头儿呆了半天。(卷3.周西坡.941)

(36)你又怕打死女人弱了名姓,你又怕脏了铁棒又得去磨。(卷3.盘丝洞.1172)

子弟书中还有2例"拟声词+了$_1$+宾"的情况。"哎哟了一声"相当于"发出了哎哟一声","了"在此处也有动作完成的含义。例如:

(37)老太君哎哟了一声昏在地,这佳人惊飞艳魄走香魂。(卷3.罗成托梦.968)

(38)李道宗哎哟了一声朝后栽倒,这黑爷不容分说就是一拳。(卷3.窃打朝.1011)

(二)表示事态变化的"了$_2$"

"了$_2$"用在句末,主要肯定事态出现或即将出现变化,表示句子所表达的事态变化已经实现或完成了。在子弟书中,"动+了$_2$"的使用远远少于"了$_1$",只有57例。例如:

(39)那酒鬼在班房里吃醉了。(卷3.盗令.863)

(40)莫不是仔细端详真切了,回家去画个图儿烧柱香。(卷3.马上联姻.884)

(41)原来是家主到了。(卷3.托梦.976)

(42)你把他师傅若是蒸吃了,那猴头岂肯轻轻放过咱?(卷3.火云洞.1143)

曹广顺(1995)认为,南宋中期,随着双"了"句形式的出现,"了$_2$"在其他格式中出现的范围和表达的意义进一步发展成熟。他列举了"了$_2$"在《朱子语类》中用于数词之后、用于做谓语的代词之后、用于"是"字句、用于动补结构之后、用于假设句或表示将来完成的句子里等五种用法,并指出这几种情况差不多都是现代汉语中"了$_2$"的常见用法。子弟书中的"了$_2$"存在上述用法。例(39)"了$_2$"用于动补结构之后,表示喝醉这件事情已经出现。"了$_2$"在子弟书里还可以用于把字句,如(42)"把他师傅若是蒸吃了",同时这也是用于假设句中的"了$_2$"。子弟书里也有表示将来完成的"了$_2$",例(43)(44)"了$_2$"则表示一种事态将来的变化,如"奴去了"意味着"奴这就要走了","来了来了"意味着"这就来了",此时事情还没有发生,但即将出现变化。例如:

(43)奴去了。(卷7.意中缘.2938)

(44)来了来了。(卷7.连升三级.2962)

子弟书受到韵文文体所限,使用双"了"句的情况较少,《子弟书全集》中共出现11例。"了$_1$"表示动作的完成,"了$_2$"表示事态发生变化。子弟书中的双"了"句多在人物的话语中出现,可见双"了"句在当时已是比较口语化的表达。例如:

(45)坑了我了!(卷2.凤仪亭.440)

(46)有了贼了!(卷4.全西厢.1484)

(47)谁掉了魂了吗,叫我作什么。(卷6.闹学.2546)

(48)咱们接了班了吗?(卷8.少侍卫叹.3460)

《子弟书全集》中出现的双"了"句都是光杆型双"了"句。这是因为子弟书大多创作于清中前期,作者多为旗人,子弟书所用的语言是满汉语言接触后形成的旗人汉语。根据陈前瑞(2013),从清代到当代北京话中,量化型双"了"句先跌后涨,光杆型双"了"句先涨后跌,究其原因是北京话乃至于北方话和满语语序接触的结果。满语和汉语的语序不同,与满语有深度接触的清代北京话发生了没有语序变化的语序演变,更多使用光杆型双"了"句,以至于尽量避免使用量化型双"了"句。

三、《子弟书全集》中时体助词"着"

《子弟书全集》(第三卷)中时体助词"着"共258例,其中"着"表示动作进行或者状态持续的用法最多,有255例。

着$_1$				着$_2$
动+着$_1$	动+着$_1$+宾	动$_1$+着$_1$+动$_2$	形+着$_1$+宾	动+着$_2$+宾
10(3.9%)	189(73.3%)	54(20.9%)	2(0.7%)	3(1.2%)
255(98.8%)				

(一)表示动作进行或状态持续的"着$_1$"

1.动+着$_1$

"动+着$_1$"在第三卷出现9例。"着$_1$"是进行体标记,既可以表示动作的进行,又可以表示状态的持续。比较而言,"动+着$_1$"表示动作进行的情况要多于表示状态持续。例(49)至(51)中"看""坐"和"记挂"都是静态动作,表示某种行为的持续。例(52)"凫"是动态动作,表示某种动作的进行。此类用法所在的句子经常有处置用法,如(49)中"把他看着"。

(49)我罗成便是铁打的心肠,石为肺腑,也只好干瞪着双睛把他看着。(卷3.马上联姻.882)

(50)孩儿并未出门,家中坐着。(卷3.薛蛟观画.1090)

(51)殊恩天外飞来也,好叫人深谢君王记挂着。(卷3.梅妃自叹.1120)

(52)一个个纵横玉臂将他赶,这八戒变了个鲇鱼在水里凫着。(卷3.盘丝洞.1174)

2. 动+着$_1$+宾

"动+着$_1$+宾"使用较为频繁,在第三卷有189例。例(53)(54)表示动作的进行,"抚养先房子女"这个行为和"擎令箭"这个动作都有一定的持续性。例(55)(56)表示状态的持续,"披""衬"和"隔"这几个动作已经完成,但是其结果延续到了现在。

(53)况且那后娘之名甚不美,抚养着先房子女实属难。(卷3.贤孙孝祖.842)

(54)唤开王府无人挡,手擎着令箭肋横刀。(卷3.盗令.863)

(55)外披着红猩血染的柔毡套,内衬着翠羽花堆的小战袍。(卷3.盗令.864)

(56)带你家牵马的家丁速去罢,天都待亮了,还隔着一座城。(卷3.盗令.867)

吕叔湘(1980)提出,在现代汉语中,除了表示动作的进行或状态的持续,"着"还可以用于存现句,表示以某种姿态存在。这种用法在子弟书中已经出现。事物以某种姿态存在,也是一种动作的进行或者状态的持续,属于"着"的进行体用法。在"名(处所)+动+着$_1$+名",后一个名词又可以分为施事与受事两种,可以看作是"动+着$_1$+宾"的一种变体。例如:

(57)他强咬着银牙翻身坐起,见雪地上横躺着梨花枪一根。(卷3.周西坡.939)

(58)柱上边挂着一副填金对,笔走龙蛇妙入神。(卷3.撞天婚.1125)

(59)那晓得越公府里埋没着侠烈女,小名儿叫红拂,是个女英雄。(卷3.红拂女私奔.845)

(60)好威严,板凳上坐着家人两溜,见徐蛟,一齐待立将公子尊。(卷3.薛蛟观画.1088)

3. 动$_1$+着$_1$+动$_2$

"动$_1$+着$_1$+动$_2$"在第三卷中出现了54例。例(61)(62)"说着不住将头点"和"紧搂着湘裙绣枕叫亲亲"分别意味着"一边说一边点头"和"一边搂着湘裙绣枕一边叫亲亲",前后两件事是同时进行的。(62)(63)"着"字前后的两个动作也是同时进行,但是可以进一步理解为动作₁用来修饰动作₂,即动作₁是动作₂的方式。如(63)"哭"修饰"说"这个动作,表明"说"的时候是一种"哭着"的状态;(64)"延着颈儿"修饰了"待(等待)"这个行为,等待时的状态是伸着脖子;"捻着指头儿"修饰了"推(推算)",推算时间时的方式是捻着手指。

(61)这英雄说着不住将头点,一回手将素锦征袍扯下了半边。(卷3.周西坡.941)

(62)无奈何重上床头翻来覆去,紧搂着湘裙绣枕叫亲亲。(卷3.送枕头.1085)

(63)哭着说:"我们是男身焉会养,叫我这善门方便怎生开?"(卷3.子母河.1151)

(64)霍小玉自从十郎赴任去,延着颈儿待,捻着指头儿推。(卷3.负心恨.1273)

除此之外,"动₁+着₁+动₂"还可以表示动作₁是动作₂的一种手段,或者动作₂是动作₁的一种目的。例(65)(66)(67)中"带着个眼镜儿""假装着笑脸"和"留着"的目的分别是为了"混充假瞎""稳贼的心"和"与孩儿到周岁穿",前面的动作都是以达成后面动作为目的而产生的。例如:

(65)大宽的街道你往人身上走,带着个眼镜儿混充假瞎。(卷1.齐陈相骂.132)

(66)想来这是贼人也,奴不免假装着笑脸稳贼的心。(卷7.刺虎.3013)

(67)有几千针万线的鞋合袜,留着与孩儿到周岁穿。(卷6.合钵.2449)

4.形+着₁+宾

子弟书中出现了少量的"形+着₁+宾"。"着"在形容词后多表示状态的持续,如(68)"多着一个脑袋的好"指"多"的这种状态一直在持续,例(70)"低着头"是指"头一直低着"这种状态的持续。例如:

(68)我与你,多着一个脑袋的好,我岂不知你少盘缠?(卷3.窃打朝.1013)

(69)一连打了几十下,打的个一戒着疼直着嗓子嚎。(卷3.罗刹鬼国.1179)

(70)低着头,拿起锄来把地剁。(卷1.孔子去齐.38)

(71)崔生所听之言定然有理,老着脸去见岳父走一程。(卷7.魂完宿愿.2632)

(二)表示动作完成的"着₂"

陈伟武(1996)提到子弟书中有几例"着"字并不表示动作或状态的持续,而是表示动作的完成,用法略近于"了"或"得"。《子弟书全集》存在着近代汉语中"了"和"着"分工不明确的情况,表示动作完成的"着₂"可以直接替换为完成体标记"了"。这种用法在现代汉语中已经消失,在子弟书中数量也明显少于表示动作进行或者状态持续的"着₁"。例如：

(72)我在家那般样的饭食吃着全无滋味,我命人送来,明为厄娘,暗为你餐。(卷8.鸳鸯扣.3325)

(73)说着倒有趣儿,听着也好,只怕行到其间未必不差。(卷10.桃花岸.4209)

(74)见太太拧一会眉毛翻一会眼,睄着像野调狼抗容受难。(卷10.草灯和尚.4232)

例(72)"吃着全无滋味"可以替换为"吃起来全无滋味",因为要尝出有无滋味,"吃"这个动作需要先完成。例(73)"说着倒有趣儿"和"听着也好"可以替换为"说起来倒有趣儿""听起来也好",判断有没有趣、好不好,"说"和"听"这两个动作要先完成。

例(74)"睄着像野调狼抗容受难"可以替换为"睄起来像野调狼抗容受难",把太太的动作比喻成像野调狼,需要先完成"看"这个动作。孙朝奋(1997)认为,中古汉语中"着"字具有表达趋向的功能,当"着"字演变为处所词的同时,也逐步演变为一个趋向词。这种具备表示趋向的功能,可能就是"着"字嬗变为完结体的关键所在。他认为北京话"这个茶,你喝着怎么样?"这句中的"着"可以用趋向补语"起来"替换,变为"这个茶,你喝起来怎么样?"

另外一些表示完成用法的"着"用法略近于"了"或"得"。例(75)"舍着我朽木无材生灵骨"相当于"舍了我朽木无材生灵骨";(76)"叫着他十声九不应"相当于"叫了他十声九不应";(77)"觉着"相当于"察觉到"。"舍""叫"和"觉"这几个动作在句子中都已经完成,和后面发生的动作有先后关系。

(75)舍着我朽木无材生灵骨,留下你贤能的二主整唐朝。(卷3.秦王降香.994)

(76)侍女儿无知先去睡,叫着他十声九不应。(卷3.投店连三不从.1027)

(77)莫非知道心中愧,敢是觉着脸上羞?(卷3.骂城.1076)

李淑霞(2005)指出,《清平山堂话本》存在"着"表示动作完成的用法。但是不同于宋元汉语的这种情况,子弟书中"着"具备"了"的用法的情况要多于"了"具备"着"的用法的情况,这种现象的产生可能不仅仅是因为清代时体助词分工如同前代一样尚未完全确定。宋金兰(1991)发现,"了""着"同阿尔泰语言中的某些读音相近的词尾在语义和功能上有着微妙的并行关系,"了""着"实际所经历的发展过程恐怕不单单是个虚化过程。她还以蒙古语、撒拉语和维吾尔语为例,将汉语中表示动作完成的"着"与这些阿尔泰语言中表示完成并且发音与"着"接近的词尾进行比对,从而证明两者之间的相似性。子弟书作者多为母语为满语的八旗子弟,他们有可能将母语的特点带入到汉语写作的过程中。特别是《子弟书全集》中多次出现

"觉着"一词。在现代汉语中,"觉着"多在北京话等北方语言中使用,有可能是当时旗人汉语与北方语言相互交流后遗留下的结果。

　　清代满汉合璧语料中的确存在"着"表完成的情况。张美兰、刘曼(2013)收录了《清文指要》(百章)七种版本：A. 嘉庆十四年(1809)夏三槐堂重刻本；B. 嘉庆二十三年(1818)西安将军署重刻本；C. 清人智信《三合语录》收录《清文指要》(一百零二章),道光十年(1830)五云堂刻本；D. 英国人威妥玛编《语言自迩集·谈论篇》(百章),第一版 1867 年伦敦特纳出版社；E. 日本人广部精编《亚细亚言语集(支那语官话部)·谈论》,小石川清山堂社(1879)；F. 日本人福岛九成编《参订汉语问答篇国字解》,力水书屋藏版,饭田平作发行(1880)；G. 韩国人宋宪奭编著《自习完璧"支那"语集成》第六编《谈论》34 篇,大正十年德与书林和林家出版部出版底本(1921)。张美兰、綦晋(2016)进一步说明这七种文本可以分为两个系列：A、B、C 三个版本是《清文指要》系列,这个系列主要是满汉对照文本,汉语部分比较忠实于满语会话,存在很多满语特征,甚至有满文硬译的痕迹,注重满汉对照,而 D、E、F、G 主要是为了帮助外国人学北京官话,更关注中心地域强势的语言北京口语,变化较大,但这两个系列之间存在前后内在的连贯性,D 版开始出现语言变化的痕迹,基本上反映了满语文废弃时期的面貌。子弟书中的旗人汉语应处于两个系列的中间状态,保留了一定的满语特征。例如：

　　【A】那个上我咯的一声<u>打扫着嗓子进去</u>的上,一齐住了声,彼此互相作着眼色儿,各自各自畏避了。

　　【B】那上头我咯的一声<u>咳嗽着进去</u>,一齐住了声,彼此偷看着,各自各自躲去了。

　　【C】那上头我咯的<u>咳嗽了一声</u>走进来,一齐都住了声,你我彼此使眼色,一个个躲避走了。

　　【D】我<u>咳嗽了一声</u>走进来,一齐都住了声咯,贼眉鼠眼的使眼色儿,一个个的躲避着走咯。

　　【E】我<u>咳嗽了一声</u>走进去,一齐都住了声咯,贼眉鼠眼的使眼色儿,一个个的躲避着走咯。

　　【F】我<u>咳嗽了一声</u>走进去,他们一齐的都歇了声,一个一个的躲避走了。

　　在 A 版和 B 版中,还是"打扫着嗓子进去"和"咳嗽着进去",而 C 版以后都为"咳嗽了一声走进来/去"。由此推断,至少在 A 版和 B 版创作时期形成的旗人汉语中,"着"被用来表示一种完成状态,存在和"了"混用的情况。《清文指要》中还有其他用例反映了这种"着"表示完成的情况,如 A 版中为"他从那里湾转打听着,我认得那个人",B 版中为"他从那里湾转着,说我认得那个人",到了 C 版以后则变为"他从哪里打听得说我认得那个人",D 版、E 版和 C 版相似,为"不知道他在哪块儿打听得说我认识那个人"。由于 A 版、B 版的满文特征更强,可以认为子弟书中的"着$_2$"在一定程度上是满汉语言接触的结果。

四、子弟书旗人汉语时体助词特点

(一)韵文文体对子弟书时体助词的影响

《红楼梦》是清代长篇章回体小说,与子弟书的创作时间相近。子弟书中亦有篇目以韵文形式重新编排《红楼梦》的故事。文体差异使得《红楼梦》与子弟书在时体助词使用上存在一定差异。子弟书语言以七言为主,上下对句,但可以自由夹杂衬字,句式自由,表情达意相当方便。虽然子弟书语言格式自由,但仍属韵文,下句要求押韵,这给时体助词的使用造成一些影响。

子弟书以韵文文体为主,如果以"了""着"等结尾不便于押韵。因此,时体助词之后经常带有宾语,用在句尾的"了$_2$"在子弟书中较少出现。在《子弟书全集》(第三卷)中,事态助词"了$_2$"使用频率仅为 7.5%,远低于动态助词"了$_1$"的使用频率 92.5%。双"了"句在子弟书中出现的频率也远低于其在《红楼梦》中出现的频率。由于子弟书韵文文体句末需要押韵,节奏感较弱又不好押韵的句尾"了"在使用时受到限制,即便使用也多出现在主人公或其他人物的对话中。

动态助词"了"在《红楼梦》中主要有如下几种语法格式:"动+补+了+宾""动+补+了""动+了+宾""动$_1$+了+动$_2$""形+了(+宾)";事态助词"了"在《红楼梦》中主要有以下几种语法格式:"动+事态了""动+补+事态了""动+宾+事态了""动+了+宾+事态了""动$_1$+了+动$_2$(+趋向补)+事态了"等。由此可以看出,《红楼梦》与《子弟书全集》中时体助词"了"的语法格式虽然相似,但《红楼梦》中"了"的使用更加灵活,《子弟书全集》中"了"以"动+了$_1$+宾"这一形式为主。

动态助词"着"在《红楼梦》中有两种意义,表完成和表持续。根据陈芳芳(2013)的统计,表持续的"着"所占比例为 84%,明显多于 2% 的表完成的时体助词"着"。这一点也与子弟书相似。陈芳芳(2013)认为,在完成体助词"了"普遍应用的情况下,完成体助词"着"最终走向消亡,所以这种完成体的"着"在现代汉语中消失了。从语法形式上看,表持续的"着"在《红楼梦》中主要用于"动+着(+宾)"和"动$_1$+着+动$_2$"两种结构,既可以表示动作的持续,又可以表示状态的延续。总体看来,子弟书和《红楼梦》中时体助词"着"用法基本相同,且与现代汉语较为接近。

(二)从作者时代差异看旗人汉语时体助词的发展

众多子弟书作者中,罗松窗、韩小窗和霭堂等三人是乾隆、嘉庆及道咸等三个不同时期的代表人物。(黄仕忠等,2012)通过考察子弟书不同时期作者的语言风格差异,可以看出子弟书旗人汉语时体助词"了""着"处于一个不断发展的过程之中。

罗松窗作品出现 60 个时体助词"了",韩小窗作品出现 640 个时体助词"了",霭堂作品出现 81 个时体助词"了"。三家作品中,"动＋了$_1$＋宾"出现频率最高。不同的是,罗松窗作品中"了"句式类型少于韩小窗和霭堂,"动＋了$_1$＋补语""动＋了$_1$＋后续小句""形/拟声词＋了$_1$"等用法没有出现。"了$_1$"的使用在子弟书后期作品中更加灵活多样。

"了$_1$"在三人作品中的频率都远高于"了$_2$"。韩小窗所作子弟书多改编自《隋唐演义》《红楼梦》等章回体小说,受到上述小说叙事语言的影响,比罗松窗和霭堂更多使用表示事态变化的"了$_2$",经常用在人物直接引语中。值得注意的是,霭堂作品中出现了罗、韩等两位子弟书作家都没有使用过的双"了"句,符合光杆型双"了"句从清代前期到后期不断增长的趋势。(陈前瑞,2013)例如:

(78)"爷说了,叫奶奶先吃罢,不必等着。"(韩小窗:卷9.一入荣府.3759)

(79)来了客了,哟,空房子吗?(霭堂:卷10.一匹布.4128)

罗松窗作品出现 56 个时体助词"着",韩小窗作品出现 243 个时体助词"着",霭堂作品出现 18 个时体助词"着"。"动$_1$＋着$_1$＋宾"是其最常见的语法形式。完成体标记"着$_2$"只在韩小窗作品中出现。例如:

(80)见巧云独坐咕嘟着嘴,杨雄说:"你为何不睡坐在一边?"(罗松窗:卷5.翠屏山.1956)

(81)惊喜交加柔气儿促,怔柯柯手拈着袖口儿,眼望着屋门。(霭堂:卷10.一匹布.4130)

(82)看着人眉头儿一蹙,嘴唇一咧,小脸儿向怀中乱拱撞酥胸。(卷2.长坂坡.524)

(83)莫非知道心中愧,敢是觉着脸上羞?(卷3.骂城.1076)

(84)必须我舍着老脸亲身儿去,到那里苦告哀求把就里云。(卷9.一入荣府.3757)

例(82)"眉头儿一蹙,嘴唇一咧"是"看"这个动作的结果补语,所以"看"这个动作已经完成而非持续,"看着人眉头儿一蹙,嘴唇一咧"可以替换为"看得人眉头儿一蹙,嘴唇一咧"。例(83)"觉着"即为"觉得",例(84)"舍着老脸亲身儿去"即为"舍了老脸亲身儿去"。从仅有的三例"着$_2$"来看,"着"用作完成体在子弟书中还是少数,但"觉着"这类的用法从清代汉语一直沿用到了现代北方方言之中。霭堂作为道咸时期的代表作家,其作品中没有出现"着$_2$"的情况,有可能是因为满语的使用此时已经衰落,北京话中的满语影响逐渐减弱,先前旗人汉语中母语负迁移造成的"着"表完成的情况得到了改善。

五、结　语

时体助词"了"在《子弟书全集》中使用较为广泛,"了₁"的出现频率远高于"了₂"。其中"了₁"的使用较为灵活,最常见的语言形式为"动＋了₁＋宾","动＋了₁＋补语""动＋了₁＋后续小句""动＋了₁＋动"和"形/拟声词＋了₁"等出现情况相对较少,与现代汉语用法相同。双"了"句的使用情况带有满汉语言接触的痕迹,均为光杆型双"了"句。从语法意义上看,"了"多为完成体标志,无论"了"表示动作完成还是事态变化,都不受时间的限制,既可以是过去的完成,也可以是将来或假设的完成;少量"了"表示进行,是近代汉语的一种特殊用法。

"着"在《子弟书全集》中多表示动作的进行或状态的持续,少数句子中用来表示动作的完成,"着"的完成体用法在现代汉语普通话中基本消失,北方话(特别是北京话)中有一定存留,这可能是由于满语与汉语长期接触造成的结果。从句法结构角度来看,"着"的使用灵活多样,以"动＋着＋宾"的形式最多,其次是"动₁＋着＋动₂","动＋着"和"形＋着＋宾"的形式相对较少,基本具备现代汉语中"着"的主要使用形式。

"了"和"着"的语法意义和功能虽然大体上与现代汉语相近,但又有所不同。不同之处主要体现为"了"和"着"的混用现象。这种混用与"了"和"着"还处于近代汉语向现代汉语过渡的过程有关,两者分工尚不清晰;也与满汉语言接触下子弟书自身独特的旗人汉语有关,受到一些发音相似的满语词尾的影响,使"了"有了类似于现代汉语"着"的进行意的用法、"着"有了类似于现代汉语"了"的完成意的用法。(宋金兰,1991)

子弟书可以帮助了解清代旗人汉语时体助词使用情况。从子弟书创作内部发展来看,早期的子弟书作者在"了""着"的使用数量和形式上要少于后期的子弟书作者,可以推测旗人汉语中时体助词"了""着"的使用在清代不断发展完善,逐渐摆脱了满语的影响,开始向现代汉语的使用情况靠拢。

参考文献

[1]郭晓婷.子弟书与清代旗人社会研究[M].北京:中国社会科学出版社,2013.
[2]曹广顺.近代汉语助词[M].北京:语文出版社,1995.
[3]黄伯荣,廖旭东主编.现代汉语(下册)[M].北京:高等教育出版社,2013.
[4]黄仕忠等主编.子弟书全集[M].北京:社会科学文献出版社,2012.
[5]王力.中国现代语法[M].北京:商务印书馆,1985.

[6]王力.汉语史稿[M].北京:中华书局,1980.

[7]陈伟武.车王府曲本中的清代汉语若干语法成分[J].语文研究,1996(1).

[8]郭晓婷.子弟书与清代旗人社会研究[M].北京:中国社会科学出版社,2013.

[9]宋金兰.汉语助词"了""着"与阿尔泰语言的关系[J].民族语文,1991(6).

漫谈汉、日语量词的差异性

闻广益

【摘要】 量词(日语通常称为助数词)的大量使用是汉语和日语的共同特点之一。日语助数词曾受到汉语量词广泛而深刻的影响。日语中量词多数都借自汉语量词,因而与汉语量词具有同源性。然而,在长期的语言实践和运用中,在各自的语言发展变化中,汉语和日语量词出现了诸多的差异。这些差异表现在量词的名称、分类、演变、归并、语义、语用及重视度等多个层面。对其进行适当的对比分析,初步探讨汉语和日语量词之间较为复杂的关系,指出它们的区别和差异性,对于把握两种语言量词的意义特点、使用范围及运用变化,以及对量词的语言教学均有一定的意义和价值。

【关键词】 汉语 日语 量词 差异性 对比

一、语法地位上的差异

1. 汉语量词的定名统一、明确,词类划分有其一席之地,历来在语言文字和语法研究中受到重视。

量词的存在和大量使用是汉藏语系诸语言及受到汉语影响的周边语言的独特的语言现象。现代汉语中,量词是一个重要的词类,是相对独立的系统(为汉语11大一级词类之一),在句法语义分析中起着重要的标志作用。

从文字记载的历史来看,甲骨文中量词就已经出现,量词在口语中的存在可能就更为久远。量词随着时间的发展,从先秦文学中几个和十几个量词到今天600多个,其数量呈不断上升的趋势。正如王力先生在《汉语史稿》(1958年)中所介绍:量词在先秦只是萌芽,真正发达还是在汉代以后。量词家族的种类,也从最初的"度量衡量词"到新近出现的新成员——"复合量词"(如架次、吨公里等),也在不断地增加。量词在语言中丰富的表现力和很强的修辞功能以及在教学、计算机等方面的应用引起人们对量词研究的广泛关注。有关量词研究的文章不断出现,对量词研究的广度和深度不断有所拓展。

量词在汉语11大词类中是最后划类、定名的词类。量词的单独立类,正式定名是汉语语法研究的一个重大突破。

量词的明确定名以及它在汉语词类中取得独立的身份是在20世纪50年代后期。丁声树等的《现代汉语语法讲话》在词类研讨中,不但使用了量词名称,而且第一次把量词作为一种独立的词类进行分析、探讨。书中指出:"量词通常用在指示代词或数词的后面,名词的前面",同时又提出:"数词加上量词可以简称数量词,如,'一个''两只'等。"[1]而1954年至1956年拟订的《"暂拟汉语教学语法系统"简述》中,则把量词在词类中的独立身份和地位进一步明确化,正式给量词定名为:"表示事物或动作的数量单位的词是量词。量词有两种:计算实体事物的是物量词,计算行为动作的是动量词。"[2]书中把现代汉语词分为11类:名词、动词、形容词、副词、助词、介词、连词、代词、语气词(叹词)、数词、量词。从此,量词在汉语词类体系中,独立成为一类,一般的语法书和教材都将量词单立一类,量词的名称开始固定下来。

汉语量词的再分类。量词确定名称并取得独立的词类身份以后,在内部的再分类问题上,各家各派有不同的看法。有主张单纯按照意义标准来对量词进行再分类的;更多的主张采用语法功能标准来分类;也有主张结合语法功能和意义标准进行分类,以解决单纯采用某一种标准而难以解决的问题。因为汉语毕竟属于语义型语言,完全脱离意义标准,而按照西方语言惯用的语法功能和特征来进行分类,也未必完全契合汉语。总之,在量词的分类过程中,由于标准不一,角度不同,各家有不同的观点,至今难有定论。归纳起来,大体有二分法、三分法和多分法。各种分法的内容又各有差异。同是二分法或三分法,次小类的划分也不同。这种对量词再分类的不同看法和多样性,恰恰也说明和体现了汉语中对量词的研究深度和广度及其重视程度。

2.日语量词名称的由来及其在日语中的地位。

日语的量词名称很多,不确定、不统一。词类划分中不是单独一类词,往往从属于名词或数词,没有独立的地位。日语中对量词的研究也远不如汉语历史悠久、研究深入和广泛。日语中对这类词的语法意义认识不足,重视程度远不及汉语。

---

[1] 丁声树.现代汉语语法讲话[M].北京:商务印书馆,1979:5-6.
[2] 张志公主编.语法和语法教学[M].北京:人民教育出版社,1957:20.

接触过日语的人都知道,日语中把量词称为数词的"结尾词""类别词"或"助数词"等。叫法不一。意思就是这种词放在名词或数词后面、用来区分事物类别或帮助数词的词。对于助数词的定义和解释有多种多样。如:《新明解国语辞典》对助数词的解释为:"(在日语、汉语等语言中用来数事物的)表示事物属于哪个种类的接尾辞。(事物不同,所使用的词语不一样)如:'一[枚]、二台、三脚'的'[枚]、台、脚'。"玉村文郎在他的《数詞•助数詞をめぐって》中提道:"助数词直接分担了数数的功用,同时,它的使用也使得相关名词的分类得以实行,因此,又可以称为'类别词'。"①

关于"助数词"这个名称的确定和来历。无论是中国出版的还是日本出版的关于日语语法和语言研究的书籍资料中,都很少见到介绍和涉及。"助数词"这个名称的定名,更没有像汉语中"量词"的定名那样,经历长久的讨论和广泛的参与,最终才得以正式定名。在笔者能够查阅到的日语中关于助数词的文献中,只有奥津敬一郎的《日中对照数量表现》一文中,简略提到了"助数词"的命名情况。他说:"在西欧语言中,没有助数词这样的东西,因而显得很奇特。最早由西方人罗得里格斯(音,Rodrigvez,ロドリゲス)在《日本大文典》中做了记述,进入明治时代以后,在《日本口语文典》中阿斯顿(音,Aston,アストン)正式命名为"助数词"(auxiliary numeral),阿斯顿成为"助数词"的命名者。"②可见,按照奥津敬一郎的叙述,"助数词"这个名称来源于西欧的日本语研究者。日语后来直接借用而已。

"助数词",顾名思义,就是"帮助数的词"或者说是"数的助手",它只是个配角,而不是独立的一大类词。事实上,在日语的词语分类(品词)中,基本上也没有将"助数词"列为一大类的。只是作为名词、数词的子类或次类词。

在中国影响很大的由日本的"光村图书出版株式会社"和中国的"人民教育出版社"合作编写的《标准日本语》教材中,对日语的词做了如下的分类:

---

① 玉村文郎.数詞•助数詞をめぐって[J].日本语学,1986(8):12,明治书院,1986.
② 奥津敬一郎.日中对照数量表现[J].日本语学,1986(8):70,明治书院,1986.

词类
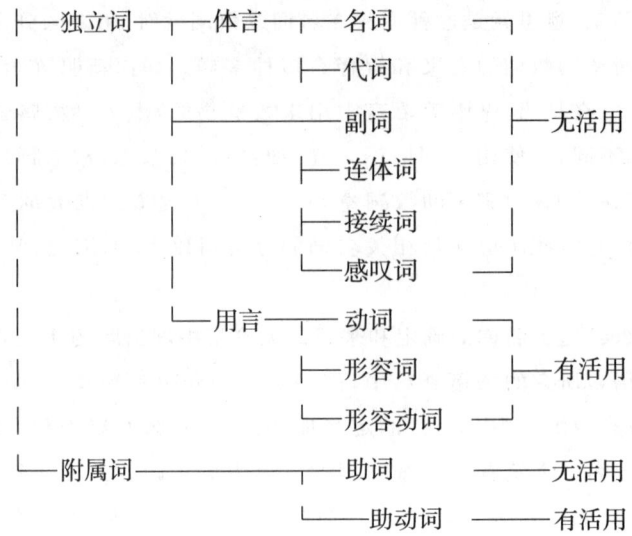

名为"标准"的日语教材,对词的一级分类中,是没有"助数词"这一项的。它只能属于"名词"项中的次类项或者再次类项,即名词—数词—助数词。

而另一本在中国有影响的由吴之荣、李孙华编的商务印书馆出版的《现代日语基础语法》中,则将日语的词分成了以下 10 类:名词、副词、连体词、接续词、感叹词、动词、形容词、形容动词、助动词、助词。将名词又分成了固有名词、普通名词、数量名词、代名词和形式名词 5 类。其中,数量名词(日语为数词)就包括数词和助数词。①

再看看日本有影响的语法书对词的分类。日本语法界很有影响的山田孝雄在 1936 年《日本文法学概论》(1984 宝文馆重印)中,提出的著名的山田文法的品词分类为:②

单语 { 概念语 { 自用语 { 概念语=体言(名词、代名词、数词)
                     陈述语=用言(形容词、动词、存在词)
              副用语
       关系语

桥本进吉 1948 年在其《国语法要说》(《国语法研究》岩波书店)中对词的分类为:动词、形容词、形容动词、名词、代名词、数词、副词、副体词、接续词、感动词、助动词、助词等 12 类。③ 助数词附属于数词,也不是单独立类。

---

① 吴之荣,李孙华编.现代日语基础语法[M].北京:商务印书馆,1992:17-22.
② 山田孝雄.日本文法学概论,1984 年宝文馆重印.
③ 桥本进吉.国语法要说[J].国语法研究,岩波书店,1948.

另一位著名的时枝文法的品词分类将日语的词语分成了词和辞两部分。其中词又分为体言（含名词）、用言（动词、形容词）、代名词（名词的代名词、连体词的代名词、副词的代名词）、连体词、副词等；而辞则分为接续词、感动词、陈述副词、助动词、助词等。① 也没有将助数词单独立为一类词。

可见，在日语学界，在日语词的分类上，普遍认同的做法是不将助数词立为单独的一大类词，只是把它作为名词或数词的子类或次类来对待。这跟汉语直接立为汉语的11大类词之一有很大的不同。反映了助数词（量词）在日语中的地位和受重视程度远不及汉语中的量词。这势必也会影响到对这类词的研究和探讨。

由于日语的"助数词"在日语的词类划分中不占重要和突出的地位，不是独立的一类词。而基本上是作为"数词"的附属词对待，因而，日语研究中把助数词作为对象进行直接、全面、独立研究的不是很多，许多学者涉及对"助数词"的研究基本上都和数词结合在一起的，或者只是作为数词研究的一部分。多数是考察和研究日语中数量的表达以及数词和助数词的结合与搭配形式、语音变化、连接关系等。正如饭田朝子指出："迄今为止，日语助数词的研究，基本上是对各个助词的片断研究，或者是对助数词概况的简单描述而已。对于助数词在现代日语实际使用中的意义、用法进行详细、全面的研究还几乎没有。"②

日语中对"助数词"的整体和全面的研究欠缺，也直接表现在对助数词的分类上。完全不像汉语那样基于意义、语法功能等多种标准、多种角度对量词进行了各种各样详尽的分类，可谓百家争鸣、众说纷纭。由于助数词在日语中已经属于很小的类别，因此，往往很少有人对其进行再分类的研究。偶有学者对助数词进行归纳、分类考察和研究时，也往往都是从"助数词"的意义上对其进行分门别类和归纳整理。

总之，日语"助数词"的再分类也同汉语中量词的分类一样，没有定论，没有权威的大家一致认同的分类。不过，日语助数词的分类跟汉语量词的分类相比，系统性、整体性和全面性相对较弱，重视程度不够，研究成果相应的也不是太多。

二、汉日语量词词形上的差异性

由于日语中的数量表现直接受到中国汉语数量表达的影响，"助数词"也绝大部分都借自汉语的量词或者名词等汉语词汇。因而，汉日语中许多量词的词形是相同的，即使用相同的汉字词。然而，由于汉日语中对汉字简化的不同，由于日语

---

① 时枝诚记.国语学原论,岩波书店,1941.
② 饭田朝子.《数え方の辞典》序,日本：小学馆，2004.

中有自制的汉字词以及使用日语假名的"和语"词及外来词的存在等原因,日语中的"助数词"即量词词形也有许多同汉语不完全相同或完全不同的。大体可以分为三种,即词形相同量词、词形相近量词、词形不同量词。

1. 词形相同量词

这部分量词都为相同的汉字词。如:本、号、部、台、枚等。

2. 词形相近量词

这部分量词主要是由于两种语言对汉字的简化不同造成的。如:个(個)、种(種)、头(頭)、节(節)、轮(輪)等。

3. 词形不同量词

这部分量词主要是指日语中使用的自创汉字的量词及和语量词、外来语量词等。如:揣、クラス、グループ、チャンネル等。

现代日语中,如果将繁简体也作为异体字计算在内的话,则汉语和日语中,量词的大部分则为词形不同的词,而词形完全相同的则反而较少了。

从以上几方面的对比可以看出,汉日语量词无论是在名称及其命名过程、在各自语言中的词类划分及其地位以及对量词的再分类方面都存在着相当大的差异。汉语中将量词最终定名为"量词",强调了它的独立特性,不依附于其他任何词类。而日语中量词被称作"助数词",很明显,其独立性不够,只是起帮助数词的作用。在两种语言的词类划分中,也可以看出它们明显的不同。汉语中,量词为一级词类划分中单独的一类,即汉语 11 大类词之一。日语中,量词(助数词)则在日语的主流语法对词类的划分中难觅踪迹,基本上属于二级甚至三级、四级词类或者依附于数词、名词,而不是单独立为一大类。特别是在对量词的再分类即子类或次类划分上,这种差别也是显而易见。汉语中,主要从语法结构和功能的角度,结合形式、意义等对量词进行了多种多样的较为详细的再分类。如:名量词(物量词)、动量词、复合量词等。

而日语中,由于量词(助数词)本身已经被定位于低级别词类,因而很少见到有研究者对其再进行语法结构和功能上的再划分,多数是根据形式和意义对其进行传统的简单的归类和区分。可见,汉日语量词在定名、词类划分、量词的再分类等方面的区别和差异不是孤立的、偶然的,而是相互联系、相辅相成、环环相扣的。不过,汉日语量词的渊源关系,决定了它们在词的词形及其意义、用法方面有不少相同或相近的地方。

通过对汉日语量词在名称、分类及词形等方面的对比分析,不仅有助于我们认识和了解两种语言量词的渊源关系、语法特点和地位等,对量词比较的基础、对象、范围、内容的确定等方面也有一定的启示作用,为下面进一步展开对比提供了路径、铺垫和前提。从上述的比较我们可以看到,汉语量词和日语量词在再分类方面,其方法、内容都很不一致,很难有交集的地方,更不可能是一一对应的关系。如:汉语的名量词、动量词、复合量词等分类,在日语的相应量词中,很难是相同的对应类别关系。因此,我们很难用这样的分类法对汉日两种语言的量词进行分类和对比。不过,由于汉日语中许多量词具有同源性,有很深的渊源关系,很多量词具有词形相同或相近的特点,某些量词的意义及用法也较为接近或联系紧密。因而,将词形和意义结合起来对汉日语的量词进行比较和分析,不仅是可行的,也是具有可比性的。因此,下面将着重根据汉日语量词的词形和意义来进行分类对比,分析和考察两种语言中量词意义和用法的异同和关系。

三、汉日语量词意义和用法渐行渐远,差异不断扩大

量词在汉、日语中的功能和作用基本是相同的,主要是用来表示事物的单位和数量,同时,有区别事物的类别和性质的作用。虽然两种语言中的量词有很深的渊源关系,但在两种语言环境和文化背景中,在不同的语言运用实践和发展变化下,汉、日语中具体量词的意义和用法,所表达的事物却不尽相同,甚至存在着很大差别,尤其是在现代汉语和现代日语中,这种差异尤其明显。

具体来看,汉日语中意义和用法接近的量词,其实,它们的具体含义、使用范围和语境及深层意义等也不尽相同,也存在着一些差异。汉日语中意义和用法差异较大的量词,数量较多。大体可分成以下三个部分来比较考察:汉日语中都使用但意义和用法差异较大的量词;日语中使用而汉语中不使用的量词;汉语中使用而日语中不使用的量词。下面将按这几种类别对汉日语量词的意义用法的差异分别进行简要阐述和比较。

1. 日语和汉语中有一些量词,汉字一样,在意义和用法上也基本一样,这说明日本在引进汉语时,就直接引用了汉语的量词并保留了汉语的意义和用法,并且在使用过程中一直没有发生太多的变化。如量词册、卷、部、栋、级、种、瓶、辆、课等。但其实这些量词在汉日语中的使用范围、频度、语境和深层意义上还是有差别的,并不完全相同。以量词"册"为例。

"册"在汉语中,主要可以用来指书本、画册等装订物品。其意义从古代的"简册"而来。例如:

(1)走在山野里,就像是走进了一[册]美妙的连环画故事里。

(2)送上一[册]精美的《杭州》画册。

(3)一[册]沉默的教科书。

(4)巴金在其两[册]《旅途通讯》中记录了这段生活。

(5)这样的符号记满了两[册]厚厚的笔记。

在日语中,"册"也主要指装订出版物。例如:

(6)必要の書物を二三[册]貸そうと云った。(还说要借给我两三本必要的书籍。)

(7)ちゃんと閉じられた一[册]の日記帳なのだ。(应该是合得好好的一本日记。)

(8)予言に関する本が二十[册]あったと。(关于预言的书有二十册。)

可见,量词"册",汉语和日语中都适用,词形相同,意义和用法似乎也差不多。但其实,在使用范围、使用频度和意义范围等方面还是存在一些差异的。"册"在现代汉语中,往往多用来指一套书籍、画册中的一本。如第几册、上册、下册等。而普通书本则用"本"表达数量更为普遍。日语中,则没有这种限制。书籍、出版物等一律用"册",而没有"本"的用法。"册"在汉语中其地位和使用范围及频度已经让位于"本",即没有"本"那么常用,使用范围也没有其那么广了。而在日语中,"册"则广泛使用,且基本没有竞争对手,日语中量词"本"根本就不指称书籍这一类的东西。

2.汉日语中都使用但意义和用法差异较大的量词

这部分量词是指汉语和日语里都使用,且量词词形相同或相近(词源相同,因简化、传播等原因,而略有差异)但意义和用法却完全不同或基本不同的量词。有些量词只有个别词项意义相同或接近,但主体部分或大部分词项意义不一样的量词。

这一类量词较多,典型量词有"枚""本""個"等。下面结合"本"这个量词的具体语料实例加以详细说明和分析。

在汉语里,量词"本"主要用来指或数装订好的书、杂志、字典及图册、证件等。意义和用法较为单一。如:

(9)我被一[本]图文并茂的《祖国成就册》所吸引,这是孩子们创作的。

(10)两个小伙子手拿几[本]新书正要下楼。

(11)曼德拉在这[本]自传中以平淡的口吻追忆往事。

(12)同时奉送一[本]《万里行》杂志。

(13)科研和生产各有一[本]账。

(14)经济发展水平不同的国家各有一[本]难念的经。

(15)一[号]验证台少尉检查员庄晓予发现一[本]护照有些异样。

(16)瑞士政府就出版了一[本]垃圾法律手册。

(17)他拿出一[本]证书,郑重地交给石教授。

(18)他先是买了一[本]《新华字典》。

除此之外,近代汉语中还有的"奏他一本",还有从日语中作为专业术语引进的柔道中专用术语"一本"等这样一些特殊的用法。这些要么为古汉语的用法,要么为体育比赛专用术语,并不是主流用法。其中,"奏他一本"的"本",意义仍指奏章、奏本。

而在日语里与以上表达相对应的量词,则都不是用"本",而是用"册""部"等。如:本一冊、雑誌一冊、辞書一部。

在日语里,量词"本"则意义较广,义项较多,使用范围也较大,相对汉语"本"要复杂许多。主要用来指或数细长的物体,以及相关的义项和部分惯用法等。可以用于绳、杆、棒、针、笔、酒及酒具、树木花草、香、头发、伞、电池、钉、道路、航线等物品和项目。例如:

表示书信、卡片类:

(19)一[本]の手紙を持って来て。(她递给我一封信。)

(20)その間博士には賀状一[本]、暑中見舞一[本]出していない。(这期间里,哪怕一[张]贺年片或一封问候信都没给博士去过。)

(21)葉書一[本]出しておくべきだったかな(寄一[张]明信片回来就好了!)

表示酒及酒具类:

(22)酒をもう一[本](酒,再来一瓶!)

(23)食卓には料理がいっぱい並べられビールの空壜が二三[本]並んでいる(桌上满满摆着菜肴,还有两三只空啤酒瓶。)

表示食物类:

(24)胡瓜を三[本]と、煮干を十尾ばかり持って来て下さったそうだ。(送来了三条黄瓜和十条鱼干。)

(25)葉っぱ一[枚]で芋三[本]だ。二[本]でもいい(一片烟叶换三个芋头,换两个也行啊。)

(26)鰻を七[本]も八[本]も活けてありました(养着七八条活着的鳗鱼。)

(27)タコのように何[本]にも見えた(活像几条章鱼。)

表示树木花草:

(28)真中に栗の木が一[本]立っている。(正中央长着一棵栗子树。)

(29)女の顔に乱れている雑草の一[本]一[本]まではっきりと見えていた。(散乱在女人脸上杂草一根一根都看得很清楚。)

(30)私は、ねむの花が好きなんだけれども、ここのお庭には、一[本]も無いのね。(我喜欢合欢木的花,可这庭园里一棵也没有。)

表示身体部位、器官:

(31)髪の毛が耳よこに一、二[本]たれ下り(一两根头发垂在耳边。)

(32)女には、指一[本]だって触れさせはしないからな!(我不会碰那女人一根手指！）

（33）眼尻のあたりに三、四[本]の小皺がよっている。（眼角处出现了三四条鱼尾纹。）

（34）一[本]足で飛んで来たら（一只脚跳着走过去。）

表示细长物件：

（35）彼は急に、一[本]の煙草がすいたくなった。（突然他真想抽一支香烟。）

（36）欄干が一[本]もない。（（桥上的）栏杆一根也没有了。）

（37）さっきから船中見渡すが釣竿が一[本]も見えない。（俺瞧遍了船中，看不到一根鱼竿。）

（38）一[本]の釘を抜くだけで蜃気楼のように消えはててしまう（只要拔掉一颗钉子，就会像海市蜃楼一样消逝得无影无踪。）

（39）履いた三[本]歯のこっぽりも竹であった。（脚上那双三个齿的少女穿的涂漆木屐也是用竹子做成的。）

（40）一[本]二万円の注射ぼんぼん射つわ（一支针一万两千元，一支接一支打。）

（41）柳の枝の一[本]一[本]に小さ鳥がしがみついているのが見えた。（原来每条树枝上都蹲着一只小鸟。）

表示其他：

（42）電話一[本]かけて来ない（连电话也不打来。）

（43）小弁慶の木綿の蝙蝠傘を一[本]（就带上一把细方格花纹布伞。）

（44）人の行列が一[本]の厚いベルトのように続いている。（人群的行列就像一根厚厚的皮带，络绎不绝。）

（45）一[本]の道路が真直に降りていた（一[条]小路直通下边。）

（46）一[本]調子にそんな気持になって行く。（就是那么一种单一的心情。）

（47）そうね、ネクタイ一[本]探しましょうか（对了，找条领带吧！）

（48）床に軸が一[本]かかっているだけで、何の装飾品も置かれてない（壁龛里只有一幅挂轴，除此之外没有任何装饰。）

由此可见，日语中量词用"本"所表达的物件非常丰富，不仅有细长的物体，也有信件、卡片、画、磁带等扁平的物体，芋头那样的块状物体，甚至像电话、电影、心情那样较为抽象的东西，都可以用它来表达。真是名目繁杂，不易把握。这些东西在汉语里则需要用许多量词如：根、支、条、瓶、只、把、块、封、个、颗、张、杯、壶、盅、盏、部、盘等来分别加以表达。但一般情况下肯定不会用到"本"。

另外一个典型的量词是"枚"。现代汉语中量词"枚"主要用来指称小巧玲珑的物件、部分扁平薄的物体及少部分大型圆锥物体等。其使用范围和指称事物的种类已经比古代汉语大大缩减。基本上已经不能用来指称人、动物等有生生命体了。因此,"枚"作为量词在汉语中的意义、功能和用法变化明显,即是由强转弱、由盛转衰、由宽转窄、由多转少了。

现代日语中量词"[枚]"主要用来表达扁平薄的物品,如:纸张、卡片、叶子、板、门、窗、玻璃、衬衣、席、被褥、饼、碟子、羽毛、相片、唱片、舌等。

量词"[枚]"在汉语里和日语里的意义和用法也大相径庭。"[枚]"在汉语里意义和用法要相对复杂一些,而在日语里则较单纯一点。

还有"個""台""杯""本"等量词也同上述量词一样在汉日语中的意义和用法都大相径庭。

3.日语中有许多汉字量词。这些量词在汉语中却不使用,或者使用的汉字量词完全不同。这些量词,我们也可以看作是日语中特有的量词。这些量词的形成和出现,有各种各样的原因,如日语在引进和使用汉语量词的过程中,对其意义的引用、选择及在使用过程中出现意义延伸或派生或创新等,致使它们有的是停留在古汉语的意义上,没有随汉语发生相应变化;有的则是日语中汉字的意义出现了变化,而汉语中却没有变化;也有的是名词的量词化差异造成了不同的量词等等。如量词足、階等。

量词"足":

(49)傍に見なれない男靴が一[足]ある(旁边有一双不常见的男式皮鞋。)

(50)是方は草鞋一[足]、舌一[枚]——おもしろい、おもしろい(而我们呢,就凭着这双草鞋和三寸不烂之舌。这是多么有趣啊!)

(51)これはナオミが足袋一[足]でも決して自分で洗おうとせず(因为纳奥米连一双袜子也绝不愿自己洗。)

量词"階":

(52)右手の方に二[階]建ての研究所の建物が見えた。(右侧闪出科研所那座双层建筑。)

(53)本年八角形で十八[階]の塔が完成しました。(今年我们建成了一座八角形的十八层宝塔。)

(54)東京の霞ケ関ビルは三十六[階]建てを誇る日本最初の高層ビルである。(东京霞关大厦高三十六层,是日本引以自傲的第一座高楼大厦。)

这部分量词还有丁、俵、樽、体、膳、着、機、軒、連、皿、翻、索、基、菌、誌、畳、品、領等,(参见下表)它们只是在日语中使用,在汉语一般不作量词使用。

4.汉语中有许多经常使用的量词,在日语中却不使用,或者很少使用,或者使用的量词不同。这些量词的形成和出现,主要是汉语中量词的进一步演变、分化和发展、名词的量词化,而日语中却没有相应的变化等原因造成的。如下例:

量词"口":

"口"在汉语中是经常使用的量词。它可以指从嘴里吐出或吞入嘴里的东西,或者像人口一样的开口、广口物体,或用口讲出的话语,也可以直接用来指人和动物,义项丰富。

(55)孩子憋足一[口]气 (子どもは思いっ切り息を詰める)

(56)一[口]唾沫啐到了镜子上。(鏡に向かってツバを吐きかけた)

(57)往地上吐出一[口]粘痰 (地面に粘っこいタンをペッと吐き)

(58)由于他曾在日本留学,操一[口]流利的日语,日本人更是对他有好感(日本留学で流暢な日本語を話すことからいっそう好感をもち)

(59)水月庵里有一[口]井 (庵に井戸が一つあった。)

(60)说一[口]清脆的北平官话。(きれいな混じり気のない北方官話を話した。)

这部分量词数量众多,显示出汉语量词的丰富和复杂性。(参见下表)

在现代汉语和日语中,存在着这么多仅在汉语中使用而日语中不使用的量词以及仅在日语中使用而汉语中不使用的量词。充分说明了汉日语量词存在相当大的差异。

以下是从汉日语选取的100多个常用汉字量词的词义用法的大致统计分析。

汉日语中常用汉字量词意义用法比较表

	用法基本相同量词	用法部分相同量词	汉日都用差异较大	仅在日语中使用	仅在汉语中使用	总数
数量	15	22	12	20	40	109
量词词例	册、卷、部、栋、级、种、瓶、辆、课、发(発)、名、画、包、箱、人	回、株、户、杯、头(頭)、羽、个(個)、件、号、节(節)、张(張)、条、束、匹、台、面、壶、罐、把、艘、对	本、枚、点、轮、脚、间、番、通、阵、锭、服、腹	足、丁、俵、階、俵、樽、体、膳、着、機、軒、連、皿、翻、索、基、菌、誌、畳、品、領	管、套、排、样、碗、封、顿、串、架、副、听、颗、棵、块、撮、趟、支、担、挑、起、盘、口、挂、截、道、路、绺、簇、撒、搂、簇、堂、摊、滩、墩、坨、盏、餐、幢、眼、牙

从上表可以看出,汉日语中多数量词,即使是词形相同或相近的量词,它们大多数意义和用法都是不一样的。意义和用法基本相同的量词只占很小一部分。这部分量词不仅数量很有限,且往往在一定条件和范围限制的情况下,意义和用法才相同或相近。因而,对这部分量词本文也只能用"基本相同"来界定。事实上,完全相同的量词少之又少。严格来讲,可以说汉日语中已经很难找到意义和用法完全相同的量词了。

而意义和用法部分相同(即部分不同)的量词则是汉日语词形相同或相近量词的主体。严格来说,多数词形相同或相近量词皆属于这部分。它们或者是意义有部分重叠,或者是使用范围有交叉;有的同多异少,有的异多同少。另外,在词形相同或相近的量词中,意义和用法完全不同或差异较大的也为数不少。这部分量词意义和用法的差异是显而易见的。

更让人感到意外的是,同是汉字词,却有那么多只是在日语里作为量词使用,而在汉语里却没有或不作为量词使用;同样,也有许多词只是在汉语里作为量词使用,而在日语里却没有或不作为量词使用。而且,这样的量词数量众多,比例不小。

四、汉日语量词演变、发展的差异

日语中的数量表达直接受到中国汉语数量表达的影响,"助数词"也大部分都借自汉语的量词或者名词等汉语词汇。这从日语"助数词"多数为汉字词也可以窥见一斑。这一点,日本的学者们也不讳言。如:玉村文郎在他的《数詞・助数詞をめぐって》中就指出:"中国在中世纪,量词得到了很大的发展,除了基于名词的名量词外,还有基于动词的动量词,他们统称为'量词'。随后我们看到在日本,中世纪、近代,助数词也开始发达起来,这很明显是受到中国汉语的影响而形成。"① 奥津敬一郎在他的《日中对照数量表现》一文中也认为:"日语中的数词,绝大多数为汉语词,同样,助数词无论是从中国传入的,还是和制的也大部分是汉语词。只是助数词的种类有多有少,如何分类有所不同而已。"②

量词作为汉语的一部分同时传入日本,成为日本书面语表达的重要组成部分。多数量词同汉语其他词汇一样在日本相当长的历史时期内成为日本正规的书面表达语言。其语义和用法也力求同汉语保持一致,同中国的汉语没有大的差别。但在日本明治维新以后,日本开始学习西方,脱亚入欧,语言和词汇方面,也开始亲近西方,企图摆脱中国语言和汉字的束缚。不但引进大量的西方外来语词汇,同时,

---

① 玉村文郎.数詞・助数詞をめぐって[J].日本语学,1986(8):8—9,明治书院,1986.
② 奥津敬一郎.日中对照数量表现[J].日本语学,1986(8):71,明治书院,1986.

减少汉字和汉语词汇的使用,在文字书写上,大量使用假名。但是,西方语言中,量词绝无仅有,因此,日语中原有的大量从汉语引入的量词无法被西方语言词汇所代替。即使如此,日本仍然对数量庞大的、日趋复杂和细分化的汉语量词进行了所谓的整理、归纳、合并和规定,核定了指称几大类事物的常用量词。这样就大大减少了量词的数量或者某些量词的使用频度,把许多原本在汉语和日语中都较为活跃的量词打入了冷宫,使之成为"不常用量词"或"惰性量词"或"历史量词"等。就这样,许多量词被"合并",被"裁撤",被"尘封",甚至被"消失"了。

日语量词的这种整理和归并、压缩,不仅是"枚"这一个量词,其他量词也有同样现象和情况存在。例如量词"個""台""杯""本"等。它们的境遇和演变同量词"枚"类似,在日语量词的归并、整理后,分别主要用来指某一类别的事物,如用"本"来指称长条形物件、"個"来指称固体块状物件、"台"来指称机器设备、"杯"来指称餐具类物品、"册"来指称书籍类物品等。(参见下表)

部分常用量词列表如下：

表示的事物	中国	日本
平展的东西(手帕、纸张、床单、邮票、被褥等)	张、块、床、枚、片……	枚(まい)
细长的东西(铅笔、树木、酒瓶等)	根、条、只、瓶……	本(ほん)
不规则及块状的物体(鸡蛋、饭团、橡皮、土豆、瓜果等)	块、个、枚、只、团	個或箇
成套的东西(机器、餐具、仪器等)	套、副、对……	组(くみ)セット(外来语)
机器、车辆等	辆、台、架……	台(だい)
餐具(碗、杯、盘、碟)	只、个、杯、碗、罐、口	杯
书本等	本、册	册(さつ)

正由于日语对量词进行了人为的整理、归并和压缩,使得日语在具体的量词特别是常用量词的意义用法上,表现出了如上表所体现出的特点：主要常用量词多表示一类事物,而非指一种或个别事物,这样,常用量词的数量便减少了。许多以前常用的量词变成了非常用量词或"惰性量词"而不常用了甚至基本不用了。如："台"代表了机器设备一类的事物指称,而"辆"则用得很少了,甚至基本不用了。

汉语中量词的意义用法则不断分化、细分,数量呈逐渐增多的趋势。如表示细长物体、扁平物体的量词在汉语中都有多个量词可以表达。而在日语中往往就用一个量词通指。这就导致了日语和汉语的常用量词往往形成一对多的关系。如：日语中的"枚"可以对应汉语中的"张、块、床、枚、片……"等；日语中的"本"可以对应汉语中的"根、条、只、瓶……"；"台"可以对应汉语中的"辆、台、架……"；"杯"可以对应汉语中的"只、个、杯、碗、罐、口……"

总之，汉语中许多常用量词的意义和用法的变化是整个汉语量词体系自然分化、细化、扩大的结果。而日语中许多常用量词意义和用法的变化则是日语量词体系经过整理、归并、压缩的结果。汉语量词的变化、发展趋势是从无到有、不断分化、逐渐增加、越来越多的变化趋势和过程。而日语量词的变化、发展趋势则是从无到有、不断借用、突然增加，又突然减少、归并压缩的趋势和过程。

因此，尽管汉语和日语的量词具有同源性和相似性。然而，汉语和日语中的常用量词在各自语言长期的使用和发展过程中，语义及用法呈现出了不同的变化和演进，形成了各自的差异性显著的常用量词体系。而产生和形成这种变化和趋势的原因也是不同的。

对汉语和日语常用量词意义和用法不同变化的现象进行适当的对比分析，探讨其变化规律和形成原因。不仅对于厘清汉日语量词较为复杂的关系，解析它们之间的联系与区别，了解其共通性和差异性，把握两种语言量词的意义特点、运用变化等有极其重要的意义，同时对量词的语言教学特别是针对日本学生的对外汉语量词教学实践也有极其重要的指导作用和参考价值。

很多初学汉语或日语的人常常以为，汉语中的量词和日语中的量词（助数词），基本上都是使用一个汉字词，多数量词词形相同或接近，意义和用法也大同小异，只是名称、叫法不同而已。因此，不必花许多时间和精力去学习、记忆、区分汉语或日语中的量词及其用法。

通过对汉日语量词的一些比较和分析，可以看出，这样的想法完全是一种误解。事实上，汉日语量词远不像我们想象的那么接近或大同小异。它们不仅在名称、词类划分等方面存在区别，在量词本身的意义和用法方面，彼此间同样存在着很大的差异。

结　语

通过对汉日语量词的几个方面的对比和分析，大致可以得出以下结论：汉日语量词不仅仅在名称、词类划分等语法规定上存在不同，在量词本身的意义和用法方面，彼此间同样存在着很大的差异。汉日语中多数量词，即使是词形相同或相近的量词，它们大多数意义和用法都是不一样的。概括地说就是：汉日语量词差异性很大。

如果说名称、词类划分、语法定位等这些差别还属于外在的、表面的、人为规定性的不同，那意义和用法则完全是量词本身内在的、实质的和属性的差异了。相对于前者，意义和用法上的差异是实实在在的差异。

诚然，我们在强调汉日语量词差异性的同时，也不能否认它们的共通性。丰富的量词作为汉、日语的一大共同特点,它们有着很深的渊源关系,许多量词具有同源性、词形相同或相近、意义和用法上也一脉相承、联系紧密。量词的整体功能和作用也基本一致。总体来说,汉日语量词还是共通性与差异性并存,既有联系又有区别的。

这一点,对于外语教学中的量词教学特别有意义。我们既要利用两种语言量词之间的共通性,来帮助学习者理解和把握量词的整体特性;同时,在具体量词的意义和用法上,又要更加注重它们的差异性,避免望文生义,张冠李戴。

参考文献

[1]刘世儒.魏晋南北朝量词研究[M].北京:中华书局,1965.

[2]黎锦熙,刘世儒.论现代汉语中的量词[M].北京:商务印书馆,1978.

[3]马建中.马氏文通[M].北京:商务印书馆,1983.

[4]黎锦熙.新著国语文法[M].北京:商务印书馆,1992.

[5]王力.中国现代语法[M].北京:商务印书馆,1985.

[6]吕叔湘.中国文法要略[M].北京:商务印书馆,1982.

[7]陈望道.陈望道语文论集[M].上海:上海教育出版社,1980.

[8]黄伯荣,廖序东.现代汉语[M].北京:高等教育出版社,1997.

[9]丁声树等.现代汉语语法讲话[M].北京:商务印书馆,1979.

[10]张志公主编.现代汉语[M].北京:人民教育出版社,1982.

[11]房玉清.实用汉语语法[M].北京:北京语言学院出版社,1992.

[12]朱德熙.语法讲义[M].北京:商务印书馆,1982.

[13]吕叔湘.汉语语法论文集[M].北京:商务印书馆,1984.

[14]刘月华.实用现代汉语语法[M].北京:商务印书馆,2004.

[15]史世平.日语助数词在日常生活中的变异[J].日语知识,2006(6).

[16]李庆祥.日语助数词的语法特点和修辞作用[J].解放军外国语学院学报,1993(2).

[17]金田一春彦著.日语的特点[M].李德,陶振孝译.北京:外语教学与研究出版社,1985.

[18]益冈隆志,田窪行则.现代日语语法[M].上海:上海外语教育出版社,1992.

[19]铃木康之主编.现代日语语法[M].彭广陆编译.吉林:吉林教育出版社,1999.

[20]山田忠雄等编.新明解国语辞典[M].三省堂,1981.

[21]饭田朝子.数え方の辞典[M].小学馆,2004.

[22]桥本进吉.国语法要说[J].国语法研究,岩波书店,1948.

[23]山田孝雄.日本文法学概论[M].1984 宝文馆重印,1936.

[24]三保忠夫.日本語助数詞の歴史的研究[M].近世書札礼を中心に,風間書店,2000.1.

[25]金田一春彦著.日语概况[M].潘钧译.北京:北京大学出版社,2002.

[26]玉村文郎.数詞・助数詞をめぐって[J].日本语学,1986(8),明治书院,1986.

[27]奥津敬一郎.日中对照数量表现[J].日本语学,1986(8),明治书院,1986.

日汉数量定语标记功能之异同

杨玉玲

【内容摘要】 "の"和"的"分别是日语和汉语中使用最多的功能词之一,但作为数量定语标记的"の"和"的"的功能异同鲜有研究关注。本文从功能的角度出发,考察了QのN和Q的N结构中定语标记"の"和"的"的用法,指出"の"有句法强制性,具有标记定语、属性量(包括全量)和有定的功能,"的"可表属性量,凸显全量,但凸显全量的功能需要依赖一定的语境才能激活。日汉数量名组合认知扫描方式不同,日语为整体扫描,汉语为散点扫描,加"的"可使整体得到凸显。

【关键词】 定语标记 属性量 有定 整体扫描 散点扫描

一、引言

日语的"の"和汉语的"的"都是多功能词,Horie Kaoru(1998:178)指出,"の"和"的"的句法功能都处在图1所示的功能连续统上,其中 Genitive(领属标记)、Pronoun(代名词)和 Sentential Nominalizer(句子名词化标记),分别对应 Lyons(1977:143)提出的三类存在的实体(ontological entities):person—thing(人—事物)、thing(事物)、event & proposition(事件和命题)。

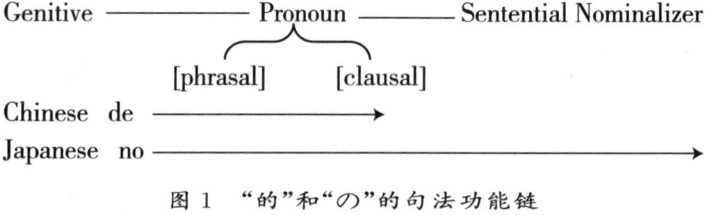

图1 "的"和"の"的句法功能链

---

① 本研究得到中央高校基本科研业务费专项资金(项目批准号:2016qd019)和中央高校基本科研业务费专项资金(项目批准号:2017JJ015)的资助。

"の"和"的"都可以作领属标记,但不完全相同,陆丙甫(2000:11、2008:61)指出,"的"和"の"在各类定语中呈现出以下分布倾向,如图2。可以看出,指别词和数量词后"の"和"的"的分布具有明显差异。日语倾向于带"の",汉语不加"的"。这里的数量词主要指的是个体数量词。

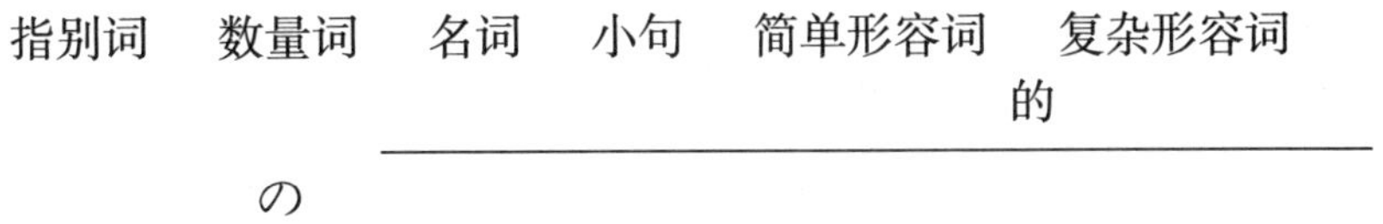

```
指别词    数量词    名词    小句    简单形容词    复杂形容词
                            的
          ─────────────────────────────────
  の
```

图 2 "的"和"の"的分布

汉语学界对数量定语后"的"关注较多,特别是个体数量词与"的"不兼容的问题。赵元任(1979:263)早已注意到个体量词和"的"互斥现象。近些年,学界从不同的角度进行了解释,在我们视线所及范围内,大致可以分为以下三类。一是认知角度的"功能羡余说",如沈家煊(1995)、石毓智(2000)、完权(2014)。沈家煊(1995:369)认为"有界事物是个体","有界名词的形式最典型的是'数量名'",数量词和"的"字都属于"有界"化手段。石毓智(2000:18—19)认为"个体数量短语与所修饰的名词之间不能插'的'的原因来自于两者功能上的相似性"。完权(2014:32、42—43)认为个体数量词和"的"都具有名词入场功能,不能共存是"二者功能羡余相冲突所致"。二是"生成说",如 Cheng, L. L. —S., and R. Sybesma(1998)。Cheng, L. L. —S., and R. Sybesma(1998)认为"三碗的酒"是由名词性小句"酒三碗"关系化后提取主语"酒"产生的,"*三个的碗"不能由"碗三个"关系化而来,因此不能说[①]。三是"内涵外延说",如陆丙甫(2000、2008、2010)、刘丹青(2008)、王远杰(2008)。陆丙甫(2000:107、2008:59)认为数量定语"基本上是外延指别性的,不是内涵描写性的,因此在汉语中绝对不能用'的'"[②],陆丙甫(2010)指出,"如果定语标记的分布是具有连续性的话……指别性最大的定语必定不能带'的'"。刘丹青(2008b:9)亦认为"的"是"内涵定语和外延定语的基本界限","外延定语不能带'的'"。王远杰(2008:69)认为个体量词的计数性强,计数性越强越容易不带"的"。

[①] 转引自王远杰,定语标记"的"的隐现研究,首都师范大学博士论文,2008年,第7页。

[②] 陆丙甫(2003:15)指出,"'描写性'和'区别性'都属于修饰性,但是'描写性'从内涵去修饰核心成分,告诉听话者'怎么样的',而'区别性'及'指称性'强调所指的外延,告诉'哪一个/些'"。描写性和区别性是分别属于两个层面的概念,"描写性是指定语同核心名词的语义关系,是结构内'核心导向'的语义概念;而指称性是指成分和外部世界的所指关系,是结构外的语用概念"(陆丙甫,1998、2003:16)。关于区别性和指称性的不同,陆丙甫(2003:16—17)指出,"首先,'区别性'是定语的功能,而'指称性'是整个名词短语,包括省略了中心名词的名词短语的功能;其次,'区别'隐含着跟语境中同类事物的对比,而指称并不强调对比,因为有些事物在语境中是独一无二、唯一的,对它们的指称就跟'区别'无关","'描写性'派生出'区别性',而'区别性'又派生出'指称性'"。

日语学界一般认为数量词"原本是副词,其次是名词用法"(三上章,1953,[1972]:54),"数词也具有名词性,但副词性更强"(服部四郎等,1955:167),对数量词的关注集中在"数量词游离"现象上,对数量词后"の"的功能关注不多。日汉对比学界对数量定语后"の"和"的"的关注更是少之又少。陆丙甫(2000、2008)"の"和"的"的区别在于前者具有指别性,后者具有描写性,对数量定语后的用法有所提及,但没有做进一步的讨论。

本文将在前人研究的基础上,以个体数量词和度量衡量词为研究对象,从功能的角度出发,考察QのN与Q的N中"の"和"的"(出现时)各自的用法,比较两者的异同,并分析其句法制约与认知机制。文中日语语料来自"現代日本語書き言葉均衡コーパス「少納言」",汉语语料来自北京大学CCL语料库、北京语言大学BCC语料库。

二、个体数量词后"の"和"的"的功能

(一)日语个体数量词后的"の"

个体数量词的基本功能是表计数。日语数量词的位置较自由,个体数量词可以出现在以下句法位置(N代表名词,Q代表数量词,C代表格助词)。

(1)a. 二枚の色紙をとった。(取了两张彩纸。)(QのN)

b. 色紙二枚をとった。(取了彩纸两张。)(NQ)

c. 色紙の二枚をとった。(取了彩纸中的两张。)(NのQ)

d. 色紙を二枚とった。(取了两张彩纸。)(NCQ)

e. 二枚色紙をとった。(取了两张彩纸。)(QN)

(Martin,1975,转引自水口志乃扶,2004:61—62)

奥津敬一郎(2007:225)指出日语最自然的数量词语序是(1d)NCQ。(1e)通过日语独有的"かき混ぜ規則"(换位原则,即同一成分的句法移动)由(1d)派生而来,两句的数量词属同一句法成分①。(1c)数量词用作名词,本文不列入考察范围。

(1a)—(1e)位置上的数量词都可表计数,但当计数对象为从句论元或处在修饰语及被修饰语位置上时,必须用QのN结构表达计数功能,其他结构都不成立,

---

① 水口志乃扶,日本語の類別詞の特性,西光義弘、水口志乃扶編,類別詞の対照,くろしお出版,200:62—63.

如下例(2)—(4)①。换言之,此处"の"的使用受短语及小句结构的限制,使前项数量词与后项名词构成一个句法成分,起标记定语的功能。

(2)a.アメリカでもヨーロッパ諸国でも、<u>一人の医者</u>が一日に患者を診るのは本当に少数に限られ……(男でござる)

b.＊アメリカでもヨーロッパ諸国でも、<u>一人医者</u>が一日に患者を診るのは本当に少数に限られ……

c.＊アメリカでもヨーロッパ諸国でも、<u>医者一人</u>が一日に患者を診るのは本当に少数に限られ……

d.＊アメリカでもヨーロッパ諸国でも、<u>医者</u>が<u>一人</u>一日に患者を診るのは本当に少数に限られ……

(欧美各国一名医生一天都在为患者看病实为少数,然后每位患者的诊疗时间短则30分钟,长则2个小时。)(小句主语)

(3)a.節子にとって運命的である明治三十六年、啄木も詩人として運命的な<u>一冊の本</u>に出会っている。(石川節子)

b.＊節子にとって運命的である明治三十六年、啄木も詩人として運命的な<u>一冊本</u>に出会っている。

c.＊節子にとって運命的である明治三十六年、啄木も詩人として運命的な<u>本一冊</u>に出会っている。

d.＊節子にとって運命的である明治三十六年、啄木も詩人として運命的な<u>本</u>に<u>一冊</u>出会っている。

(在对节子来说至关重要的明治36年,啄木作为一名诗人也遇到了改变其命运的<u>一本书</u>。)(被修饰语)

(4)a.私は<u>一軒の店</u>のまえでファズラを背中から降ろす。(現代インド短篇小説集)

b.＊私は<u>一軒店</u>のまえでファズラを背中から降ろす。

c.＊私は<u>店一軒</u>のまえでファズラを背中から降ろす。

d.＊私は<u>店の一軒</u>のまえでファズラを背中から降ろす。

(我在<u>一家店</u>前让法兹乐从背上下来。)(修饰语)

---

① 也有特殊情况,如例句"それから、今お配りをいたしました中の五ページ、とじてある<u>五枚紙</u>の一番最後の五ページですけれども、ここには組織・定員ということが書いてございます。"(国会会議録)(刚才所发资料的第五页,就是订在一起的<u>五张纸</u>的最后一张,这里写有组织和规定的人数。)中的"五枚紙"没有带"の"。这里的"五张纸"虽是修饰语,但并非一般意义上的五张纸,其中"紙"的第一个辅音发生了浊化,读"ごまいがみ","五枚紙"这里是复合词,指"一份特定的资料"。

其他句法位置的 Q 只可表计数，QのN 不仅可以表计数，还可以表量，如下例(5)(6)。"七つの窓"(七扇窗)、"三冊の周遊券"(三本周游券)的计数对象与以上各例不同，并非是无规则散乱的个体，而是构成某一整体(或集合，即头、一个月所需量)的个体的量，我们暂且称之为"全量"，此时"の"不仅是语法上的定语标记，而且兼有在语义上表"全量"的功能。

(5)頭には七つの窓がある。二つの鼻の穴、二つの目、二つの耳、一つの口である。(占いの宇宙誌)

(人头上有七扇窗。两个鼻孔，两只眼睛，两只耳朵，一张嘴。)

(6)しかしこれでは1ヶ月あたり3冊の周遊券が必要になります。(JR切符のかしこい買い方)

(但这样一来一个月就需要3本周游券。)

再如下例(7)(8)表示"某处存在某物"的存现句中，其中的存在物"二匹の子グマ"(两只熊宝宝)"二隻の舟"(两条船)表达的亦是"全量"。

(7)むかしむかし、深い森のはずれに、お母さんグマと二匹の子グマの親子が住んでいました。(二匹の欲張り子グマ)

(很久很久以前，森林深处住着熊妈妈和两只熊宝宝一家。)

(8)海に行きますと、二隻の舟がありました。(カチカチ山)

(去海边后，发现了两条船。)

除定语标记、"全量"标记功能之外，"の"还是一个语用功能标记。陆丙甫(2000、2008:61)指出数量词后的"の"具有指别性，认为下例(9a、b)"三人の"(三个)表示"可能的定指"，后移后"名词核心的指别性降低了，从可能的定指变为必然的不定指"。陆文只指出了数量词加"の"表"可能的定指"，但没有说明"定指"的含义，未指出什么情况下可表示"定指"。

(9)a.三人の子供が部屋に入った。((这)三个孩子进了屋子。)

b.子供が三人部屋に入った。(屋子里进了三个孩子。)

汉语学界对指称的分类因侧重点不同而不同，如陈平(1987)、张伯江(1997)、刘丹青(2008a)等，其中刘丹青(2008a)将个体指和类指并入指称体系中，从听者的角度对指称作了如下分类,如图3所示①。

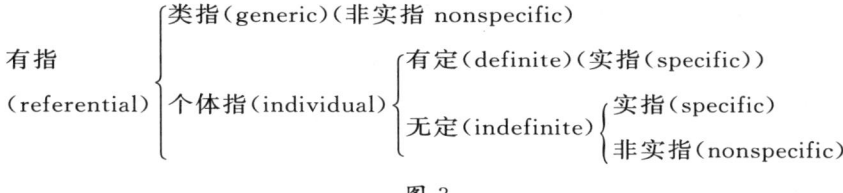

图 3

根据这一分类,下例(10)(11)划线部分"二隻の船"(两条船)、"三粒の米"(三粒米)在文中第二次出现时都采用QのN表达,回指前文中出现的"两条船""三粒米",都是有定的。

(10)海に行きますと、二隻の舟がありました。……二隻の舟は、どんどんと沖へ行きました。(カチカチ山)

(去海边后,发现了两条船。……两条船渐渐驶向了大海。)

(11)するとお坊さんは、懐からお米を三粒出して言いました。……おばあさんは言われたように鍋に三粒の米を入れてぐつぐつと煮込みました。(お坊さんの贈り物)

(这时小和尚从怀里掏出了三粒米。……老奶奶按他说的把三粒米放到锅里咕嘟咕嘟煮了起来。)

Q位于QのN以外的其他句法位置时都不能表有定,可以表"实指性无定",如下例(12)—(14)下划线部分的"3辆车""四张照片""一朵花",对说者而言都是确定的,但听者无法确定"3辆车""四张照片""一朵花"的具体所指。

(12)a.またいつものように裏口に3台車が止まっていました。

b.またいつものように裏口に車が3台止まっていました。

c.またいつものように裏口に車3台が止まっていました。

(还跟往常一样后门停着3辆车。)(青春ちゃん)

(13)a.そのチャンスに、カメラマンはさらに四枚写真を撮った。

---

① 关于有定(definite),刘丹青(2008a:346)认为"有定对象就是说话人和听话人都能确定的一个对象",如"这盏灯"中的"这"就具有标记有定的功能,"灯"是说者和听者都知道的一个特定个体。无定(indefinite)分两类,实指性无定(specific indefinite)是"所指对象在客观世界(或可能世界)已经有确定的存在,只是说者认为听者不能确定,如'我今天买了一件/一些衣服',衣服对说者而言已确切存在……但对听者来说这些是新知道的不确定的对象,所以仍属无定"。非实指的无定(non-specific indefinite)是"说话人心目中作为某类事物一个或若干不确定成员的对象,说者自己也不能确定其存在或确切对象,如'我要买一件/一些厚衣服去东北时穿'。因为说者还没买,这'厚衣服'对听、说者来说都不是确切的、可以识别的存在"。刘丹青,语法调查研究手册,上海外语教育出版社,2008年a,第349页。

b. そのチャンスに、カメラマンはさらに写真を四枚撮った。

c. そのチャンスに、カメラマンはさらに写真四枚を撮った。

(摄影师趁机又拍了四张照片。)(爆魔 下卷)

(14)a. あいだに桃の木が一本花を咲かせている。

b. あいだに桃の木が花を一本咲かせている。

c. あいだに桃の木が花一本を咲かせている。

(中间的桃树开出了一朵花。)(昭和林業私史)

还可以表示"非实指的无定",如下例(15)(16)。"一条鱼""一根烟"、对说者和听者来说都非确切的可识别的存在。

(15)何でもいいから一匹魚を取ってみたい。

(什么都行,我就想钓(一)条鱼。)(世界の川を旅する)

(16)そして試しに1本タバコを吸ってみたくなる。

(然后就想抽(一)根烟。)(ひっそり始める「禁煙」実践ガイド)

与汉语相比,日语数量词语序较为自由,"の"作为联系项①将数量词和名词组合为数量名短语,同时赋予了数量词不同于其他句法位置的句法功能。定语标记是"の"的基本功能,标记前项数量词为后项名词的"全量"的语义功能以及标记数量名短语为"有定"所指的功能是其扩张功能。

(二)汉语个体数量词后的"的"

汉语个体量词作定语一般不加"的",但并非绝对。刘丹青(2008b:10)指出"个体量词一般不带'的'是因为缺少做描写性内涵定语的语义条件。只要数量大到足以体现主观大量②,个体量词也可以带'的'转化为描写性定语",如下例(17)(18)。

(17)……桥前约250平方公尺的小河口滩地,聚集着108只的白鹭鸶。

(18)……所以一般的繁育者都是在维持10—20只的繁殖猫。

我们注意到,个体量词不仅表主观大量时可以带"的",表主观小量也可以带"的",如例(19)(20)。从副词"只有"、后续句"这么小的规模"可判断出"十多只""200多辆"都表主观小量。

(19)北斗星座是指俱乐部最幽静的角落,虽然只有十多只的沙发……

---

① "介词、名词后缀、从句标记(标句词)等成分是句子或短语平面的联系项,联系项的位置一般遵循两个原则:(1)总是位于被联系成分的外围,即联系项一般不会进入被联系成分的内部;(2)联系项总是位于两个被联系成分之间。"(Dik,1983,转引自陈玉洁,联系项原则与"里"的定语标记作用,语言研究(3),2007年,第69页)

② 主观量是含有主观评价的量,客观量不含主观评价。根据陈晓荷(1994:18—19),"表达主观量的体词性短语其内部或外部还有一些特殊的形式。在普通话里,这些形式主要是句重音、副词和语气词三种"。

(《银河英雄传说》)

(20)全厂职工80多人,一年生产200多辆的士头客货车,这么小的规模,根本谈不上什么经济批量,但却人均创利……(报刊精选)

除表达主观量以外,个体数量词表示客观量时也并非绝对排斥"的"。如下例(21)的"2万到2万5千只的小眼睛"后有"一般昆虫的10倍",例(22)的"30万枚的烟花弹"后有"历时23分钟",可见都言量大。

(21)蜻蜓两只大复眼中,约有2万到2万5千只的小眼睛,是一般昆虫的10倍。(《市场报》)

(22)烟花汇演共发射了30万枚的烟花弹,历时23分钟。(新闻报道)

此外,表示"全量"时也加"的"。如例(23)(24)。上例(17)—(22)实际上所表示的也是"全量"。

(23)另外,各省市约有40余个的文艺团体,每年流失演员、编导、舞美和其他各类人员到北京数百名不止。(《中国北漂艺人生存实录》)

(24)在1993年秋季,将京郊房山区霞云岭乡的49只的羔羊,移到平原农区京郊通县徐辛庄镇双埠头村……(报刊精选)

可见,汉语个体量词加"的"有三种情况,一是主观量,二是客观大量,三是全量。从全量的角度来说,以上各例凸显的主观量和客观大量都可归入全量。需注意的是,"的"在句法上不具有强制性,主要在语用上起凸显主观量、客观大量和全量的功能。

除上述功能以外,个体数量词后的"の"和"的"都具有一个特殊功能,即表所限定事物某一维度上的属性。如下例(25)(26)。其中"200席""1000座"表示的不是"车""礼堂"的数量,而是分别指"车的排量"和"礼堂的座位数",即容量。奥津敬一郎(1983,2007:246)称这里的数量词为"属性Q"。"の"和"的"都具有表属性量的功能。

(25)左手には天高7.5m、200席のホール。(マリ・クレール日本版)
(左手边是高7.5米、可容纳200座的大厅。)

(26)在两个来月的时间里,他们演出了近百场戏,1000座的礼堂场场爆满。(《人民日报》)

三、度量衡量词后"の"和"的"的功能

(一)日语度量衡数量词后的"の"

度量衡量词表计量,可以计量可数名词,也可以计量不可数名词。日语度量衡量词限定不可数名词时,数量词可以移动,如下例(27)(28),奥津敬一郎(1983,

2007:246)称之为"数量 Q"。

(27)a. 基準となるのは1リットルの酸素が消費されたときの熱量です。(《低インシュリンダイエット》)

b. 基準となるのは酸素が1リットル消費されたときの熱量です。

(标准是消耗1升氧所需的热量。)

(28)a. 1年間で約 2000 万トンの生ゴミが出ているのだそうです。

(《中学生・高校生のための「おいしい」食育講座》)

b. 1年間で生ゴミが約 2000 万トン出ているのだそうです。

(听说一年产生约 2000 万吨的厨房垃圾。)

度量衡量词限定可数名词时须带"の",如例(29)(30)。下例(29)"八キロ"(八公斤)、(30)"一・五メートル"(1.5 米),分别是可数名词"足枷"(脚铐)和"枝"(树枝)的重量属性和长度属性,是有别于"计数量"的"属性量"。

(29)a. 約二ヵ年もの間、八キロの足枷を嵌められ、夏も冬もあの冷たい板の上に座らされていた。(《敗戦 60 年随想録》)

b. *約二ヵ年もの間、足枷を八キロ嵌められ、夏も冬もあの冷たい板の上に座らされていた。

(约两年的时间,铐着八公斤的脚铐,寒来暑往,被迫坐在那块冷板子上。)

(30)a. 一・五メートルの枝を四本、二・五メートルのを一本用意する。(《アウトドア・ナイフの使い方》)

b. *枝を一・五メートル四本、二・五メートルのを一本用意する。

(树枝准备 4 根 1.5 米长的,1 根 2.5 米的。)

由于不可数名词的匀质性,度量衡数量词移动前后表达的都是最基本的计量功能,不存在个体量与全量之分,这一点与汉语度量衡数量词计量不可数名词时"的"可有可无相同。可数名词的"属性量"只能用带"の"的度量衡数量名组合来表达,其他位置上的 Q 都不具有这一功能。

(二)汉语度量衡数量词后的"的"

赵元任(1979:271)指出,度量衡量词是"名副其实的量词,大多数能重叠表遍指,能带'的'"。当计量的对象是可数名词个体时表示内在属性量,须加"的"。如:

(31)50 公斤的人　　*50 公斤人

(32)10 米的树　　*10 米树

有的名词如"鱼"既可以理解为一种动物,又可看作一种肉类,"5 公斤的鱼"可以指一条 5 公斤重的鱼,也可以指内部匀质的不可数名词"鱼肉"的重量(或者说作为个体的鱼的集合的"加和量")。如果是"猫"等生命度较高的宠物就不存在这种歧义,"10 公斤的猫"中"10 公斤"只能理解为个体的重量,即属性量,不能看作"加和量"。比"猫"生命度更高的"人"更是如此。

当计量对象为内部匀质的不可数名词时,"的"可有可无。相对于个体量,不可数名词所指事物的量可以看作微观个体的加和量或者说集合量,加"的"时集合的边界可得到凸显。

(33) 1 吨的煤　　　　　1 吨煤
(34) 10 升的水　　　　　10 升水

可以说,日汉度量衡量词加"の"或"的"时同大于异。限定可数名词时,都表示所限定名词的属性量,限定不可数名词时有加不加标记两种情况,但存在认知上的差别,详见下文 4。

综上所述,数量定语标记"の"可用于表数量定语、属性量(包括全量)和有定,具有强制性。"的"表属性量具有强制性,用来凸显全量(包括主观量和客观大量)时不具有强制性,体现了"的"在特定语境中的柔性功能。

四、数量定语标记的句法制约与认知解释

奥津敬一郎(1978:158)认为"の"很多情况下可以视为助动词"だ"的体词连接形式,如下例(35)。时枝诚记(1950)也持此观点。

(35) a. 参院内势力ハ 100 名ダ。(参院内部势力为 100 人。)
　　 b. 100 名ノ参院内势力。(100 名参院内部势力。)

Ueda(1986)、Miyagawa(1989)、Miyamoto(1996)等将游离数量词(Floating Quantifiers)分析为"二次述語",即二阶谓词。将"の"视为「だ」表层形式亦可得到二阶谓词逻辑的支持。如上例(35b)"100 名参院势力"中的"100 名"可看作二阶谓词,如果"100 人参院内部势力"为真,那么条件是存在一个预设(35a)"参院内部势力为 100 人(或参院内部势力有 100 人)"。

再如,上文例(10)"二隻の舟は、どんどんと沖へ行きました"(两只船渐渐驶向了大海。),其预设则是"船驶向了大海,船有两只"。其逻辑表达式为:S＝驶向大海,L＝有两只。

(36) $\exists c(S(c) \& L(c))$

从句法转换的角度看,"船は二隻だ"(船是两只)转换为"二隻の舟"(两只船)的过程中,"だ"处在"二隻"与"船"的联系项位置上,具备成为定语标记的深层结构基础,表层表现为"の"。内间直仁(1996)指出的"名词＋の＋名词"组合中"の"的位置上省略了谓词的观点与此相通。袁毓林(1995)也曾提出"的"隐含谓词的观点,但汉语是 SVO 语言,数量词与中心名词之间不具备隐含谓词让"的"成为联系项的条件。

屈正林(2011)考察了 35 种民族语言,带定语标记的有南岛语系邵语、布农语、

阿美语、排湾语、巴则海语、卑南语、邹语7种语言,语序皆为VSO。Foley(1980)所考察的南岛语系语言中,数词带标记的Tagalog、Palaun、Toba、Batak 4种语言是VOS语序①,Ilokanno是VSO语序。

SOV和VSO、VOS语言主宾语位于谓语同一侧,述谓结构转换为修饰结构时,谓语都处于修饰语与中心语的联系项位置,具备带定语标记的结构基础。对于日语和朝鲜语数量名组合带定语标记而其他SOV语言不带标记这一点,除语序因素之外,是否与格标记的发达程度有关尚待考察。

兰盖克(2013:116、121)指出,"语义结构以规约意象②为基础","一个语言表达式所体现的意象——它建构情景的规约化方式——构成了意义的关键所在"。"X＋の/的＋Y"的典型规约意象是表领有,表属性量及全量可以看作领有的一类下位范畴——属性量领有和全量领有。

从认知扫描的角度看,正如兰盖克(2013:126)所描述的场景中的"白点"一样,日语数量词加"の"限定名词时,数量名组合作为"扫描路径的整体目标,成为场景中的图形",属于整体扫描。汉语则以散点扫描为主,数量名组合被视为场景中的散点目标,在特定语境下加"的"可起到凸显整体的作用。

五、小结

日汉数量定语标记"の"和"的"句法分布不同,功能看似相异,实则异中有同,都可用于表属性量和全量。"の"的使用主要是句法上的要求,与主宾语位于谓语动词同侧的SOV有序有关,深层隐含的是谓词"だ",并由定语标记扩张出了其他语义和语用功能。"的"表属性量具有强制性,凸显全量时,则需要依赖一定的语用环境才能激活,不具有句法强制性。加"の"和"的"数量名组合的认知扫描方式是整体扫描,不带标记时是散点扫描。

参考文献

[1]Horie Kaoru, On the Polyfunctionality of the Japanese Partical No: From the Perspective of Ontology and Grammaticalization, Studies in Japanese Grammaticalization p169—192, くろしお出版,1998.

[2]奥津敬一郎,"ボクハウナギダ"の文法——ダとノ——,くろしお出版,1978.

---

① 此处参考wikipedia等网络资料,也有观点认为Palaun是SOV语序。
② 根据兰盖克(2013:115),这里的"意象"指的是"我们为了思考或表达需要,以多种方式,即通过不同意象,识解某一情境的能力","同一情境所形成的两种意象可能在几个方面有所不同:如选择关注的特征、这些特征的相对凸显度、所处的详略层面、观察的视角,等等"。

[3]奥津敬一郎,連体即連用？日本語の基本構造と諸相,ひつじ書房,2007.

[4]内間直仁,助詞"の"と简略化表現,中条修编,論集言葉と教育,和泉書院,1996.

[5]木村宣美,遊離数量詞と述語,人文社会論叢.人文科学篇(13),2005.

[6]三上章,現代語法序説-シンタクスの試み,くろしお出版,1972(1953).

[7]水口志乃扶,日本語の類別詞の特性,西光義弘、水口志乃扶編,類別詞の対照,くろしお出版,2004.

[8]服部四郎、金田一春彦、林大、大野晋,日本語,市河三喜、服部四郎編,世界言語概説下卷,研究社,1955.

[9]陈平,释汉语中与名词性成分相关的四组概念,中国语文(2),1987.

[10]陈晓荷,主观量问题初探,世界汉语教学(4),1994.

[11]陈玉洁,联系项原则与"里"的定语标记作用,语言研究(3),2007.

[12]兰盖克,牛保义等译,认知语法基础(第一卷),北京大学出版社,2013.

[13]刘丹青,语法调查研究手册,上海外语教育出版社,2008a.

[14]刘丹青,汉语名词性短语的句法类型特征,中国语文(1),2008b.

[15]陆丙甫,汉语"的"和日语"の"的比较,现代中国语研究(1),2000.

[16]陆丙甫,"的"的基本功能和派生功能——从描写性到区别性再到指称性,世界汉语教学(1),2003.

[17]陆丙甫,再谈汉语"的"和日语"の"的区别,外国语(3),2008.

[18]陆丙甫、屈正林,语义投影连续性假说:原理和引申,语言学论丛(42),商务印书馆,2011.

[19]屈正林,民族语言定语助词的分布考察,民族语文(3),2011.

[20]沈家煊,"有界"与"无界",中国语文(5),1995.

[21]石毓智,论"的"的语法功能的同一性,世界汉语教学(1),2000.

[22]完权,超越区别与描写之争:"的"的认知入场作用,世界汉语教学(2),2012.

[23]完权,"的"的性质与功能,商务印书馆,2016.

[24]王远杰,定语标记"的"的隐现研究,首都师范大学博士论文,2008.

[25]杨玉玲,汉语"的"和日语"の"的对比研究,北京语言大学博士论文,2016.

[26]袁毓林,谓词隐含及其句法后果——"的"字结构的称代规则和"的"的语法、语义功能,中国语文(4),1995.

[27]詹斯·奥尔伍德、拉斯·冈纳尔·安德森、奥斯坦·达尔著,王维贤、李先焜、蔡希杰译,语言学中的逻辑,北京大学出版社,2009.

[28]张伯江,汉语名词怎样表现无指成分,庆祝中国社会科学院语言研究所建所45周年学术论文集,商务印书馆,1997.

[29]赵元任,吕叔湘译,汉语口语语法,商务印书馆,1979.

【语言教学研究】

非目的语环境下幼儿汉语教学中的高效语言输入和输出

陈 慧

【内容摘要】 在幼儿汉语课堂如何进行高效的语言输入,如何高效引导出语言输出?围绕这个问题,我们对西班牙某本土幼儿园进行了持续12次幼儿汉语课堂观察。我们结合视频记录,穷尽地对课堂用语、教学内容、教学步骤、师生表现尽量用文字进行还原和统计。这将是我们讨论的数据基础。基于此数据基础,我们来讨论在非目的语环境下的幼儿汉语教学中,教师应该为幼儿输入什么汉语内容?教师如何输入才能做到真正的高效?教师如何引导幼儿进行高质量的输出使高效汉语教学落到实处?

【关键词】 非目的语环境 幼儿汉语教学 语言输入 语言输出

一、研究背景和内容

三至六岁的孩子我们通常称之为幼儿。随着汉语在海外的学习规模不断扩大,海外的幼儿汉语教育也随着大气候不断发展。在海外这种非目的语环境下的幼儿汉语教学有其特殊性。一来,相对于成人与青少年的汉语教学,很多常规的课程设计和教学设计无法实施;二来,相对于目的语环境的汉语教学,它缺乏语言沉浸的氛围和足够的语言输入量,师资也是一个难题;三来,就幼儿的特点来说,他们有意识的记忆弱、专注时间短、外语学习动机十分模糊。这些都是非目的语环境下幼儿汉语教学的先天困难。

但同时，和其他年龄段相比，幼儿也处于对非本土文化最大程度地开放的阶段。[①] 另外，根据蒙台梭利的理论，六岁之前是儿童语言发展的敏感期[②]。三到六岁的儿童发音器官正处在成长和发育阶段，如果能够给予他们充分的听说机会，他们的发音器官会很自然地配合这一音系说出地道的语言，避免成人的"洋腔洋调"。这又为其汉语学习带来了便利条件。

高效教学是我们汉语教学的最高目标。语言教学的最终目标是实现语言交际，所以高效汉语教学的检验标准应该是高效地引导学习者完成高质量的汉语交际。从信息论的角度看，语言交际是一种信息传递过程，它和其他信息传递一样，遵循编码—输入—传递—解码—反馈（输出）的顺序，依照这个顺序，话轮才能不断发展下去。要实现高效的幼儿汉语教学，就要求教师在输入端进行保质保量的汉语输入，在输出端引导出学生高质量的汉语输出。

那么在幼儿汉语课堂如何进行高效的语言输入，如何高效引导出语言输出？围绕这个问题，我们对西班牙某本土幼儿园进行了持续12次幼儿汉语课堂观察，每周一次，每次50分钟，历时三个月。我们的观察对象年均四周岁，中班，共19人，其中男生9人，女生10人。因为都是西班牙本土孩子，其汉语基础为零，在上完四课时零起点的汉语课后，我们开始跟班观察记录。

这个班的汉语老师是一位女教师，40岁左右，毕业于台湾某大学儿童教育和家庭教育专业，曾有7年幼儿园英语教学经验[③]。根据对其采访，了解到她也有很好的二语习得理论基础，对TPR（全身反应法）、多元智能理论等都有自己的思考和实践。根据对幼儿园所在学校的采访，该老师教学得到了校方的充分肯定。基于保护隐私的考虑，本文隐去与研究无关的背景信息。下文我们称这位老师S老师。

在对S老师中班课堂进行了12次跟班观察后，我们结合视频记录，穷尽地对课堂用语、教学内容、教学步骤、师生表现尽量用文字进行还原和统计。这将是我们讨论的数据基础。基于此数据基础，我们来讨论在非目的语环境下的幼儿汉语教学中，教师应该为幼儿输入什么汉语内容？教师如何输入才能做到真正的高效？教师如何引导幼儿进行高质量的输出使高效汉语教学落到实处？

[①] 见[美]海伦娜·柯顿（Helena Curtain）等.语言与儿童.外语教学与研究出版社,2011.
[②] 见玛利亚·蒙台梭利.蒙台梭利教育法.霍力岩等译.中国人民大学出版社,2008.关于语言敏感期，学界众口不一。在未有定论前我们仍赞同蒙台梭利的观点。
[③] 因教师本人不愿透露，所以其汉语教学年限不清。

二、教师应该为幼儿输入什么汉语内容？

对幼儿的汉语教学不可脱离幼儿启蒙教育的范畴，同时四五岁的幼儿已经具有"自我概念"，即个体对自己的行为、能力或性格所持有的知觉、态度和评价。[①]因而语言表达内容已经较为丰富。所以在教学内容上更应该利用他们现有的认知能力，精心摘出符合启蒙教育的简单的、具象的词汇和简单的、有意义的句子，帮助他们用目的语来表达自我概念，进行初步的目的语交际。

S老师的教学内容全部为自编。12课时共教授词汇291个，其中名词150个，其次为形容词、动词和助词（"的"）。不涉及副词、连词等，不涉及抽象词汇。这些词语涵盖了最基本的实词以及主要的课堂指令语、礼貌用语等。这种安排符合学前儿童对词汇的掌握规律：早期儿童首先掌握的是与儿童日常生活相关的具体名词，其次是简单的动词，最后是形容词。在语法项目上，涉及选择问句等多种问句以及简单句结构，没有涉及复句。从教学容量看，每节课平均要学10个词语、2—3个语块、1—2个语段。

我们以其一节课为例。在这节课上出现了两首儿歌、两首顺口溜，其中三首为教师自编。全程所有词语都配有图卡、词卡。这节课的新知识为动物名称、家庭成员名称和人体结构名称。用动物名来训练句型"这是……"和"我喜欢……""我不喜欢……"；用男生、女生两个词来训练句型"A还是B"；用五官歌和游戏来练习人体结构名称。

S老师认为"一节课的主体就是对生词的教学"。教学中除了一些实物、模型，她使用最多的就是带有图文的词卡或绘本。有时也会使用儿歌等。如：顺口溜"五官歌"——眼睛鼻子嘴，耳朵胳膊腿，摸摸眼睛，摸摸嘴，摸摸胳膊，摸摸腿……当次教学的目标是记住眼睛、鼻子、嘴、耳朵、胳膊、腿这一组词。同时，S老师试图听说识字同步。描画涂色是常规的儿童识字教学。

我们认为S老师对"输入什么"的认识还不够科学。如，伴随儿歌学爸爸妈妈哥哥姐姐等家庭亲属名称，让这些同语义场的词语一次性出现，且缺乏足够的语境信息，从心理学角度看，容易导致语义错位和混淆。如哥哥和爸爸、哥哥和姐姐等部分义素相同的词语容易混淆。在同一节课上，S老师马上又用顺口溜学人体名称，出现了眼睛、鼻子、嘴、胳膊、腿等。这样的安排看不出教学目标和逻辑关联，而这样密集的词汇容量，如果不注意输入方式和输入的节奏，很难将其转化为交际能力。

[①] 高月梅.儿童心理学.浙江教育出版社，2003：56—57.

幼儿到儿童阶段处于人生口语学习黄金期,所以目前各国的未成年人外语学习均以培养口语交际能力为主。美国的 5C 标准和欧洲的语言共同参考框架(CEF)都如此。同样道理,发展口语交际能力是幼儿汉语教学的主要目标之一。所以教学内容以词汇为核心,但是目标应该是整句的输出,才能合理地过渡到口语交际能力的发展。所以我们觉得教学实施者如果能围绕当地幼儿的实际生活,制定较系统的幼儿汉语教学短句,加强以词汇为中心的整句输入,才更符合幼儿的语言发展规律。

三、教师如何输入才能做到真正的高效?

蒙台梭利认为,孩子成长中最重要、最基本的就是注意力集中。注意力又分为有意注意和无意注意。所谓有意注意是指预设了目标,需要主观意志力去监督的注意。学习过程中的注意力属于有意注意。不同年龄的孩子,有意注意的时间不同。据统计,4 岁孩子的有意注意为 12 分钟。而我们的研究对象——这些西班牙幼儿园中班小朋友一节课共 50 分钟。时间过长,这对教师是一个非常大的挑战。必须不断有新刺激,才能保证幼儿有持续的专注。

全美外语教学学会低龄学习者作业组经过长期的调研比对,于 1998 年将学生每周 3 到 5 天、每天 30 到 40 分钟确立为要取得最理想的学习效果所要分配的外语学习时间。这里所指的学生是中小学生。对比之下,我们的研究对象每周一节课。这个学习间隔也不尽合理。

海伦娜·柯顿(Helena Curtain)指出:"应该重视增加听力机会给学生带来的潜在益处,特别是对于那些仍处在入门阶段的学生。延长听力阶段能使学习者有更多的机会积累语义,并将其与语言联系起来。这会帮助学生在沟通中将注意力集中于理解所学语言里提供的信息,而非强制他们立即模仿该语言或给予回应。"根据听力优先的原则,足量汉语输入对于汉语学习者至关重要。因此,我们建议在幼儿阶段的汉语学习,每周能有 5 天左右的汉语学习时间,每次 15－20 分钟,其中有 3－8 分钟用于组织教学等。

非目的语环境下,由于师资的配置以及语言规划的问题,很难实现以上建议的教学时间。在这种背景下,教师只能尽可能地通过多种途径延长孩子的有意注意时间。S 老师就是这样做的。我们用 S 老师的一堂课为例:

	环节	教学内容	教学步骤
1—8 分钟	组织教学	汉语问候语	1. 师生问候； 2. 唱跳《你好歌》①。
9—20 分钟	旧知识复习	数字词说与写；你几岁？	师生点人数，随机让被点学生说出自己的序号。 用描摹涂色认读汉字。 应用数字表达年龄。
21—38 分钟	生词教学	动物名；家庭成员名；五官四肢名；喜欢；男生；女生	1. 图片、图示法结合身势语展示词义； 2. 顺口溜或儿歌带出家庭成员名和五官四肢名教学。
39—43 分钟	中文绘本阅读	《小红帽与大灰狼》	语速缓慢，绘声绘色地全中文演绎绘本故事。
44—50 分钟	新知识输出	本课生词认读	1. 逐一请学生领作业时指汉字； 2. 让学生在相应的汉字下画图巩固词语认知。

从上表统计可见，在一堂课上，其新信息：旧信息＝3：2。其中旧信息的呈现又分为组织教学和复习。在这 20 分钟内，S 老师会结合幼儿园生活流程如唱跳、问候、点名等用汉语进行旧信息复现。新信息呈现中 60% 是密集进行中文词汇教学，然后是较为轻松的中文绘本共读和当堂图画表汉字的作业时间。除了累计两分钟需要进行课堂管理外，四岁孩子 96% 的时间均专注于汉语学习。

幼儿的母语习得总是由陪伴者语言足量输入到少量输出再到大量输出的过程，其二语习得的过程也与此类似，一开始都需要足量的目的语输入。S 老师创设了一个足量输入的中文环境，将中介语使用减少到最低限度，将目的语使用增加到极限。在 50 分钟的幼儿课堂里，我们只听到过"喜欢"和"不喜欢"这两个抽象词语的相应中介语表达，其余时间老师所用语言均为目的语。这种足量输入在非目的语环境下的汉语教学来说，是幼儿汉语输出的至关重要的前提。

目的语的输入不仅需要足量，还要保质，也就是要保证输入对幼儿而言是可懂的。根据克拉申（Krashen）的"可懂语言输入"（comprehensible input）假说，决定语言输入是否有效的关键因素在于该输入是否能被学生理解。所以教师很重要的一项工作就是要尽量使目的语易于学生理解，因此需要借助肢体动作、例子、图解、

---

① 歌词：你好，你好！点点头，你好，你好；笑一笑，你好，你好！拍拍手，啦啦啦，啦啦啦，我们都是好朋友。

个人经验以及"保姆语"(caretaker speech)①。

　　S老师用了很多"保姆语"来保证自己的输入可懂。她的课堂语言特点是:语音清晰、语速缓慢、语气亲切轻快、语法简明,用学生能听懂的简单语言完成所有的教学和课堂管理。某孩子开小差,拿出自己的小玩具玩耍,S老师微嘟着嘴佯装不快说:"哦,大家看！Diego,可不可以？"其他学生看到马上说:"不可以！"S老师接着摆手说:"Diego,不可以,放回去",手指向右侧学生的书桌,示意他把玩具放回自己书桌里去。当有些孩子开始讲小话影响教学时,S老师随即大声说起一段常用的顺口溜:"你说,我不说；我说,你不说；大家一起听！"

　　其次,使用了丰富的卡片、图片以及当前场景作为教学辅助工具,对于幼儿听懂老师起到事半功倍的效果。根据皮亚杰的认知发展论,2—7周岁为前运算思维阶段,以具象思维为主。因此在教学内容上也是以具象的词汇为主。这一阶段的孩子依靠图片、实物来认知事物,依靠想象来丰富生活经验。所以S老师为每一个词汇都配有图片或实物。"男生""女生"两个词汇则利用当前场景中老师和小朋友的性别来操练。再如"喜欢""不喜欢"相对抽象,是教学内容中几乎唯一的抽象词语。S老师提前给每个孩子制作了一套手形图卡,上面贴着笑脸、哭脸。首先自己用图卡配合简单句子解释词语的含义,并在课堂上说出了唯一的学生母语,即用西班牙语翻译出"喜欢"和"不喜欢",以进一步明确幼儿对这个词语的认知。然后在操练"你喜欢猴子/大象……"这组句子时,让孩子用哭脸和笑脸手卡来给出自己的回答,老师帮助说出目标句"我(不)喜欢……",然后慢慢过渡到孩子能同时用哭脸或笑脸以及目标句给出自己的回答。这比较类似于TPR全身反应法的教学方式,不同的是所使用的表情用手卡代替。

　　副语言是我们交际中的重要组成部分,甚至往往比语言本身传递的信息更准确更重要。而在外语教学中,优质的副语言表达能高效地提高教师的语言输入的可懂度。S老师认为"老师夸张的声音和动作表情十分重要,这直接影响到是否能够吸引儿童的注意力。故事不在长短,只要老师能够通过自己的方式,能像一位夸张的演员一样把故事上的情景'演'出来,那么学生就一定能在老师的'表演'中得到收获,这是儿童好奇和敏感的天性决定的"。S老师每节课最后都是中文绘本阅读。有些学生很难理解"戴着""大叫""害怕""凶恶"等动作和情绪,教师通过丰富的面部表情、肢体动作和夸张的声音模拟,以及不断地重复表演,让学生逐渐理解词义。有些表现力强的孩子在理解之后,还会通过自己的动作来模仿和表演故事中的角色,比如模仿小红帽"害怕"的表情,大灰狼"凶恶"地"嗷嗷大叫",学生们对

---

　　① 所谓保姆语,就是运用一些策略使语言信息变得简单易懂的说话方式,这在照顾者对婴幼儿、熟手语言教师与学生之间常常看到。如语速放慢、发音清晰、简单短句等。

词语和故事内容越演越理解到位,不仅能大幅吸收教师的语言输入,也相应提高了学生语言输出的质量,维持并提高学生的语言学习兴趣。

韵律也是 S 老师提高汉语输入效率的重要手段。感知节奏韵律是人的天性,涉世未深的四岁孩子在感知节奏韵律方面保留着十足的天性。此外,由于儿童的专注时间有限,将有韵律节奏的汉语引入到儿童汉语学习课堂上,用天性能力帮助汉语习得,易于他们模仿和接受。用通俗的话说就是"磨耳朵"。韵律一般出现在语段中,构建出了简洁明确的语境,易于孩子通过语境熟悉其中的词汇和语法,从而过渡到有效输出。

但 S 老师的输入方式也有尚待改进的地方。如,在生词学习中,所有词语几乎都是用词卡和机械跟读方式来学习,对短期记忆来说压力过大,而且由于均是离散的词语,难以转化为交际能力。所以我们的建议是在幼儿汉语课堂上,词语的学习尽可能结合句子进行。

四、如何引导幼儿进行高质量的输出?

输入是否高效,最终要靠输出来检验。梅里尔·斯温(Merrill Swain)继克拉申的"可懂输入"假说后提出了"可懂输出"假说。他指出,当学生们有机会进行可懂语言输出时,他们便能够最有效地掌握这门语言。"可懂输出"假说对我们的外语教学内容提出的要求就是:教学内容务必围绕外语学习者的生活实际,这样他们才有用这些所学去表达的机会。在"可理解性语言输出"假说里,学生们需要有一个语境让他们尝试会话。语言输出让学习者有机会检验关于目的语语法的种种假设。这样通过语境"逼"出合法句子的生成,符合幼儿语言发展的科学规律。

我们展示的 S 老师这堂课热身、复习旧课、新课操练、绘本阅读、新知输出的比例为 8:12:19:4:7。在前三个环节,学生达到了几乎 100% 的开口率。学生的语言输出以口语为主,辅以少量汉字书写。在口语输出中,孩子往往是在自然而然或者条件反射下被老师引导着输出汉语词汇或句子。弗兰克·史密斯说语言是后天在社会活动中形成的才能。在课堂中操作一些简单的社会活动,使学生用目的语构建社会关系,能激发学习者的学习主动性。

S 老师根据自己朴素的经验实践着这一理论。自然的家庭对话是孩子习得母语的主要方式,S 老师的课基本上是全中文、在真实的情境中展开的师生对话,而且这些情境都是有趣、生动、富有感染力的。如,课堂开始时,老师用互相用汉语打招呼问好来组织教学。玩游戏分组时,让学生学习中国孩子常说的"手心—手背"或者"石头、剪刀、布"。在课堂管理上 S 老师尽量使用汉语,并且刺激其他孩子也使用汉语共同管理课堂秩序。① 最后布置作业环节,采用孩子一一上台领作业的方式,让孩子有一一用汉语和老师单独交流的机会,让孩子对同学、同学家长用汉语的礼貌用语。在潜移默化中,孩子们用汉语进行生生交际和师生交际,培养学生的汉语思维,使学生越来越接近汉语的表述习惯,保证了课堂"无时无刻不汉语"的状态。

孩子在焦虑感低的环境下才能最好地掌握语言。孩子一般更多地把注意力集中在语义上而不太关注语法的正确与否。因此在学生输出汉语时,S老师避免直接纠错,在指挥和控制下,让学生通过完成适合其发展阶段的活动掌握语言,这值得我们借鉴。比如学生将汉字"两"读作"二",S老师摆手说"不对",随即唱跳其教授过孩子的《两只老虎》。通过儿歌情境让孩子把汉字"两"与口语中的双数联系起来,用一种已知汉语资源起到自然纠正的效果。

霍华德·加德纳和托马斯·阿姆斯特朗提出了八类智力类型。除了我们普通教育体系中长期重视的语言和逻辑数学智力外,还包括空间、运动、音乐、人际关系、内向个体和自然主义等六种多元智能。多元智能的教育理念强调课程模式多元化、课程设计个性化和课程实施的情境化,强调应以个人为中心,考虑学生的个性差异,挖掘学生的内在潜能,体现人与人之间的智能差别。在不同智能上表现突出的孩子,可以充分利用他们的独特才能,应用不同的课堂活动去发展语言。如运动智能突出的,会偏好全身反应法,人际关系智能突出的会偏好小组作业或搭档合作,音乐智能突出的会热爱歌曲和童谣等。每个孩子往往都有多方面的智能,所以我们的课堂也应该在多元智能上充分活跃起来。

S老师对多元智能理论比较熟知,加之长期的幼儿教育经验,她在汉语课堂上也会采用唱跳、描摹、顺口溜、儿歌、绘本共读、看汉字画图等适合幼儿的多元化方式。如组织教学所用的《你好歌》,由非音乐科班出身的S老师亲自编创。在绘本阅读或者词语学习等新知输入后,背景音乐烘托气氛、鼓励学生上台表演等,用不同方式调动学生学习积极性,以满足学生不同的学习兴趣和习惯。

五、余论

我们十分感谢S老师和该幼儿园愿意开放自己的课堂供我们观察和研究。在对这个西班牙幼儿课堂为期12课时的课堂观察后,我们有几点感触:

1.非目的语环境下的低龄汉语教学如幼儿汉语教学大有可为,而且前景广阔。作为汉语的母国,我们的相关教学科研工作者可以更多地关注这一领域,促使这一

---

① 请参考本文第二节管理Diego的案例。

事业的蓬勃健康高质发展。

  2.在这项事业中,作为一线汉语教师,应该掌握的知识技能除了跨文化交际、外语、汉语本体、二语习得、教育技术等之外,还需要有幼儿教育理论和技能。因此对老师提出了更高的要求。如果我国进行短期师资输出,有必要充分沟通清楚教师到任后的具体工作岗位。如果是有幼儿汉语教学的需求,则在选拔和配备师资时要有适合的人才资源。如果人才资源不足,则可以在汉语国际教育专业增设儿童教育学等选修课程。S老师由于在知识技能储备以及经验上具有幼儿外语教学的良好基础,同时又是操普通话的台湾人,有着母语者的语言基础,所以才能较好地胜任当地幼儿园汉语教学。

  3.目前在我国乃至全世界,幼儿英语教学都有很多成功的模式和资源可供借鉴。次通用语方面,如幼儿法语教学、幼儿西班牙语教学方面,也有很多可供参考的做法和教材。所以幼儿教育研究者和外语教育研究者可以通力合作,借鉴参考已有的其他语种幼儿教育先进成果,为我所用,以达到高效对接海外幼儿汉语教学需求的目的。

参考文献

  [1]高月梅.儿童心理学.浙江教育出版社,2003.

  [2]姜琦.美国儿童汉语课堂的趣味性.浙江大学硕士学位论文,2010.

  [3]玛利亚·蒙台梭利.蒙台梭利教育法.霍力岩等译.中国人民大学出版社,2008.

  [4]海伦娜·柯顿(Helena Curtain)等.语言与儿童.外语教学与研究出版社,2011.

课堂教学中"教"与"学"的有机融合
——记马来师资项目初级汉语综合课的一次教学尝试

方　杰

【内容摘要】　国外第二语言教学设计主张在考虑语言学习和语言习得特点的前提下,把语言使用的原则作为第二语言教学设计的基础。本文以初级汉语课堂教学为例,论述在"以学生为本"的教学设计模式中如何为学生的语言能力和专业技能的构成和发展提供良好的机会;如何利用现有课堂为马来师资项目的留学生搭建一个教学体验的平台,把专业技能的传授融入到语言教学中,使他们在学习汉语知识的过程中,从最初阶段就开始尝试教学、积累经验,并注重培养学生观察与分析任课教师教法的意识,为四年级的毕业实习打下一定的基础。让学生在汉语课堂中真正做到把"教书"与"学习"有机地融合。

【关键词】　汉语综合课　马来师资项目　留学生

引　言

一个好的课堂应该是多样化教学的融合,是知识传授的地方,是育人的地方,是教师基本技能展现的地方,是教师人格魅力表现的地方。

国家汉办《国际汉语教学通用课程大纲》(2008)指出:"国际汉语教学课程的总目标是,使学习者在学习汉语语言知识与技能的同时,进一步强化学习目的,培养自主学习与合作学习的能力,形成有效的学习策略,最终具备语言综合运用能力。"[1]

---

① 国家汉办. 国际汉语教学通用课程大纲[M]. 北京:外语教学与研究出版社,2008.

综合课是对外汉语教学中的一门核心课,占有了一席重要之地。那么综合课上,在培养留学生的汉语表达能力的同时,针对师资专业的留学生又该怎么培养他们的教学技能,使他们在获得语言知识的同时,又能提高专业技能素质与修养,这是一个值得思考的问题。将二者有机地融合,需要我们在课堂中去尝试。

一、汉语综合课的界定

综合课的教学过程可以分解为组织教学、复习、讲解生词、语法、课文等环节,各环节的教学包括教学步骤和教学行为两个维度。对于汉语综合课的界定,许多专家有自己的独到见解。

李忆民(1988)认为,中级汉语课堪称中心课,其他诸如听力、口语、阅读等都是它的"卫星课",都是侧重某一方面,专一性的,唯独中级汉语课(综合课)是全面性的、综合的、概括性的。这门精读课除介绍一些汉语知识外,主要是进行听、说、读、写综合技能的训练,着重交际能力的培养。

杨寄洲(1991)认为,中级汉语精读课的主要特点是:教学内容上,以词语和词语结构为教学重点;介绍文化知识,但中级汉语课既不能上成语言知识讲授课,也不能上成文化知识的讲授课。训练内容上,重在成段表达能力的训练;突出口语能力的训练,以"说"刺激和带动其他三项技能的提高;加强语调训练、学习方法上,培养学生自觉主动地学习;强调预习。

岑玉珍(2001)认为,作为本科学历教育的课程,应强调学生的专业素质的培养,重视其具备扎实、系统的汉语知识基础,有一定的语言理论修养,具备比较完整的知识结构。

李泉(2010)认为,从课程设置上看,综合课在分技能设课的教学模式中,是一门核心课、主干课,一门汉语技能训练课;从课程任务上看,综合课承担语言知识教学和语言技能训练的任务,其基本特点是综合传授语言知识,综合训练听说读写等语言技能。从综合课教学的实际情况来看,对综合课的教学实施很有针对性和指导性。

二、初级汉语综合课的特点

初级汉语综合课是对外汉语教学的核心课程,其目的是为了让初级汉语学生在短时间内掌握语言技能,以便更快地适应中国的生活,为以后的专业课学习打下基础。从根本上讲它是一门综合技能训练课,其主要特点一是综合性,即综合传授语言文化知识,综合训练语言技能;其二是实践性,综合课的最终目标不是为了让学生掌握语言理论知识,而是掌握运用语言的实际技能,而交际能力的培养必须通过语言实践。

初级汉语综合课是高强度的教学,它具体有以下几个特点:

第一,在"听说读写"四项技能并重的前提下,突出听和说的训练。

在初级阶段,汉语综合课要突出听说技能,并且适当地将听说领先。但是同时,读写技能的教授也一定要跟上,这是符合语言学习规律的。

第二,在重视语音模仿的前提下,与理论讲解相结合。

在初级综合课中,语音教学应该从易入手,由易到难;以新带旧,以旧引新;音形结合,循序渐进。在教学过程中始终渗透语音教学,让学生养成听录音跟读的好习惯。

第三,以词汇教学为主,同时也要重视语法教学。

初级汉语综合课的教学必须以词汇为主,因为语法的掌握、语义的表达、语用的运用都离不开词汇的累积。另外,初级阶段的汉语学习者汉语水平低,在学习语法知识的时候,尽量以表格、公式的形式展现语法结构,解释语法要点,让学生一看就懂,一学就会。

第四,加强汉字基本功的训练。

在初级汉语综合课上,汉字学习的主要任务是要使学生了解笔画,了解笔顺和汉字的间架结构,可以鼓励学生多多利用字帖描摹基础汉字书写,加强汉字的笔顺训练。

三、"以学生为本"的课堂教学设计理念

(一)"以学生为本"的教学意义

建构主义强调,学习是学习者对知识体系在原有情境基础上的主动建构过程。[①]教学是一个"教"与"学"以及两者之间的互动过程,是以学生的学为本、以学生的发展为本的过程。在这个过程中,让学生充分体会到自己是课堂教学的主人,使他们真正实现在快乐中学习。

在"以学生为本"的课堂教学组织中,教师不仅仅是知识内容的传播者,其作用还在于激发学生自身的学习动机和兴趣,鼓励学生主动学习和探索,是学习方法的引导者,是学习氛围的营造者。

在"以学生为本"的课堂教学模式中,使所有与教学相关的活动都围绕着学生这个主体来开展,以学生的发展为根本,重视学生的主体意识,激发学生的探究欲

---

① 崔景贵. 建构主义教育观述评[J]. 现代教育科学,2002.

望,营造课堂互动活动,从而使课堂教学的有效性能够充分得到提高。

(二)"以学生为本"的教学策略

"以学生为本"的现代课堂教学设计应以当代杰出的美国教学设计理论家 R. M. 加涅所倡导的"为学习设计教学"理念为框架,首先应着眼于学生本体,根据学生的实际学习起点来确定适应于学生学习的教学起点,从原本的以教为本位的教学转向以学为本位的教学。

这就要求教师要明确课堂教学是为服务于学生的有效学习而设计的。

其次,从原本的以书本知识为本位的价值观转向以学生发展为本位的价值观。这就要求教师把传授书本知识服务于促进学生的发展,重视主动学习在教学过程中的决定作用,关注学生的收获和主观能动性,使学生能够得到个性鲜明的、全面和谐的发展。

"以学生为本"的教育理念,在教学内容的组织、教学方法的运用、教学组织形式的确定以及教学环境的创设等方面更加尊重学生的主体地位。[①]

四、初级汉语综合课中课堂活动的设计与实施

我院本科留学生一年级汉语综合课的教材一直沿用的是由杨寄洲主编的《汉语教程》第二册和第三册。此套教材的指导思想是以语音、语法、词汇、汉字等语言要素等教学为基础,通过课堂讲练,逐步提高学生听说读写等言语技能,培养他们用汉语进行社会交际的能力。

但是,对于本人所教授的教学对象,不仅要教授他们的语言基本知识,而且还要把语言教学的基本知识传授给他们,因为他们是未来的汉语教师。在开始教他们的第一天起,本人就有意识地把教学的基本步骤、基本方法、操练的基本手段等循序渐进地介绍给他们,让他们在课堂中除了学习语言知识以外,还要学习老师的教学方法和技巧,培养他们观察各课老师授课方法的意识,为将来的教师职业打下基础。

(一)教学实践课的设计

鉴于对外汉语综合课的理论以及学生专业背景的特殊性,本学期在本班的初级汉语综合课上进行了一次教学实践。特别安排了一课书,让学生们先预习,然后做小老师,给全班学生进行讲解。之后,我再就学生讲解中的不足进行补充与复习。让学生在"讲"中学,在"讲"中练,而且在"鉴赏与实践"过程中完成人生的第一

---

① 李蔚,周杰,段远源. 研究型大学多模式、个性化教学评价体系的建立和发展[J]. 清华大学教育研究,2009.

次试讲。

1. 教学材料

本次安排学生试讲的内容是杨寄洲主编的《汉语教程》第三册(上)中的第三课《北京的四季》。安排此课的缘由主要有两个方面：一是此篇课文内容完整,自然段落相对独立,便于拆分和分派教学任务；二是课文背景知识学生较为熟悉,因为来华留学已经一年多了,对北京的四季有了初步的感性认识,所以试讲起来会相对容易一些。

2. 教学对象

本班学生均是来自马来西亚师资培训项目的一年级本科留学生,是马来政府奖学金生。他们一年前来到中国,汉语水平都是零起点,经过一年的预科语言专项培训,现在是具备 HSK 四级的初中级水平。在四年本科毕业之后,他们都要回到马来西亚,会被分配到公立的中小学做汉语教师。

(二)教学实践课的实施

1. 教学任务安排

本班共有学生 17 名,按照课文的结构,把他们分成了四组,分别讲述春、夏、秋、冬四个部分,内容包括生词、语法和课文的处理。

2. 教学课时安排

给学生设定的时间是用两个课时来完成本课文的讲解,一共 100 分钟,平均每组 25 分钟。

3. 教学任务要求

要求各小组分派本小组成员的教学任务,要求既独自作战又集体协作,小组成员讲解内容要有连贯性。

4. 教学总结

要求学生在讲解完自己的部分之后,认真聆听和学习其他同学的授课,而且交一份教学反思,并评价一个印象最深的讲解。

五、课堂教学实践的总结与反思

通过这次教学实践的尝试,不论是老师还是学生本人都收获颇丰。尤其是学生们,他们对这次自己的首次教学亮相都印象深刻,并且写出了自己的独到感受。

(一)教学活动总结

这次课堂中的教学实践,每个学生都表现得非常出色,他们备课态度积极,试讲认真,运用的教学手段也很丰富,有用PPT的,有用卡片的,有用画图的,有用游戏的,还有用食物奖励的等等。学生们讲得认真,听得仔细,台上台下配合默契,一问一答有张有弛,俨然一个个都是成熟的小老师,课堂气氛也相当活跃。他们学会了用启发式进行提问,并注意到了学生的开口率,充分显示出他们当教师的潜质,也具备了一些教师的基本素质。

因为这个班是刚刚组建三个月的,他们9月份才从预科班升入本科学习。通过这次试讲练习,同学们增进了相互间的了解,增强了集体的凝聚力。小组成员互相帮助,通力合作,顺利地完成了本次教学任务。

在这次教学实践中也暴露出了一些问题,比如,学生对课堂时间的把控能力还不强、对语言点的理解还不够准确、对于课堂中的应变还不能自如应对等。但整体来讲,这次活动对于提高学生的自信心、语言表达能力、总结归纳能力和团结协作能力都有所锻炼和提高。

(二)学生自己的反思

因为本班有17名学生,由于数量较多,现列举几个有代表性的反思。

1. 吴晓蜜同学的反思:

"这是我第一次讲课,十分紧张。前一天,我的小组一起商量,认真地准备。我看其他同学讲课的时候,觉得自己比不上他们,特别紧张。我发现自己声音有点儿小,说得不太流利,最主要的是因为紧张,忘了一些事情。我带同学读课文,他们读得好,但是声音有点儿小,这是我的错。我讲课的时候有一些缺点,但是我觉得还可以。我觉得我比以前更好,现在我没有以前那么害羞,这个经历让我提高了我的自信,我也可以发现和纠正我的缺点。谢谢老师给我们这个机会。"

"我最喜欢娜吉哈老师,她讲得很清楚,用简单的话,准备得很充分。她问问题让我们自己思考。最主要的她很有自信。"

2. 阿蒂卡同学的反思:

"我非常开心有机会当一个老师,我觉得教自己班的同学是一个很好的活动。这个活动给了我一个很难忘的经历。以前,我根本不知道怎么当一个很好的老师。现在我发现了当一个好老师不是很简单的事情。我需要让同学们对我的课感兴趣。我觉得跟同学们交流的方法是最重要的。这个活动对我们的汉语有好处,而且会提高我们的自信。"

"对我来说,同学们讲得都很好,很清楚。我最喜欢璞蕊儿的方法,她的游戏很好玩儿,而且很有意思。我也喜欢芳婷的方法,她用卡片给大家介绍课文的生词。"

3. 舒美同学的反思:

"第一次听老师说我们需要讲课的时候,我很紧张,因为我自己觉得我不会做得好。我跟我的小组认真地做了准备,我们自己决定要讲什么部分。我想讲生词,就是'轻松'和'显得'。听起来很容易,可是我想起来了,如果我的学生问我'轻松'和'放松'或者'显得'和'看起来'的区别时,我该怎么办?我也还不太清楚。我很着急地问我的中国朋友和我的同屋闵素素。"

"刚讲课时,我觉得很紧张,但是越来越轻松了。学生听懂的时候,我感觉特别开心。如果他们听不懂的时候,我还是积极给他们讲。那时候,我才知道当一个老师一点儿也不容易。老师必须做好准备才能流利地讲课,用简单的语言回答学生的问题。当一个老师也不能随随便便地对学生不好,一定要让他们放心,鼓励他们继续学下去。"

"我觉得讲课讲得最好的要数璞蕊儿了。因为我觉得她的方法很好。边预习课文,边做活动。她想了一个很好的活动,这个活动小学生感兴趣。如果他们一直听老师讲课,也许他们会很无聊,小孩子嘛,当然坐不住。他们很喜欢玩游戏。这样的活动让他们觉得汉语课越来越有意思。要是学生回答得很好的话,璞蕊儿也给学生巧克力,所以他们不但积极地回答老师的问题,而且认真地听老师讲课。这种方法我印象很深。"

4. 璞蕊儿同学的反思:

"首先试讲时,我有什么感觉呢?第一个是当然紧张!我觉得每个人会这样。但是,如果已经准备好,那就没有问题啦。第二个就是我觉得特别兴奋。为什么呢?因为我们早就知道,我们本来会当一个汉语教师。但是我还得等到五年以后,我们的愿望才可以实现。所以这个活动把我们的愿望早早地实现了。可以当一次老师,而且还有中国老师来帮助我们。"

"我觉得这个活动有很多好处,而且也帮我们很多。试讲前,我们做了很认真的准备。一起讨论要当什么样的老师,什么样的老师会比较好呢?要教学生什么呢?什么样的教法对学生比较合适?我们都考虑。如果我们这样教,学生们会不会听明白?还是听不懂?我们不但可以练习汉语,而且也可以了解很多。"

"最后,老师,我非常感谢您!因为经历了这个活动,所以我已经有很多关于当老师的经验。我希望如果以后真的当老师的时候,我可以做个好老师。我想跟您一样,对学生们非常熟悉,讲课也能讲得非常棒。我才知道,要当一个老师是多么不容易。"

5. 芳婷同学的反思:

"那天,我们班每个人当了一次老师,真的很好的机会。而且,我们未来肯定会当一名汉语老师,所以应该抓住这个机会。从现在开始练练当老师,真的对未来工作的感觉有大的帮助。首先,我觉得这个任务很难干,但是老师常说在学习中别怕出错。错就错了,以后别再错一样的问题。这个也是一种学习的方法。"

"对了,要当一个老师不是那么容易。没有人能随随便便当老师。上课前,应该好好儿准备要讲什么。预习的时候,我要明白生词的用法、语法的用法等等。让我更动脑子了。讲课的时候,我感到有点儿遗憾。因为我说汉语说得不太流利。学会的生词也没有那么多。声调还有问题,这个情况是我自己发现的。希望我会慢慢地进步,说汉语说得比现在好。"

"每个同学有自己教的方法。但是舒美给我的印象很深。她用 PPT 来讲,讲的时候很清楚,我容易明白,说得不快不慢。我听明白她的意思,我一边听她的话,一边记下来。她只有一点点的问题嘛,就是她的声音有点儿小。虽然我明白她的课,但是说实话我有点儿困。其他的方法没问题了。"

六、对马来师资培训项目留学生教学能力培养的建议

(一)注重项目特点,突出技能培训

鉴于学生的专业方向特点,要在课堂教学中适时加强教学技能的讲解与传授,并在教学时间允许的情况下,为学生创造练习的机会,力争给学生多搭建一些体验的平台。

从学生的个人反思来看,这次的教学试讲活动还是深受学生欢迎的。他们在整个活动的前前后后都受益匪浅,对他们今后的职业发展也起到了一定的促进作用。通过亲身的体验,深深地体会到了当老师的不易与艰辛,也清醒地认识到了自己学习上所存在的不足。同时也深刻地认识到了要想当一个好老师,就必须要踏踏实实地从当下开始。

(二)因材施教,从头抓起

因材施教、个性化教育可谓是教育的最高境界,是素质教育的核心,也是人尽其才的源头与根本。

个人认为,对于师资专业的学生来说,教学技能不能从三年级的专业技能开始教学,应该从大学一年级的课堂中就开始渗入,教师有意识地讲解语言点和语法术语以外,还要有目的地进行教学基本步骤的介绍和教师基本素质的培养,如学生自信心的培养、自我修养的提高等,起到示范作用。让学生有意识地去聆听每一节课,学习、分析教师上课的教学方法,从而能从模仿开始做起,并给学生在课堂实践的机会。比如,给学生布置讲解中国文化或成语的教学任务,给学生限定讲授时间,并要求他们采用一定的教学辅助手段,如 power point、视频资料等。

(三)以学生为本,加强课堂实训

以学生为本的汉语教学,应当注重实践,教师在课堂上开展多种多样的活动,切实彰显学生的主体作用。教师在课前应当对课堂教学内容进行精心设计,依托一些具有实践性的教学活动来引导学生积极参与,有效地调动学生学习的主动性,

使"教"与"学"能够进行有机的实施与互动。

构建活动型的课堂,让学生均能有兴趣参与其中,充分调动课堂气氛。教学过程应以学生的综合发展为本,以促进学生语言技能的全面发展。在教学中,教师应加强与学生的沟通与互动,使学生积极踊跃参与教学活动,营造出一个轻松而愉快的学习环境,从而提高学生的学习效率。多开展表演式及体验式的课堂活动,不仅能满足学生的表现欲望,使他们能够学以致用,而且能够使他们产生学习目标感和任务感,从而能够更加有效地提高教学效果和学习效果。

结　语

第二语言教学注重把语言交际能力的构成和发展看成是多种成分互动发展的过程,并且在教学设计模式中贯彻,以便为语言能力多个成分的发展提供机会。教学设计是课堂教学最核心的内容,它是连接认知心理学、学习理论、教学理论与教学实践的桥梁。在对留学生的教学过程中,教师应根据学生的个性特点、文化特点以及专业特点等因素,从学生的实际出发,使教学内容的深度、广度以及教学过程的进度等都能适合学生的知识水平和接受能力,使每个人的各项语言技能和专业技能都能得到发展。

"因材施教"这一教育教学原则如今被丰富和延伸了,于是就出现了"以学生为本"的个性化教育、分层次教学等教学理念。通过这次教学尝试,不论是老师还是学生,都取得很大的收获。教师本身丰富了教学内容,增加了师生互动活动,加强了班级的凝聚力。学生们培养了自信,锻炼了语言表达能力和教学能力,听、说、读、写等四个方面的基本技能也都得到了锻炼;同时也发觉了自身的不足,并且看到了今后要努力的方向。

但是这种教学的尝试,需要主客体的因素都具备的情况下方能顺利进行。一要考量留学生的汉语能力,是否具备驾驭课堂授课的能力;二要看教学进度是否允许教师进行这样的课堂活动设计。

总之,对于因材施教,我们需要在实践上不断创造条件和积累经验,方能在一定程度上进行实施。开展有效的教学活动,要尊重多元文化的背景,进而深入认真地去了解、认识和把握不同国家学生的特点。只有不断满足留学生学习汉语知识的强烈愿望,才能确保他们的学习能够取得成效,这才是"以学生为本"这一教学原则的有效体现。

参考文献

[1]岑玉珍.汉语言专业本科生的培养及精读课的任务[A].中国对外汉语教学学会北京分会第二届学术讨论会论文集.北京语言大学出版社,2001

[2]崔景贵.建构主义教育观述评[J].现代教育科学,2002.

[3]崔永华,杨寄洲.对外汉语课堂教学技巧[M].北京:北京语言大学出版社,1997.

[4]李泉.汉语综合课的性质和探论[J].海外华文教育,2010(3).

[5]李蔚,周杰,段远源.研究型大学多模式、个性化教学评价体系的建立和发展[J].清华大学教育研究,2009.

[6]李忆民.试论中级汉语教学——兼评《中级汉语教程》[J].语言教学与研究,1988(2).

[7]阮静.在对外汉语教学中把握"以学生为本"原则[J].教育与职业,2010.

[8]杨寄洲.谈中级汉语课堂教学的原则与方法[A].中高级对外汉语教学论文选.北京语言学院出版社,1991.

[9]国家汉办.国际汉语教学通用课程大纲[M].北京:外语教学与研究出版社,2008.

[10]R. M. 加涅等著.教学设计原理[M].皮连生等译.上海:华东师范大学出版社,1999.

[11]Bruce Joyee. *Models of Teaching*. Education Company,2000.

[12]Yalden. *Principles of Course Design for Language Teaching*. Cambridge University Press,1987.

近代日本汉语现代文教材探析

侯红玉

【内容摘要】 近代日本实行对外扩张政策,汉语现代文教育随之起步。一批传统汉文教育学者投入到汉语现代文教材的编写中。这一时期,作为书面语的汉语现代文迅速发展,成为和汉语口语并行的近代日本汉语教育的两大支柱。汉语现代文教材不仅出版数量大,而且往往从中国报纸上的文章等汉语原文中取材,以实用性为原则,以提高文书翻译和读写能力为目的,力图对中国时事进行全景式解读,具有鲜明的时代特征,其编写方式对现代汉语报刊阅读教材的编写具有参考价值,同时也丰富了国际汉语教育教材史的研究。

【关键词】 近代日本 汉语 报刊 作文 教材

前 言

甲午战争以后,日本在军事、外交和工商业等方面对中国采取扩张政策,日本社会对汉语人才产生了大量需求,掀起了汉语现代文教育学习热潮。一批传统汉文教育学者从中国古代典籍的研究转到汉语现代文教材的编写中,使汉语现代文成为和汉语口语并行的近代日本[①]汉语教育的两大支柱。这一时期汉语现代文教材出版种类多,注重实用性和现实性,内容上往往以中国报刊为取材来源,涉及面广,着力全方位解读中国现状,其选文方式和编写风格具有鲜明的时代特征,对现代汉语报刊和作文教材的编写具有借鉴意义,同时也丰富了国际汉语教育教材史的研究,此外,这一时期的教材还及时反映了中国1917年文学革命的动向,特别是对作为文学革命成果之一的白话文运动进行了思考、评价和选择,因此,这些教材

---

① "近代日本"指的是1868年日本明治维新至1945年日本战败这一时期。

同时也是白话文海外传播史研究的珍贵史料。对近代日本汉语现代文教材,日本学者六角恒广进行了汇集,其成果是《中国语教本类集成》和《中国语关系书书目》,另外,其《中国语书志》对这一时期的几本教材进行了简要述评,并在其《日本中国语教育史研究》中有些许评价,而中国国内却罕有学者关注这方面研究,仅见杨颖虹《〈時文研究:支那①新聞の讀み方〉の研究》一文,该文从《中国语教本类集成》中抽取了一篇教材,从选文、语言项目安排和编写方式等方面进行了个案研究。国内学界尚未有学者关注近代日本汉语现代文教育的整体面貌,本文在文献调查的基础上,从教材建设的视角,揭示近代日本汉语现代文教育的历史轨迹,管窥其发展全貌。

一、近代日本汉语现代文的界定及产生的历史背景

(一)近代日本汉语现代文的界定

近代日本汉语现代文发端于尺牍,即汉语书信类文体,之后发展为"汉语时文",也称"汉语现代文"(为用词统一,以下统称为"汉语现代文"),其内容是中国政府公文、中国刊发的报纸上的文章、中国人半公半私的信函及商业广告等。从结构上看,近代日本汉语现代文教材一般包括以时事中国为内容的报刊阅读和作文两部分。

(二)近代日本汉语现代文产生的历史背景

从明治时期到1945年战败,对外扩张成为日本国策,尤其在甲午战争中获利和在日俄战争中取胜,更是助长了日本当局的野心。之后,随着侵华战争升级,日本社会对通晓汉语的人才产生了迫切需求,推动了汉语教材的发展。这一时期,除了出版了大量汉语会话教材以外,对公文翻译、书面语读写人才的需求使汉语现代文教材的种类也迅速增加,汉语现代文成为和汉语会话并行的近代日本汉语教育的两大支柱。②

---

① "支那"一词有蔑视中国之意,为保持历史原貌,本文对含有这一词的书名未做改动,特此说明。

② [日]六角恒广.日本中国语教育史研究.王顺洪译.北京语言学院出版社,1992:97.

二、近代日本汉语现代文发展概况

(一)教材种类出现了量的扩张

据调查①,1901—1945 年间日本人出版的汉语现代文教材为 146 种,在当时的出版条件下,数量是很可观的,而且其中有不少教材多次再版,足见社会对该类教材的大量需求。这一时期汉语现代文教材有以下几个特点:

1. 很多教材来自课堂讲义或广播讲座

这一时期很多汉语现代文教材是在日本人开办的各类教学机构课堂讲义的基础上整理而成的。如 1903 年出版的《支那时文讲义》来自早稻田大学文学科讲义,1918 年出版的《支那时文类编》来自东亚同文书院(日本人于上海开设的汉语教育权威机构)的讲义,1919 年出版的《善邻书院支那语讲义录》来自善邻书院(日本国内汉语教育中枢)的讲义,而 1940 年出版的《支那现代文讲座详解》来自日本放送出版协会的广播讲座。说明这一时期汉语现代文教育已经纳入到了各类学校的教学,并通过广播渠道向日本民众推广。

2. 教材编写队伍来源多样

这一时期很多汉语现代文教材的编写者是来自日本汉语教学一线的教师,其中不乏知名汉学家,如《支那现代文教本》(1924—1936 年间印刷了 8 版)的作者井上翠,就是大阪外国语学校汉语教师,编写了三部汉语辞典和多部汉语教材,有日本汉语学界第一人之称。教材的编写队伍中除了个人以外,还有一些民间团体,比如,国语汉文研究会和大东文化协会等。另外,作为官方组织的文部省普通学务局也组织学者编写了《支那时文讲习教材》。可以说,这一时期汉语现代文教材的编写得到了日本社会的广泛关注。

3. 教材出版方以日本国内出版机构为主,兼及日本在中国的出版机构

这一时期绝大部分汉语现代文教材在日本出版,仅有少量几部来自日本在中国建立的代理机构,如位于大连的善邻社及大阪屋号、位于上海的东亚同文书院等。出版方中不乏一些权威机构,如文求堂、善邻书院、东亚同文书院等。

---

① 本文有关近代日本汉语现代文教材的统计是基于以下资料整理而成的:[日]六角恒广,《中国语教本类集成》,不二出版社,1996—1997;[日]六角恒广,《中国语书志》,不二出版社,1994 日本国立图书馆 http://dl.ndl.go.jp/search/searchResult?featureCode=all&searchWord=支那時文&viewRestricted=0;日本国立情报学研究所 http://ci.nii.ac.jp/books/search?advanced=false&l=en&q=支那時文。

4. 从教材出版的年度分布看(见表1),教材数量的变化与日本对外扩张的步伐一致

近代日本最早的汉语现代文教材为1901年1月伊藤松雄编写的《清国时文纂》。之后,几乎每年都有新教材出版,1904—1905年,日俄两国为攫取朝鲜半岛和我国辽东半岛的控制权,在我国东北爆发了日俄战争,在此期间,汉语现代文教材出版了7部,为1901—1910年教材出版的一个小高峰。1901—1930年30年间,日本人出版的汉语现代文教材共52部,而1931年九一八事变之后到1945年日本战败的15年间,共出版91部,其中,高峰期出现在1938—1940年,三年累计出版53部,超过了1901—1930年30年间出版数量的总和,说明随着日本侵华战争的升级,汉语现代文教育达到了高潮。除了教材种类增长以外,开成馆等4家出版社还于1935—1939年首次出版了5套与教材配套的教师用书,反映出这一时期教材编写正在朝精细化、系统化方向探索。

表1　1901—1945年日本人出版的汉语现代文教材年度分布

年度	教材数量（单位:部）	年度	教材数量（单位:部）	年度	教材数量（单位:部）
1901	3	1919	3	1934	4
1902	1	1920	1	1935	7
1903	1	1921	2	1936	6
1904	3	1922	2	1937	3
1905	4	1923	2	1938	13
1906	2	1924	2	1939	30
1907	1	1926	3	1940	10
1908	2	1927	2	1941	4
1910	1	1928	1	1942	3
1912	2	1929	3	1943	1
1914	1	1930	3	1944	1
1915	2	1931	2	1945	0
1916	2	1932	4	不详	2
1918	3	1933	4		
合计			146		

(二)辞典和相关刊物相继出版

这一时期,除了汉语现代文教材种类出现了量的扩张以外,还出版了《支那时文新辞典》等5部专门用于汉语现代文学习用的辞典,其中,4部在1938—1941年

间出版或再版。另外,1939年7月开隆堂出版社还创办了汉语现代文月刊——《支那语と时文》,在发刊词中这样写道:"本刊旨在于当前形势下,深入解读中国和中国人。文部省要求全国中等学校及实业类中等专门学校开设汉语现代文课程。本刊是为了适应时代发展,满足汉语及汉语现代文学习者的需要。"[①]由这段发刊词可以看出,汉语现代文教育已受到文部省的高度重视,并纳入了日本中等教育和职业教育体系。

(三)汉语现代文被列入文部省中等学校教师资格考试和培训内容

近代日本汉语现代文教育的兴盛还体现在其被列入文检汉文科考试。所谓"文检",是指文部省1934年开始实施的中等教员资格考试,其中的汉文科考试有八项,汉语现代文被列在第一项,包括论说、报纸杂志记事、公文和书信等内容。[②]这说明掌握汉语现代文已成为文部省对中学教师的基本要求。与此同时,汉语现代文应试类书籍也应运而生,比如,1940年外语学院出版部出版了香坂顺一的《受验参考时文和译法(语型篇)》,次年又出版了《受验参考时文和译法(单语篇)》。

这一时期,"日本人对中国的关心空前高涨。成立了很多与中国相关的社会团体,私塾、讲习会和外语学校等机构也普遍化了,汉语教育在国民中迅速发展起来"。[③] 由于对汉语文书翻译和读写人才的迫切需求,1938年,文部省对全国中等学校的汉文教师开展汉语现代文培训,并于次年发文,要求加强师范学校、中学、实业学校高年级学生汉语现代文教育,以加强青年学生对现代中国的了解。实际上,在文部省发文之前,各类学校就有不少根据讲义编写的汉语现代文教材出版,表明汉语现代文教育早已纳入到不少学校的教学。

综上所述,处于草创期的近代日本汉语现代文教育得到了日本国家层面的重视和推动,这一时期不仅出版的教材种类多,汉语学者参与面广,教材、辞典、杂志和应试类书籍系统涌现,为以后的汉语现代文学科建设打下了基础,也培养了第一批汉语现代文教育学者。

三、近代日本汉语现代文教材的特点

处于草创期的近代日本汉语现代文教材有以下特点:

(一)以实用性为目的,不同于承载文化输入使命的古代汉文教育

日本古代汉文教育发端于中国典籍制度、哲学思想和宗教文化等方面的输入,

---

① 六角恒广.中国语教本类集成(第五集第三卷).不二出版社,1996:61—72.
② 六角恒广.中国语教本类集成(第九集第三卷).不二出版社,1997:336.
③ 六角恒广.日本中国语教育史研究.王顺洪译.北京语言学院出版社,1992:135.

其目的是引进中国文明,陶冶国民精神和提高人格修养。近代日本汉语现代文教育从实用性出发,把汉语仅仅作为交际工具,而疏于对中国经典作品和传统文化的关注。虽然近代日本汉语现代文的学习离不开一定的汉语古文基础,教学方式也在很大程度上沿袭了传统汉文教育的训读法,但其教育目标是提高汉语文书翻译和读写能力等实用技能,而非文明输入。

(二)有明确的学习对象

近代日本汉语现代文教材有明确的学习对象,这些对象可分为两类:一是希望了解现代中国的一般人士,二是各类汉语应试者。

这段时期影响比较大的考试是:满铁日本职员的汉语考试和关东厅日本职员的汉语考试。这两类考试分别于 1922 年和 1924 年开始每年举办一次。其中,满铁日本职员的汉语考试已经非常系统,分为模拟测试和实际测试两个阶段,试题由笔试和口试两部分组成,笔试包括翻译、作文、听写;口试包括会话、阅读、听力,测试结果分为 5 个等级。① 由于定期开展汉语测试,并根据考试等级每月发给补贴,因而促进了应试类汉语教材的发展。

(三)结构上由报刊阅读和作文两部分组成

日本汉文教育重视培养书写能力,因此,作文被列为传统教学科目,比如,日本近代在上海开设的两所汉语学校——日清贸易研究所和东亚同文书院都开设了作文课,而社会上也不乏专门的作文教材。但报刊阅读对近代日本汉语学习者来说,还是新鲜事物,虽然在日本汉语界占有重要地位的上海东亚同文书院开设了《汉字报纸》课,但当时日本社会对汉语报刊阅读的认识还未上升到学科建设阶段,因此,相关教材一般称为"汉语时文"或"汉语现代文",尤以"汉语时文"最为普遍,尚未以"汉字报纸、中文报纸或报刊阅读"命名,在结构上报刊阅读常常和作文编写在一起,说明报刊阅读还处于探索期,未形成独立的学科。

(四)选文全面,文体多样,以篇幅长度区分难度层级

1.选文全面

近代日本汉语现代文教材在内容方面视野广阔,政治、经济、外交、教育、法制、学术、技艺、文学、戏曲、音乐等均有涉及,甚至不乏市井生活,可谓取材深入细致。不仅反映中国国内事务及中国的国际交往,也非常关注中国报纸上有关日本的报道,如《日俄同盟成立》《排斥日本商号》《北京排日国民大会》和《日商要索赔偿》等。② 同时,对中国时事问题的关注有区域上的侧重,比如,在这一时期有代表性

---

① 六角恒广.中国语书志.不二出版社,1994:177-179.
② 田井嘉藤次.支那时文宝鉴.大同馆书店,1926:55,210,267;井上翠.支那现代文教本.文求堂,1924:246-247.

的教材《支那现代文教本》中,中国时事部分就多取材于当时日本人在中国活动的热点区域:北京、天津、汉口和中国东北等地区,这有助于学生了解上述地区的情况,毕业后到中国顺利地生活和开展活动。

除了选文全面,内容丰富以外,这些教材还对中国的社会动向予以关注,如,中国对古典思想的现代阐释、文学革命、白话文运动和政治纷争等都在教材中得到了体现。

2. 文体多样

近代日本汉语现代文教材文体多样,一般包括记事、公文(如"满洲国"总理的新年讲话和签署的政令、外交部的宣言等)、商业契约(如契据、借款合同和商业合同等)、广告、书信和论说等,甚至不乏市井奇闻怪事。这些教材一般直接取材中国刊发的报纸,很少进行加工,比如下面这两则广告:①

余屋分租	出售爱国布
内有厢房两间,晒台、自来水、电灯俱全,如欲租者,可进内面议。 本宅启	本宅出售自织爱国布,价廉物美,欲购者请入内面看。 本宅启

3. 以篇幅长度区分难度层级

由于这一时期语法和词汇等级标准尚未建立,所以难度层级往往以篇幅长度,而不是语法或生词难度来区分。比如,为了在内容上体现由易到难的顺序,《最新支那语教科书》②从简单的数字、单句开始,逐渐增加到 50 字左右的短文;《支那时文宝鉴》的课文则从十几个字的电报过渡到几百字的记事。

(五)阅读方式以"目读"为主

这一时期汉语现代文教学大多采用"目读"方式,即只采用日语固有发音(即训读)来解读文义,尚未以科学的汉语发音和语法理论体系为指导,③其原因是受传统汉文教育的影响,教学中没有把汉语当成英语或者德语那样的外语看待。以这一时期再版次数最多④的《支那现代文教本》和《批注支那时文阶梯》为例,尽管这两部教材的难度大,生词多,但生词只有日语翻译,均未注音,而稍晚一些出版的《支那时文宝鉴》试图对这一问题做出改变,以汉语发音直读代替训读,但可惜当时日本学界还未建立科学的汉语发音体系,所以只能以日语片假名标注汉语近似发音。

---

① 田井嘉藤次. 支那时文宝鉴. 大同馆书店,1926:381.
② 宫越健太郎,清水元助. 最新支那语教科书(第 5 版):时文篇. 外语学院出版部,1937.
③ 安藤彦太郎著. 中国语与近代日本. 卞立强译. 北京大学出版社,1991:87.
④ 根据现有资料,两部教材分别印刷了 8 次。

(六)部分教材书后还附有现代文学习的辅助资料

部分教材正文后面还缀有附篇介绍中国概况,因为这一时期中日民间交流还比较少,汉语现代文几乎是除了广播以外,日本国内了解中国的唯一渠道,因此附篇的内容往往比较丰富,甚至篇幅很长,如《支那时文宝鉴》的附篇长达36页。[①] 附篇一般涉及以下内容:中国的行政区域、各省简称、节假日及相关庆祝活动、军队兵种及军官级别设置、民族信仰及风俗(比如,龙神信仰、祭灶等)、生死观和道德思想等,以此提供有关中国的丰富的背景知识,并作为汉语现代文学习的辅助材料。附篇对正文进行了补充,便于学生自学,同时使教材对中国社会面貌进行了百科全书式的全景展示。

结 语

日本汉语现代文教育发足于近代,在日本对外扩张政策背景下,呈现出鲜明的实用性和时代性特点,既体现了与古代以文明输入为目的汉文教育不同的立场,也与同一时期以吸收西方科技文化为目的英语、德语和法语教育不同。[②] 近代日本汉语现代文教材对中国时事信息的深入挖掘和多维呈现对现代报刊阅读和作文教材的编写、对国际汉语教育教材史研究具有重要的文献价值,同时,这一时期形成了日本汉语现代文教育第一代阵营。战败后,日本开始对1945年以前的汉语教育,包括汉语现代文教育进行反思,从文化交流角度开展科学的汉语现代文教育,从而迈出了新步伐。

参考文献

[1]陈珊珊.亚细亚言语集——与十九世纪日本中国语教育.汉语学习,2005.

[2]孙立川,王顺洪.日本研究中国现当代文学论著索引.北京大学出版社,1991.

[3]杨颖虹.《時文研究:支那新聞の讀み方》的研究.吉林大学硕士学位论文,2008.

[4]六角恒广.日本中国语教育史研究.王顺洪译.北京语言学院出版社,1992.

[5]六角恒广.中国语教本类集成.不二出版社,1996.

[6]六角恒广.中国语关系书书目.不二出版社,1985.

[7]田井嘉藤次.支那时文宝鉴.大同馆书店,1926.

---

① 注:该教材正文为303页。

② 六角恒广.日本中国语教育史研究.王顺洪译.北京语言学院出版社,1992:Ⅰ-Ⅲ.

[8]竹内好.关于支那语的教科书,中国文学(78),1941.

[9]六角恒广.中国语书志.不二出版社,1994.

[10]井上翠.支那现代文教本.文求堂,1924.

[11]佐藤留雄.注解支那时文阶梯.同文社,1918.

[12]实藤惠秀.(汉文基准)支那现代文捷径.尚文堂,1933.

[13]宫越健太郎,清水元助.最新支那语教科书(第5版):时文篇.外语学院出版部,1937.

[14]青柳笃恒.评释支那时文轨范.博文馆,1907.

[15]日本国立图书馆 http://dl.ndl.go.jp/search/searchResult?featureCode=all&searchWord=支那時文&viewRestricted=0.

[16]日本国立情报学研究所 http://ci.nii.ac.jp/books/search?advanced=false&l=en&q=支那時文.

PPT课件在汉语综合课中使用的调查与思考

来静青

【内容摘要】 本文通过问卷调查的方式,了解学生对PPT课件教学的满意度和需求度,由此引发对PPT课件教学的几点思考,列举了PPT课件教学的优点和弊端;并从生词教学、语法教学、文化教学和汉字教学的角度,提出了针对不同级别学生使用PPT课件教学的几点建议。

【关键词】 PPT课件教学 汉语综合课 优势与弊端

一、PPT课件在汉语综合课中使用的问卷调查

本人近四年来一直担任D级别汉语综合课教学工作,很少使用PPT课件进行教学,除了重要的作家作品需要提前为学生做背景知识介绍,或者每逢中国的传统节日前,我才会用到电脑多媒体辅助教学。根据本人了解和从学生的评估成绩以及学生对老师的评语来看,只有极个别的学生提出过需要老师制作PPT课件的要求,(如果按照每个班16个人计算,"极个别"占1到2人)绝大多数学生对老师上课使用的方法是非常肯定的。

上个学期我第一次承担C班汉语综合课教学工作,根据C班老师们的建议,我开始准备PPT课件。本学期共学习10篇课文,每篇课文制作课件的平均张数为54张。学期结束的时候,我给本班学生做了一个简单的关于"汉语综合课教学中使用PPT课件的问卷调查",目的是了解学生对老师准备课件的满意度和需求度。

下表为学生国别情况:

国别	日本	韩国	比利时	德国	法国	缅甸	马耳他	墨西哥
人数	4	2	2	2	1	1	1	1

学生来源分别是,日本大东文化大学2人,目白大学1人,自费留学1人;韩国釜山外国语大学2人;比利时布鲁塞尔自由大学2人;德国巴伐利亚州Passau大学2人;法国自费留学1人;缅甸政府外交官1人;马耳他大学1人;墨西哥新来昂自治大学1人。从学生的来源和学生一个学期的学习情况、学习成绩来看,我们认为他们的综合素质是比较高的。

问卷调查主要涉及下面问题:

1. 在你的国家汉语课上或者其他课上,老师使用PPT辅助教学吗?

其中5位学生选择"经常使用",5位学生选择"一般使用",2位学生(缅甸和日本目白大学)选择"很少使用",2位学生(法国自费生和日本大东文化大学)选择"从不使用"。调查发现,即使是来自同一个大学的学生,此项选择也有所不同。比如:2位来自大东文化大学的学生分别选择"一般使用"和"从不使用"。2位来自韩国釜山外国语大学的学生分别选择"经常使用"和"一般使用"。2位来自德国Passau大学的学生分别选择"经常使用"和"一般使用"。

2. 在中国的汉语课上(包括口语课、选修课),老师们常常使用PPT课件辅助教学吗?

除了1位来自大东文化大学学生选择"只有少部分老师常常使用"以外,其他13位学生都选择"大部分老师常常使用"。由此可见,在中国的汉语课教学中,老师们经常性地使用PPT教学已经非常普遍。

3. 在汉语课上,你认为哪个部分的汉语教学使用PPT的效果最好?

6位学生选择"生词部分";7位学生选择"语法部分";只有1位比利时学生选择"练习部分"。没有学生选择"课文部分"。由此可见学生认为课文部分不需要PPT展示,练习部分也没有必要。生词部分和语法部分的学习借助PPT的效果会更好。

4. 你喜欢的PPT文字内容的颜色?

学生都选择黑色。因本学期老师PPT的本文都是黑色,生词在标题和句子中都采用红色字体。

5. 你认为本学期学习每课的生词时,关于图片数量老师准备得合适吗?

14位学生都认为合适。

6. 你认为老师上课时,一定要用/不一定要用PPT?并写出理由。

12位学生认为"一定要用PPT",他们的理由包括:

(1) PPT可以有效地帮助学生学习生词,特别是对于低水平的学生(A—C)。因为看到图片时,可以更清楚地理解生词的意思。

(2) PPT教学使我们学的内容更有意思,也容易理解老师讲课的内容。

(3)日语和汉语虽然有相同的词汇,但是意思并不一样,看到PPT图片展示的内容,马上就明白了,而且不容易忘记。

(4)PPT教学可以让学生更好地听老师讲解,如果没有PPT,学生会写很多笔记,这样的话往往记不住老师讲的所有内容,PPT让学习变得非常方便。

(5)老师把PPT发给我们,我们复习的时候非常方便,而且如果生病缺课的话,也可以自己在家学习,不会落很多课。

(6)有图片、视觉和颜色的PPT教学,可以提高我们的学习兴趣,使我们的学习更有效果。

只有2位学生认为"不一定要用PPT",她们是来自德国和韩国的学生。她们都认为"用黑板上课也很好,而且特别是讲语法的时候,用黑板上课可以更清楚地理解语法的意思"。这2位学生,在她们本国学习时,选择老师使用PPT的情况都是"一般使用",可以看出她们并不依赖PPT教学。

二、针对PPT课件教学的几点思考

随着近些年多媒体的发展,课件教学已经成为一种新的教学资源和教学手段,因此,对外汉语课堂教学中也需要引进并且研发课件教学,从而达到最大限度地发挥课件教学的优势,为我所用。

(一)PPT课件教学的优点

第一,课件教学为对外汉语教学带来了极大的方便。对外汉语教学对象具有多样性和复杂性。学生们来自于世界各国,他们有着不同的母语、不同的文化背景,有些学生甚至既没有汉语基础,也不通晓媒介语,师生沟通、生生沟通都非常困难。如果使用课件教学就简单方便多了,通过展示具体、生动、可感知的图片,学生很容易明白和理解,也可以增强师生之间的互动和交流。比如,课文中有这样的句子"生在苏州,住在杭州,吃在广州,死在柳州",如果不给学生辅助课件教学,学生很难理解这个句子表达的意思,即使理解了这些文化,恐怕记忆得也不会十分深刻,语言教学会显得乏味枯燥。

第二,课件教学为传统的教学增添了活力,既省时又省力。笔者认为语言教学离不开文化教学,各阶段的语言教学中都应该注重文化教学的渗透。课件教学的直观生动的特性为语言教学提供了很多便利,有很多用语言表述不清楚的教学内容,通过画面直观生动地传达给学生,便于学生的理解,调动学生的求知欲,为学生深入理解和强化记忆提供了真实和可靠的手段。比如:"吃醋"这个词汇,因其具有特殊的文化内涵,如果只是用口头表达的形式给学生解释这种文化内涵,对于C班学生恐怕难于理解,而借助多媒体课件辅助教学,教师先利用图片讲解"吃醋"这个词的引申义从何而来,然后利用动感画面展示"一个男人与一个漂亮的女人跳舞,这时男人的妻子来了,看到这一情景,显示出生气的样子",利用这样的手段,学生不但容易理解和掌握这个词的引申意义,而且生动的图像会加深学生的记忆力,达到理想的教学效果。

第三,课件教学可以最大限度地发挥学生联想思维的能力。传统的汉语教学更多地注重教师的讲解,造成学生被动地接受,甚至有些时候,有些学生根本没有理解老师所讲的内容,老师也没有及时地得到反馈,而使用课件教学则极大地调动了学生学习积极性,增强了课堂的互动效果,也可以提高学生的联想思维能力和创造性思维能力。比如,在讲到北京的名胜古迹时,教师会展示很多图片,比如:故宫、天坛、颐和园、圆明园、长城等,有的学生已经去过了一些地方,有的学生还没有去过,去过的学生为没去过的学生很主动地介绍,这种学生之间的互动比老师的介绍和说明显得更有意义。

第四,在笔者的问卷调查中,很多学生都会提到这一点,由于教师在课后会将课件发给学生,这样学生在复习的时候,非常方便,有时候学生因生病或者其他原因,不能来上课,PPT课件给了他们最大的帮助,减轻了他们的学习压力。

(二)PPT课件教学的弊端

任何事物都有两面性,PPT课件教学也是一样,教学实践证明,PPT课件教学也存在着一些不好的方面。

首先,课件的使用,将学生的注意力全部集中于PPT图片上。学习一个新词语时,往往是词汇和图片一起展示给学生,学生第一时间看到图片,可能会忽略甚至根本没有用心地听老师的解释。这种长时间看屏幕学习的状态,造成学生缺少自我思考的过程。这就好像电视和电脑带给人的负面影响一样,使学生懒于思考问题,长期如此,学生主动学习的能力减弱了,不能真正地习得目的语的思维方式。

其次,汉语教学,离不开汉字教学,课件的使用会在很大程度上忽略汉字教学的作用,学生看着屏幕输出句子、段落和篇章,完全不用做笔记。教师往往很少板书汉字,学生无法习得汉字的书写过程,这对于汉语教学十分不利。

最后,课件教学,一定程度上妨碍了教师主观能动性的发挥。课堂上教师会完全按照准备好的PPT课件以翻页形式进行展示和讲授,这种教学模式使教师作为教学主体的角色变为教学的辅助者,教师的授课风格、内在学识、独特的教学魅力得不到展示和张扬。根据课堂教学的特点,教师在和学生的互动中,有一些授课内容是临场发挥的,这种灵感的发挥有时候是因为学生的一个问题,有时候依赖于知识的相关性,有时候依赖于老师对所授内容的不断更新和积累,因此可以说课件教学在很大程度上削弱了教师的主导能力。

(三)针对不同级别的学生使用 PPT 课件教学的几点建议

针对不同汉语水平的学生,PPT 课件在汉语教学中的使用应该是不同的。笔者认为,针对初级汉语水平的学生,教师应该更多地使用课件教学,而对于中高级汉语水平的学生,可以适度地使用课件教学,以求最大限度地发挥课件教学的优势。

1. 生词教学方面

针对初级汉语水平学生生词课件的制作,字体要选用接近手写体的楷体、生词配插图时,每页显示一个生词即可,生词和插图都要简单清晰、一目了然。中高级汉语水平学生生词课件的制作,字体的选择不必十分严格,因为这些学生对汉字的字形特点有了一定的了解,字体选择楷体或者宋体都可以,每页生词不超过 3 个就可以。只是要注意给出的例句中,将生词用其他颜色标出来,这样有助于加强学生的注意力和记忆力。

2. 语法教学方面

针对初级汉语水平学生的语法课件的制作,展示语言点的方式和对语言点用法的解释要采用简单而清晰的公式形式,尽可能地配上与公式相关联的图片,便于学生理解掌握并运用该语言点。对于中高级汉语水平的学生,语言点的展示可以通过给出若干例句,利用认知教学法的教学原则在教师启发性的引导下让学生给出语言点的公式结构。教师在准备 PPT 的时候,要精心设计典型性的例句,可以适当地配上少量图片。需要特别注意的是,教师在 PPT 制作中,设计展示公式结构的环节时,不要将一个完整的公式结构一下子展示出来,而要将组成公式结构的每个部分以动画效果和时间先后来展示,PPT 的制作要符合学生的认知心理。

3. 文化教学方面

不管是针对初级汉语水平的学生还是中高级汉语水平的学生,笔者认为在文化教学方面,都应该发挥 PPT 课件教学的优势,不但需要配备相关的图片,而且尽可能地利用视频资源,将声音和图像完美地结合,加上教师清晰的解释,让学生真正理解汉语中所蕴含的文化内涵。比如,学习与"中秋节"相关的文化,教师可以先为学生讲解中秋节的来历,中国人为什么过中秋节,然后将中国人过中秋节的图片、视频放给学生看,这样既便于学生理解中秋节的文化,同时也加深他们对这个传统节日的印象。教学实践证明,这种手段使汉语教学更具有吸引力,增强学生的互动欲望,最大限度地实现了课堂教学交际性的目标。

4. 汉字教学方面

对于初级汉语水平和中高级汉语水平的学生,利用 PPT 课件教学都是十分必要的,利用多媒体辅助汉字教学会收到事半功倍的效果。对于初级汉语水平的学生,课件的制作应该简单明了,当然也应该在课程之初,为学生铺垫相关的汉字知识,包括汉字的起源、汉字的种类、汉字的基本结构、基本笔画、笔顺规则等等。利用多媒体展示汉字的书写效果,让汉字以部件的形式"动"起来,也就是把一个汉字拆分成几个部件,然后将这些部件进行组合。这些汉字鲜活地呈现在学生眼前,同时补充一些配有图片的汉字故事,让学生真正理解汉字的字源,加深学生的印象。对于中高级水平学生的汉字教学,由于学生的识字量有了一定的积累,这个阶段的汉字教学应该更重视培养学生运用汉字基本理论指导识读和识记汉字的能力。利用PPT课件为学生总结和梳理汉字理论知识,便于学生的学习、掌握和记忆。同时也应该重视利用多媒体的声像效果,为学生介绍有趣的汉字故事,包括成语故事等。

总之,随着时代的进步和科技的发展,对外汉语课堂教学越来越离不开PPT课件教学,这一点应该是不争的事实。但是值得强调的是教师在使用PPT课件教学的过程中,应该把握适度使用的原则,"过犹不及",一点儿都不用和整堂课都在用课件教学,笔者认为这样的教学效果都不好,应该注重适时适度适量使用课件教学,这样可以充分发挥它的优势,抑制它的弊端,从而达到最佳的教学效果。

参考文献

［1］许超.浅谈对外汉语课堂教学中的课件使用问题.语文教学,2009(2).

［2］包琪莉蒙.PPT多媒体手段在文化教学过程中的辅助作用.课程教育研究,2013(10).

［3］齐芳.认知语言学视角下对外汉语词汇教学中PPT的使用.湖北函授大学学报,2014(10).

［4］莫修云.PPT在留学生零起点汉语教学中的需求与作用研究.北京城市学院学报,2014(6).

区域本土汉语教师培训的探索与实践
——对"中东欧本土汉语教师培训"需求与内容的分析

黎 敏 谭 越

【内容摘要】 "中东欧本土汉语教师培训"是区域本土汉语教师培训的代表,它是海外汉语教学师资自我"造血"的新模式,在区域汉语教学水平的整体提升,协同发展,服务于"一带一路"语言建设方面具有积极意义。针对该区域本土汉语教师的特点,分析培训需求,设计培训内容,满足本土汉语教师在实践性和研究性方面的需要,这是"中东欧本土汉语教师培训"在实践中得出的有效经验,对今后同类培训具有有益的借鉴作用。

【关键词】 本土汉语教师 汉语教师培训 培训模式 "一带一路"

教师是汉语国际教学学科建设的根本,也是汉语国际推广事业发展的重要保障,在海外汉语教学中,改"输血"为"造血"的发展原则已经在学界取得共识,相应地,本土汉语教师的培训也就成了加强汉语教学本土造血功能的重要方式。以往针对本土汉语教师的培训方式主要有赴华培训和海外在地国别培训两类。本文探讨的是在海外进行的针对超出一国范围的区域本土汉语教师进行的培训,是有别于前两类模式的一种新的本土汉语教师培训模式。"中东欧本土汉语教师培训"是这一模式的代表。

2013年11月,中国国家汉办与匈牙利罗兰大学签署合作协议成立了"中东欧汉语教师培训中心"(以下简称"中心"),该"中心"与罗兰大学孔子学院为"一体两面"。这是全球首家区域汉语教师的培训机构,它的设置意在发挥罗兰大学孔子学院的区域性职能,为中东欧地区16个国家各类汉语教学机构中的汉语教师,主要是本土汉语教师提供培训课程。从2014年6月至今,"中心"已经举办了六期针对中东欧汉语教师的培训。其中,第一、二期的参加者既包括本土汉语教师,也包括汉办派出的公派教师和志愿者;从第三期起,根据汉办的要求,"中心"明确把培训对象定位为"中东欧本土汉语教师"。在六期培训中,共有 13 个国家 316 人次的本土汉语教师参加,其中华裔本土汉语教师在总人数中占 11.17%,是少数。此外培训还吸引了荷兰、瑞士、俄罗斯、美国等国的本土汉语教师参加。

本文从中东欧汉语教学及师资的一般情况出发,分析开展这类区域本土汉语教师培训的必要性,并以六期培训学员的实际情况为分析材料,根据《国际汉语教师标准》(2012 版),从培训需求与培训内容入手,对培训实践进行分析,以期为未来这类培训提供借鉴。

一、中东欧本土汉语师资的一般情况及区域本土汉语教师培训的必要性

(一)中东欧汉语教学及师资的一般情况

中东欧地区包括波兰、捷克、斯洛伐克、匈牙利、斯洛文尼亚、克罗地亚、罗马尼亚、保加利亚、塞尔维亚、黑山、马其顿、波黑、阿尔巴尼亚、爱沙尼亚、立陶宛、拉脱维亚共 16 个国家。它们在语言上多数属于斯拉夫语系,在历史上也有较为密切的关系。

汉语教学在中东欧的发展极不平衡,匈牙利、波兰、捷克的几所著名学府都拥有上百年的汉语教学历史,其他国家的汉语教学历史则相对年轻。由于国际政治等诸多因素影响,20 世纪 50—60 年代是中东欧国家开设汉语课程的第一个高峰时期,除了一些已经有汉语教学传统的国家以外,汉语教学在这一时期进入到罗马尼亚、保加利亚、南斯拉夫等国的一些大学。此后,受冷战影响,汉语教学在中东欧的发展处于停滞状态。20 世纪 90 年代以来是汉语教学在中东欧开设的第二个高峰,汉语课程进入克罗地亚、斯洛文尼亚、马其顿、波黑、斯洛伐克、拉脱维亚、立陶宛、阿尔巴尼亚、爱沙尼亚等国的部分大学。那些具有汉语教学传统的国家,如匈牙利、波兰、捷克等国,汉语教学向更多的高等学府扩展。2004 年以来,中东欧汉语教学逐渐向中学、小学发展,成为一些中小学的兴趣课或者选修课,在匈牙利的部分中学,汉语课已经进入匈牙利的教育体系成为学分课程。虽则如此,综合来看,大学汉语课程仍是中东欧汉语教学的主流。

中东欧大学汉语教学可分为两类,一类是拥有汉语专业的大学,一类是开设了汉语课程的大学。在第一类大学中,又分为汉语专业传统悠久和汉语专业年轻的两类大学。前者如匈牙利罗兰大学、波兰华沙大学、捷克查理大学等著名学府,它们的汉语专业均有百年历史;而保加利亚的索菲亚大学、罗马尼亚的布加勒斯特大学、塞尔维亚的贝尔格莱德大学、波兰的密兹凯维奇大学、斯洛文尼亚的卢布尔雅那大学、克罗地亚的萨格勒布大学、斯洛伐克的考门斯基大学、拉脱维亚大学、匈牙利的帕兹马尼彼得天主教大学等,则属于汉语专业相对年轻的大学。汉语专业历

史悠久的大学在课程设置上体现了传统欧洲汉学教学的传统,即开设汉语技能课和汉语言文学历史知识课两类,越到高年级,知识类课程的比例越高。早期作为汉学系教学内容的汉语技能课,其教学目标是掌握汉学研究的工具,重视的是学生的汉语阅读与翻译能力。那些汉语专业年轻的学校,从其课程设置上看,也承袭了这样的传统。各大学的汉语专业大都隶属于本校的东方学院(或者远东学院等类似学院),兼有教学和研究双重培养任务。在这些大学执教的本土汉语教师与美国、东南亚、西欧等汉语教学开展比较成熟的地区不同,他们大部分为非华裔,往往有自己的学术研究专长,有些还造诣颇深,在教学上往往承担了以其母语讲授的知识类课程。除此之外,在未设立汉语专业的大学里,汉语课多为选修课,主要以汉语技能课为主,重视学生汉语交际能力的培养。在这些大学执教的本土汉语教师人数总体不足,他们也有个人的研究侧重,但以汉语教学理论、二语习得等为研究重点的少。

随着汉语教学在中东欧国家的迅速发展,以选修课、兴趣课形式开设汉语课的大学越来越多。在这些大学中,除了中国公派教师、志愿者承担大部分汉语技能教学以外,本土汉语教师有不少是由非汉语专业的大学毕业生甚至在读硕士生、博士生担任兼职教师,亦以非华裔为主。作为师资培养的汉语师范专业在中东欧是近年的新生事物,如匈牙利罗兰大学于2015年在中文系设置汉语师范专业,但目前尚未有毕业生。虽然经过多年培养,但中东欧不少国家的本土汉语人才多流向经贸领域,本土汉语师资仍缺乏。

与大学汉语教学相比,中东欧中小学汉语教学处于刚刚兴起阶段,师资匮乏的现象更为严重,由中国公派教师或志愿者承担当地中小学汉语教学的情况较为普遍。

有鉴于中东欧汉语教学的师资状况,几乎所有针对中东欧国家汉语教学研究的研究者都提出了师资问题,而且看法大致相同,即本土汉语师资力量薄弱,需要培养相对固定的专任本土汉语师资,而解决问题的方法之一就是对本土汉语教师进行在地或赴华培训。由此可见,"中心"提供的中东欧本土汉语教师培训项目为区域本土汉语教师提升汉语知识及教学水平提供了便利。

(二)"中东欧本土汉语教师培训"在"一带一路"建设语言服务中的作用

中东欧地区是"一带一路"建设的重要区域,2017年11月在布达佩斯举行的"中国—中东欧领导人会晤"中,"与会各方认识到亚欧互联互通的巨大潜力及'一带一路'倡议为此带来的重要机遇",各方强调愿"继续共商、共建、共享'一带一路',推动'一带一路'倡议与欧洲投资计划等重大倡议和各国国家发展规划相对接"[1]。中国同中东欧16国共同发表了《中国—中东欧国家合作布达佩斯纲要》,内容涉及物流、能源、基础设施、金融、人员等多个领域的合作交流。中东欧各国加入"一带一路"倡议,使中国与该地区全方位的交往大大增加了,而各类交往的前提和基础是"一带一路"语言服务建设,语言人才培养更是重中之重。随着"一带一路"建设的推进,语言人才的需要必然会带动汉语学习人数的增加,本土汉语人才是语言服务的重要保障,而本土汉语师资水平则关系到本土汉语人才的质量和汉语教学的声誉,"这就需要把面向中东欧国家的语言问题纳入'一带一路'建设的整体规划之中,为'一带一路'建设提供语言保障"[2]。"中心"正是伴随"一带一路"倡议应运而生,它的主要项目"中东欧本土汉语教师培训"是为"一带一路"建设提供语言服务的方式之一,这种培训模式也为整合资源,促进区域汉语师资、汉语教学协同发展提供了有益的实践。

二、区域本土汉语教师培训的实践

"中心"举办的六期培训是区域本土汉语教师培训的初步实践,其培训内容是否与培训需求相适应,是否符合国际汉语教师的职业要求,这关系到培训质量。因此,有必要从培训需求、培训内容以及国际汉语教师的职业要求几个方面,对六期培训的实践情况进行分析。

(一)中东欧本土汉语教师培训需求

本土汉语教师培训需求是指本土汉语教师的实际职业能力要求与其现有能力之间的距离,就中东欧本土汉语教学而言,需要从中东欧本土汉语教师的基本情况入手具体分析。目前,中东欧各国尚无自己的汉语教师标准,为了使本土汉语教师培训需求分析更为科学,本文以2012年国家汉办修订的《国际汉语教师标准》(以下简称《标准》)为据进行分析。该《标准》"由'汉语教学基础''汉语教学方法''教学组织与课堂管理''中华文化与跨文化交际'和'职业道德与专业发展'等五部分组成,构建了国际汉语教师的知识、能力和素质的基本框架,形成了较为完整、科学的教师标准体系,为国际汉语教师的培养、培训、能力评价和资格认证提供了依据"[3]。这五种标准也是中东欧本土汉语教师需要达到的师资标准。

第一,从参训学员的基本情况看培训的客观需求。

对参加培训的中东欧本土汉语教师(以下简称"学员")的客观情况进行分析,可观察学员们对培训的客观需求。

1. 从从业机构看,参加六期培训的学员来自大学的占49.47%,来自中小学的占7.25%,来自孔院的占23.83%,来自其他语言培训机构的占16.58%。这反映了中东欧地区汉语师资分布的实际情况,也一定程度上反映了这一地区汉语教学的开展情况,即大学汉语教学是主流,孔院担负了很大一部分汉语教学任务,中小学汉语教学尚显薄弱,其他语言机构是大中小学和孔院汉语教学的补充。面对汉语教学需求量的迅速增长,各类教学机构的汉语教师不仅要满足数量的需求,也要满足质量的需求,这是汉语教学在中东欧能够稳定持续发展的重要前提。需要注意的是参训学员执教机构的分布多寡并不等于培训需求强弱,在培训内容的设计上还需要照顾到各部分学员的需求。

2. 从学历看,"中心"对第五、六期参加培训的学员信息进行统计显示,拥有硕士学位的学员人数最多,分别占两期总人数的 40.74% 和 34.21%。这表明目前参加培训的学员在个人的职业发展方面还有很大的空间,培训对他们应该是很有意义的一种提升方式,是其职业发展的客观需求。

3. 从专业背景和汉语水平看,学员们的专业背景比较复杂,第五、六期学员们的专业背景包括对外汉语教学、语言学及应用语言学、汉学、亚非研究、远东研究、中国研究、中国历史、中国哲学、中国文学、英语、金融与会计、经济、计算机等等。值得注意的是,以对外汉语教学为专业背景的学员人数在这两期中从 8.70% 增加到 15.79%,他们分布在大中小学以及孔院;另外,以语言学及应用语言学为专业背景的学员人数与其他专业背景人数相比是最多的,在第五期和第六期分别占 15.79% 和 44.74%,专业背景为汉学的学员在第五期和第六期培训中分别占 4.35% 和 15.79%。其他专业的分布比较分散。这说明大部分学员有良好的职业发展基础,接受过与中国、与汉语相关的专业教育,而且越来越多的学员的专业背景与汉语相关,第六期时这个数字达到了 76.29%,这说明"了解第二语言学习基本原理""熟悉第二语言教学基本原则与方法"的学员人数在增多。具有汉语或汉学专业背景表明学员们具备了一定的"中华文化基本知识"和一定的"中国基本国情"知识,但掌握的程度不一,"文化阐释和传播基本能力""客观、准确地介绍中国"等还是培训的重要内容。

还有一个更为有利的基础是,第五、六期参加培训的学员们汉语水平达到 HSK 高级水平的分别占到 84.62% 和 88.24%。这说明,大部分学员符合"具备汉语交际能力"的标准,在汉语交际能力方面的培训不是重点。

4. 从年龄和教龄看,参加培训的学员平均年龄在 40 岁以下,其中,在中小学执教的学员更为年轻,平均年龄只有 28.5 岁。在教龄上,在中小学和汉语教学机构从教的学员平均教龄仅 3.15 年,在大学执教的学员平均教龄也只有 6.09 年。说明学员中新手教师居多,在"教学组织与课堂管理""汉语教学方法"和"专业发展"上都有很大的培训空间。这在学员们自我认定的教学难点中也得到了证明。如第五期培训中,在中小学执教的学员有 33.33%、33.33%、16.67% 认为语法、汉字、语音是教学难点,在大学执教的学员也有 11.76%、23.53% 认为汉字和语音是教学难点;第六期培训中,执教于中小学的学员,认为语法、汉字、语音是教学难点的均占 12.5%,而在大学执教的学员则有 22.73%、9.09%、18.19% 对语法、汉字、语音是教学难点持同样看法。认为课堂管理是教学难点的学员,在第五期培训中占 26.09%,第六期占 27.27%,在几类困难中比例较高。虽然教学难点因教学对象不同而不同,但是它们都集中在"汉语教学方法"和"教学组织与课堂管理"两个方面,因此这两方面应该是培训的重点。

从以上分析可以看出,按照《标准》,学员们在全部五项标准上的培训需要有轻重缓急之分。在"汉语教学基础"方面,由于学员专业背景为对外汉语教学的比例并不大,所以培训的重点应侧重在"基本的汉语语言学知识和语言分析能力""了解第二语言学习基本原理""熟悉第二语言教学基本原则与方法"上,三者之中,"基本的汉语语言学知识和语言分析能力"直接关系到实际教学,是非对外汉语专业、教龄低的学员尤其需要的。在"汉语教学方法"上,"掌握汉语语音、词汇、语法和汉字教学的基本原则、方法与技巧,了解汉外语言主要异同,并能进行有针对性的教学""掌握汉语教学的基本原则与方法""掌握汉语听说读写教学的特点、目标、原则与方法,并能进行有效的教学"应为培训的侧重点,其中前者直接与学员自我认定的教学难点相关,是学员们最关切的问题。关于"教学组织与课堂管理",前文谈到,中东欧地区的中小学汉语教学处于起步阶段,但这部分教学是本地区汉语教学发展的未来,不容忽视。中小学教学的困难在于"教学组织与课堂管理",加上教师教龄普遍较低,因此,"能创建有利于汉语教学的课堂环境与氛围""能采用适当的策略和技巧实施有效的课堂管理"应是学员们,特别是以中小学学生为教学对象的学员们急需了解的内容。在"中华文化与跨文化交际"方面,由于学员为本土汉语教师,本国语言过硬,容易发现本国文化与中国文化的异同,因此培训重点应在"了解中华文化基本知识,具备文化阐释和传播的基本能力"和"了解中国基本国情,能客观、准确地介绍中国"上。在"职业道德与专业发展"这一标准下,由于学员普遍年轻,专业背景多样,未来的职业发展是他们最为关心的问题,也是中东欧地区汉语教学可持续发展的前提,因此"具备教育研究能力和专业发展意识"对他们来说是非常现实的问题,培训可以在这方面多为他们提供帮助。

第二,中东欧本土汉语教师参加培训的主观需求。

1. 在参加培训的意愿方面,目前中东欧本土汉语教师在所在国参加培训的机会相对较少,对培训有需求。"中心"举办的六期培训,吸引了中东欧地区 13 个国家的本土汉语教师参加,从国别看,六期学员人数在前五名的为匈牙利、保加利亚、波兰、斯洛伐克、罗马尼亚。参加过三期以上培训的学员主要来自匈牙利、保加利亚、波兰、斯洛文尼亚、爱沙尼亚、克罗地亚、立陶宛、罗马尼亚等国;其中,匈牙利和保加利亚有 8 位教师参加过 5 期培训。结合中东欧各国汉语教学开展的情况可以看出,汉语教学基础好或者发展快的国家,本土汉语教师参加教师培训的主观意愿较强,说明社会的职业要求直接影响了主观培训需求。另外,六期中东欧本土汉语教师培训吸引的主要是年轻的教师,这与他们教龄普遍较低有关,他们在职业能力提升方面有更强的主观意愿。

2. 在参加培训的普遍需求方面,从对学员的调查看,学员们的培训需求有些是具有普遍性的,即他们期望的培训内容主要集中在《标准》中的汉语教学基础、汉语教学方法、教学组织与课堂管理三个部分。对"中华文化与跨文化交际"部分的个体需求表述不如以上三部分那么集中。这种情况不排除教师把注意力集中在解决显性教学问题上,而忽略了其背后隐性的文化原因。对此,一些本土汉语教师已经有比较清楚的认识,他们希望增加中国文化方面的培训内容,"因为不同的思维方式和逻辑让学生很难想象,并且理解中国人的行为方式和性格"[①]。因此,在培训内容的设计上,既要考虑培训对象的主观需求,也要对此进行客观分析,做出客观选择。具体到"中东欧本土汉语教师培训",中华文化知识、当代中国国情等仍应是培训的重要内容。

3. 在主观目的方面,很多学员希望通过参加培训,跟有经验的老师分享教学经验,启发自己找到解决教学中问题的方法,这是他们参加培训的一个重要目的,也说明他们有通过培训进行经验交流的意愿。

综合主客观情况,目前中东欧本土汉语教师培训需求主要集中在针对成人的汉语教学,但是中小学汉语教学的增长态势要求兼顾这部分师资的培训。由于目前"中东欧本土汉语教师培训"项目是以短期的形式每年举行1—2期,在有限的时间中,需要首先解决学员们最急需解决的问题。根据学员们目前的主客观培训需求,在五个标准中,急需培训的内容排序依次为汉语教学方法、教学组织与课堂管理、汉语教学基础、中华文化与跨文化传播、职业道德与专业发展。由于一些学员在自己的领域有比较深度的研究,培训内容应该既体现服务于教学的实践性,又体现有助于学员职业发展的研究性。

(二)六期"中东欧本土汉语教师培训"内容的设置

在了解培训需求的基础上,观察六期培训内容与《标准》以及实际培训需求的关系,有助于明确今后培训内容的设计方向。按照《标准》,六期的培训内容分布大致如下:

标准一:汉语教学基础

第一期培训:卷舌音和低调;高调的文化含义;非目的语环境下汉语教材编写理念与使用方法。

第二期培训:汉语的形容词和系词"是"。

第五期培训:汉字书写系统的本质及其教学;汉语作为外语的语法教学:教什

---

① 第五期中东欧本土汉语教师培训反馈调查中,学员的反馈。

么和怎么教;汉语习得问题一二。

第六期培训:汉语的类型特点和文化特征;语言学分析与汉语发音的教学。

标准二:汉语教学方法

第一期培训:从汉语词汇特点入手,谈汉语词汇教学问题;怎么教中国文学;互联网新媒体中的字词语使用情况及对汉语词汇教学的启发。

第二期培训:为以西方文化为背景的欧美汉语学生讲汉语语法;汉语语法教学切入的角度;语法化和汉语语法词(虚词)的教学;汉语课堂教学法与技巧;考教结合的 HSK 教材教法——以《HSK 标准教程》(1—6级)为例。

第三期培训:汉语教学中的语法与操练;汉语教学中的文化教学问题;语音偏误分析及语音教学;现代汉语中时态标志词教学法;匈牙利学习者的汉语学习策略。

第四期培训:汉语语法教学;汉字教学;汉语词汇教学;汉语文化教学。

第六期培训:语言学习中的动机与态度;汉语教学中的中国文化教学;汉语教学中的中国诗歌教学;汉语教学资源库介绍;汉语教学资源库的使用。

标准三:教学组织与课堂管理

第一期培训:教材编写中文化内容的呈现方式与内容的国别化问题。

第三期培训:课堂互动在汉语教学中的实践;教学观摩课(匈牙利教师,中国教师);我教其他专业学生汉语和文化的基本方法;汉语课堂教学中的测试与评估。

第四期培训:欧洲共同语言参考框架和欧洲汉语能力标准项目;教学观摩课(匈牙利教师)。

第五期培训:课堂活动设计的理论与实践;本土汉语教师微型课堂教学演示(中东欧本土汉语教师及孔院中国教师);中东欧各国汉语教学发展状况介绍;中东欧各国汉语教学发展问题与措施讨论;如何进行外语教学。

标准四:中华文化与跨文化交际

第一期培训:中国的软实力政策;中欧文化对话。

第二期培训:培养世界公民——提高学生跨文化意识的教学方法与技巧。

标准五:职业道德与专业发展

从分布看,六期培训内容覆盖了《标准》中的四个标准,按照其所占内容多寡的排序为汉语教学方法、教学组织与课堂管理、汉语教学基础、中华文化与跨文化交际。这个排序与以上对中东欧本土汉语教师培训需求的分析基本一致,因此较为合理。从前两期培训结束后,"中心"针对学员所做的反馈调查看,实践类的培训内容受到学员们的普遍欢迎。为此,从第三期培训开始,"中心"在培训中设置了教学观摩内容,由中国公派教师和匈牙利本土教师分别任观摩课教师。在第五期培训中,"中心"以微型课堂教学演示的形式,将塞尔维亚、波兰、匈牙利、罗马尼亚、爱沙尼亚参加培训学员吸纳为观摩课教师,分大中小学三组进行教学演示。从效果看,虽然每期培训都设置了讨论环节,供学员围绕本期培训的某一内容进行讨论,但是相比之下,本土汉语教师的模拟课堂教学引起的思考和讨论因为更具体、更具实践性,所以更受学员们的欢迎。一方面学员们因为亲自参与到培训互动中而提高了参加培训的兴趣;另一方面他们可以从不同国家同行的教学方法中开阔思路,获取经验,提炼共性问题,共同思考解决方案。

相比前两个标准涵盖的内容,"汉语教学基础"包含的内容理论性更强。前边提到,学员的反馈显示,他们更热衷于实践性强的培训内容。但是,解决实践问题离不开其背后的理论知识的支撑,理论知识是解决实际教学问题的基础,也是提高本土汉语教师教学能力的重要基础。因此,培训安排这方面的内容是必要的。

六期培训内容中,"中华文化与跨文化传播"部分的内容所占比例最低。这是在中东欧本土汉语教师培训中需要特别注意的一个问题。如前所述,中东欧本土汉语教师的学术背景大部分跟汉语相关,有些教师的学术背景还是汉学,欧洲多元的文化氛围使他们具备了较好的跨文化交际能力。但这并不意味着这部分内容可以忽略,因为它是国际汉语教师必备的职业素养,也关系到如何理解、阐释和传播中华文化的问题。对学员培训需求的调查显示,有些教师希望培训能增加中国文学、考古、历史、文化方面的内容。这不仅是他们作为汉语教师的职业需要,而且也是他们作为汉学系教师的职业需要。这个问题也牵涉到国际汉语教师"职业道德与专业发展"这一标准。在这方面,罗兰大学孔院的学术活动为培训提供了辅助项目,丰富了培训内容。第四期和第五期培训时,"中心"要求学员参加在罗兰大学孔院同时举办的学术研讨会和学术讲座。研讨会和学术讲座主要围绕中国文化、文学、历史、考古、语言等主题展开,对"中华文化与跨文化传播"内容是一个补充,也对学员们的专业发展起到了促进作用,有些学员还直接参与到学术研讨会中。

综合看,六期培训内容基本符合培训需求,以讲座、研讨会的形式与教学观摩、教学演示相结合,实现了实践性与研究性的结合,基本满足了学员的培训需求。但按照《标准》,目前还存在着培训内容分布不均衡的问题。虽然不能期望六次培训内容面面俱到,但是在未来的培训内容安排上应在培训需求的轻重缓急方面做出更科学细致的分析和安排。

结 语

"中东欧本土汉语教师培训"的六期培训实践证明,区域本土汉语教师培训前期对本区域师资状况的调查非常重要,它是了解本区域本土汉语教师培训需求的重要途径,只有在此基础上确立的培训方案才可能更具有针对性,更能满足学员的需要。在培训内容的设计上,要从区域本土汉语师资实际情况出发,对培训的主客观需求综合考虑,既满足本土汉语教师当下的汉语教学需求,也要考虑国际汉语教师职业发展的需求,平衡主客观需求,分清轻重缓急,加强培训内容的规划性、科学性,使培训成为有助于区域本土汉语师资成长的有效方式,为"一带一路"语言服务提供更有力的支持。

参考文献

[1]新华网.中国—中东欧国家合作布达佩斯纲要(全文)[DB/OL](2017-12-01). http://www.xinhuanet.com/world/2017-12/01/c_1122039253.htm.

[2]臧岚.论欧盟东扩对中东欧国家语言政策的影响[C]//赵世举,黄南津主编.语言服务与"一带一路".北京:社会科学文献出版社,2016.

[3]孔子学院总部.国际汉语教师标准(2012版)[S].北京:外语教学与研究出版社,2012.

认知心理学理论对听后复述的启发意义

梁冬梅

【内容摘要】 复述是第二语言学习中一种很重要的策略,是汉语听说课、口语课中经常使用的一种练习形式,也常见于各种口语考试。我们在罗马大学学生的口语课上进行了听后重复的练习,在口语期中考试后发现听后重复句子的考试结果不太理想。学生在随后的调查中反映:对该练习对提高听说水平的帮助作用还是比较认可的,但是却不太喜欢这种练习形式。本文结合认知心理学的相关理论,提出了改进听后重复练习的措施,如:注意对输入信息的深度加工;利用先行组织者理论,要求学生先讨论回答相关问题;利用具身认知的理论,将来自不同感觉通道的信息刺激相结合,重视学生生理状态、情绪状态对学习的影响,利用"心境一致性效应"和"心境状态依赖性效应"促进学生对内容的记忆,防止某些消极情绪对学习的不良影响等。通过半个学期的训练,期末考试后,对20名学生在期中、期末两次听后重复考试的成绩进行了统计分析,结果显示期末口语考试中听后重复的成绩明显高于期中考试中的成绩。我们的针对性训练是有成效的。

【关键词】 复述 记忆 信息加工 具身认知

一、问题的提出

复述是第二语言学习中一种很重要的策略,分为基本学习任务的复述和复杂学习任务的复述。前者强调重复,以句子重复训练为主,要求学生尽可能准确复述原句,增强对记忆对象的熟悉程度,提高记忆的准确性和牢固性。后者以长句和段落复述训练为主,要求学生在听或者阅读后,储存信息,挑选出重要信息,进行重组,在尽可能转达原意的情况下,用自己的语言复述出来,目的在于训练理解之后的记忆。

复述是汉语听说课、口语课中经常使用的一种练习形式。也常见于各种口语考试。

在汉语水平考试口语考试(HSKK)中,初级、中级、高级都设计了这种题型。在初级口语考试中,有三个题型,共27题,考试时间10分钟(不含准备时间)。包括听后重复(15题,占56%。4分钟,占40%)、听后回答(10题,3分钟);回答问题(2题,3分钟)。在中级口语考试中,也有三个题型,共14题,考试时间共11分钟。包括听后重复(10题,占71%。3分钟,占27%)、看图说话(2题,4分钟);回答问题(2题,4分钟)。在高级口语考试有三个题型,共6题,考试时间共14分钟。包括听后复述(3题,占50%。7分钟,占50%)、朗读(1题,2分钟);回答问题(2题,5分钟)。可见,听后重复(复述)的考试形式在各级试题中占有相当大的比例,受到了充分的重视。王佶旻[①]考察了适合初级汉语学习者的口语测验题型,认为听后复述、快速问答、图片比较和看图说话四种题型均具有较好的评分信度和效度。

来自意大利罗马大学的汉语专业二年级的20个学生从2017年9月开始进入北外学习汉语。学生们在意大利学过两年汉语,没有听力口语课,没有接受过专门的汉语听说训练,而且是100多人在一个大教室学习,课上每个人练习的时间和机会非常有限。通过入学的口语面试我们发现学生的汉语听说能力普遍较差,除了5个学生以外(其中2个华裔),其他学生的听说水平相当于初级。因此我们在口语课上进行了包括听后重复在内的听说能力训练,包括短句、长句和段落的复述。在考试中也设计了听后重复句子的题型。

通过对口语期中考试结果的分析,我们发现,相对于其他的考试题型,听后重复的考试结果不太理想。听后重复的平均分13分(满分20分),按百分制计算的话,平均65分,远低于其他两个题型:用给的词回答问题平均分34.5分(满分40),百分制平均86分;成段表达平均分16.8分(满分20分),百分制平均84分。通过了解,有相当一部分学生反映是因为答题时过于紧张,或是在录音时受到了其他人的影响,没有发挥出正常水平。但是根本原因还是学生听后重复能力弱,以至于考试时不自信,或是更容易受到别人影响。

之后我们对学生进行了口语课学习方法的调查。其中一项是关于"听后复述(重复)"的。从①到⑤,①不同意,②不太同意,③一般,④比较同意,⑤非常同意。

关于"听后重复句子"的作用:1.对我提高听力水平有帮助(4.4);2.对我提高

[①] 初级汉语口语测验题型研究.考试研究,2011(5):67.

口语水平有帮助(4.05);3.可以帮助我记住重要的东西(3.7);4.是我喜欢的一种学习方法(2.8)。可见学生们对该练习对提高听说水平的帮助作用还是比较认可的,也同意对记住学习的重要的东西是有帮助的。但这种练习方法不是学生们喜欢的练习形式。关于"听后重复句子"的难点:1.我常听不明白老师的句子(2.1);2.我很难记住听到的句子(3.2)。

因此,听后复述(重复)是一种有价值、有意义的提高听说水平的练习、考试形式,但是具体的练习及考试形式中还存在着一些问题,因此我们希望参考认知心理学的理论,改善和提高听后复述(重复)的练习方式,最终提高学生的听力口语水平。

二、认知心理学关于学习与记忆的理论及复述的重要性

认知心理学研究人类学习和记忆,重在探讨信息加工的全过程,包括信息的选择、接收、编码、储存和提取。

学习任何语言都必须熟记大量语言材料,如发音、词汇、语法等等。听、说、读、写等言语活动中都包含一定的记忆过程,而且随时都在运用各种类型的记忆。按信息加工观点,识记也就是信息的输入和编码过程,保持则是信息贮存的过程,而认知和重现是信息的提取或输出。输入、储存、输出是记忆语言材料过程中的重要环节,同时也是影响语言材料记忆效果的重要因素。

Ellis指出,语言学习是一个逐步积累范例的过程。流利运用语言的基础是凭借储存在记忆中的大量范例。通过复述,学生可以记忆积累范例,并可以从记忆中直接提取出语块,为人们节省时间和注意力。目的语复述主要是让学生听或者阅读后复述一些固定的搭配、句型等,这有利于"组块化"学习[①]。根据组块理论,短时记忆容量可以在不改变组块数目的前提下组成较大的记忆单位来扩大,使较少的符号承载较多的信息量,能减少记忆负荷,增大记忆容量及其准确性和完整性。把固定的搭配、句型等作为一个组块来记忆的效果明显优于零散的记忆。在没有复述的情况下,短时记忆只能保持15至30秒,后进入的信息会取代先前的信息,产生永久性遗忘,所以只有对信息进行注意、强化、复述才能延长记忆时间。主体对刺激信息的回忆量与其对信息复述的频率成正比。

从认知心理学的视角出发,遗忘的归因主要是对认识主体的忽视、肤浅的意义编码、非充分的意义建构和复述的缺失等。心理学家艾宾浩斯提出了遗忘曲线:遗忘是个先快后慢的过程,刺激重复次数越多,保持得越好。因为外部刺激每重复一

---

① 张美芳.复述策略在口译记忆训练中的应用研究.和田师范专科学校学报,2011.

次,学习者就运用一种新的策略对输入信息编码,编码是将输入信息转变为适合记忆储存的内部过程,是学习的核心过程,它决定了储存什么信息,以什么方式储存和后来怎样提取。对于简单句子的重复,一般只需要短时记忆和模仿性的回忆,而对于较长的句子或段落,学生要先处理他听到的东西,然后储存信息,进行编码、重组,(再)复述出来。因此我们希望借鉴认知心理学的相关理论,改进听后重复练习的形式,促进学生听力和口语能力的发展。

三、改进听后复述(重复)练习的措施

(1)注意对输入信息的加工程度。也就是说,只有深入而有意义的复述练习才能有效地增强记忆效果,提高信息检索和提取的速度。根据认知心理学的研究,记忆中信息检索和提取的速度和可能性取决于记忆的激活程度,而激活程度又取决于记忆使用的频率和使用的新近程度。换言之,复述练习越多,练习的时间越近,信息提取速度就越快。通过视听复述和听后复述训练,可提高学生在长时记忆中信息的提取速度。

认知心理学中的信息加工过程理论认为,人类的认知活动在两种信息加工方式的相互作用下完成,一种依赖刺激的特征或外部输入的感觉信息,另一种依赖已有的知识结构。前者为"自下而上"的加工,后者为"自上而下"的加工。"自下而上"模式把语篇切分成若干可识别成分,按照"音素—词—短语—句子—语篇"的线性顺序加工语篇信息。"自上而下"模式强调听者根据先前知识预测、推断、筛选、吸收或同化输入信息,理解全局性问题。

将两种方式相结合,可促进学生的理解和记忆。

例如在学习"吹毛求疵"时,先解释每个字的意思、该成语的字面意思及真正含义,进行自下而上的加工。然后举例说明什么是吹毛求疵,先看书上的例子:妻子对丈夫的很多行为看不惯,如丈夫看电视时,把腿跷在茶几上,吃饭时挑菜等,妻子都会骂他。再问学生:你有男朋友、女朋友吗?他经常对你吹毛求疵吗?妈妈对爸爸吹毛求疵吗?再讨论"如果妻子对丈夫吹毛求疵,说明什么,可能是感情出了问题,时间长了,可能会分手?"进行自上而下的加工。将两种加工方式结合。听后重复的句子是:妻子对丈夫越来越吹毛求疵,不久他们就分手了。

(2)利用先行组织者理论,使学生对即将学习的内容有预设。

所谓先行组织者,是指安排在学习任务之前呈现给学习者的引导性材料,比学习任务本身有更高的抽象、概括和包容水平,并且使认知结构中原有的观念和新的学习任务关联。是由美国认知教育心理学家奥苏贝尔提出的理论,他认为先行组织者可以充当新旧知识之间的桥梁,促进新知识的学习与记忆。

例如学习《这样开车太危险了》一课时，先向学生提问：你会开车吗？你是个好司机吗？你开车怎么样？你开车危险吗？先让学生考虑，然后进行5分钟左右的讨论，通过这样提供引导性的材料与讨论，使学生把即将学习的内容同已有知识、已有经验联系起来。然后再学习、复述句子：有的出租车司机开车太危险了，有时超速，总是并来并去的。

（3）利用具身认知理论，将来自不同感觉通道的信息刺激相结合，重视学生生理状态、情绪状态对学习的影响。

具身认知理论强调认知过程并非抽象的符号加工，而是与身体的物理属性、感觉运动系统的体验紧密联系在一起。认知是大脑、身体和环境相互作用的产物。具体含义包括：①身体的状态直接影响着认知过程；②大脑与身体的特殊感觉运动系统在认知的形成中起着至关重要的作用；③认知既是具身的，又是嵌入的，大脑嵌入身体，身体嵌入环境，它们构成了一体的系统。①

外界的刺激，首先要通过我们的感觉器官进行传递，否则信息无法在大脑中进行加工，也就是说我们的身体具备了各种各样的感觉能力，如听觉、视觉、触觉等等，各种感觉的紧密结合，形成思维、推理、言语等各种高级的认知结果。这提示我们要将来自不同感觉通道的信息刺激相结合。有研究表明，学生对用听觉方式呈现的内容比用视觉方式呈现的内容的理解与记忆要困难得多。因为听觉方式呈现的内容稍纵即逝，不可能再重复。听到的内容速度太快或太慢都会破坏听者对内容的感知，因而不利于对内容的理解与记忆②。因而听后很容易遗忘。应该将视觉、听觉等刺激相结合，充分调动各种感觉记忆。提供图片、视频、关键词提示等，让学生一边看，一边听，然后做复述。例如在学习《理想的家庭》一课，在学习独生子女缺点时，我们在PPT上呈现图片（如下图）、关键词：孤单、小皇帝、溺爱、的确、对……不利。然后让学生听音频中的句子，从单句到复句再到段落，然后再让学生看图、看关键词复述。

根据具身认知理论，人的生理状态、情绪状态会严重影响认知进程及认知结果。有的学生上课时状态不好，如生病、犯困、情绪低落等都会使学生上课精神不集中，使学习的效果大打折扣。而听后重复又是一项需要注意力高度集中的练习，稍一走神，听到的信息就稍纵即逝了，因此我们在做该项练习时要注意选择时机，尽量在学生精力充沛、注意力集中时进行。同时，教师要注意营造轻松的学习氛围，避免学生过度紧张和焦虑。

张积家（1997）提出观点与兴趣影响学生对信息的选择。情绪对记忆也有重要

---

① 顾帆. 当代认知心理学研究现状. 社会心理科学，2016(8)：4.
② 胡永近. 听力过程模式对听力理解和记忆的影响分析. 外语界，2015(1)：32.

影响。存在"心境一致性效应"和"心境状态依赖性效应"。心境一致性效应是指人们更容易记住那些与个人的情绪状态一致的内容,即一个心情愉快的人更易记住令人愉快的内容,一个心情悲伤的人更易记住令人悲伤的内容。类似的经历可以充实故事的情绪内容,同时加强对有关故事内容的记忆。"心境状态依赖性效应"是指当回忆时的情绪状态与学习时的情绪状态一致时,回忆效果最好。如果学生在愉快的心境下学习一篇课文,那么他在愉快的心境下的回忆成绩要比在中性或悲伤的情绪状态下的回忆成绩要好。梅耶和鲍尔(1986)认为,编码时的情绪状态在回忆时可以作为信息检索的有效线索。此外,有研究表明,在学习中性的材料时,悲伤、抑郁、焦虑、紧张或兴奋水平过高都会对记忆的编码和组织产生消极的影响。因此,在听后复述的练习中,我们要利用"心境一致性效应"和"心境状态依赖性效应"促进学生对内容的记忆,同时要防止某些消极情绪对学习的不良影响。

在学习《这样开车太危险了》的内容时,有一个句子:司机一路上并来并去的,我心里直打鼓。给学生听打鼓的声音,然后提供情境:坐公共汽车,如果看到司机一边开车一边看微信,你会怎么样?老师马上要告诉你们考试的结果了,你会怎么样?亲眼见到了你喜欢的明星,你会怎么样?让学生体会心里咚咚打鼓时的不安、担心与紧张。从而利用"心境一致性效应"和"心境状态依赖性效应",促进对新句子的理解和记忆,使得复述起来更加容易和准确。

四、取得的成效

通过借鉴认知心理学相关理论,我们在口语课上进行了半个学期的有针对性的复述的训练,学生们对这种练习的形式越来越适应、越来越得心应手,前半个学期做复述时的紧张焦虑情绪得到了极大的缓解,学生的听力理解、词语的发音、语调、流利的程度、单句、复句的记忆等质量有了很大的提高。

在期末考试后,我们利用 SPSS 22 软件对 20 名学生期中与期末两次口语考试的"听后重复"成绩进行了配对样本 T 检验分析,以考察学生的两次成绩是否发生了显著变化。

表1 20名学生的两次考试成绩(满分20分)

学生编号	期中考试成绩	期末考试成绩
1	14	16
2	13	17
3	12	15
4	14	15
5	16	17
6	13	15
7	13	16
8	11	15
9	15	14
10	13	13
11	12	15
12	14	14
13	16	17
14	13	17
15	14	13
16	15	16
17	11	15
18	13	16
19	15	15
20	12	17

表2 学生两次考试中听后复述成绩成对样本统计资料

		平均数	N	标准偏差	标准错误平均值
对组 1	期中成绩	13.45	20	1.468	0.328
	期末成绩	15.40	20	1.273	0.285

表3 学生两次考试中听后复述成绩成对样本检定 (1)

	成对差异数				
	平均数	标准偏差	标准错误平均值	95%差异数的信赖区间	
				下限	上限
对组 1 期中成绩 − 期末成绩	−1.950	1.820	0.407	−2.802	−1.098

表 3　学生两次考试中听后复述成绩成对样本检定（2）

		T	df	显著性（双尾）
对组 1	期中成绩 — 期末成绩	−4.791	19	0.000

配对样本 t 检验结果显示,期中成绩的平均数为 13.45,标准差为 1.468。期末成绩的平均数为 15.40,标准差 1.273。期中成绩与期末成绩具有显著差异(T=−4.791,df=19,p<0.05)。期末成绩显著高于期中成绩(期中成绩—期末成绩的平均数为−1.95)

虽然不排除随着学习时间的增加,学生的汉语水平有所提高,但是我们选择的都是半个学期内新学的句子,句子的长度难度基本相同。因此,我们认为相关的有针对性的训练是很有效果的。

参考文献

[1]肖辉,陈芙蓉,史志祥. 认知、心理学背景下外语学习过程中的理解与记忆. 外语界,2013(3).

[2]陈昌岑. 认知心理学对学习和记忆的研究概况. 应用心理学,1994-2014.

[3]张积家. 认知心理学关于影响课文理解与记忆的因素的研究. 教育心理探微,1997(6).

[4]胡永近. 听力过程模式对听力理解和记忆的影响分析. 外语界,2015(1):32-39.

[5]顾帆. 当代认知心理学研究现状. 社会心理科学,2016(8):3-4.

基于三一语法理论的汉语作为第二语言中动构式教学研究①

刘芳芳

【内容摘要】 汉语中动构式因其特殊的句法形式和语义特征，成为汉语第二语言习得与教学的难点之一。本文以三一语法理论为框架，阐释了三一语法理论应用于构式教学的可行性，并在此基础上，提出了具体的教学框架。研究认为汉语中动构式的教学应该重视频率效应，教师应强化中动构式形义的结合，借助语料库资源让学生自主提炼构式的典型语境，帮助叙述构建中动构式网络以增强其构式意识，遵循构式习得路径设计中动构式教学的层级性。

【关键词】 三一语法　中动构式　汉语第二语言教学

一、引言

中动一词源于语态这一传统语法范畴的分类系统，旨在区别于主动与被动两种语态，有学者将其表述为"以主动形式来表示被动意义"。比如"The car drives fast(这辆车开起来很快)就是这种结构的典型例句。其中"the car"是"drive"的受事，但动词并未采取被动形式，而仍用主动形式来表达，Jersperson(1982)将这一结构称为"中动句"。中动结构句法语义特点复杂，呈现语内语际的种种变异，因此就像一个"试金石"一样，吸引了各派语言学者以其为例进行理论检验。研究内容主要包括中动句句法结构、语义特征的描写、生成机制的解释、认知理据的分析，涉及形态、句法、语义、语用等不同层面。尽管学界围绕"中动"百家争鸣，但是在一些方

---

① 本文得到"中央高校基本科研业务费专项资金"及"北京外国语大学中文学院科研项目资金"资助。

面已经达成共识。研究发现中动结构是一种跨语言的现象。Lekakou（2002）指出,跨语言来看,各语言中中动结构并没有独特（unique）和一致（uniform）的句法形式,而是寄生于（parasitic）一些已有的结构之中,唯一具有跨语言普遍性的是中动语义（middle semantics）。也就是说,中动语义在不同类型的语言中有不同的句法投射和表层句法表征,形成不同的构式表现。

汉语中动结构的研究自 Sung（1994）开始,已有二十几年的历史。从研究途径来看,已有文献既有对中动结构句法语义结构的描述性研究（曹宏,2004a、b、c,2005;殷树林,2006;沈阳、陶媛,2010;Tao,2010;蔡淑美,2013）等,也有关于生成机制的解释性探索（宋国明,1997;何晓炜、钟蓝梅,2012 等）。研究者或采用认知功能视角（He,2004;杨晓军,2005）,或采纳形式句法框架（Sung,1994;戴曼纯,2001;Ting,2006;Han,2007）,或借鉴认知语言学理论（如何文忠,2007;许艾明,2008;徐盛桓,2002 等）;或以语言类型学为视角（王璐璐,2013;蔡淑美、张新华,2015 等）。汉语中动结构研究时间虽短,但已得到广泛关注。

基于构式语法对构式的界定（形义的配对体）,我们认为中动结构也是一种构式。汉语中动构式因其句法语义的特殊性复杂性成为学习者的难点。在汉语第二语言教学中经常会听到学习者这样的表达:*我看起来他还是有点醉。*我们穿起来又舒服又漂亮。这是汉语作为第二语言学习者习得中动构式过程中的偏误表现。在教学中我们发现,学习者对中动构式的习得效果并不理想,偏误率较高。学习者的习得表现应该引起我们对教学的反思。从目前的主流的汉语教材来看,关于中动构式的讲解与训练在充分性和系统性方面还有很大的提升空间（张芷瑜,2015）。为此,我们有必要借鉴新的理论来进一步探讨提高汉语中动构式教学效率的有效途径。本文尝试借鉴三一语法理论和构式语法的基本理念,在中动构式本体研究成果的基础上,为中动构式的教学提出参考框架。希望本研究能够成为汉语第二语言本体研究与教学研究之间互动以及汉语构式教学的有益尝试。

二、三一语法理论与构式教学

(一)三一语法理论简介

"三一语法"是一种新型的二语教学语法体系,是 1998 年冯胜利在哈佛大学主持中文部及哈佛北京书院时提出的,是从中文教学的研究、设计和管理经验中总结发展形成的。基于冯胜利、施春宏（2011、2015）的阐释:"三一语法"的基本结构和主要内容是:句子的形式结构;结构的功能作用;功能的典型语境。重在说明句子"是什么""干什么用""在哪儿用"的问题。其基本框架包括句子的形式结构、结构的功能作用、功能的典型语境这三个维度,它们彼此独立而又相互联系,构成一个教学语法的有机整体。这种三维一体的语法系统,体现了"场景驱动、功能呈现、法则匹配"这一教学法的科学性,既有很高的实践价值,同时也有很强的理论意义,为汉语教学语法研究和汉语语法教学提供了一个可资借鉴的新思路。

理论语法与教学语法脱节,甚至混为一谈一直是汉语第二语言教学发展的长期问题,一直得不到很好的解决。一方面,教学语法并非仅是语言教师的经验之谈,另一方面需要与理论语法有所区分,不能将理论研究内容全盘复制到语言课室内以免增加学习者的负担(邓守信,2009)。"三一语法"在理论语法和教学语法之间架设了一座桥梁。

(二)三一语法对汉语构式教学的意义

构式语法把所有的语言单位都视为构式,即形式和意义/功能的配对体。这种语法观与三一语法是一致的,是一种基于使用的语法观。在这种语法教学观中,构式特征不但包括形式和意义/功能方面的特征,还包括用法特征。习得构式的过程,是对构式的形式和意义同时做出概括和存储的过程。而形式和意义的配对关系只有在具体语境、特定场景中才能被充分激活、有效习得。构式的内涵,应该从一般意义上的"形式—意义对"拓展到"形式意义—语境对"。从这个意义上说,形式、意义、语境三者之间具有结构关系上的对应性(施春宏,2017)。因此构式教学应该将形式、意义与语境并重,将三者有机地结合起来。三一语法的基本理念对构式教学就有很好的借鉴价值和指导意义。因为三一语法将"结构—功能—语境"三维合一,主张对每个语法项目的分析要将构式性特征的分析作为立论的依据,并将"构式"中的意义内涵扩展到典型语境、常规语境的分析中,拓展了对形式—意义互动关系的理解和应用(施春宏等,2017)。

三、基于三一语法理论的中动构式教学建议

(一)三一理论框架下的中动构式的教学解读

根据上文的论述,我们认为在三一理论框架下探讨中动构式教学具有充分的理据性和可行性。下面我们在三一理论框架下来解读中动构式。

基于冯胜利、施春宏(2011、2015)的阐释,三一语法的基本框架包括三个方面:形式结构;功能作用;典型语境。其中"形式结构"指语法点所处语句依照虚词和实词的组织安排而体现出来的成分序列及其特征,包括该句型的基本结构形式和对该结构的特征的说明。中动构式义在汉语中有丰富的句法表现形式。Sung(1994)将"起来"当作中动语素,把一部分"NP + V— 起来 + AP"句(这个手续办起来很麻烦)看作中动句。曹宏(2004a,b,c,2005)、He(2004)、Han(2007)、何晓炜等(2012)也将"起来句"当作中动结构。有些难易句(事情的确不好/难办)和表情态

义的句子(这辆自行车能/可以骑)被分析为中动句(古川裕,2005;何元建,2010;Tao,2010)。随着对汉语中动构式研究的不断深入,学者们发现中动构式具有多种句法表现手段,我们可以将不同的句法表现手段聚类,形成中动句式群。"句式群"这一概念是施春宏(2016)基于语言要素价值考察的系统性原则及区别性原则提出的,是一个用来概括相关句式形义关系系统的基础性概念。"句式群"(sentential construction group),即表达同一语义范畴或特定语义关系的相关句式集合,进一步拓展到所有的构式形义关系系统性研究中,就是"构式群"(construction group)。基于此,汉语所有表达中动语义的句式都可以构成一个具有交叉网络关系的中动构式群。一般而言,中动结构有三个重要显性句法成分,主语、谓语动词和修饰语(adverbial modification)(何文忠、王克非,2009)。根据修饰语成分出现与否句法位置,蔡淑美、张新华(2015)将汉语中动构式群大致分为"NP+状+V"和"NP+V补+AP"(具体小类及其例示见下表)。

中动构式群构成句式类别及其例示

类别	句式	例示
NP+状+V	能/可句	橘子皮能做药。/这种方法可以尝试。
	值得句	这本书值得读。
	难易句	汉字很难写。
	经/耐句	牛筋鞋底耐磨。/这种呢子特别经穿。
NP+V补+AP	起来句	这辆车开起来很快。

三一语法中的"形式结构"解决了"是什么样"的问题,"功能作用"就是要回答"干什么用",即该句子结构在交际中具有什么用途。汉语中动构式义可以概括为:主语事物由于自身性质而造成在外力对之进行某种操作行为时表现出某种特征(蔡淑美,2015),即中动构式具有非事件性,表达的是状态义或评价义。吴玲玲(2007)根据在语料考察的基础上发现汉语中的 NP+V+起来+AP 句一般处于语段的背景部分,对主干起丰富细节、评论烘托等作用。此外,李晔等(2015)发现中动结构中动词的相关事件是说话人希望发生的。

三一语法中的"典型语境"维度是有关"在哪儿用"的问题,是指让功能发挥其作用的典型场所。这里的"语境"既指针对学习者的认知水平、学习阶段、文化背景等所提炼的"教学语境"也指语言点出现的语体,比如正式/非正式、典雅/通俗等,因为语体也会对语言的使用产生巨大的影响。与正式、典雅的书面语体相比,汉语中动构式更经常出现在口语体中。我们在 BCC 语料库中分语体对起来句进行检索。结果发现科技语体库中没有起来句,文学库比报刊库中的起来句要多。此外,有研究发现汉语中动构式经常出现在广告文体中。

在汉语第二语言教学中,在三一语法理论框架下的汉语中动构式的这三个维度应该彼此独立而又相互联系,构成一个有机整体,即化一为三,合三为一,真正体现了三一语法的"场景驱动、功能呈现、法则匹配"的教学理念(冯胜利、施春宏,2015:前言)。

(二)三一理论框架下的中动构式的教学建议

基于这样的论述,我们可以从"三一语法"的基本框架出发,结合构式习得的规律,对中动构式教学提出如下一些建议。

1. 重视频率效应强化中动构式形义的结合

根据构式形式与意义不可分割的原则,在二语教学中教师应将构式作为整体来教,鼓励学习者同时注意形式和意义。在中动构式教学中我们不但要强调构式形式和意义要同时习得,还要充分重视频率效应。李小华等(2010)指出语言的使用通过常见用法的频繁重复来构建语法,但是形符频率和类符频率对构式的习得影响大不相同。所谓形符频率是指具体的语言输入中某个单词或短语出现的次数,类符频率指适用于某一模式或构式的不同词汇项目的个数,即构式中某个空格可以填入的不同的词汇项目的个数。认知语言学和语料库的研究表明,对于音系、形态或句法的模式的能产性主要源于类符频率,而不是形符频率。然而,形符频率有助于非规则形式和习语的巩固或保持。有鉴于此,以中动构式起来句为例,教师应该首先教授使用频率较高的表达。我们在BCC语料库中检索起来句,结果发现"说起来容易"出现频率最高,而且通常都与"做起来难"对举而现。所以,我们在教学中应该将"说起来容易,做起来难"作为范例首先教授给学习者。学习者基于高频范例获得了初步的概括知识后,再大量接触更多中动构式起来句的不同类型,比如"这把刀用起来很顺手""这件衣服摸起来手感很好"等等。通过多次频繁接触,中动构式形义的结合在学习者的心理表征就会更为凸显,同时也使学习者更清楚地了解中动构式是否能被扩展使用及扩展的空间、扩展的条件等。因为一个语言表达不管其内部结构如何复杂,只要出现频率足够高,便可作为一个整体在心智中得到表征,并被快速提取(林正军,2015)。

2. 借助语料库资源自主提炼构式的典型语境

我们一般认为在二语教学中归纳法优于演绎法。因为基于使用的语言模式,可以帮助学习者从使用事件或自然发生的语言使用中抽取构式的图式(李小华、王立非,2010)。借助语料库进行归纳路径的语法教学,在二语教学中颇为值得尝试。教师可以通过语料库给学习者提供目的语样本的具体构式,通过归纳的任务形式,鼓励他们通过假设构型和验证,得出构式的使用规律。在实际教学中,教师可以引导学习者自主学习,让学习者在语料库中收集中动构式的使用的例子,分析构式,提炼构式使用的典型语境。根据教学目标和学习者的实际需要,教师可以选用含有地道的、高频构式的生语料,也可以使用熟语料,让学习者习得中动构式。

3. 构建中动构式网络增强学习者的构式意识

在教学中我们应该以中动构式群为基础,帮助学习者构建汉语中动构式网络。以中动构式特殊的句法配置和语义特征为核心,将相关的以及表面上似乎不甚相关但本质上又相联的语法表现手段关联起来,形成中动构式系统。这样有助于学习者中动构式语法知识的系统化,防止语法学习中常常出现的知识碎片化,这也是二语学习者语言学习的困难之一。同时,不同阶段不断接触相关构式的不同句法形式,可以不断强化学习者的构式意识。语言系统中具有独立价值的每一种构式都具备区别于其他构式的形式特征、意义特征和形义匹配特征等。学习者对构式的习得过程,就是对这些区别性特征的感知、察觉不断深入的过程,即构式意识不断完善的过程。学习者构式意识的形成和完善不是一蹴而就的,是循序渐进的,因此构式意识的建构具有层次性和阶段性。施春宏等(2017)认为构式是一个原型范畴,对构式原型形式和意义的习得会使得学习者初步建立构式意识;随着习得阶段的推进,对构式形式、意义的扩展会使构式意识不断调整、提高、完善,逐步会形成扩展的构式意识,并最终形成完整的构式意识。学习者对构式的感知和把握能力又是有区别的,偏误出现的不同情况,反映了构式意识不同程度的习得阶段。在教学中,我们应充分尊重学习者的认知和习得规律,在教学时挖掘、利用构式意识的层级性特征,使学习者逐步储存并形成牢固、灵活的构式意识。

4. 遵循构式习得路径设计中动构式教学的层级性

构式习得遵循先从自下而上,然后再自上而下的路径。所谓自下而上是指学习者从大量实例中概括构式义的过程。在中动构式的教学中,教师可以让学习者接触和学习大量不同的实例,引导他们对所接触到的实例根据相似性进行聚类,概括出更为抽象汉语中动构式意义,即"主语事物由于自身性质而造成在外力对之进行某种操作行为时表现出某种特征"。在这个过程中,图式化的构式在学习者心理的表征逐渐加强,构式的作用也随之逐渐增强(施春宏等,2017)。而自上而下的路径是指学习者在获得构式的图式性知识后,再通过大量的使用机会,将其与"典型语境"匹配,显现知识的自动化。基于此,学习者在获得中动构式的图式性知识后,教学要为学习者创造充分的使用机会,使学习者在实践体验中不断深化对中动构式的理解,更准确地把握中动构式的用法和使用环境,有效避免在创造性使用中动构式过程中出现过度概括或泛化使用的现象。

此外,构式习得次序要求从具体、简单构式入手,逐渐过渡到抽象、复杂的模式,这符合由易到难的认知发展顺序和规律(李小华、王立非,2010)。汉语中动构式的形式语义非常复杂,中动构式的事物评价义与性状描写义的表达是多样的,可以通过具有的情态标记的"能/可句""值得句"来表达,也可以通过"经/耐"这样的词项来表达,还可以外显在 NP＋ V 补 ＋AP(起来句)这样的格式。教学中我们可以根据构式习得的次序性的要求,将这四种不同的表达方式从易到难进行层级的构建。我们建议应该先让学习者掌握起来句,因为起来句在句法结构上对中动构式的句法配置和语义特征表现得最为直接,便于学习者形成较好的中动构式意义,然后再进行"能/可句""值得句"的教学,最后再进行"经/耐"的教学。

综上所述,"重视频率效应强化中动构式形义的结合","借助语料库资源自主提炼构式的典型语境"体现了"三一语法"基本观念。其中"重视频率效应强化中动构式形义的结合"主要强调形式结构和功能作用的匹配关系,"借助语料库资源自主提炼构式的典型语境"主要指出了这种匹配关系得以呈现的功能性语境的获得途径;后两项原则更倾向于从构式习得的视角来观照中动构式的教学。

四、结　语

理论语法是教学语法的基础,但如何实现二者的区分、关联与转化,使教学语法真正解决教学问题,一直是汉语第二语言教学的难题之一。本文尝试在三一语法和构式语法的框架下,重新梳理了中动构式的研究成果,并在此基础上借鉴构式习得理论,提出了汉语中动构式教学建议框架,以期改善学习者中动构式的习得效果,提高中动构式的教学效率。由于篇幅有限,本研究只构建了中动构式的教学指导框架,没有在此框架的指导下进行教学实验,对有效性进行检验。构式的研究目前是学界的热点关注问题之一,但是研究主要集中在构式的本体与习得研究,针对构式教学的研究成果比较少见。本文旨在抛砖引玉,希望能够引起学界对构式教学的重视,有更多同人关注汉语构式的教学研究。

参考文献

[1]蔡淑美,张新华.类型学视野下的中动范畴和汉语中动句式群[J].世界汉语汉学,2015,29(2).

[2]蔡淑美.汉语广义中动句的句法性质[J].语言研究集刊,2013(2).

[3]曹宏.论中动句的层次结构和语法关系[J].语言教学与研究,2004(5).

[4]曹宏.论中动句的句法构造特点[J].世界汉语教学,2004(3).

[5]曹宏.论中动句的语义表达特点[J].中国语文,2005(3).

[6]曹宏.中动句对动词形容词的选择限制及其理据[J].语言科学,2004(1).

[7]戴曼纯.中动结构的句法特征[J].外语学刊,2001(4).

[8]邓守信.对外汉语教学语法[M].台北:文鹤出版社,2009.

[9]冯胜利,施春宏.三一语法:结构·功能·语境——初中级汉语语法点教学指南[M].北京:北京大学出版社,2015.

[10]冯胜利,施春宏.论汉语教学中的"三一语法"[J].语言科学,2011(5).

[11]古川裕.现代汉语的"中动语态句式"——语态变换的句法实现和词法实现[J].汉语学报,2005(2).

[12]何文忠,王克非.英语中动结构修饰语的语料库研究[J].外语教学与研究,2009(4).

[13]何文忠.中动构句选择限制的认知阐释[J].外语研究,2007(1).

[14]何文忠.中动结构的界定[J].外语教学,2005(4).

[15]何晓炜,钟蓝梅.最简方案下英汉中动结构的生成研究[J].现代外语,2012,35(1).

[16]何元建.现代汉语中间句的句法结构[J].汉语学习,2010(1).

[17]李小华,王立非.第二语言习得的构式语法视角:构式理论与启示[J].外语学刊,2010(2).

[18]李晔,赵冬梅.中动结构动词认知选择条件之"心理期待性"[J].华南师范大学学报(社会科学版),2015(2).

[19]林正军,贾磊.英语语法教学改革的路径探索[J].外语教学理论与实践,2015(3).

[20]沈阳,陶媛.隐性施事标记与汉语"中动结构"[A].语法研究和探索(15)[C].北京:商务印书馆,2010.

[21]施春宏,蔡淑美,李娜.基于"三一语法"观念的二语词汇教学基本原则[J].华文教学与研究,2017(1).

[22]施春宏,邱莹,蔡淑美.汉语构式二语习得研究的理论思考[J].语言教学与研究,2017(5).

[23]施春宏.互动构式语法的基本理念及其研究路径[J].当代修辞学,2016(2).

[24]施春宏.面向第二语言教学汉语构式研究的基本状况和研究取向[J].语言教学与研究,2011(6).

[25]宋国明.句法理论概要[M].北京:中国社会科学出版社,1997.

[26]王璐璐.中动结构的类型学考察[J].语文学刊,2013(6).

[27]吴玲玲."NP(对象)+V+起来+AP"句式考察及教学建议[D].北京语言大学,2007.

[28]徐盛桓.语义数量特征与英语中动结构[J].外语教学与研究,2002(6).

[29]许艾明.英语中动词及物性实质的认知研究[J].外语与外语教学,2008(10).

[30]杨晓军.英汉语中动结构式认知研究[D].北京外国语大学博士论

文,2005.

[31]殷树林."NP+(状)+V 起来+AP"格式与英语中动句的比较[J].语言教学与研究,2006(1).

[32]张新华,蔡淑美.论中动事件及汉语中动句系统[J].南开语言学刊,2016(1).

[33]张芷瑜.汉语"NP+V 起来+AP"结构及其对外汉语教学[D].南京大学,2015.

[34]Han,J. *Argument Structure and the Transitivity Alternation* [D]. PhD dissertation,City, 2007.

[35]He , W. *Middle Construction in Chinese and West Germanic Languages* [D]. PhD dissertation,Shanghai International Studies University, 2004.

[36]Jersperson ,Otto. *A Modern English Grammar on Historical Principles* ,Part III,Synta[M]. London: Allen & Unwin,1982.

[37]Lekakou, M. *Middle Semantics and Its Realization in English and Greek* [A]. Neeleman,Ad & Reiko Vermeulen. UCL Working Paper in Linguistics 14 [C]. London: University College London,2002.

[38]Sung,K. *Case Assignment under Incorporation* [D]. PhD dissertation, University of California, 1994.

[39]Tao, Y. *Chinese Middle Construction: A Case of Disposition Ascription* [D]. PhD dissertation, The Hong Kong Polytechnic University, 2010.

[40]Ting, J. *The Middle Construction in Mandarin Chinese and the presyntactic approach* [J]. Concentric: Studies in Linguistics. 2006,32(1).

非华裔马来西亚留学生对中国文化的认知情况调查[①]

刘继红　孙晓梅

【内容摘要】 汉语学习者对中国文化的认知情况是当前中国文化对外传播效果的客观反映，也是检验汉语作为第二语言教学质量的重要指标。本文采用问卷与访谈相结合的方法考察了非华裔马来西亚留学生对中国文化的认知情况。研究发现，汉语课和文化活动是受访者了解文化的主要渠道，受访者对物质文化的认知优于对行为文化和精神文化的认知，且汉语水平越高，认知度越好。

【关键词】 非华裔马来西亚留学生　文化认知　渠道　影响因素　启示

引　言

马来西亚是一个多民族、多元文化的国家，也是"一带一路"沿线重要国家之一。作为"21世纪海上丝绸之路"的重要一环，对区域经济协同发展有着举足轻重的作用。自1974年中马两国建交以来，双方在政治、经济、文化等领域进行了友好的交流与合作，并取得了丰硕的成果。近年来，随着两国经贸往来及文化交流日益频繁，马来西亚国民学习汉语的热情越来越高，来华留学生人数与日俱增并逐渐成

[①]　此研究获北京外国语大学世界亚洲研究信息中心资助，孙晓梅同学在调查问卷的设计、发放及数据分析中做了大量工作，在此一并感谢！

为一个重要的学习群体。据统计,至2012年,来华留学生人数已稳居世界前15名[①]。遗憾的是,目前国内对于马来西亚留学生群体的认识和研究尚且不足。

已有研究表明,课堂教学是留学生了解中国文化的窗口,目的语环境为他们亲身感受中国文化提供了契机。这两方面因素都会影响留学生对中国文化的整体认知。而留学生的文化认知又是影响他们跨文化适应和语言综合能力的关键因素。从另一角度看,学习者对中国文化的认知情况是检验第二语言教学效果的重要指标,对其进行研究不仅有助于思考不同文化间的交流和沟通策略,对促进第二语言教学和跨文化传播都有重要的启示。

一、研究回顾

认知是个体对客观事件及其关系进行信息处理从而认识世界的过程,也是人们对环境、他人及自身行为的看法、信念、知识和态度的总和(孙春英,2015)。世界上任何一个国家或民族的文化都具有自身独有的内涵与特质,对文化的认知不仅是对表层文化符号的感知,更为重要的是对其内涵与特质的了解和把握。

当前对文化认知的研究主要有两个方面:第一是探讨认知规律和特点的理论性研究,第二是针对海外民众和国内外汉语学习者的文化认知情况调查。前者代表性研究有:孙琳(2010)总结了二语习得领域中的文化认知的持续性和非持续性特点,同时指出认知的灵活性特点,即学习者可以通过多种方式构建自己的知识体系,并在不同情境下做出不同的反应;陈映戎(2011)探讨了文化认知差异背后隐含着的价值冲突及认知模式差异;呼建勇(2012)则强调了文化认知对跨文化交际产生的重要影响,认为学习者对目的语文化知识的掌握和灵活运用程度直接影响了其跨文化交际的成功率。

针对学习者群体的文化认知调查,依据调查对象所处环境,可分为针对非目的语环境学习者和目的语环境学习者研究两大类。前者多见于中国文化影响力或国家形象方面的研究,其中最有代表性的成果是吴瑛的系列研究,从2008年到2011年她先后对美国、俄罗斯、泰国、日本和黎巴嫩五个国家16所孔子学院(孔子课堂)学习者进行了调查,以评估孔子学院(孔子课堂)汉语推广和中国文化传播的总体效果[②],其调查内容包括受访者对中国文化的认识与态度,她的研究设计对本文有

---

① 据统计,2016年来华留学生达44.28万人,同比增长11.35%,他们主要来自韩国、美国、泰国、巴基斯坦、印度、俄罗斯、印度尼西亚、哈萨克斯坦、日本、越南、法国、老挝、蒙古、德国和马来西亚等国。其中,接受学历教育的留学生占总数的47.42%。2016年马来西亚来华留学生有6880人,参见:http://www.sohu.com/a/152664047_419880.

② 吴瑛.孔子学院与中国文化的国际传播.浙江大学出版社,2013.

重要启示。针对目的语环境学习者文化认知的研究为数不多,依据调查对象可分为对华裔留学生(庄颖,2012),国际学校留学生(张丽华、李文韬,2015)和高校留学生的研究(高金萍、王纪澎,2017;蔡庆庆,2017)。

总体来看,当前关于中国文化的认知调查主要是针对海外民众及孔子学院(孔子课堂)汉语学习者进行的,针对目的语环境的学习者的研究相对较少,特别是专门针对某一国家留学生群体的实证性研究更为薄弱。鉴于此,本文将以在京马来西亚留学生群体为研究对象,依据"受访者了解中国文化的渠道→对中国文化的认知→汉语水平对文化认知的影响"这一思路,针对非华裔马来西亚留学生群体的中国文化认知情况进行考察,通过对不同年级学习者认知情况的比较,分析汉语水平对认知效果的影响,在此基础上尝试提出针对马来西亚留学生群体的文化传播策略,并丰富学习者对中国文化认知情况的国别化研究。

二、研究设计

(一)研究对象

本文的研究对象是北京外国语大学马来西亚汉语师资培训项目留学生[①]。该项目学习者均为非华裔马来人,来中国以前基本没有学习汉语的经历。到北外留学第一年,他们在中文学院汉语培训中心进行预科学习;经过一年的预科学习以后,继续在对外汉语系接受四年本科学历教育。本次研究的受访者包括从预科到本科四年级的学生,共发放纸质问卷200份,收回问卷181份,有效问卷为172份,有效率为95%。除少部分调查问卷之外[②],其余问卷均当场发放,当场收回。受访者基本信息如下:

表1 调查对象基本信息

	年级					性别		宗教信仰		华裔背景		合计
	预科	一年级	二年级	三年级	四年级	男	女	伊斯兰教	其他	无	有	
数量	21	49	35	46	21	40	132	172	无	169	3	172

---

① 2007年,马来西亚教育部、玛拉集团与北京外国语大学合作建立了马来西亚汉语师资培训项目,目标是培养具备较扎实的汉语言专业基础知识和一定教育学、心理学等学科相关知识,对中国文化有比较全面了解,具有良好国际交流能力的高层次、复合型、实用型汉语师资人才。至今为止,项目学习者已有396名。

② 发放问卷时,四年级已停课,故四年级学生的问卷由学生在课堂之外作答,之后统一收回。

数据显示,受访者性别方面,男性占23.3%,女性占76.7%;年龄方面,最小为18岁,最大为24岁,平均年龄21岁。由于受访者都是在高中毕业后被选派到中国留学,因此年龄分布较平均,他们来中国留学时平均年龄为18岁左右;关于学习汉语的时间,由于受访者来中国之前基本没有学习汉语的经历,所以汉语学习时间和来中国时间基本一致:预科班学生学习汉语约为7—12个月,一年级学生约为1—2年,二年级学生约为2—3年,三年级学生约为3—4年,四年级学生为4年以上。

本文依据受访者学习汉语的时间将其分为初、中、高三个等级。其中,初级水平学生共70人(41%),中级水平学生共81人(47%),高级水平学生共21人(12%);宗教信仰方面,所有受访者均信仰伊斯兰教,因此可以排除宗教因素对本研究结果的影响;是否有华裔背景方面,98.2%(169人)的受访者没有华裔背景,只有1.8%(3人)的受访者有华裔背景,因此,也基本可以排除家庭背景对文化认知的影响。

(二)研究方法

本研究使用的调查问卷主要参考了吴瑛(2013)和关世杰(2016)的研究[①]。问卷由四部分组成:第一部分是关于学习者基本情况的调查,包含可能会对结果产生影响的性别、年级、宗教信仰等;第二部分考察受访者对中国文化的认知情况;第三部分考察受访者了解中国文化的渠道。在预调研之后,我们根据学生反馈,对预科班及一年级学生采用英文版问卷,其他年级采用中文版问卷。

问卷数据使用Excel软件进行录入后,通过SPSS软件(18.0版)对数据进行了频率分析、描述分析(均值、方差),并在定量分析结果的基础上,从每个年级中选择一至两名学生进行访谈,对问卷结果进行补充[②]。访谈全程录音,后期通过人工转写的方式,将访谈内容转为文字,共四万余字。访谈对象基本信息如下:

表2 访谈者基本信息

	S1	S2	S3	S4	S5	S6	S7	S8	S9
年级	预科	预科	一	一	二	二	三	三	四
性别	女	男	女	男	女	男	女	女	女

[①] 关世杰就海外民众如何看待中华文化这一问题先后对美国、德国、俄罗斯、印度、日本、韩国、越南、印度尼西亚等八个国家的民众进行了大规模调查,分析了八国受访者对中华文化的认知、态度和行为,并指出这项研究实质上是国际传播学中的效果研究。参见:关世杰.中华文化国际影响力调查研究.北京大学出版社,2016.本研究的问卷内容部分参考了关世杰先生的研究,已征得关世杰先生的同意,特此感谢!

[②] 由于访谈时四年级学生已回国,最终只联系到一位学生,我们通过微信进一步了解她对中国文化的认知情况。

续表

	S1	S2	S3	S4	S5	S6	S7	S8	S9
年龄	19	19	20	20	21	20	22	22	22
是否华裔	否	否	否	否	否	否	否	否	否

(三)研究问题

本调查拟讨论以下三个方面的问题：

(1)非华裔马来西亚留学生了解中国文化的主要渠道有哪些？

(2)受访者对中国文化的认知情况如何？对不同层面的文化认知是否存在差异？

(3)受访者的汉语水平对文化认知是否有影响？

三、结果与分析

(一)受访者了解中国文化的渠道

为了解受访者了解中国文化的渠道，问卷设置了"现在，你主要通过什么渠道了解中国文化"这一问题，选项包括"上汉语课""文化讲座""大众媒体""留学生文化活动""同学、朋友介绍"及"其他"，受访者最多可选三项，结果如下。

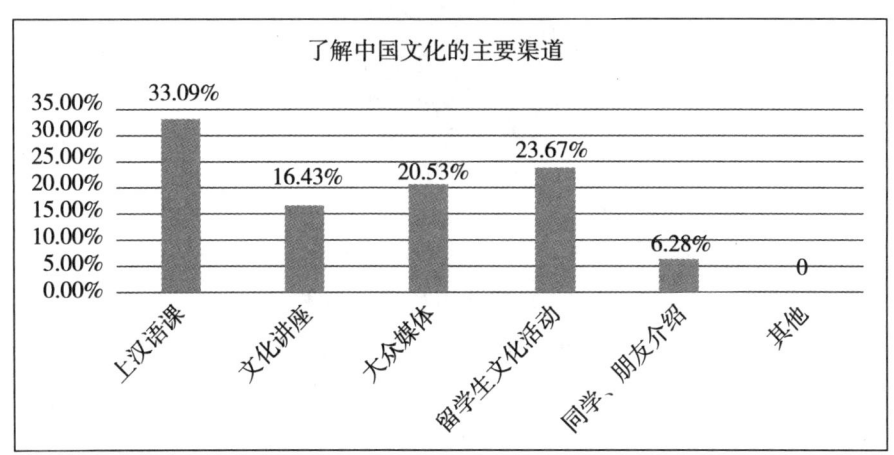

图1 留学生了解中国文化的主要渠道

由图1可知，"上汉语课"(33.09%)是受访者了解中国文化最重要的渠道，其次为"留学生文化活动"(23.67%)，排在第三位的是"大众媒体"(20.53%)，这一结果与刘继红(2014)的研究结果一致。由此可见，课堂教学和学校组织的文化活动对受访者的文化认知起了决定作用，在访谈时，学生表示：

我觉得80%(的文化)都是老师讲的，我也喜欢看电视，但是看电视虽然可以

帮助了解,但是不会和你详细地讲。(S6)

好多知识我们老师都讲过,但是我左耳朵进,右耳朵出来,很多已经忘记,不过我知道老师讲过。(S7)

在考察受访者对不同层面的中国文化认知情况时,我们也发现,不少学生存在与S7相似的情况,即对文化的认知主要来源于教师的课堂讲解,虽然对具体内容记不大清楚了,但有一定的印象。在访谈中,学生还提到了学院开设的文化选修课,比如中国文化概况,并认为文化课老师能比较系统地介绍中国文化知识,学生在专门的文化课上了解的文化会更多一些。鉴于课堂教学是受访者了解中国文化的主要渠道,教师应注意提高课堂教学的趣味性,增加与学生的互动,从而保证教学效果。

调查显示,学校组织的课外文化活动也是很多受访者了解中国文化的重要途径。北京外国语大学每个学期都会组织各种形式的文化活动,如汉语角、名胜古迹参观、到中国人家里做客等,由于留学生有机会亲身接触和感受,往往会留下更深的印象。

除了通过汉语课及文化活动,许多受访者也经常使用大众媒体了解中国文化。在问卷中我们就"你最常使用哪几种中文媒体"做了调查,该题共有9个选项,限选3项。调查结果如下:

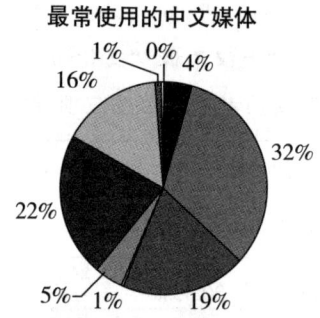

图 2　经常使用的中文媒体

由图2可知,受访者经常使用的中文媒体排在前三位的是中文电影(32%)、中文歌曲(22%)和中文电视节目(19%)。访谈时不少学生谈到了自己喜欢的中文媒体:

我现在喜欢看电视剧,我觉得一些中国古代的文化很有意思,比如我喜欢《楚乔传》,林更新的电视剧。武术文化我感觉也很有意思,我们经常一起看动作电影,我对武术文化也很感兴趣。(S1)

我喜欢看电影,如果有时间,有兴趣,我会自己查一查。看汉语书我试一试,但是(看的)不多,不能坚持,可能有时很有兴趣,那就看看。(S5)

从访谈中我们可以看出,受访者会根据自己的兴趣选择不同类型的电影或电视节目,虽然通过中文媒体有针对性地了解中国文化的学生比较少,但不可否认,中文媒体可以帮助留学生了解中国。

(二)受访者文化认知情况分析

学界对文化有不同的分类方式,本研究采取将文化分为物质文化、行为文化、精神文化的三分法,并选取每种文化中较有代表性的文化符号,考察受访者对不同层面的中国文化的认知情况。由于受访者对各类文化符号的接触或体验经历会影响认知情况,所以问卷中对"有没有接触或体验过"一项也进行了考察。

参考吴瑛(2013)的问卷,我们选择了中国茶叶、长城、兵马俑、饺子作为物质文化的代表符号,因受访者为在京留学生,我们删除了吴瑛问卷中"中国菜"一项,增加了故宫、胡同及四合院两项北京建筑文化符号;选择太极拳、中医、中国功夫、舞龙舞狮及剪纸作为行为文化的代表;选择中国书法、中国诗词和京剧作为精神文化的代表①。

为方便统计,我们将受访者对各类文化符号的认知情况分为"知道"及"不知道"两项,分别赋值"1"和"2",分值越低,认知情况越好;同时,"接触或体验过"及"未接触或体验过"也分别赋值"1"和"2"。为了解受访者的认知情况及个体差异,我们用 SPSS 软件对数据做了均值及标准差分析,结果如下②:

表 3 受访者对中国文化的认知情况

	知道吗		有没有接触或体验过	
	均值	标准差	均值	标准差
中国茶叶	1.04	0.199	1.06	0.247
长城	1.01	0.108	1.00	0.000
兵马俑	1.02	0.132	1.01	0.108
饺子	1.02	0.152	1.11	0.314
故宫	1.05	0.224	1.12	0.328
胡同四合院	1.09	0.293	1.22	0.418
太极拳	1.06	0.245	1.47	0.500
中医	1.18	0.386	1.68	0.468
中国功夫	1.11	0.309	1.48	0.500
舞龙舞狮	1.22	0.421	1.66	0.473
剪纸	1.09	0.293	1.23	0.337
京剧	1.08	0.267	1.49	0.501
中国书法	1.01	0.108	1.07	0.256
中国诗词	1.19	0.396	1.36	0.480

① 价值观是精神文化的核心部分,受访者对中国人的价值观念的认知情况我们将专门进行讨论。

② 本文均值均保留小数点后两位,标准差保留小数点后三位。

统计结果显示,总体而言,受访者对各个层面的中国文化的认知度都比较高,均值均处于1—1.22之间,偏于"知道"。为比较不同环境中受访者的文化认知情况,我们与吴瑛的研究结果进行对比,结果如下:①

表4 不同环境中的受访者对中国文化的认知情况

		美国		泰国		黎巴嫩		俄罗斯		日本		马来西亚	
		均值	标准差	均值	标准差	均值	标准差	均值	标准差	均值	标准差	均值	标准差
知道吗	中国茶叶	1.18	0.388	1.04	0.209	1.26	0.440	1.00	0.000	1.02	0.132	1.04	0.199
	长城	1.01	0.108	1.00	0.067	1.15	0.360	1.01	0.102	1.00	0.000	1.01	0.108
	兵马俑	1.44	0.499	1.10	0.346	1.65	0.478	1.26	0.440	1.04	0.194	1.02	0.132
	太极拳	1.71	0.454	1.04	0.238	1.78	0.415	1.04	0.199	1.00	0.000	1.06	0.245
	中医	1.62	0.489	1.15	0.406	1.34	0.477	1.04	0.199	1.09	0.288	1.18	0.386
	中国功夫	1.16	0.366	1.01	0.177	1.14	0.349	1.03	0.174	1.02	0.141	1.11	0.309
	饺子	1.19	0.391	1.26	0.508	1.70	0.462	1.05	0.173	1.05	0.223	1.02	0.152
	舞龙舞狮	1.52	0.503	1.04	0.228	1.59	0.494	1.24	0.431	1.10	0.306	1.22	0.421
	中国书法	1.14	0.347	1.03	0.210	1.41	0.494	1.00	0.000	1.05	0.216	1.01	0.108
	中国诗词	1.59	0.495	1.21	0.457	1.76	0.427	1.09	0.290	1.27	0.447	1.19	0.396
有没有接触或体验过	中国茶叶	1.18	0.389	1.04	0.279	1.12	0.329	1.02	0.143	1.04	0.187	1.06	0.247
	长城	1.77	0.424	1.70	0.530	1.80	0.403	1.55	0.500	1.63	0.487	1.00	0.000
	兵马俑	1.93	0.255	1.79	0.499	1.82	0.390	1.84	0.367	1.74	0.443	1.01	0.108
	太极拳	1.48	0.512	1.33	0.528	1.53	0.514	1.70	0.459	1.45	0.502	1.47	0.500
	中医	1.69	0.471	1.48	0.581	1.71	0.456	1.61	0.491	1.86	0.354	1.68	0.468
	中国功夫	1.52	0.504	1.44	0.541	1.61	0.492	1.80	0.405	1.88	0.331	1.48	0.500
	饺子	1.19	0.395	1.23	0.540	1.48	0.510	1.34	0.476	1.17	0.376	1.11	0.314
	舞龙舞狮	1.58	0.500	1.17	0.449	1.91	0.288	1.81	0.394	1.31	0.468	1.66	0.473
	中国书法	1.21	0.408	1.13	0.392	1.48	0.505	1.29	0.455	1.51	0.504	1.07	0.256
	中国诗词	1.33	0.547	1.22	0.504	1.43	0.507	1.29	0.456	1.97	0.177	1.36	0.480

总体而言,在京马来西亚留学生对不同层面的文化认知情况普遍优于吴瑛调查中的汉语学习者,根本原因在于我们的研究对象身处目的语环境,有更多机会接触各种层面的中国文化。

在物质文化方面,依据受访者认知情况,排在前三位的是长城(均值为1.01)、兵马俑和饺子(均为1.02)。饺子作为中国特色的饮食文化代表,受访者在学校清真食堂就可以品尝到,因此,认知度高不足为奇;受访者对长城和兵马俑的认知度

---

① 数据引自吴瑛.孔子学院与中国文化的国际传播.浙江大学出版社,2013:138—139.

高,是因为学院组织的课外活动。总的来说,留学生对各类物质文化形态均有较多的认识,大部分人都亲身接触或体验过。

在行为文化方面,受访者太极拳(均值为1.06)和剪纸(1.09)的认知度最高,对舞龙舞狮(1.22)和中医(1.18)的认知度及体验度最低。访谈中学生表示,这两种文化老师在课堂上都提到过,但做调查时忘记了,由此可见,通过亲身接触或体验获得的文化认知比单纯听教师讲解效果更好。

在精神文化方面,受访者的认知情况存在较大差异,他们对中国书法的认知率(均值为1.01)最高,虽然大多数学生表示在来中国之前对书法并不了解,但因为学院开设了书法选修课,很多学生接触过,并表示书法虽然难,但非常喜欢:

我觉得我写得很难看,如果我们紧张,就乱了。但是我觉得如果我们每天练习,会有进步的。我喜欢有时在房间写书法,我喜欢书法。

受访者对精神文化的中国诗词的认知率(1.19)不高,且标准差较大,认知差异显著,这应该与个体兴趣有关。

由调查结果(表3)可以看出,在三个层面的文化中,受访者对长城、兵马俑、饺子和故宫等物质文化的认知度最高,接触或体验率也非常高,且标准差值较小,说明受访者对其认知程度基本一致;受访者对行为文化及精神文化认知情况及体验情况较为复杂:认知度最低的既有属于行为文化的舞龙舞狮、中医,又有精神文化中的中国诗词,且从标准差来看,三者离散度均比较高,说明受访者对这些文化的认知存在较大差异。

由调查数据对比(表4)可以看出,非华裔马来西亚留学生对物质文化、行为文化及精神文化的认知情况均优于吴瑛(2013)调查中的海外汉语学习者,说明目的语环境有利于学习者的文化认知。但不容乐观的是,我们在进一步访谈中发现,许多马来西亚留学生对中国文化的认知仍停留在表层,仅仅是"知道"或"接触/体验过",而谈不上了解或理解,对深层观念文化缺少思考和了解。因此,汉语教师在进行文化知识讲解或组织文化活动时,除了让学习者了解基本文化知识外,更重要的是引导他们思考物质文化、行为文化背后隐含的深层文化精神。

(三)汉语水平对文化认知的影响分析

由于受访者在文化背景和宗教信仰方面基本一致,所以这里我们主要考察汉语水平对文化认知的影响。调查结果如下:

表5 汉语水平对受访者文化认知的影响

		初级	中级	高级
中国茶叶	均值	1.04	1.02	1.10
	标准差	0.205	0.156	0.300

续表

		初级	中级	高级
长城	均值	1.03	1.00	1.00
	标准差	0.169	0.000	0.000
兵马俑	均值	1.03	1.01	1.00
	标准差	0.169	0.111	0.000
饺子	均值	1.04	1.01	1.00
	标准差	0.205	0.111	0.000
故宫	均值	1.09	1.03	1.00
	标准差	0.284	0.190	0.000
胡同、四合院	均值	1.19	1.03	1.00
	标准差	0.396	0.190	0.000
太极拳	均值	1.07	1.06	1.05
	标准差	0.259	0.242	0.218
中医	均值	1.20	1.19	1.10
	标准差	0.403	0.391	0.301
中国功夫	均值	1.07	1.14	1.10
	标准差	0.261	0.348	0.301
舞龙舞狮	均值	1.17	1.29	1.20
	标准差	0.382	0.455	0.402
剪纸	均值	1.13	1.08	1.05
	标准差	0.341	0.265	0.218
京剧	均值	1.07	1.09	1.05
	标准差	0.263	0.283	0.218
中国书法	均值	1.03	1.00	1.00
	标准差	0.168	0.000	0.000
中国诗词	均值	1.30	1.11	1.14
	标准差	0.462	0.318	0.359

统计数据显示，除个别选项（中国茶叶、舞龙舞狮）外，无论是物质文化、行为文化还是精神文化，都表现出受访者的汉语水平越高，认知度越好的倾向，且从标准差来看，中高级水平的受访者认知离散度很低，学生认知水平整体趋向一致，这说明当前的文化传播对受访者的文化认知起到了一定的积极作用。

在访谈中，我们也发现，受访者随着汉语水平的提高，对中国文化的认知情况会相应变好，与调查数据显示结果一致。以受访者对"兵马俑"的认知为例，下面是访谈中不同水平的受访者对"说说你对兵马俑的了解"这一问题的回答[①]：

---

① 访谈时为避免学生受汉语水平的限制，我们允许初级阶段的学生在不能用汉语表达时可以使用英语。

（1）初级阶段的受访者：

兵马俑是很有名的建筑，它在西安。

（2）高级阶段的受访者：

秦始皇希望他去世的时候，周围的人也能陪他一起生活，所以他觉得要变强，因为有人可以听他的。看兵马俑的时候我感觉秦始皇非常厉害，他会（能）做好多事让七个国家（的人）一起来修筑长城。

由此可以看出，高级阶段的受访者对兵马俑的了解更为全面，明显多于初级阶段的学生。且从访谈结果来看，这一情况具有普遍性。这再次说明文化传播应适应不同阶段的汉语学习者，结合他们的实际水平选取传播内容，而对于初级阶段的汉语学习者而言，教师如何深入浅出地为学习者介绍文化非常重要[①]。

结论与启示

本文采用问卷调查与访谈相结合的方法考察了非华裔马来西亚留学生对中国文化的认知情况。研究发现，汉语课及学校组织的文化活动是受访者了解中国文化主要的渠道；整体来看，受访者对不同层面的中国文化认知率均比较高，认知情况优于非目的语环境中的学习者；受访者对不同层面的文化认知存在差异，对物质文化认知度最高，接触或体验率较高，且离散度小，内部趋于一致；对行为文化和精神文化的认知率略低于物质文化；受访者的汉语水平对文化认知有一定影响，基本趋势是水平越高，认知情况越好，但差异并不显著。

上述研究结果为针对汉语学习者的文化传播带来一定启示，我们应注意以下几个方面：

第一，注意传播内容的阶段性与层次性问题。

所谓阶段性是教师在文化传播过程中，应立足于受众水平，把握受众所处的阶段特征，即文化教学应与学生的语言水平和交际需要相适应。教师要根据学生的汉语水平及对中国文化的了解程度，为学生"量身定制"，有针对性地对传播内容进行调整。

以中国传统手工工艺品中国结为例：中国结因对称精致的外观、团圆幸福平安的寓意，深受汉语学习者的喜爱。教师在介绍中国结时，应针对学生的实际水平选择教学内容。对初级水平的学习者而言，兴趣是第一位的，教学时可先让学生亲身体验中国结的做法，再为他们介绍较有代表性的吉祥结、十字结，及其背后蕴含的

---

① 学院专门组织马来西亚留学生去西安参观秦始皇兵马俑。我们曾对2016年参加这一活动的预科班学生进行过调查，有学生表示当地导游的英文讲解不够清楚，影响他们对兵马俑的了解，许多学生表示希望带队老师能帮助他们讲解。

团圆、幸福、平安等寓意,还可以从"中国红"拓展开来,介绍中国人喜欢"红色"的原因是它代表着喜庆、祥和等意义;对中高级水平的学习者而言,教学重点是介绍不同种类的中国结所代表的含义,可从中国传统装饰习俗和审美观念着手,讲解中国结在日常生活中的作用,还可以对"红色"进行深入讲解,让学生了解中国人喜欢"红色"的深层原因,如古代人喜欢用红色驱邪,保佑平安等。

所谓层次性是教师在文化传播过程中应避免停留于表层文化,要注意对深层文化内涵的挖掘。本次调查发现,虽然马来西亚留学生对不同层面的中国文化的认知情况较好,选择"知道"或"接触/体验"的比例很高,但从访谈结果来看,大部分学生仅限于"知道"而谈不上了解或理解,即便是中高级阶段的学生对深层观念文化也缺少思考和了解。由此可知,文化传播尚未达到理想的效果。

以传统手工艺术剪纸为例:花样百出的剪裁手法,样式各异的剪纸形状只是其外在形式,而剪纸图案及色彩所寄托的人们对美好生活的期望,对避灾纳福的祈求等精神追求才是剪纸艺术流传至今的原因。教师如果仅仅介绍剪纸的操作步骤而忽略其中的文化内涵,无异于舍本逐末,不能让学习者理解剪纸存在的真正意义。可以说,任何一种文化,在传播过程中如果脱离了背后的文化内涵,都不过是一种简单的手工或一项活动,难以长久保持他者的兴趣和关注。

第二,注意传播方式的多样化。

随着互联网的普及,依托网络兴起的社交媒体、可视化教学设备层出不穷。教师应学会发挥各种媒介的不同优势,整合资源,利用中文报纸、杂志、电影、电视、歌曲等多种媒介传播文化,努力实现传播方式的多样化。

许多研究表明,电影可以展现真实而丰富的社会文化和生活,可以为学生创造轻松的语言环境,是文化传播的有效途径(肖路,2003;刘继红,2004、2006;刘巍,2010;曹莉敏,2011),程洁莹(2014)尝试利用中国风歌曲进行文化传播,因为中国风歌曲既继承了中国优秀的传统文化,也彰显了当代的多元文化,具备朗朗上口、简单易学的特点,容易被留学生接受并喜欢,这种新颖的方式也值得我们尝试。

传播方式的多样化不仅为课堂教学带来便利,对学习者课外学习也能起到积极作用。本次调查显示,中文媒体是受访者了解中国文化的主要渠道之一,访谈时也有不少学生表示课余时间很喜欢在宿舍看电视节目。为了发挥中文媒体对文化认知的作用,教师应有意识地针对学生的兴趣和特点推荐合适的内容,以电视节目为例:《世界青年说》《见字为面》《朗读者》《国家宝藏》《如果国宝会说话》等节目都非常适合中高级水平的汉语学习者,教师可鼓励学生观看并从中获取文化知识。此外,官方微博、微信公众平台、网上学习资源平台等新媒体传播方式也可以成为学习者了解中国文化的途径。如何发挥新媒体在文化传播中的优势,是需要探索的问题。

综上,本文针对非华裔马来西亚留学生群体对中国文化的认知情况进行了考察,希望我们的讨论可以丰富文化认知课题的国别化研究,并对第二语言学习者的跨文化传播有所启示。

参考文献

[1]陈映戎.文化认知:价值冲突与认知模式——以"愚公移山"为例.浙江社会科学,2011(4).

[2]关世杰.中国文化国际影响力调查研究.北京大学出版社,2016.

[3]高金萍,王纪澎.来华留学生:中国文化对外传播的重要力量——基于北京地区来华留学生对中国文化认知的调查.对外传播,2017.

[4]刘继红.关于马来西亚师资培训项目的思考与建议,纪念中马建交40周年北京国际研讨会论文集.外语教学与研究出版社,2015.

[5]孙琳.论二语习得中的文化认知模式.科技创新导报,2010(3).

[6]吴瑛.孔子学院与中国文化的国际传播.浙江大学出版社,2013.

[7]吴瑛.中国文化对外传播效果研究——对5国16所孔子学院的调查.浙江社会科学,2012(4).

与数字相关的对外汉语初级阶段教学研究

鲁文霞

【内容摘要】 对外汉语教学初级阶段的很多教学内容与数字相关,包括数字、钟点、日期、年龄、钱数、号码等,这些表达法属于生存交际必备的语言知识。分析有关数词分类及特点的本体研究成果;总结《国际汉语教学通用课程大纲》中对数字及相关内容的教学要求;分析《博雅汉语初级起步篇》和《跟我学汉语》两部教材中对数字及相关内容的编排设计;探讨对外汉语初级阶段有关数字读法的教学方式;以期进一步提升数字教学的质量。

【关键词】 数字 数词 对外汉语教学 初级

引 言

数字作为一项重要的教学内容,贯穿于对外汉语教学的整个初级阶段。不仅数字表达法本身是一个语法项目,与数字密不可分的时间、年龄、钱数和号码等表达法也都是重要的语法项目,这些表达法与人们的生活息息相关,是生存交际必备的语言知识。数字教学看似简单,实则复杂多样,值得深入研究。

一、数字与数词

1. 数字与数词

根据《现代汉语词典》[①]的释义,数字既是表示数目的文字,例如"一"和"壹",也是表示数目的符号,如阿拉伯数字"1";数词是表示数目的词。实际上,数词作为一个词类,除了表示数目多少,也表示次序前后。

---

① 现代汉语词典(第6版).商务印书馆,2012:1211−1212.

换句话说,符号"1"和汉字"一"是人们平时所说的"数字",不过当它们作为一个语法单位时,则被称为"数词"。

2.数词的分类

关于数词的分类语法学界尚不统一。

朱德熙《语法讲义》中的数词包括五类(详见下表):

数词	系数词	一、二、三、四、五、六、七、八、九、十、两、几、多少
	位数词	十、百、千、万、亿
	概数词	来、多、好几
	好些、若干	
	半	

同时,数词又有基数和序数的区别,例如"三"是基数,"第三"是序数。

黄廖本《现代汉语》将数词明确分为基数词和序数词两类(详见下表):

数词	基数词	系数	一、二、三、四、五、六、七、八、九、两
		位数	十、百、千、万、亿
	序数词		第+基数;初+基数;甲、乙、丙、丁;子、丑、寅、卯……

基数词可以组成表示倍数、分数、概数的短语。其中,概数的表示法包括两种,一种是数词或数量短语+"来、多、把、左右、上下",另一种是两个基数连用,例如"一两个"。

在《语法讲义》中,"十"既是系数词又是位数词,例如在"十万"中是系数词,在"二十"中是位数词。在《现代汉语》中,"十"只是位数,它和系数可以组成复合数词,例如"六十"(系数+位数)和"十六"(位数+系数)。

陆庆和《实用对外汉语教学语法》从两个角度来给数词分类。首先,数词可以分为系数词、位数词和概数词三类(详见下表):

数词	系数词	零、一、二、三、四、五、六、七、八、九、十、两
	位数词	个、十、百、千、万、亿
	概数词	来、多、好几、左右;两个相邻数字连用

此分类方式与《语法讲义》接近,不过每一类所包含的词略有不同。对概数表示法的归纳与《现代汉语》一致。

其次,数词可以分为基数词和序数词两类(详见下表):

数词	基数词	系数	零、一、二、三、四、五、六、七、八、九、十、两
		位数	十、百、千、万、亿
	序数词		第+基数

此分类方式与《现代汉语》基本相同,不过每一类所包含的词略有不同。同时,从另一个角度对基数进行了分类,即基数包括整数、分数、小数和倍数。

尽管有关数词的分类并未统一,但总体来说,本体研究领域内的数词知识点基本包括以下几个：

①基数和序数

②系数和位数

③概数

④倍数、分数、小数

3.汉语数词的特点

(1)汉语数词系统简明而匀称

汉语

一	第一	一月	星期一
二	第二	二月	星期二
三	第三	三月	星期三
四	第四	四月	星期四
五	第五	五月	星期五
六	第六	六月	星期六

英语

one	first	January	Monday
two	second	February	Tuesday
three	third	March	Wednesday
four	fourth	April	Thursday
five	fifth	May	Friday
six	sixth	June	Saturday

对比汉语和英语的"一"至"六"，无论用于基数和序数，还是表示月份和星期，汉语的数词都保持了在形式上的一致。由此可见，"汉语的数词表述系统在更大程度上表现出了简明匀称的一面"。①

由于汉语数词的这个特点，因此在对外汉语初级阶段教学中，可以将有数词参与的语言点组合在一起进行教学。这样做的好处，一是可以复现，加深学生对数字的记忆；二是可以使学生迅速掌握时间、年龄、钱数、数量、次数等的表达方式，更快拓展与生存相关的语言交际能力。

(2)与量词结合成数量短语

在汉语中，数词一般不能单独用作句法成分，要跟量词结合在一起使用。数量短语在句法结构中作为一个整体结构"一致对外"，例如"十位老师"（数量＋名词）、"复习三遍"（动词＋数量）。"在汉语词类系统中，没有另外两类词像数词和量词这样具有'联盟式'的结合关系。"②也因此，数量短语通常被人们称为"数量词"。

---

① 邢福义.汉语三百问.商务印书馆,2003:100.

② 邢福义.汉语三百问.商务印书馆,2003:96.

从对外汉语教学的角度看,数词的教学和量词的教学也是紧密结合在一起的。"半"和概数"多"的教学与量词有关,"二"与"两"的区别,"几"与"多少"的区别也都与量词有关。

二、数字与《国际汉语教学通用课程大纲》(修订版)

《国际汉语教学通用课程大纲》(修订版)是对汉语作为第二语言课程目标与内容的梳理和描述,旨在为汉语教学机构和教师在教学计划制定、学习者语言能力评测和教材编写等方面提供参考依据和参照标准。

大纲将课程内容划分为六个等级,与新汉语水平考试(新 HSK)一致。在大纲所列的常用汉语语法项目分级表中,与数词有关的内容如下表:

级别		语法项目	结构形式	举例
一级		年、月、日的表达	__年__月__日	2013年12月5日
		星期的表达	星期__	星期一——星期日
		钟点的表达	__点__分	8点、8点10分
			差__分__点	差5分8点、差1刻10点
			刻、半	8点一刻、8点半
		钱数的表达	元(块)、角(毛)、分	10块5毛8分
		数词:基数词	1—99	我爸爸66岁

级别		语法项目	结构形式	举例
二级	数词	基数词	百、千、万	一万五千八百
		序数词	第一、第二	第一名
		"二"和"两"	二/两+度量衡单位+名词	二斤苹果、两斤苹果
			两+一般量词+名词	两件衣服、两本书

级别		语法项目	结构形式	举例
三级	数词	概数的表达	相邻数字	七八个
			几、多	十几个、十多个、二十多岁

级别		语法项目	结构形式	举例
四级	数词	"两"和"俩"	两+量词+名词	两个人
			俩+名词	俩人
		倍数	数词+倍	4是2的两倍。今年的收入增加了两倍

级别		语法项目	结构形式	举例
五级	数词	小数	3.14	三点一四
		分数、百分数	1/3、25%	三分之一、百分之二十五
		序数词	甲、乙、丙、丁	

大纲中与数词直接相关的语言技能和语言知识包括:

	语言技能				语言知识
	听	说	读	写	话题
一级	基本的数字		能大体理解日常生活中最常见的数字	能书写学过的最简单的日期、时间、数字等	熟悉与日常生活密切相关的话题，如数字、时间、日期、货币等
二级	交谈中涉及到的数字、时间、地点等具体信息				

对外汉语教学一般分为初级、中级、高级几个阶段，其中初级阶段从零开始，学习内容涉及大纲的一、二、三级。根据大纲，数词属于最先开始的教学内容之一，在一级大纲中已经出现。在语言知识方面，初级阶段与数词相关的话题包括数字、钟点、日期、货币、年龄等。在语言技能方面，除了"说"以外，大纲在"听、读、写"方面都给出了明确要求，但实际上，"听"的要求同样适用于"说"。在语法项目方面，初级阶段数词的教学内容主要包括基数、序数和概数，以及"二"和"两"的比较；倍数、分数和小数则留至中高级阶段再学习。在教材编写和课堂教学中可以参考借鉴大纲，根据需要进行调整，不一定完全照搬。

大纲在数词的分级方面存在一个纰漏。在二级语法项目中，基数词中包括"万"，但是二级常用汉语词语表中没有"万"，在三级词表中才出现。词表与语法项目表不匹配。

三、数字与对外汉语初级阶段教材

1.《博雅汉语》（初级起步篇）

《博雅汉语》系列是目前国内主流的对外汉语教材。教材的第一个级别——《初级起步篇》，适用于零起点教学。教材中与数词相关的语言点及课堂练习编排详见下表：

《初级起步篇》I

课	语言点	例句	课堂练习
第6课	钟点表达法	日本的大学早上几点上课？	1.看图用汉语的数字填空 2.读出下列数字 3.用指定的词语替换画线的部分 4.用"几"提问 5.完成对话
	数字表达法	六十五	

续表

课	语言点	例句	课堂练习
第8课	号码表达法	我的宿舍是东5号楼502室。	1.读出下面的号码 2.替换练习 3.用"几"或"多少"提问
	"几"和"多少"(1)	你的房间号是多少？	
第9课	"几"和"多少"(2)	你买几瓶？/多少钱一瓶？	1.替换练习 2.读出下面的价格 3.用"二"或"两"填空 4.用"几"或"多少"提问
	"二"和"两"	十二/二号楼/两本/两块	
	钱数表达法	一共是九块九毛四。	
第10课			1.看图说出时间、钱数、号码 2.替换练习 3.就画线部分提问
第11课		二十度/零下二十五度	读出下列温度表上的数字并用适当的词填空
第12课	星期的表达法	从早上八点到中午十二点 星期一/二/三/四/五/六/日(天)	1.用"从……到……"连词成句 2.看课表说时间安排
第13课		1.明天是星期天。 2.购物中心九点开门。	
第19课	年龄表达法	我一般早上八点才起床。 那时候您多大年纪？	用指定的词语完成对话
第20课			绕口令
第21课		我喝了半斤白酒。	
第22课	日期表达法	2012年3月10日	用时间词填空
第23课		已经学了十年了。	替换练习 就画线部分提问
第24课	时间状语、地点状语的语序	明天八点半在你们宿舍门口见面。	

《初级起步篇》II

课	语言点	例句	课堂练习
第3课	概数表达法	她二十三四岁,个子不高。	
第5课		一个星期两三次吧。	
第13课	小数、分数和百分数	听中国人聊天儿,我只能听懂百分之二三十。	读出下列数字
第14课		每天大概只用一个小时画画儿。专门画了三年画儿。	根据课文内容完成下面的表格
第16课	百以上的称数法(千、万)	一千零八十/四万零七百九十	读出下列数字

教材与数字相关内容的编排特点在于:

(1)将与数字有关的话题编排在一起

时间、号码、钱数、家庭成员等属于最基本的交际话题,是需要最先掌握的一些语言知识。它们都与"数字"有关,因此教材将这些话题集中编排在一起。在《初级起步篇》I 第 2 单元(6—10 课),集中展示了与数词相关的若干语法项目,包括数字、钟点、号码、钱数的表达法,以及"二"和"两","几"和"多"。这种集中教学的方式,使得数字在短时间内大量复现,有利于学生迅速掌握数字的读法和数词的用法,同时交际话题围绕"数字",既具有相关性又降低了学习难度,有利于学生迅速提高交际能力。

(2)注重衔接

第 2 单元(第 6—10 课)集中学习了数字及相关话题后,第 3 单元的第一课(第 11 课)继续学习与"数字"有关的温度,自然而然地过渡到"天气"的话题,成功实现了输入难度上的 X+1。学生的数词学习得到延续,温故而知新。

(3)注重复现

复现是一种有效的教学手段,信息的反复出现不断强化学生记忆,有效巩固了所学知识。第 12 课学习完"星期的表达法"后,第 13 课的课文随即出现"明天是星期天",立刻复现这一语言点。《初级起步篇》II 第 3 课学习了概数表达法,第 4 课立刻复现,在课文中出现"一个星期两三次吧"。第 19 课学习年龄的表达法,课文中出现"大概二十五岁吧",第 24 课课文中出现"今天是小美二十三岁生日",复现了年龄表达法。第 6 课学习完数字表达法后,第 20 课在课堂练习中设计了有关数字的绕口令"四是四",巩固发音。

同时,教材在有关数词的语法项目编排上也有一些地方值得商榷:

(1)在语法项目的编排上,钟点表达法先于数字表达法

第6课课文中第一次出现数词,是以钟点的形式出现的,例如"八点五十分",因此后面的语言点编排为:1钟点表达法2数字表达法。但是根据教学顺序,"1数字表达法2钟点表达法"的编排更为合理。逻辑上只有先学习了数字,才能够学习钟点。钟点表达法中的例子使用了数字,包括阿拉伯数字和汉字。不学习数字的读法和写法,是无法学习钟点表达法的。

（2）"几"和"多少"只介绍了一点区别

教材对"几"和"多少"分两课进行讲解,第8课介绍共同点,第9课介绍区别。对于"几"和"多少"的区别只说明了一点:"'几'一般用来询问十以下的数量,十以上的数量常用'多少'来询问。"

但是例句中有"一本词典多少钱",并不能用"几"替换,即使觉得是两三块钱的东西,问价格时也只能问"多少钱"。除了"多少钱"是一个固定用法外,还涉及到"几"和"多少"的另一个区别,"多少"可以直接接普通名词,而"几"必须要和量词结合在一起才能接普通名词,例如:

你们班有多少个学生？√　你们班有多少学生？√

你们班有几个学生？√　你们班有几学生？×

这一课的语言点之一是量词,而这个区别正好与量词有关,在此处介绍非常适合。

反观第8课介绍"几"和"多少"的共同点,教材解释为:"几"和"多少"都可以用来询问号码。三个例句为:

①你的宿舍是几号楼？

②大卫的电话号码是多少？

③张红的房间号是多少？

此处学生可能有疑问:这两个词一样吗？可以互换吗？但是教材并没有进一步说明。如果学生就此提问,老师需要把下一课才出现的两者的区别提前介绍出来。

鉴于此,应当对"几"和"多少"的内容编排进行调整。第8课"几"和"多少"（1）介绍共同点与区别一（询问的数量）,第9课"几"和"多少"（2）介绍区别二（量词的使用）。

2.《跟我学汉语》

《跟我学汉语》是一本面向海外的对外汉语入门教材,教学对象是以英语为母语的中学生或15—18岁的青少年。《跟我学汉语》的语言点出现在教师用书中,学生用书只有课文、生词和课堂练习。

教材中与数词相关的语言点及课堂练习编排如下表：

	交际功能	语言要点	例句	课堂练习
第9课	询问并说明领有的数量 10 以内数字的表达	疑问代词"几"	你有几张中文光盘？ 我有3张中文光盘。	1.数字的手势表示法 2.看图问答 3.认读句子并比较数量 4.游戏：电话本 5.游戏：飞行棋 6.游戏：比比谁的多 7.听力练习 8.朗读练习：儿歌
第10课	100 以内数字的表达	疑问代词"多少"	钱包里有多少钱？ 38元钱。	1.游戏：数字接龙 2.游戏：数字找邻居 3.做算术题并读出算式 4.听力练习 5.朗读练习：绕口令
第11课				朗读练习：古诗
第12课				歌曲：我的朋友在哪里
第13课	询问年龄		你多大？ 我17岁。	1.替换内容对话 2.课堂活动：年龄调查 3.听力练习
第14课	询问年龄	"两"和"二"的区别	它几岁？ 它两岁。	1.写汉字（一—十） 2.看图问答 3.课堂活动：宠物调查 4.听力练习
第16课	询问、告知住址		我住在柏树街54号。	1.替换内容对话 2.听力练习
第17课	询问并告知家庭人口及成员		你家有几口人？ 我家有三口人。	1.看图对话 2.课堂活动：家庭情况调查 3.听力练习
第18课			我家有五口人。	听力练习
第19课	询问表达时间	钟点的表达	现在几点？ 现在九点半。	1.看图问答 2.替换内容对话 3.课堂活动：制作钟表 4.听力练习
第20课	询问并表达作息时间	时间词作状语 时间的表达	你每天早上几点起床？ 我每天七点一刻起床。	1.替换内容对话 2.课堂活动：采访同学一天的生活；以某个同学一天的生活为线索，分小组制作连环画。 3.听力练习

续表

	交际功能	语言要点	例句	课堂练习
第21课	询问并表达日期 谈论节日	日期的表达	今天几月几号？ 十一月二十三号。	1.图示：时间的表达 2.图示：每个月有多少天？ 3.两人互相询问 4.替换内容对话 5.课堂活动：日历中的节日 6.听力练习
第22课	"星期"的表达		星期六你打算干什么？	1.星期的汉字与拼音连线 2.两人互相问答
第23课				制作一周天气预报表
第25课			二十个饺子。	1.替换内容对话 2.课堂活动："我的菜单"
第27课			一共多少钱？ 一共十二元。	1.替换内容对话 2.算算术并用汉语说结果 3.课堂活动：购物 4.听力练习
第30课			车牌号码是FC59633。	
第31课			休息一天。	
第32课		前缀"第"	右边第三颗。	1.阿拉伯数字与汉字连线（序数词） 2.听力练习
第34课			到第二个路口向右拐	

教材与数字相关内容的编排特点在于：

(1)数词和量词两个语言点同时出现

数词和量词作为一个整体，共同实现"询问并说明领有的数量"这一交际功能。这种编排设计符合汉语数量词系统"数不离量，量不离数"的特点。

(2)练习形式生动多样

根据教学对象的特点设计练习形式。课堂练习不以书面练习为主，而以活动为主，既有两人的小组活动，也有全班活动，活动形式多样，包括游戏、调查等。

数字练习不局限于数字本身，而是与学生的实际生活结合起来，与本课其他教学内容结合起来。第14课学习10岁以下年龄的表达法，也学习如何谈论宠物，课堂活动是"宠物调查"。5—6个学生一组，调查同班同学养宠物的情况，包括用汉语问"你有狗吗？""它几岁？"等问题，然后写一份调查报告。

(3)注重有关数字的文化教学

教材中除了课文介绍相关文化，一些语音、文字等练习材料本身也是文化知

识,例如第11课的朗读练习是一首五言古诗:

一望二三里,

烟村四五家。

亭台六七座,

八九十枝花。

这首诗简洁明快,在帮助学生练习数字表达的同时,也使学生领略到中国诗词的意境。

同时,教材在有关数词的语法项目编排上也有一些地方值得商榷:

(1)没有号码表达法的介绍

学生用书中出现了号码,但是教师用书没有关于号码表达法的解释和说明。

第9课的课堂活动中有个"电话本"的游戏,让学生仿照学生用书中的插图,自己动手做一个电话本,写上同学或朋友的姓名、电话等。这个活动如果只做不说,达不到练习汉语的目的,所以必须有"说"的环节设计。但是"说"电话号码就要涉及到"1"的读音,而这一课的交际功能只包括"十以内数字的表达",并不包括"号码的表达法",无论在教学内容、教学建议还是语法说明中都没有涉及这个语言点。在学生用书的语音训练中也只有"一"的变调,没有号码"yāo"的读音。

第16课学生用书中课文原文为"我住在柏树街54号",号码读作"五十四",练习中的地址还包括"15街25号""6街56号"等,这些"号"的读法与基数的读法相同。课文中没有房间号码的内容,因此也没有设计房间号读法的练习。此处顺便提一句,教师用书中的课文例句为"我住在柏树街1154号",与学生用书不符,需要修正。

第30课课文出现了车牌号码,但是练习中仍然没有号码读法的练习,也仍然没有介绍车牌号码中"1"的读法,教师用书在本课也没有关于号码表达法的任何说明。

(2)没有将"时间段"列为学习内容

时间段是时间表达法的一个重要组成部分,是初级阶段的语法项目之一,但是教材没有将时间段列为教学内容,生词表中也没有"小时、分钟"等与时间段相关的词汇。

教材对于时间的讲练比较充分。第四单元(19—24课)的主要话题是时间,通过主要人物王家明及其朋友的活动和谈话,引入汉语的时间、日期表达方法以及对作息时间的表达等等。以上这些时间都属于时间点,教材对这些时间点都进行了重点练习。但是对于时间段的讲练完全空白。在第31课课文中出现了"休息一天","一天"属于时间段,但是教师用书中并没有关于时间段用法的说明,练习也没有涉及。

四、数字与对外汉语初级阶段教学

对外汉语初级阶段教学中,数字的读音是一个难点。例如数字"1":在"三年级1班"中读作"yī";在"1个小时"中读作"yí";在"100天"中读作"yì";在"123房间"中读作"yāo";在"10人"中不发"yī"的音,而在"510人"中需要发"yī"的音。有关数字读音的教学也需要建立分级的概念,与语法项目的教学相结合。例如在语音阶段先出现读音"yī",然后讲解"一"的变调;学习"号码的表达法"时重点学习"yāo";学习钱数的表达法时说明"10"和"510"的区别。

1."12"与"20"的读音教学

"12"与"20"都是两位数的基数词。在汉语中它们分别代表两种构造形式:"12"是"位数+系数",两部分之间是相加的关系;"20"是"系数+位数",两部分之间是相乘的关系。在教学时当然不能使用"系数、位数"这种术语,但可以利用两个数词之间的关系,采用算式的方法使这种构造方式一目了然。具体教学方法为:

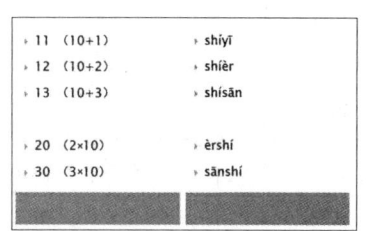

第一步,PPT上首先显示"11(10+1)",然后显示"shíyī",此时老师指"10",说"shí",指"1"说"yī",然后再指"11",说"shíyī",说的时候要慢要清楚,学生跟读"shíyī"。第二步,PPT显示"12(10+2)",然后显示"shíèr",老师按照之前的方法展示发音,学生跟读。第三步,PPT显示"13(10+3)",老师引导学生自己说出"shísān",然后显示"shísān"。第四步,老师依次指"11、12、13",同时重复"shíyī、shíèr、shísān",然后用手势比画"4、5、6……9",引导学生继续说出"shísì、shíwǔ、shíliù……shíjiǔ"。第五步,PPT显示"20(2×10)",然后显示"èrshí",老师先指"2"说"èr",指"10"说"shí",再指"20"说"èrshí",然后学生跟读。第六步,PPT显示"20(2×10)",老师引导学生自己说出"èrshí",然后显示"èrshí"。第七步,老师用手势比画"4、5、6……9",引导学生继续说出"sìshí、wǔshí、liùshí……jiǔshí"。第八步,显示第二张PPT,老师和学生一起读数字,复习巩固数字的读法。

2.钱数的读法教学

钱数的读法包括了两个难点:一个是"小数点后两位",另一个是"零"。
(1)"小数点后的角和分"的读法
汉语的基本货币单位是元(块)、角(毛)、分,小数点后有两个货币单位,例如

"￥2.15"是"两元一角五分",口语一般读作"两块一毛五",如果读出小数点应当读作"两点一五元"。老师在介绍钱数的读法时,一定要讲清这三个货币单位和小数点的关系,避免学生出现"两块十五分""两块十五""两点十五元"等错误。

(2)"0"的读法教学

朱德熙《语法讲义》将由系数和位数两部分组成的复合数词称为"系位构造",两部分直接是相乘的关系。例如:"二十"(2×10)、"五万"(5×10000)。两个不连续的系位构造组合时,当中要补一个"零"。例如"五万零二十"("五万"和"二十"中间缺少"×千"和"×百")。连续的系位构造的末一项的位数可以不说。例如"五百二"(省略"十")、"五万二"(省略"千")。

我们把这一研究成果引入钱数表达法的教学时,可以借助阿拉伯数字进行展示,先讲以"0"结尾的钱数,再讲中间有"0"的钱数。同时,钱数的读法教学以介绍口语表达法为主。钱数有货币单位,要介绍货币单位的省略方法。钱数最大到千位即可。举例说明如下:

以"0"结尾的钱数

阿拉伯数字	汉字	讲解重点
￥150	一百五十块 一百五	可以省略"十"(因为"百"和"十"是相邻的) 如果省略"十","块"也要省略
￥1500	一千五百块 一千五	可以省略"百"(因为"百"和"十"是相邻的) 如果省略"百","块"也要省略

中间有"0"的钱数

阿拉伯数字	汉字	讲解重点
￥105	一百零五块 一百零五	中间的"0"直接读作"零" "块"可以省略
￥1005	一千零五块 一千零五	中间有两个"0",只读一个"零" "块"可以省略
￥1050	一千零五十块 一千零五十	中间的"0"直接读作"零" 末尾的"十"不能省略(因为"千"和"十"不相邻) "块"可以省略

结　语

正确认识数字的重要性,认真吸收本体研究成果,不断加强对外汉语教学的研究深度,在教学中,参考借鉴大纲的教学要求,理解掌握教材中的数字教学设计,改进完善数字的教学方法。如果努力做到以上各点,一定能够提升数字教学的质量,使我们的对外汉语教学更上一层楼。

参考文献

[1]陈绂,朱志平等.跟我学汉语.人民教育出版社,2009.

[2]国家汉语国际推广领导小组办公室.国际汉语教学通用课程大纲(修订版).北京语言大学出版社,2014

[3]黄伯荣,廖序东.现代汉语(增订三版).高等教育出版社,2002.

[4]李晓琪等.博雅汉语·初期起步篇(第二版).北京大学出版社,2014.

[5]邢福义.汉语语法三百问.商务印书馆,2003.

[6]朱德熙.语法讲义.商务印书馆,1998.

[7]柳小冰.对外汉语教学中的数词教学——以英语母语学生为例.暨南大学硕士论文,2009

[8]徐雅男.对外汉语教学中汉语数词研究.黑龙江大学硕士论文,2015.

提高汉语教师语用意识的三要素

吕滇雯

【内容摘要】 国际汉语教育的迅速发展带来了大批新手教师的入行,在新的外语教学形势下,"学以致用"成为教学的核心理念,加强对汉语教师语用意识培养成为当务之急。教师应当真正理解语言教学过程中的语用因素,注重语用行事行为、语用认知行为、语用文化行为、语用语境行为,开展预设与生成性教学,才能更好地发挥学习者自我主体性的作用,帮助学生更好地培养语用意识,提高语言运用能力。具体在教学过程中,教师应当努力做到语言输入语境化,语言输出功能化和测试评估交际化,更新教学理念,提高教学效果。

【关键词】 语用能力 语用意识 语用教学

一、引 言

笔者曾在国际汉语教师资格考试面试中听到一位准汉语教师用"不仅……而且……"给句例时说:"教室里不仅有桌子而且还有灯。"当时作为考官的我感到啼笑皆非,这是一个语法结构完美但却毫无意义的句子。如果把这样的句子呈现给汉语学习者,他们会联想到什么样的语境,并且怎样归纳"不仅……而且……"的语义呢?据我的考官经验,类似情况并不少见。由此,众多准汉语教师乃至汉语教师的语用意识可见一斑。

20世纪70年代,英国兴起了语言意识运动,当今认知心理学主流认为,没有意识就没有学习,教师应不断提高自身的语言意识水平,并对学习者进行语言意识培养。Carter(2003)认为语言意识是"学习者对语言形式与功能的敏感性与意识性",语用意识则是其中语言运用的重要部分,可以定义为"对由特定交际语境特点所决定的语言使用恰当性的规约的理解和敏感性"。

许多学者进一步提出了语用意识的培养(Schmidt,1993;Leow,2000),认为如果学习者不仅知道语用原则,而且对这些原则有着相当的意识和敏感性,其语用能力可得到更好的发展。

语用能力是"交际者在话语过程中根据语境情况实施和理解具有社交得体性的施为行为所运用的各类知识"。(何自然、陈新仁,2004:167)它包括以言指事,以言行事,以言成事。在科技飞速发展和交流密集化不断提高的时代,不论哪一门学科,当今都更看重"实践智慧",着眼于培养学习者在具体情境下运用恰当的知识求解问题的能力。引领教育界改革的芬兰已在中小学全面实行实际场景主题教学,突出在运用中求知。语言学习的最终目的在于能够用它进行成功的交际。因此语言学习近年来也建立了"行动为导向"的理论框架,语言使用者是社会的成员,必须在一定的情况下或特殊的环境里或在某种特定的行为范畴中,来完成特定的任务或议题。

但相当一部分教师可能还停留在传统的以巩固知识为目的的机械练习上,如听写、背诵、演练文本对话等,而对促进学生语言运用能力非常有益的一些活动如解释语境与文化和创设情境演练,使用比例则明显偏低。

只有教师真正理解语言教学过程中的语用因素,注重语用行事行为、语用认知行为、语用文化行为、语用语境行为,开展预设与生成性教学,才能更好地发挥学习者自我主体性的作用,帮助学生更好地培养语用意识,提高语言运用能力。

下面就具体教学过程,分别从语言输入语境化,语言输出功能化和测试评估交际化三个方面来谈。

二、语言输入语境化

在语言教学中,提到语用,涉及更多的似乎是言语行为,如请求、拒绝、邀请、建议、抱怨等,这些要素往往集中于口语教学过程。本文将此类要素归为狭义的语用教学,而广义的语用则指如何使用语言达到某一目的,每一段话语都应具有其上下文语境及现实生活语境,从而达到其预期的表达功能。作为汉语教师,在任何教学环节,都应始终强化语境意识,给学生输入"鲜活""有效"的言语。

笔者对此曾有一段印象深刻的记忆,多年前曾一对一教授一位零起点的成年人业余学习汉语,在一次餐厅共同用餐时,他用刚刚学会的短句对服务员说:"服务员,买单!"当服务员听到后向他走来时,他欣喜异常地用英语告诉我:"(It works!管用!)"在当时的场景下,我深切地体会到学生要学习的就是这样鲜活的语言。

相反,一位汉语教学专家曾在讲座中提到,许多汉语教师教学生自我介绍时常常说"我叫什么,我今年多少岁,我家有几口人"。如此不实用的内容在真实交际中会令人感到可笑。

因此,作为一个好的汉语教师,首先要考虑的是教什么,选择什么样的语言材料,这就要求教师必须有筛选学习者高频生活场景的能力,并且为之构建出学习者可能与母语者进行的真实有效的对话。所谓预测语境,灵活创设语用语境,从而让语用教学激活课堂,这是汉语教师应具备的能力。

(一)词汇教学中的语境化输入

词语意义必须在语境中才能精确化和具体化,同一语言形式因交际环境的不同可以有不同的含义、具有不同的语言功能。教师在进行词汇教学中应充分利用真实的语境强化教学效果。

如教授"以为"一词时,可以利用现场语境。

(1)"师:×××,你是哪里人?

生:我是韩国人。

师:你和中国人长得一样,我还以为你是中国人呢。"

或者利用学生生活中常见的语境。

(2)"一个女孩焦急地等待男朋友的电话,听到电话铃响,马上拿起来说:'亲爱的……'但是电话里的是快递员。她很不好意思,因为她以为对方是自己的男朋友。"

如果能够尽量使用离学生物理距离最近或心理距离最近的情景来编写语料效果是最好的。

如讲授"捐"这一动词时,教师想到了校园里的相关事物,编写了两个例句。

(3)"知道我们学校的阿语楼是谁出钱建的吗?是阿联酋的一个王子捐钱建的。"

(4)"谁知道我们中文学院楼里哪儿有捐衣箱?"

"对,捐衣箱就在一楼的大厅拐角。"

然后再询问学生本人的生活经验。

(5)"你们为什么事捐过款?"

"哦,为马来西亚的水灾。"

给出具体语境的语言输入能够最大程度地吸引学生的注意,调动其切身的生活经验,从而更好地激活其习得的心理机制。

(二)语法教学中的语境化输入

教师教授语法不是最终目的,而是达到目的的有效手段,其最终目的不是简单地让学生记住一些语言规则、语法特征,而是将语言的形式与其意义、交际功能即语用功能有机地结合起来,通过在实际语言运用中去内化语言规则,从而使学生准确运用语言进行有效交际。

全新的三维语法教学法建立在 FORM、MEANING 和 USE 三个不同维度上，即在语法教学中将语言形式、语言意义和语用功能、交际功能结合起来，与语篇理解和语言的实际运用结合起来。

教师应避免对语法项目滔滔不绝的讲解，而要学生对有针对性的语法情境设计作有意义的语言反应。这种有意义的语言反应，因为有语法概念作为内核，可以使学生对语法的语用意识得到提升。这种意识有助于学习者在接触目的语输入的过程中加深对该语言形式的理解。另外，在语法教学中，教师强调对语言的鲜活体验，所谓鲜活的体验是指教师在课堂上有选择地向学生呈现隐含某些特定语法项目的音像文字材料，并通过讲解、手势、图解等方式让学生理解该语言材料的意思。

对于普通语法点来说，鲜活的语境可以加深学生对其的理解。如"才"表示事情发生得晚，就可以用一系列组合起来的事件来展示：

(6)"老师今天 7 点 50 才到学校。"

"因为老师今天 7 点 10 分才出门。"

"说实在的，老师今天 6 点半才起床。"

"因为昨天晚上老师备课备到 12 点 40 才上床睡觉。"

这一连串互相关联的实际情况可以让学生对"才"的意义和用法留下深刻的印象。

对一些较为复杂的语法点，鲜明的语境可以避开烦琐的解释，直接揭示其意义和功能。

如讲"形容词＋了"表示情况的变化，可以举在十字路口等灯的例子，这是每个人几乎每天都会做的事情：

(7)"看，灯绿了，走吧。"

也可以举学生们经常开玩笑时发生的事情：

(8)"别开他的玩笑了，他的脸都红了。"

还可以用谈论天气的语句表示对学生的关心：

(9)"最近天凉了，要多穿衣服。"

而某些语法点，如不给出充分的语境，甚至很难说清楚它的用法，如"不比"一词。

众所周知，"不比"并非"比"的否定形式，它和"没有"的区别除了在意义上包含等于的可能性以外，更重要的区别在于语用功能。

比如说"那张桌子没有这张桌子大"。这一句子仅是一个客观陈述，它几乎在任何时候都可以单独成立。但"不比"的用法却与此不同，它往往需要一个语义背景，如果没有上下文语境，句子会显得很突兀。如"那张桌子不比这张桌子大"，听了总让人觉得话没说完。

"不比"的使用语境常见的是在作出选择的时候。如：

(10)"那张桌子不比这张桌子大，就用这张吧。"

(11)"北京的物价不比上海高，没必要在上海买，不然还得千里迢迢带回去。"

(12)"老师，我跑得不比他慢，为什么不让我参加200米？"

综上所述，教师在为学生提供语言输入时要时刻强化自身的语用意识。除了选择恰当、巧妙、语境充分的语言用例外，要对学习者进行显性的语用教学，利用教材提供的包含有关言语行为的自然语料、对比语料，一起对语料进行观察、分析。详细地讨论语料的相关情景信息，如说话人的年龄、性别、社会地位、所处环境等等，对两个或更多不同正式程度的对话，设计观察任务(observation tasks)，帮助学生理解不同语料中言语行为实现方式的不同特点。

三、语言输出功能化

语言教学已进入后方法时代，后方法理念的宏观策略是：

1. 创造最大学习机会，即强调师生共同创造和利用学习机会，保持教师课堂教学的灵活性。

2. 激发学生进行直觉探索，即进行启发式的课堂教学设计，激发学生自由发挥的潜能，引导学生在篇章、人际和意念等交往活动中有效理解和运用语言。

3. 保持与社会的关联，即教师要对外语教育的社会、政治、教育环境保持敏锐的洞察力。

4. 提高文化意识，即引导学生进行语用对比链接和语用调整，提高文化认同能力，增强对文化差异的敏感性、宽容性，以及处理文化差异的灵活性。

教师可以通过课堂和课外两方面来达成这个任务。

(一)课堂任务

首先在课堂上，教师应适当进行显性语用教学。

其中语言的形式——功能对照关系是最需关注的一点。

某一特定言语行为可用多种形式进行表达。

如，请人坐下有多种表达方法：

A"请坐。"(礼貌程度较高，适用于较正式场合)

B"快坐下！"(有命令语气，或在亲昵的关系中使用)

C"坐吧。"(较随意，态度可能较冷淡)

同样地，同一形式也可表达不同的功能。

例如："这里很冷。"可表示：

(1)陈述事实(这里很冷)

(2)提出要求(这里很冷,你能关上窗户吗?)

(3)提出建议(这里很冷,为何不换个地方?)

(4)提出警告(担心不要让小孩患上感冒)

(5)表示抱怨(多么可怕的天气)

教师应该通过显性语用教学,让学生形成一种意识,即实行某一特定行为可以有很多形式,这种现象跟社会因素密切相关,从而影响说话者对合适形式的选择。如话语参与者之间的社会距离,他们的相对地位和语境的正式程度等,此外学生应能形成抓住说话者超出字面意义之外的话语含义的能力。

如在教语法时,教师应根据所教语法项目的交际功能去创设运用这个语法项目的情景,将语法教学与听说读写活动结合起来,将语法知识的学习与综合技能训练融为一体。教师提供语言结构、语境,设计使用该语言形式的听说读写活动,让学生依据语境,通过听说读写活动去熟悉、巩固、掌握该语法知识,强调学生需要用语言做什么(即学习任务),而不是语言本身。

举例来说,汉语中的"不是……A……就是……B……"结构是一个较难掌握的结构。

教师首先要对 A、B 两个部分作出语义分析,指出它表示两者的可能性一样大。随后设计出具体情境引导学生表达。并且明确提示它完成的功能。

(1)家里有小明和小红两个孩子,妈妈发现冰箱里的蛋糕不见了,问爸爸,爸爸会怎么回答呢?(不是小明吃的就是小红吃的。//功能是猜测)

(2)张平是个学习特别努力特别用功的学生,周末的时候一个朋友来找他,问他的同屋,他会在哪儿呢?同屋怎么回答?(不是在教室就是在图书馆。//功能是指引)

(3)有个妻子对丈夫工作忙,总是不在家很不满意,她会怎么向朋友抱怨呢?(整天不是加班就是出差,孩子都见不到他。//功能是抱怨)

笔者在一次听课中发现,语用意识不足的教师还是很多的。一位口语课老师讲到"旧的不去,新的不来"这一俗语,她只是拿起一支笔举例说:"你们看这支笔,它坏了就可以说旧的不去,新的不来。"而理想的教学过程应该是介绍这一俗语的表达功能,指明它常用于安慰、劝解他人。

教师可以先假定某同学笔坏了的情景,然后引导其同桌来劝解他:"没事儿,旧的不去新的不来嘛!"

除了手边可以用到的材料之外,还可以再就年轻学生们最关心的话题作一些延展,如一个朋友失恋了,也可以用这句话安慰他,当然,说这句话是在关系比较亲昵的情况下。事实上,当时课堂上就有一个男生提问,如果有人跟女朋友分手,可不可以这样说。从这个细节,我们可以看出该学生的语用意识甚至比老师要强,同时也可以看出，善于灵活学习的学生，其语用意识都是较强的。

再举一个真实课堂上听到的例子，课文生词表里有"搭话"一词。大部分教师讲解生词时会强调结构"跟……搭话"，语用意识强一点的教师会举出生活实例，"你有没有发现北京的出租车司机特别喜欢跟乘客搭话？"

而笔者听到的这位青年教师处理得更进一步，她说："经常有中国人跟你搭话吗？下次你们不要给他们这个机会，你们要主动跟他们搭话。"

然后她抛出了她的问题："如果你看见一个中国人，你打算怎么跟他搭话？"

一个学生略作思考后回答说："你的孩子真可爱！"

老师马上给予表扬，称赞她善于交朋友。

戏剧性的是，后排男生接着说出一个表达："你真可爱！"这时老师的反馈是一个夸张的表情："你这么说，人家就吓跑了。"

总之，把跨文化交际知识、语用原则和语用规范纳入日常教学，说明哪些语境因素在选择言语行为实现方式上起着制约作用、如何起作用等，在此基础上进行功能化的语言输出操练，可以丰富学生的语言表达，提高其真实的语言交际能力。

(二)社区实践

学生要习得一门语言，不仅要靠课堂学习，还应进行社区实践。Lave&Wenger(1991)指出，实践参与是学习的基本形式，学习者在实践社区里可以共享知识、交互学习，并创造性地找到解决实际问题的方案。对于语言学习者，特别是在目的语环境下，社区实践是习得语言最好的、取之不尽用之不竭的资源，也必定会使语言习得取得事半功倍的效果。

作为教师，应当充分利用社区的资源来给学生安排设计社区实践活动。

像我们学院常年举行的社区实践类活动有：

(1)每周两次的汉语角活动。

(2)每周一次的开放式电影课活动。

(3)不定期举办的跨班级辩论赛活动。

(4)每学期一次的博物馆或市内景区参观游览及入户探访活动。

(5)每学期一次为期一周的外地语言实践活动。

(6)每学期一次的才艺大赛活动。

(7)每学期一次的美食酷卖会活动。

(8)将留学生纳入中国大学生的社团，共同开展社团活动，包括各类体育竞赛。

除了以上这些学院规模的活动之外，其实教师也可以组织班级为单位的活动。其中最容易操作的有两个大类。

(1)微信内容推送与讨论。作为现代化的即时通信工具，微信已经在中国人的生活中具备了不可替代的作用。微信阅读可以替代报纸和杂志，甚至电脑网页，成为留学生了解中国最好的窗口,如果教师能根据教学对象的语言水平和兴趣热点,定期地向他们推送阅读材料或视听材料,并组织学生进行相应的讨论与交流,是一种非常有意义的社区实践形式。

(2)就近社区调查访谈。教师可以根据课文的主题,为学生布置课后进行调查访谈的题目,在学生以小组形式课下完成之后,再到课堂上进行访谈成果报告。如学习《姓名的困惑》一课后,向中国人请教他们姓名的来历,以及中国人取名字的习俗文化;学习《朋友四型》一课后,向中国人请教中国历史上有哪些关于友谊典范的故事传说;学习《香港的高楼、北京的大树》一课后,向中国人访谈他最喜欢的城市是哪一个,理由是什么,那个城市有何特点等等。这一类的活动,在学习动机较强的学生中特别受欢迎,同时另一方面,对于激发学生的学习动机也能起到明显作用。

四、测试评估交际化

教学中测试评估是检验教学效果的重要环节,是教与学的导向,它对教师和学习者双方均提供有益的反馈,其对教与学的反拨作用尤其不可忽视。

(一)理论演变

要培养学生的语用能力,在测试评估环节也应突破传统的语法——结构测量体系。这一体系包括语言和技能两个维度:其中语言包括音位、形态学、句法、词汇四个元素;技能包括听力、口语、阅读和写作四个元素。这一体系的显著特点是注重客观性,但忽视了技能知识之间的联系,也忽视了语言使用的话语和语境。

随着社会语言学和系统功能语言学的发展,Bachman提出了新的语言交际能力模式(1990),他指出语言交际能力就是把语言知识和语言使用的场景特征结合起来,创造并解释意义的能力。语言的交际不只是简单的信息传递,而是发生在情景(situation)、语言使用者(language user)和语篇(discourse)之间的动态交互。它由语言能力、策略能力和心理生理机制三部分组成。在这一理论框架下,语言测试出现了真实化、交际化的新趋势。

传统的测试多采用过时的语言材料,掌握材料在于背记,语言结构离散于语境之外,使记忆思维多具机械性,而缺少理性学习成分。

传统测试的第二个迷思就是过分强调准确,而忽略其丰富多样性、流利性及得体性,易使学习者形成思维定式,阻碍其思维外化,使其缺乏思辨能力。

在2001年出版的《欧洲语言共同参考框架》中明确提出,学习者的语言能力高低将根据其能够有效地完成交际任务多少来评定。

目前,语言教学界强调语言测试的内容应是具体化的交际行为,要求测试以真实的信息为纲(message—based),强调供测试应用的语言的真实性,为测试安排的语言必须适合于特定的时间、地点、人物类型、使用体裁、交流手段和交际目的等,以此强化语言学习要结合真实交际情景,按语言交际的现实需要来训练学习者语言应用能力。

比较而言,如让学生默写单词或者造句,只能测到第一层次的知识、技能和能力。这是在点和线的层次上进行语言测试。

如让学生写《我的家庭》这样一篇短文,能测到学生连句成篇的能力,同时也测到第一层次。这是第二层次,面的层次。

如果给出情境,让学生给外国友人写道歉信,那么在测试第一、二层次的同时,还能测到第三层次的语用能力,这是三维立体的测试。

(二)实践操作

现实的汉语成绩测试情况如何呢?前两天发生的一个实例给了笔者一个反思的机会。本学期开学以来,笔者的汉语课堂多次完成个人作文任务和课堂个人口头报告任务。其中一名马来女生虽然口头表达不十分突出,但作文写得美轮美奂,几乎篇篇都是全班当仁不让的范文,另外一名马来男生,本身是马来学生会干部,其作文表达能力和口头表达能力都相当强,也可以成为全班的模范。但是公布优秀学生名单时,这两位却名落孙山,因为优秀学生的标准是三门主课均要达到90以上。而另外一位优秀奖女生的作文能力和口头表达能力并不突出。这一现象给我提出了一个困惑的问题,就是:是不是我们的成绩测试设计不合理?

当然,要使测试评估交际化不是一个简单的课题,前人对语用能力测试的研发可以作为我们改进的借鉴。

二语语用能力构念包括多个成分,除了言语行为,还有会话含义的理解、程式话语、言语风格、语境暗示、语列组织、话轮转换、语篇结构的理解与表达等。

因此,较常用的语用测试方法为选择性话语填充(MDCT)、书面话语填充(WDCT)、听说话语填空(ODCT)、话语角色扮演(DRPT)、话语自我评估(DSAT)以及角色扮演自我评估(RPSA)等几种。前几种测试一般被称为话语补全测试,教师首先设定和描述对话发生的情景,在情景后留出空白,学生阅读后写出他们在该种情况下可能的回答。

这类测试应依据几条原则来设计试卷。第一,试题测试的是考生的交际能力,而不是分离的语言结构能力。第二,每个试题的答案来自于母语者(通过实验获得),而不是由设计者自己撰写出来。第三,试题所考察的社会情景是考生所熟悉的。第四,试题所设计的社会情景应该能使考生进行交际,每个情景的社会变量事先做了规定。试题的设计一般包括情景选样采集、情景可能性筛选、元语用调查、选项编制等几个步骤。

举几个简单的例子来说,在口语测试中可以考察:

(1)学生在市场上买水果,如果认为价格稍稍贵了一些,怎么跟小贩讨价还价?

(2)学生如果遇到一个大声播放音乐的邻居,如何通过礼貌得体有效的交涉达到让他把音乐声调小的目的?

(3)组织3—4人一组的小组讨论,如何平衡公共交通和私人汽车的使用?

为了测试学习者的言语行为理解能力、会话含义理解能力及语言交际能力,应尽量做到以下几点:

1.努力使测试的程序自然化,使它接近于实际交际的情景;

2.在进行言语能力的测试时注意使用交际过程中的语言外部因素;

3.努力提高学生创造性的言语活动和思维活动;

4.选择连贯的自然话语作为测试题的基础;

5.在测试中使用一组有情节发展的现代生活图片作为言语的话题;

6.可以使用视频材料来导引学生的言语行为。

举个例子来说,教师可以准备多张相似的图片,然后要求学生描述其中一张的内容,其他人根据他的描述识别出目标是哪一张。这就可以称为一次富有成果的交际。

再举一个某美国大学北京暑期班的真实试题例子。该题为写作题,要求尽可能使用短文后括号里的词汇进行成段表达。

以前中国的年轻人都向往(long for)住在北京,因为北京不仅是政治文化中心,可以找到比较好的工作机会,而且有独特的文化内涵。但是近年来,由于污染问题、食品安全问题、竞争压力、房价、物价(price of goods)的问题,越来越多的年轻人开始逃离(escape from)北京。说说为什么年轻人要逃离北京。(至少用其中的8个语法或词)

(之所以……是因为……;失衡;激烈;商业化;猛增;失望;败笔;保存;意识到……;A与B之间的平衡点;S并非……,而是……)

虽然这道题并不是一个语篇补全测试题,但同样体现了较强的语用意识。因为它密切联系学习者接触到的社会现实,切合学习者来京培训的根本目的,同时注重培养学生的辩证思考能力。

以上各例都是汉语教师可以借鉴的测试评估交际化的思路。

五、结　语

上文讨论了汉语教师在教学中强化语用意识的必要性和可行性,至于对汉语教师语用意识的培养,可以落实在教师培训的各门具体课程中:如语言要素教学课,课堂教学实践课,测试评估课等,通过多层次多方面的训练,尽快改变很多教师的语用意识不强,语用知识水平不高,教学中忽视语境、文化与情景等信息的现状。在当前汉语教学中,应倡导以"动态真实"的原则来实施汉语教学,把语用能力的培养作为教学的重点,使广大教师树立语用教学观,培养"语用第一"的意识,自觉加强语用学习,更好地保证教学效果,最终提高学生的语言运用能力。

参考文献

[1]Bachman, L. F. 1990. *Fundamental Considerations in Language Testing*[M]. Oxford:OUP.

[2]Clennell, C. 1999. *Promoting Pragmatic Awareness and Spoken Discourse skills with EAP classes*[J]. ELT Journal 53(2):83—91.

[3]Schmidt, R. 1993. *Consciousness, Learning and Inter Language Pragmatics*[C]// G. Kasper & S. Blum—Kulka. Inter Language Pragmatics. NY:OUP.

[4]何自然,陈新仁. 当代语用学[M]. 北京:外语教学与研究出版社,2004.

[5]叶邵宁,滕巧云. 英语教学与语用能力的培养[J]. 外语界,2003(6):66—70.

任务型教学法在写作课教学活动设计中的应用

吕 军

【内容摘要】 任务型教学(Task-based Language Teaching)是指教师通过引导语言学习者在课堂上完成任务来进行的教学。这是20世纪80年代兴起的一种强调"在做中学"(learning by doing)的语言教学方法,是交际教学法的发展,在世界语言教育界引起了人们的广泛注意。把这种"用语言做事"(doing things with the language)的教学理论引入对外汉语写作课的教学,让学生在活动中使用语言、掌握语言,而不是单纯地训练技能。在教学活动中,教师围绕特定的语言项目,设计出具体的、可操作的任务,学生通过各种语言活动形式来完成任务,以达到学习和掌握汉语写作的目的。

【关键词】 任务型教学法 对外汉语教学 本科留学生 写作课 活动设计

一、引 言

在对外汉语"听、说、读、写、译"的教学中,狭义的写——写作课,从学习者的角度看,是最难学的一门课;从教学的角度讲,是不太好上的一门课。

根据写作课的教学要求,学习者需要在规定时间内完成一定主题一定字数的写作任务,学习者感觉比较累。教师的教学任务是教授各种文体的写作方法,容易让学习者感觉比较枯燥。

解决好下面三个问题,笔者认为是写作课教学的关键:一是如何让学习者掌握每个单元的写作要点;二是如何发挥范文的最大效力;三是如何选取合适的补充练习。

针对写作课教学中的问题,笔者在实际教学中采用了多种方法解决,比如对字数的要求逐渐增加,循序渐进,以此鼓励学生的方式;口头作文与笔头作文、缩写扩写续写连写改写交替进行的方式;讲评时宣读优秀作文,以增加学生信心的方式;分小组完成任务的方式等,分别取得了一定的教学效果。本文重点讨论用任务型教学法的理念设计写作课教学活动的方法。

二、对外汉语写作课教学任务型教学法的研究情况

目前,针对对外汉语写作课教学任务型教学法的研究,主要分为这样几类:第一类,研究综述。以《对外汉语写作教学研究述评》(罗青松,2011)为例,文章对20世纪80年代以来的对外汉语写作教学研究进行了初步的回顾与总结,从目标定位、教学理念与方法、课堂教学、语篇指导等方面,对相关研究及主要观点进行了介绍评价,并针对写作教学研究的主要问题和今后研究的方向进行了讨论。对任务型教学法的论述是其中的一部分。第二类,教学策略研究。以《对外汉语写作课堂教学策略初探》(陆丹妮,2015)为例,作者认为写作教学是对外汉语教学的难点之一,存在许多尚待研究与改进的问题。文章着眼于写作课的教学目标与难点,结合渐进性、实用性和趣味性三个教学原则,以在泰国的教学实践为依据,分析"讲—写—评"、互动反馈以及任务型写作三种课堂教学策略,以期为今后在泰的对外汉语写作教学提供参考。第三类,对比研究。以《对外汉语写作教学的"过程法"和"任务法"研究——以〈发展汉语中级写作(第二版)〉为例》(刘宇萌,2014)为例,作者认为写作和口语作为对外汉语教学中两门重要的输出课型,一个重"写"一个重"说",但是在实际的教学过程中,写作相对口语而言更难展开教学活动,常常被学习者忽略。文章试从"过程法"和"任务法"两种方法展开,试探索教师如何根据不同的写作材料,恰当地运用这两种教学方法,让写作课堂变得更加生动活跃。第四类,教材研究。以《任务型教学法在对外汉语写作教材中的体现——评〈体验汉语写作教程〉系列教材》(梁宇,2008)为例,作者认为任务型语言教学法强调使用语言、意义表达和完成任务。《体验汉语写作教程》是一部以实用的书面表达任务为主线编写的对外汉语写作教材。文章以这套教材为例论述了任务型教学法在对外汉语写作教材设计中的体现,主要涉及三方面的特点:强调意义表达同时兼顾语言形式,整个教学环节展现任务链的教学模式和互动性任务活动的设计。第五类,教学法研究。以《任务型教学指导下的对外汉语写作教学》(张念,2015);《基于任务型模式的主题单元教学在对外汉语写作课教学中的实践》(张笑难,2010);《任务型教学模式在对外汉语写作课中的应用》(张笑难,2004)为例。

其中第五类有关具体教学法研究的文献,对本文的研究最有启示作用。《任务型教学指导下的对外汉语写作教学》(张念,2015)一文,指出传统的写作教学强调

写作的结果,忽视写作的过程,导致写作教学缺乏互动,在一定程度上阻碍了学习者写作能力的提升。任务型教学的理念可以有效解决上述问题。论文首先阐述任务型教学的理论背景和思想观念,进而用任务型教学指导对外汉语写作教学,认为写作教学应强调"写中学""用语言做事",旨在以任务为途径,提高学习者写的技能。最后就任务型教学与写作教学的结合进行相关的思考,并以《汉语写作教程》(罗青松)第三课,"看图写故事"主题单元为例,展示了具体的教学流程。

《基于任务型模式的主题单元教学在对外汉语写作课中的实践》(张笑难,2010)一文指出:基于任务型模式的主题单元教学兼顾主题式教学法和任务型教学模式,对主题的选取和任务的设计提出了更高的要求,同时兼顾了语言输出的流利度和准确度。单元主题的选取要贴近留学生的生活经历和知识水平,而任务的设计要求围绕主题,从易到难。通过任务前、任务中、任务后活动加强学生间、师生间的互动交流,激发学生的写作兴趣和交流愿望,提高学生的汉语综合表达能力,从而更好地完成写作任务,并以"中外饮食风俗"主题单元为例,展示了具体的教学流程。

《任务型教学模式在对外汉语写作课中的应用》(张笑难,2004)一文,文章依据任务型教学的理论及其原则和模式,针对对外汉语写作课提出了一种任务型教学模式,并结合具体的教学实例,阐述了该教学模式的特点,并提出需要进一步研究的内容和方向。论文分别以"个人介绍"主题单元、"专业书信"主题单元为例,展示了具体的教学流程。

三、运用任务型教学法设计写作课教学活动的优势

(一)任务型教学法

任务型教学是在教学中让学生用汉语完成真实的生活、学习、工作任务,将课堂教学目标真实化、任务化,从而培养其运用汉语的能力。

这个方法最先是由英国语言学家 Jane Willis(1996)在她的专著 *A Framework for Task-based Learning* 中提出的,她论述了任务型教学模式的三阶段:任务前阶段、任务中阶段、任务后阶段。即准备基础阶段、实施交流实践阶段、验收与提高查漏补缺归纳总结阶段。

David Nunan 把"任务"的定义概括为指导学生在学习目的语过程中,领悟、使用、输出语言和互动的课堂交际活动,课堂任务的焦点则是让学生运用目的语来解决具体的问题。他把任务分为交际型任务和教学型任务两种,前者是指通过课堂让学生用目的语去完成他们在外部世界能碰到的任务或者在日常生活中运用的语言活动,而后者是指为教学而设计的学习语言知识的活动。

(二)优势体现

笔者教授的是三年级中级阶段的写作课,所用教材为罗青松编著的《新汉语写作教程》,以此阶段的教学为例,运用任务型教学法设计写作课教学活动的优势重点体现为以下三点。

1.拉近了写作课教学与学生实际生活的距离

学生上口语课、听力课,课上学的东西,可以在课下的生活中使用,有助于他们的生活,学生感觉有用,学起来就有动力。把任务型教学法的理念引入写作课,让学生感觉枯燥的写作课也与自己的生活有了密切的关系,不仅提高了学习的积极性,也感觉写东西时有话说了。

比如学会做"个人介绍",让学生交到了新朋友;学习"短信""电子邮件",学生能更好地利用现代媒介,用汉语做沟通、交往;学习"介绍处所",参观了学校体育馆、图书馆后,激发了学生利用学校设备锻炼身体、努力学习的欲望。

2.提高了学生学习汉语写作的兴趣

笔者在教学活动设计上本着多样性的原则,根据教学内容,采用多种教学活动,完成教学任务。不重样的教学活动,调动了学生的学习兴趣,学生课堂表现积极。

比如学习"日常书信",用回信帮助同学解决难题的方式,学生互相帮助,增进了友情;学习"说明步骤与方法",学生展示了自己的拿手菜,并汇集成班级菜谱,学生很有成就感;学习"通过比较评论事物",采用辩论赛的学习方式,学生有了全新的体验。

3.排除了面对写作课的畏难情绪

任务型教学法在写作课教学活动使用过程中,因为是一步一步地引导学生去完成教学任务,从而分散了学习难点,学生在完成任务的过程中,不知不觉排除了畏难情绪,掌握了一个个知识点。学生在期末总结中普遍反映,在写作知识与写作能力两个方面都有了明显的提高,写作知识方面的提高表现为:学会了不同文体的写作;掌握了汉语写作的格式要求;了解了汉语标点符号的使用方法。写作能力方面的提高表现为:写作速度快了很多;不惧怕写作字数要求了,按要求写出600字、800字,都能顺利完成。

学生在期末总结中写道:

以前我一百字都写不出来,更不用说七八百字了,但现在我不但能写很多,而且不需要花很多时间了(老挝学生:希娣朋)。

最好的是小组活动,活动时我可以听到别的同学的想法,我没有想到的地方,其他同学可以告诉我。了解别人的想法,对我的学习很有帮助(韩国学生:李朱娥)。

写作课给我印象最深的是"微型调查报告"的学习,听四年级的学姐说,学习写调查报告对写毕业论文有帮助,我很高兴四年级之前就学会写调查报告了。调查时我还得到了很多国家留学生的帮助,我们成了朋友,我很高兴。下学期我会用学到的东西来写论文的,我会加油的(日本学生:冈崎雅未)。

我学会了怎么写文章的开头、中间、结尾部分,学会了安排文章结构。学会了按步骤写作文、写信、写调查报告等。收获很大(韩国学生:洪宝罗)。

您给我们的题目,对我们留学生来说都很有意思。我越来越喜欢写作文了,将来我要写小说出版。虽然我还有很多语法错误,但这激发了我向困难挑战的勇气(日本学生:中濑隆二)。

写作课上不但能复习语法,还能发挥自己的想象力,老师让我们写自己了解的熟悉的内容,感觉很轻松。另外写作课还包括生活中能用到的很多内容,比如写信、发电子邮件、写申请,正好写作课学过,用的时候就很顺利,这归功于写作课(俄罗斯学生:卡佳)。

本学期最大的收获是写作速度,上个学期在课上写作文时总是完不成,只好下课回宿舍接着写,但是本学期写作速度快多了,大部分的作文在课上就能完成了(日本:蝦名绪美)。

我最满意的作文是《我的知心朋友》,给我的朋友看了,他特别感动,我们的关系更亲密了,这让我特别开心(韩国:刘玟雅)。

我在打扫房间时,无意中看到一份作业,是上个学期选修课的作业,一篇600字的作文,我看了一下,特别惊讶,因为里面的格式、标点符号都写得乱七八糟的。这说明我的写作能力提高了不少,能自己看出错误了(日本:藤井菜帆)。

我以前不太会用标点符号,因为老挝语的标点符号与汉语的不一样,但是我现在学会了(老挝:庞幸)。

我是很喜欢写作的一个人,上写作课,可以让我继续完成我的爱好。我还没有自信用汉语发微信朋友圈,希望有一天我在朋友圈可以像上写作课一样自信地写出自己的心里话(马来西亚:路晴)。

四、教学实例

在具体采用任务型教学法教授写作课时,简单地把任务分为一个层级的前阶段、中阶段、后阶段,实际教学效果并不理想,而采用分级的方式,步步深入地布置、分配、实施各级任务,教学效果显著。因此,笔者在此提出对外汉语写作课教学的分级任务型教学方法,即按照写作课每一单元最终的教学目的,把教学任务按照从小到大、从易到难、从简单到综合的原则,分为几个层级实施。

下面以教材《新汉语写作教程》第八课《介绍处所·描写环境》的教学为例,说明在教学中的具体做法。

(一)教学重点与难点

教材中明确了本课的学习重点:

1.介绍处所与描写环境

2.存现句的运用

3.空间转换的表达

本课的学习难点是空间转换的表达,在教材的"说明"部分是这样提示的:

写介绍处所、环境的文章,常常以空间的变化为顺序。下面是两种常用的表达空间转换的方式。

固定式:除了根据作者位置的变化描写以外,作者也可以从一个固定的位置按照变换角度描写周围的景物,如按照上下左右的顺序或东南西北的顺序等。

导游式:作者像亲自带着游客参观,随着自己位置或者视线的变化,介绍事物。……按照空间变化顺序介绍。

(二)教学流程与小结

根据上述教材重点及难点,具体教学中,笔者把任务分为了以下六个层级。本文重点讨论介绍处所与描写环境及空间转换的表达的教学。

1.第一层级任务:难点导入

任务前阶段:教师口述布置任务,如果给你的朋友介绍我们的教室,你会怎么介绍?

任务中阶段:请2—3个学生以口头作文的形式,完成介绍教室的任务。

任务后阶段:全班学生讨论哪种方式最佳,教师点评,明确本课学习重点。

例文一:教室里有学生22人,分别来自日本、韩国、老挝、波兰、俄罗斯。在中国学习时间最长的有三年了,还有学习两年的、一年的,有几个同学是刚来北京学习的。

例文二:教室里有学生和老师,还有黑板、投影仪、空调、地图、学生作业、灯、窗户、门。

例文三:教室前面有黑板、讲台和老师,22个学生在上课,后面有我们的作业。

任务后阶段全班讨论时,大部分学生认为例文二最佳,理由是说得很全面,几乎把教室里所有的设备、陈设都说出来了。教师点评时需明确指出例文一与例文二的写法非本课的重点,同时点明例文三的关键点,由此引出本课的重点所在。

完成本层级任务需要10分钟。传统教学中的难点部分,一般是教师用讲授的方式告诉学生,虽然比较直接,且节省时间,但是学生记忆不深,理解不清。而分级任务型教学法,使用布置任务的方式,通过口头作文、讨论、遴选、汇总,让学生自己说出来,有了这个亲身实践、动脑子思考的过程,学生对本课学习重点有了一个印象深刻的初步的了解。

2. 第二层级任务:学习"固定式"的写作方法

任务 1 前阶段:(1)学习范文一,体会"固定式"的写作方法。

(2)复习存现句。

任务 1 中阶段:(1)每个学生根据范文一的描述,画出一个简图。

(2)请两个学生到黑板前做一个练习,两人合作,一个读课文,一个画图,在黑板上把范文一描述的内容画出来。

任务 2 前阶段:(1)分组练习,教师把学生分为两人一组,给每位学生分发一页纸,学生一人口头描述自己的房间,另一人在纸上画下来。交替进行。

(2)每人写出 3—5 句与图相关的存现句。

任务 2 中阶段:选取两组,在全班展示,要求使用"固定式"。

任务后阶段:请学生谈谈完成任务 1 与任务 2 的难易度,说明产生困难的原因并归纳出"固定式"的写作方法。教师点评、总结,强调"固定式"的方法要点。

完成本层级任务需要 2 课时。传统的写作课教学讲授"固定式"时,常常依靠范文一,通过朗读、讲解,教师说明范文一采用了什么样的方法,学生一知半解。而分级任务型教学法的采用,在本层级解决了三个问题:(1)明确了"固定式"的方法。采用布置任务 1 的方式,通过画图,学生能直观地感受到固定式的关键点:作者位置不变,通过视角的转换按照一定的顺序描写景物。(2)强化了按照一定顺序完成任务的重要性。在任务 2 阶段的进行中,教师观察到,学生在完成任务 1 时比较轻松,做任务 2 时遇到了困难,主要原因是学生在叙述自己房间布局时,或顺序混乱、前后颠倒,或表述不清、位置不定,这个问题在任务后阶段的讨论中,学生也表述出来了,由此,学生们认识到按照顺序叙述的重要性。(3)使用存现句描述自己要表达的内容。分级任务型教学法对本层级的设置,解决的问题(1),目的是引入新内容;解决了问题(2),目的是通过复现上一层级任务的方式,加深、强化、巩固学习重点;解决了问题(3),复习存现句,正确使用存现句。

3. 第三层级任务:学习"导游式"的写作方法

任务前阶段:(1)学习范文二,体会"导游式"的写作方法。

(2)学习表示空间变化的句式:

A. 站在南京路口的立交桥上,只见……

B. 沿着南京路往东走,只见……

C. 沿着南京路往西走,从人民公园到静安寺,一路上……

任务中阶段:请每个学生回想一下自己家附近的街道布局,以家的所在地为起点,以某地为终点,设计一条线路,介绍给大家。

任务后阶段:(1)请两个同学在黑板上画下街道布局及线路图,口头介绍给同学们,要求采用"导游式",并用上表示空间转换的句式。

(2)全班学生讨论,"固定式"与"导游式"的特点。教师点评。

例一,学生画图并讲述了从家到小学、中学的上学线路,沿途经过清真寺、小卖店、甘蔗田等等。

例二,学生画图并讲述了从家到高铁车站的出行线路,沿途经过繁华的十字路口、小区、别墅区等等。

例三,学生画图并讲述了从家到大海边的路线,沿途经过工厂、商业区等等。

完成本层级任务需要1课时。传统的教学方式,以学习范文为主,通过阅读和教师的讲解学习"导游式",完全输入的方式,学生的自主性不能充分发挥出来,效果有限。而分级任务型教学法的采用,在本层级的实施,第一,使得学生模拟体验了"导游式",学生在画图讲解过程中,化身导游,带着全班同学走过自己设计的路线,随着视线的转移,为大家介绍看到的景物,这是一种输出的方式,自主的学习,在做中学,学生的学习效果更显著。第二,任务后阶段的学生讨论和教师点评,在比较的过程中,学生巩固了对"固定式"的记忆,并加深了对"导游式"的理解。

4.第四层级任务:学习"固定式"+"导游式"的写作方法

任务前阶段:把全班学生分为两组,指定组长。设计两条线路,两组学生分别走不同的线路穿越校园,介绍行走在校园中沿途看到的景物。要求每个组员至少介绍一处景物,同时用上表示空间变化的句式。

任务中阶段:两组学生分别展示。

任务后阶段:(1)学生讨论,教师点评。

(2)每个学生写出自己负责的部分。

完成本层级任务需要1课时。本层级任务的目的,是把学习描写空间的两种方式结合起来,比起单一的方式,难度加大,因此,在任务设计上,既充分考虑了适当地分解难度,又要达到让学生掌握的最终目的。首先,任务设计的线路为校园,采用学生熟悉的环境处所;其次,分组完成,学生在准备过程中预留充分的讨论时间;最后,任务后阶段的笔头练习,设计为写作片段,而且是经过充分讨论,自己口头表达时准备过的内容。通过本层级的任务实施,在小组准备展示部分:(1)学生感受到描写空间两种方式是如何结合到一起的,(2)再次强化按一定顺序描写空间的本课重点;在写作片段部分:(1)复习描写空间变化的句式,(2)用简单的语句,生动地描写出某一景物的特点。

5.第五层级任务:实地参观

任务前阶段:选定某一处所,带学生参观。请去过的学生提前准备,给大家做一个口头介绍。

任务中阶段：实地参观。请去过的学生，介绍熟悉的区域；没去过的学生，可以提出问题。要求全程全体学生做好记录。

任务后阶段：整理参观笔记，有需要者鼓励二次参观。

下面三篇例文是学生的写作片段：

例文一：健身房（韩国学生）

现在，我来详细地介绍一下健身房。我们学校的健身房并不大，所以每次去感觉人很多。如果想避开人多的时间段，刚开门或关门前一个小时去。一进健身房就可以看到有6台跑步机，向前走，上台阶，二层有动感单车，单车房里面大概有10辆单车，骑单车的学生们，边听音乐边做运动，动感十足。回到一层，再往里走，有锻炼肌肉的运动器械，有的可以锻炼上身肌肉，有的可以锻炼下身肌肉，设备很丰富，而在这里做运动的以男生居多，女生比较少。走到尽头，沿着左边的一条小通路，就可以去往地下更衣室。

例文二：游泳馆（日本学生）

回到大门口左转直走，坐电梯到地下一层，就来到了刚才从咖啡厅看到的游泳馆。一下电梯往右看就是游泳馆前台，前台右边是男女更衣室的入口。进入更衣室，里面有好多存衣柜。换完游泳衣后从更衣室的左边可以进入游泳池。这时候别忘了脱鞋。游泳池有两个，一个小的，一个标准的。标准游泳池分为两个部分，深水区和浅水区。一般开放的是浅水区。如果你想去深水区游泳的话，需要向工作人员提出申请并通过考核后才能进入。虽然这些手续有点麻烦，但我建议办，因为浅水区里的人实在是太多了。

例文三：球类馆（老挝学生）

体育馆第二层我最熟悉不过了，首先说说球类馆。我每周都来这里打羽毛球，这里有十七块场地，因为喜欢打球的人很多，所以需要提前预约。我在很多场馆打过羽毛球，北外的羽毛球场地是比较好的，不管是打光还是地板，都很专业，打起球来感觉很舒服。有时候我也打乒乓球，这是中国国球，所以我经常输给中国朋友，但是没关系，友谊第一、比赛第二，通过运动，我交到了中国朋友，这比输赢更有意义。球类馆有意思的是，有时候体育馆工作人员把羽毛球场地清理出来以后，那里就变成了一块室内篮球场，可以举行比赛，但是很可惜我还没有看过，有机会我一定看一场。让我最烦恼的事情是每次打球一到晚上十点，体育馆工作人员就会开始打扫卫生催促我们离开，我还没打够呢，哈哈！此外，二楼还有老师办公室，我的排球教练南老师和刘老师都在这里工作。

本层级任务课外时间完成，不占用课时。传统的教学模式下，学习完两篇范文，讲解完"固定式"和"导游式"之后，学生回忆以往的经历，选择一个较为熟悉的处所完成写作任务，结果常常表现为空间感混乱，教师也不便进一步指导。而采用分级任务型教学法,本层级的设置解决了教学中的几个问题:(1)学生亲身参观过,记忆深刻,不会无话可说,总体内容让学生心里有底;(2)教师带领学生参观,提示学生写作的顺序以及哪里可以运用"固定式"写作,哪里可以选择"导游式"写作,写作方法让学生心里有底;(3)参观过程中,重点区域请之前来过的学生做了介绍,细节部分让学生心里有底;(4)修改作文时,内容教师熟悉,方便指导;(5)讲评时,内容学生都熟悉,方便统一评判标准,方便讨论优劣。

6. 第六层级任务:写作

任务前阶段:提出写作要求

(1)题目:北外体育馆

(2)方法:固定式+导游式

(3)句式:存现句、表示空间变化的句式

(4)字数:600字

(5)时间:2课时

任务中阶段:完成作文。

任务后阶段:教师修改,学生修改,教师讲评。

下面是两篇学生作文。

例文一:北外体育馆(马来西亚学生)

我们学校有一个体育馆。体育馆位于我们学校的东院,附近有图书馆、咖啡店和操场。来体育馆做运动的人比较多,特别是周末的时候。

北外的体育馆有四层。我们从一层的大门口一进入就可以看到大厅中间有一个总服务台,总台里常常会有两位服务员为大家服务。如果要交费、预约、办卡、咨询,都可以跟她们沟通。大门口左右两侧进去一些,各有一个小卖部,一个是卖饮料和食品的,另一个是卖游泳衣和运动物品的。在总台的两边有一些沙发和小桌子,平常有人在那边坐着休息。一层大厅的最里边有一面大的玻璃墙,墙的前面摆着各国国旗。透过玻璃墙我们可以看到地下一层的游泳馆。一层大厅的右侧有一个健身房,左侧是棋牌室。

坐右边的电梯上二楼之后,一下电梯,我们就会看到二层楼道的墙上挂着几幅与羽毛球有关的照片,这里有一个很大的球类馆,我在这里打过羽毛球。在羽毛球场地的旁边可以看到有几张乒乓球桌,但打乒乓球的人很少。如果我们想打羽毛球或者乒乓球,需要在总台预订。

走出球类馆,乘电梯上三层,这里是球馆看台,一排排座椅干净整齐,色彩鲜艳。如果有比赛的话,这里会坐满观赛的热情观众,为运动员加油!

走楼梯或者乘电梯来到体育馆四层,可以看到多功能厅和体质健康测试室。电梯口的右边摆放着几张海报,都是关于运动俱乐部的海报。往右走就是多功能厅,多功能厅特别大,里面的人有的在练舞蹈有的在做健身操。

这次参观北外的体育馆,让我有了一个全面的了解。如果你想找一个适合自己锻炼身体的地方,北外体育馆是你的首选,这里不仅费用低而且设置齐备,我建议你们来北外的体育馆体验一下。

例文二:北外体育馆(日本学生)

北外体育馆,这里对于北外学生而言,既是强身健体的地方,也是暂时忘记繁忙的学业,身心可以得到释放的地方。

北外体育馆一层北侧有一家由北外毕业生创办的当绿咖啡馆,服务员大多也都是北外的学生,虽然都是学生,但是服务是相当专业的。进门左手边满满一墙的书,一股文艺的气息扑面而来,偶尔去坐一坐,你会发现许多有趣的事情。

北外体育馆是一座地下一层、地上五层的综合性体育馆。

进入大门,面对着体育馆正门的是一层中心的服务台,办游泳卡、健身卡、买门票都需要通过服务台来办理,可谓是北外体育馆的小心脏啊!服务台两侧的各种项目的价目表也是一目了然。总台的右后方,有一个门,进门直走就是麻雀虽小但五脏俱全的健身房了。健身房里最多的器材当属跑步机。有很多同学在这里挥洒着青春的汗水。健身房两侧都是透明的玻璃墙,透过右手边的玻璃墙可以直接看到外面的情况,从左侧的玻璃墙望下去可以清楚地看到地下一层的游泳馆,游泳馆分为两个区域,分别为深水区和浅水区,游泳池西侧上方还设有观看台。如果你感兴趣,还可以乘坐电梯去体育馆的楼上,还有球类馆、球馆看台、多功能厅等等。

北外体育馆对我们北外学生来说是不可缺少的一部分,同时也有很多校外的同学以及社会人士来这里做运动。如果你喜欢运动,就一起来吧!

完成本层级任务需要2课时。这是一个综合性的任务,包含了本课的所有重点:介绍处所与描写环境;存现句的运用;空间转换的表达——"固定式""导游式"、表示空间变化的句式。正因为采用了分级任务型教学法,在完成此项终极任务前,有了很好的铺垫,学生由易到难一步一步做好了准备,所以,都能较好地完成本层级的任务。

上述六个层级是教学中的重点环节,在具体实施过程中,教师可根据上课时间、学生水平等灵活掌握,比如:写存现句,写作片段,布置新的写作任务。有些可作为课上作业,有些可作为课后作业,有些作为自愿补充的作业。

五、运用任务型教学法设计写作课教学活动的建议

将任务型教学法运用于对外汉语写作课的教学活动设计中,的确起到了积极的作用。但笔者在实际操作中感到还是有诸多要点需要注意:

（一）与交际教学法结合应用，效果更佳。交际教学法的基本原则是"先讲后做"，教师讲解后，学生练习巩固，最后期望达到自如运用的目的。而任务型教学法的基本原则是"先做后讲"，教师指导学生准备任务，学生执行任务，最后教师做任务完成情况评估。在实际教学中，笔者常常采用两种教学法结合的方式，教师讲解后，学生练习，然后教师布置任务，学生做任务前的准备工作，之后执行完成任务，最后教师评估。

比如上文实例，学习"介绍处所"，首先教师要讲解范文，总结表达空间转换的词语和句子；然后进入任务前准备阶段，第一是课堂上的准备，请去过学校体育馆的学生介绍自己熟悉的部分，第二是带领全班学生进入体育馆参观；第三是写作练习，介绍学校的体育馆；最后是教师修改、讲评作文。

（二）教师把自己的角色定位为指导者，效果更佳。教师在使用任务型教学法的过程中主要工作是：设计任务、明确要求、帮助学生完成任务。

比如学习"微型调查报告"，任务前阶段学生在选题时需要教师的指导，笔者会提供给学生一些选题作为提示：对学校食堂的看法调查；学生生活费使用情况调查；汉语学习难点调查等等。学生设计调查问卷时，教师应做相应的指导：问卷问题的数量；建议以选择性问题为主，开放性问题为辅；每题选项3—4个等等。对于调查样本教师也应给予指导，因为是微型调查，笔者要求学生每人至少调查10人，被调查者要求是不同国籍的学生，根据选题，被调查者除了学生之外，还可以有教师。在写作调查报告时，教师还要指导学生常用词语的正确运用；数字统计要准确；按从大到小或者从小到大排列等等。

（三）活动设计要合理。也就是要求教师设计的活动要求要具体，具有可操作性，要考虑到任务的大小、所用时间的多少，还要考虑学生水平的高低，以及使用哪种方式完成任务、完成任务的字数要求等等。

比如在学习"介绍事物的来源与发展"与"介绍各地风情"两个主题单元时，笔者把教学重点放在了学习查找资料、如何选取资料、恰当运用资料上，所以任务类型采用了口头表述为主：课上初步确定选题，课后查找资料、选取讲述内容，再次上课时每人完成一篇口头作文。比起以往的笔头作业，这两个单元设计为口头作业的形式完成相对就是合理的，如果学生把查找到的资料抄写下来，意义不是太大，而口头的形式完成，既达到了学会查找、选取资料的目的，又节省了课上时间，而形式上的变化，对学生也是一种良性刺激，课上展示，让学生们了解了其他同学的写作能力，达到了互相学习的目的。

（四）注意细节，根据不同班级情况，学生人数多少设计活动。

有些学生有依赖，分组活动时分工要细致，保证每个学生都要参与，同时，指定某个学生做代表，确保任务顺利完成。笔者在教学中把任务布置为小组完成时，发现学生的反应大相径庭,有些特别喜欢,有些极其反对。分组的强弱搭配,本意是让学习能力强一些的学生起带动作用,学习能力弱一些的学生从中有所收获,但常常是小组任务推给了某一个人完成,苦乐不均,因此也没能起到"带动""收获"的最初目的。如果分组时把水平相差不多的学生分为一组,组员共同参与,每人完成一个部分,呈现出的效果恰恰是最佳的。

上面第(三)点提到的在学习"介绍事物的来源与发展"与"介绍各地风情"两个主题单元时采用了口头作文的方式,设计这个任务时要充分考虑到学生的口语水平。笔者所教的两个平行班级,其中一个班学生水平差距比较大,程度低一些的学生较多,班级人数较少。而另一个班级学生水平比较平均,整体程度高,班级人数较多。因此,前一个班级设计为两个主题单元分别做一次口头作文的任务,两部分内容可以不同;后一个班级设计为把两个主题单元合并为一个任务,选择一个内容,从历史到现状做一个全面的介绍,加大了难度。

再比如讲评部分,很多资深教师提出"互评"是很好的方法,但笔者使用时,发现有些学生有抵触情绪,可能是对自己的作文不自信;也可能是作业中写了一些想给老师看,不适合让同学知道的隐私内容;还存在因学生水平参差不齐,不能评述别人作业的情况;当然还有因同学关系原因,不好意思说出别人作业不足的问题。

总而言之,在各个环节的活动设计上,要充分考虑到学生汉语水平情况、心理承受能力等各种细节问题,细节决定任务的成败。

(五)任务的延续性可灵活掌握。因为受到写作课课时的限制,任务的延续可以设计为课后作业的形式完成,针对汉语程度较好、学习积极性高的学生,还可以作为自主形式的任务布置下去。

比如上文的口头作文,可以作为自主作业的形式,课后完成笔头作文的延续性作业。在学习"介绍处所"单元时,有学生写的《北外体育馆》的作业不够理想,还想再练习一下,笔者建议的题目是《北外图书馆》或者是《我家小区》,有学生课后完成了这个延续性作业。

六、延展问题研究

在写作本文的过程中,笔者对教授写作课的同课程组的三位老师做了访谈,老师们谈到写作课难点重点时强调的一是布局谋篇、写作内容,二是议论文体、叙述文体、说明文体的教法与写法,三是写作速度问题。而学生在期末总结中谈得最多的是词语问题,大部分学生感觉自己词语不够丰富,写作时想写什么内容,但不知道或者想不起来用哪个词语;部分学生总结时说,拿到老师修改后的作业,发现用错的词语太多;甚至有学生提出建议,要求老师采用听写词语的方式,强迫自己在写作课上掌握更多词语。由此,反思写作课教学,以写作方法为主,当然没有问题,但考虑是留学生写作课教学,是不是可以适当加入一些词语的学习呢?那么问题来了,具体教学中选择哪些词语作为教学重点?教授写作方法与教授词语,时间如何分配?能不能引入任务型教学法完成写作方法教学的同时,完成写作课上的词语教学?这些都是需要进一步通过理论与实践探讨的。

参考文献

[1]陈立平,从阅读与写作的关系看写作教学中的范文教学,外语与外语教学,2001(4).

[2]龙俊宇,浅谈任务式教学与对外汉语语篇教学,安徽文学(下半月),2010(5).

[3]杜文献,越南高校汉语专业初中级阶段写作课的难点与对策,复旦大学,2011.

[4]孙富胜,基于任务的商务汉语写作教学研究,南京师范大学,2011.

[5]戴炜栋,任庆梅,语法教学的新视角——外显意识增强式任务模式,外语界,2006(1).

[6]罗青松,对外汉语写作教学研究述评,语言教学与研究,2011(5).

[7]陆丹妮,对外汉语写作课堂教学策略初探,才智,2015(6).

[8]刘宇萌,对外汉语写作教学的"过程法"和"任务法"研究——以《发展汉语中级写作(第二版)》为例,哈尔滨学院学报,2014(8).

[9]梁宇,任务型教学法在对外汉语写作教材中的体现——评《体验汉语写作教程》系列教材,海外华文教育,2008(12).

[10]张念,任务型教学指导下的对外汉语写作教学,佳木斯职业学院学报,2015(10).

[11]张笑难,基于任务型模式的主题单元教学在对外汉语写作课教学中的实践,内蒙古师范大学学报(教育科学版),2010(3).

[12]张笑难,任务型教学模式在对外汉语写作课中的应用,海外华文教育,2004(6).

做好汉字传播　讲好中国故事

——浅谈《汉字里的中国》巡展策划思路与操作实践

孟德宏　许　菁

【内容摘要】 讲好中国故事，需要有切实可行的切入点，汉字是可考虑的要素之一。本文结合作者参与策划并任主要撰稿人的《汉字里的中国》①全球巡展的情况，对该展览的目标、定位、效果、指导思想、执行原则、具体文案内容及在各地进行巡展的情况作出初步说明，其目的在于对汉字在中国文化走出去国家文化战略中的地位与作用，以及围绕汉字进行中国文化走出去的具体文化包装形式等问题作出初步探讨。

【关键词】 汉字里的中国　全球巡展　策划思路　操作实践

一、引　言

随着经济社会的进步与发展，尤其是一带一路国家战略的逐步推行，中国的国际影响力越来越大。世界范围内学习汉语的人数逐年上升，对汉字感兴趣的国际人士也逐渐增多。在该背景下，怎样科学、系统又能够富有感染力地将汉字介绍给这些国际人士，既是"讲好中国故事"的国家战略要求，也是国际汉语教育工作的重要组成部分。

文字的使用是一个文明成熟的重要标志，人类早期最重要的几个文明都独立发展出了自己的文字，巧合的是，这些最早的文字大多都是象形文字。然而，在历

---

① 该展览是国家艺术基金 2016 年度传播交流推广资助项目，2017 年在国际图书馆和文化部中外艺术交流中心试展两轮，并于 2018 年 4 月 16 日至 30 日，作为 2018 联合国中文日的主要活动之一，在联合国日内瓦总部万国宫举办。该展览将陆续在世界各地进行巡展。展览自推出以来，受到中央电视台、中国国际广播电台、《人民日报》、《中国日报》、人民网、新华网、中国网、腾讯新闻等多家媒体的关注和好评。

史的发展中,古埃及象形文字、两河流域象形文字、玛雅人象形文字都渐次消失。与之相伴随,这些古老文明也相继成为失落的文明。直至当代,在全世界通行的文字中,只有中国还使用着象形文字。这个历史背景是为人熟知的,也正因如此,很多国际人士对汉字抱有巨大的好奇心,古老、神秘几乎成为了异质文化对汉字的遐想,以至于很多人甚至把汉字当作纹身的图案——尽管他们中的很多人甚至不理解这些纹身的含义。

汉字独特的命运就是吸引人们去深入了解汉字特性的基础。因此,本次展览是立足在这一基础上,破除汉字"神秘"迷雾,传递出汉字之所以能跨越4000年发展至今不消失不落伍,并不是因为它"神秘",而恰恰是因为它"科学"的信息。

有感于此,在国家艺术基金赞助下我们策划了本展览。本次展览将力图形象地拆解汉字具有独特内涵的偏旁部首,选择有趣味、有代表性的汉字为例证,通过介绍这些汉字的字形特征或独特的组合思维,传递汉字所具有的图案抽象性与组合联想性这两个关键特征,进而传达汉字中蕴含着的中国传统文化精髓。即:透过汉字这个桥梁,让参观者对其背后的中国文化与传统,做出初步的了解和认识。

二、创作思路

(一)展览主旨

本次展览旨在让受众形成这样的一个文化观念:汉字中蕴含了很多中国文化的密码,掌握汉字,人们便能掌握了解中国文化的一把钥匙,了解汉字,便能够了解中国人的生活与心灵,了解中国人的文化。

(二)执行原则

在具体操作实践中,首先强调"可操作性"原则。展览所涉及内容的形象化呈现,要考虑到在国外展出的实际效果和运输的方便,因此,展品可拆卸、易组装、质地耐用、重量较轻。其次贯彻"趣味性"原则。所有展览内容的选择,一定要能够形象生动活泼地表现展览主旨;最后强调的是"互动性"原则,要通过互动展台与活动将参观者吸纳到展览中,增强参观者的"切身体验"感受。

(三)展览目标

展览期望能够使参观者在最短的时间内,对汉字的本质属性——表意性有切身的体会,同时,也能够对汉字产生一定程度的兴趣,并能够通过汉字,对其背后的中国文化与传统生活做出相应的了解,进而增强对中国人和中华文明的认识。

(四)观众设定

本次展览为外宣展览,其受众主要为对中国文化有一定兴趣的外籍人士和海外侨胞。这是本次展览设定的主体受众。

本展览的设计和创作主要将针对主体受众的以下两个特征进行：

1. 主体受众对中国文化已经有了初步了解。

随着当代中国文化影响力在世界上不断增强，很多世界友人已经对中国文字有了初步的了解，尤其是此前的外宣展览《从甲骨文到计算机》已经将汉字字形的发展历程介绍给了全世界，加之海外文化中心与孔子学院近年来所产生的影响，甚至当代许多文化工业也大量运用中国元素，因此，外籍人士对中国文字的特征已经有了一定了解，简单的字形介绍已经不能满足广大主体受众的需求。

2. 本展览的主体受众都以拼音文字为母语

目前，世界上仍然在使用的意音文字（在非正式场合被称为象形文字）主要就是汉字。除汉字外，拼音文字是世界范围内流通文字的主流。这种差异往往让受众形成这样的意识：拼音文字与汉字属于不同的两个文字系统，差异巨大。本展览拟从造字的"会意"性上，对这种差异性背后的文字共通性造字和构字原则作出一些揭示，以拉近以表意性为基本特征的汉字与拼音文字之间的距离，从而使得参观者增强汉字学习的兴趣，使得汉字学习者减小畏难情绪。

(五)预期效果

(1)增强参观者对汉字的兴趣；

(2)增加参观者对中国文化的了解；

(3)破除参观者汉字难学难认的固有观念；

(4)深化参观者对中国与中国人的认识与好感。

三、具体实践

(一)展览形式

1. 展场

以 200 平方米为展场的面积，本展览将制作成：展板＋实物＋多媒体＋互动游戏形式的互动性、参与性强的展览。

2. 展览设置

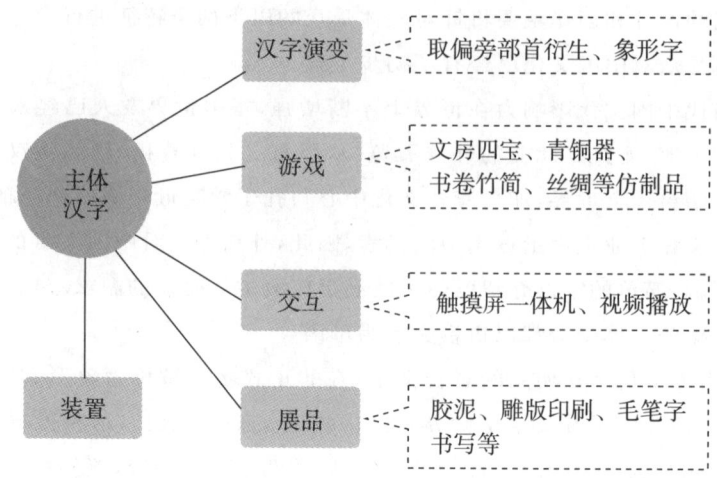

3. 展览结构与布局

整体展览结构将通过高低层次的不同布局,并融入水墨画的概念,通过展品和装置将展场展现出层峦山水的意境,示意图如下:

展览主标题"汉字里的中国"将以字模拼插而成,示意图如下:

4. 展览分布

展览将分为 A、B、C 3 个区域,线体图如下:

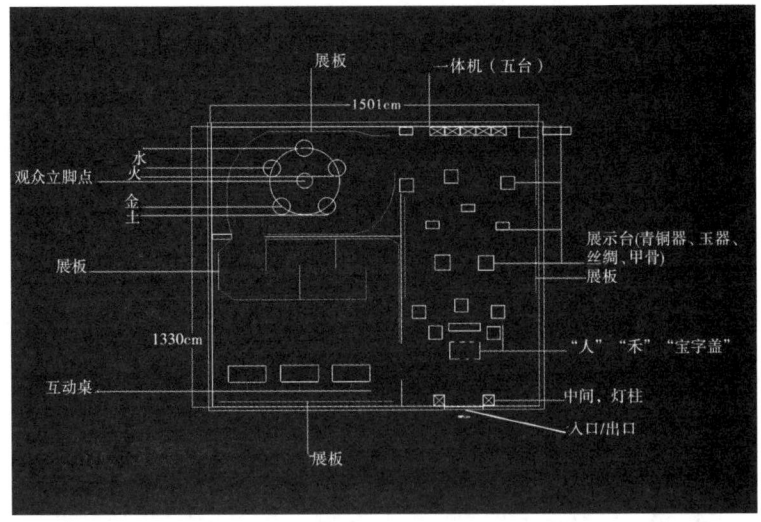

5. 区域呈现内容

(1)"序"区域展示内容

第一篇章　汉字的形体:从具象到抽象(人);

第二篇章　汉字的结构:从联想到通感(禾);

第三篇章　汉字的内涵:从家庭到宇宙(宀)。

(2)A区域展示手段

以人、禾、宀主体为核心,将以一本打开的立体书为手段竖在A区中央,其他展品、展板、触控一体机、互动游戏区域围绕其进行摆放,将实现如下图感觉错落有致的效果:

此外,将连续放置五台触控一体机,营造画面流动效果,并将以时间轴的形式展示汉字在世界文字发展体系中的位置。五台设备中,第二台可为观众提供触控互动效果,并将设置相关体验小游戏。

B区域展示手段

以投射灯营造出的五行(金木水火土)的动画效果为本区域的核心内容,其他展示物品展板等将围绕其布置展示。上述投射的效果将在地面实现,地面铺设有色地毯帮助效果呈现。

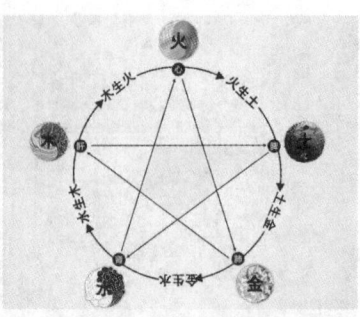

该区域的展板将采用展平展板营造出环绕包围的气氛,示意图如下:

C区域展示手段

该区域以互动游戏为主,将设置活动易挪动的嵌套仿古桌子放置游戏物品,如字模、胶泥等;并将设置穿插展板隔断,打造迷宫一样的效果,引领观者在左右穿梭中接收图文信息,效果如下图:

(二)展览文案的主要内容

序

汉字并不是单纯的象形文字,为了适应文明日趋复杂化和沟通越来越密集化的需求,中国古人将复杂的图案抽象成了简单的线条,汉字由此成为了高度抽象的"意音文字"。这些抽象的线条中残留着古人生活的痕迹和造字的理念,它们残留在汉字的174个最常用的单元中,这些单元被称为汉字的"部首"。174个部首以高度联想性的组合方式,形成了现在的汉字,将复杂、抽象的概念、意识、活动、系统精确地表达了出来,伴随着华夏文化发展至今。今天,我们将通过解析一些最常用的部首,还原汉字的构造理念,去体会古代中国人的世界观、人生观、家庭观、幸福观。

(说明:此处还将以时间轴的方式,将选取一个汉字置身于人类文字发展的整体背景下,展示其发展、流变,让观众可找到汉字的特点,更重要的是给观众以代入感,看到汉字与自己国家文字的共同点和亲切感,更好地融入到展览中。拟选取古埃及文字;两河流域楔形文字;玛雅文字;等等,以触控一体机展示该内容。)

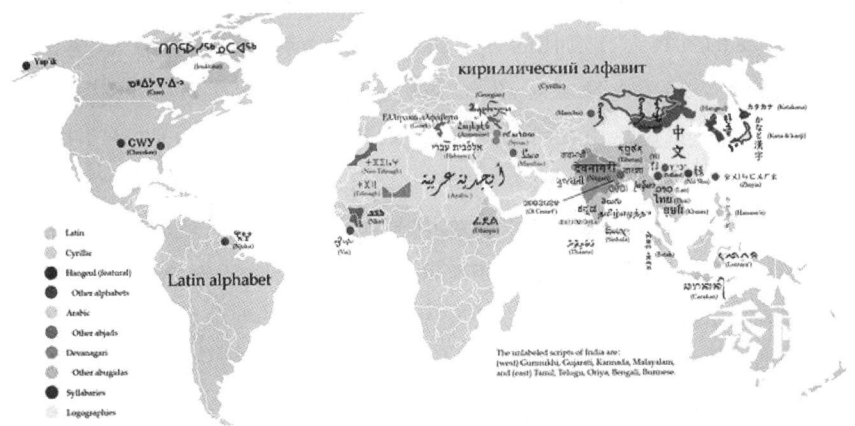

第一篇 汉字的形体:从具象到抽象

(1)人

甲骨文中的"人",是一个垂臂直立的动物形象。在地球上,只有"人"是能够直立劳作的动物,也是唯一能够发明文字符号的动物。

在文字的发展中,"人"字逐步突出了弯腰垂臂的劳作形象,向上双手在劳作。但是汉代的隶书以后,"人"字的形象发生了很大的变化,弯腰、垂臂的形象已经完全消失。但是,当代人对这个"人"字也有现代的解读:"人"就是一左一右相互支撑。

(2)人的一生

汉字中,对"人"的不同时代也有不同的字。根据胎儿在母体中的形象,汉字中出现了"巳"字,脱离母体的婴儿的形状,成为了倒立的"子"字到开始成长的孩子,这些字都发展出了其他很多汉字。

说明:动画形式展示不同状态的人的不同的字。

(3) 大

中国的"大"是"人"字上面加一横线,像是一个张开双臂的人。

中国文化中有朴素的人本主义情怀。在古代中国人看来,地固然大,天固然大,但更大的是人。中国自古以来就相信,人是可以和天地并立的智慧生物。

(4) 夫

"夫"字,这个字生动形象地展示出男人的形象,是一个双臂微张立于大地之上的人,即一个人形的"大"上面加了"一",表示头发上插一根簪子,其构字本义是指成年男子,也就是丈夫了。为什么戴着簪子"一"的"大"就是成年男子了呢? 因为,古时男子成年束发加冠才算丈夫,按照古制,当男子到了二十岁的时候,就要在宗庙中行束发(用簪子拢起头发),举行加冠的仪式,这也就是古代中国男人的成人礼,表示 boys to men 了。这个仪式被称为"弱冠"。一般来说,冠礼由该男子的父亲主持,并由指定的贵宾为行冠礼的青年加冠三次,分别代表拥有治人、为国效力和参加祭祀的权利。加簪拢发之后,男子需要将头发盘成发髻再戴上帽子。"夫"这个字就反映了这一古制。由此可见,"丈夫"最开始的时候,指的是"成年男子"之义,后来才派生出妻子的丈夫之意。

夫,擎天承大之人也,从夫字可以看出中国对成年人,特别是成年男性的传统价值观,当一个人成为夫时,就应当承担起和履行各种社会义务与责任,从事社会生产工作,也需要娶妻生子组成家庭,成为一个真正的顶天立地之人。

(5) 天

一个人的正面像,上面顶着一个"一",就构成了汉字中的"天"。从这个字里,人们能够看到中国文化中"天人合一"的传统:由自然的"天"延伸到"人"。中国文化对人的要求是修身、齐家、治国、平天下,这也是一个由小到大,由人到天的思维线索。在中国人心目中,天与人之间一直都存在一个微妙的呼应关系,一个"天"字,就是古代中国世界观的显现:是"人"在为"天"立法,"人"才是世界万物的中心。公元前 5 世纪希腊哲学家普罗泰戈拉也曾说"人是万物的尺度,是存在者存在的尺度,是不存在者不存在的尺度",这与中国古老的哲学观不谋而合。

(6) 王与玉

"王"字在甲骨文中的三个短横表示天、地和人。中间的一竖表示联通天地人三者。而那个能够贯通三者的,就是"王"。"王"字中间的横线必须靠上一些,如果三根横线的距离相等,字形就接近一串悬挂的玉饰品,这个字就是"玉"了。"王"字的短线标志"王"要理解上天的意思,而"玉"的均衡则象征玉石品德的均衡、持正。后来,由于两个字太容易混淆,玉字成为了"玉"。

中国人认为玉有五种美好的品德:光彩润泽温和、由外部观察纹理可以察觉内部本质、声音舒展、宁折不弯、不奇巧,这分别是仁、义、智、勇、廉的品德。因此,中国形成了庞大的玉石崇拜。"玉"化为了"王"成为偏旁,表示所有与玉相关的字。其中的很多字都转义成了对美好事物的形容词。

第二篇:汉字的结构:从联想到通感

(1)禾

中国是一个传统的农业国,农作物对中国人有着特殊的意义。不论什么主食作物,它们的幼苗都被统称为"禾"。

虽然一个"禾"字囊括了不同品种的农作物,可是却又有许多中国汉字一起,囊括了"禾"的全部生长过程。从最初的幼苗到成熟后的盛况,这些单字中都隐藏着"禾"字的身影,你能找得到它吗?

通过动画或活动影像展示禾苗在不同成长过程中的不同汉字。

(2)稻、黍、稷(三个字下方分别对应三种不同的植物)

古代中国人主要种植的粮食作物是稻、黍、稷、麦、菽,这五种植物至今依然是中国人的主食,被称为"五谷"。这五个字中有三个字的里面都藏着"禾"。

把一个字完整地或变形地隐藏在另一些字中,帮助人们去理解其他字的含义,这是中国汉字构成中的一个重要原则。中国人把它叫作"偏旁部首"。很多时候,有着相同偏旁部首的汉字有着相似的归属,很多中国人即使不认识某些字,也能通过偏旁部首推测出它的大概意思。

(3)秋

这个字中,在"禾"右面的"火"的意思是烈火。在古代,这个字也被写作"煣"——虽然两边的位置不同,但意义却一样。对于北半球的中国来说,当绿色的禾苗变成一片火一样的红色时,秋天就到了。不错,这个字正是"秋"。

中国的秋字,虽然也有"禾",但是要理解它的意思却需要运用一些联想,调动一些生活经验。很多汉字就是运用这样的原理构成的,不同的内容像蒙太奇一样组合在一起,形成了新的内容,而它们的组合思路,则浸透了中国人的各种观念。

(4)香

这个字的意思是香。古时候写作"香",当时,在"禾"的下方是表示甜味的"甘"。"带有甜味的禾苗是香的"——这个字不仅残留了古人对"香"的原始理解,直到现在,中国人还喜欢用"香"来形容美味的食物,还用"吃得香"来作为饭桌上的赞叹与祝福。

构造"香"的古代中国人联通了味觉和嗅觉。这也是中国人的一个重要思维特征:触类联觉。中国人习惯于通过自然事物形成意识,又善于让各种感觉相互之间产生作用,在心里把不同种类的事物整合成一个整体。许多汉字的构成就体现了这种思维。

(5)秀

这个字是中国最常用的汉字之一,很多人的名字,尤其是女人的名字里会有这个字。这个字描绘的是当禾苗的果实开始成熟,沉甸甸地下垂时的样子。可是今天,即使是中国人也很少了解这个字的原意了。当代中国人熟悉的是它在发展中一步步引申出来的意思。

在农耕社会中,"秀"字所描绘的成熟场景深受人们的喜爱与称赞。逐渐地,这个字就成为了一系列美好价值的判断。对美丽的女子,人们会称赞她们"秀";对超出寻常的优异,人们也会称为"秀"。甚至于,当代电视媒体举办从普通人中选拔明星的活动时,人们也会称为"选秀"。

(6)和

"和"字是汉字中读音最多的一个常用字:它有五种不同的读音。通常情况下,"和"字是一个连词,表示"与"的意思;有时候它又是个动词,而且分别表示不同的三种动作行为,这时候它就有了另外三种不同的读音;当它是量词时,它有了第五种读音。

当代中国的汉字常用字只有3000左右,这些字却能够顺利地表达当代纷繁复杂的各种具体、抽象的概念,与汉字常常一字多能、一字多义的特点相关。为了在口语中能够明确区分不同的含义,相同的字也常常发展出一些完全不同的读音。字同意不同,字同音不同,成为了汉字很常见的特点。

(7)"和"与"龢"

"和"字自古以来的字形就可以看作是由"千""人""口"三个字组成的,上千人异口同声,这就是和谐、协调。这个字也可以被看作为粮食的"禾"与进食的"口"。就字面结构而言,"和"字透过自身的构造形体告诉我们"民以食为天"。在以农业为主的传统社会中,只有粮食安全,才有社会的和谐与稳定,这种思维特征,已经深深地刻印在中华民族的血脉之中。从此也可以看到农耕经济对中国文化的深刻影响。

"龢"指的是很多人吹奏同一种乐器,它的左边是一种古代管乐器,形状有点像现在的排箫。不同的人吹奏的长短不同的芦管,虽然各有特点却音调和谐悦耳,这就是"龢"。这个字里的"禾"把自己当读音借给了"龢",让人们能够通过读音联想到和谐的"和",两个字共同寄托了一种社会理念:人虽然各有不同,各自都有特点,但是如果能摈除纷争,彼此合作,这就是共同追求的"和"。这也是当代中国追求的社会价值。

第三篇 汉字的内涵:从家庭到宇宙

(1)宀

"宀"是一个常见的汉字偏旁部首,它的样子像古时候屋顶上的篷盖设施,有这个偏旁部首的字,大多都会与房屋有关。这些字中,最让人亲近的就是"家"。"家"字的来源有好几种说法,但不同的说法都不否认上面这个"宀"所表示的房屋的意思。此外,根据房屋的大小、用处或使用者的不同,不同人的"家"还可以用"宫""室""寓""宅"等字表示。屋顶给了人们遮风避雨的空间,人们把它称作了"宝盖头"。这个美称似乎让人们想到了中国建筑美丽的藻井。你看,藻井的侧视图是不是和这个部首的形状有点接近呢?

图片:藻井侧视图以及故宫、教室、公寓等典型图片配合相应的字

(2)宇宙

"宀"组成的汉字有的字表示的"房屋"很大——很大很大。在汉字中,最大的"房屋"就是"宇宙"了。"宇宙"不是中国人对我们星球所在的三维空间的描绘,它描绘的是四维空间。庄子说:"四面上下为宇,古往今来为宙。"在中国古人的世界观里,时间和空间不仅是统一的,也都是中国人的家园——空间是物理上的家园,时间是精神上的家园。

(3)"安"

知道自己的房屋里面有一个女人在等候,会给你带来什么样的感受?"宀"下一个"女"形成的"安",就成为了安全、安定、安心的安。

中国的"安"是一个深刻凝聚着民族心理的字。古代中国位于温带平原上,人们对"安全"的期盼很早就超越了生存需求,而进入了情感需求的层面。家、亲人、亲情是中国人安全感的重要由来;重血缘、重亲情成为了中国伦理文化的核心。

(4)复杂的称谓语

为了明确家庭成员内部间的关系,中国汉字中发展出了极为细密的称谓语。对于很多刚开始接触中国文艺作品的人来说,复杂的称谓语可能是理解的障碍。事实上,中国的称谓语是有规律可循的。

中国众多称谓语有以下几个功能:标志家族血统。例如,所有的第三代同辈亲属中,属于同一个姓氏家族的都称为"堂",不属于同一个姓氏家族的,无论是父系亲属还是母系亲属,都称为"表"。此外,在同一个家族内部,要详细区分长幼关系。同辈亲属中,称比自己年龄大的兄弟为"哥",年龄小的为"弟",年龄比自己大的姐妹为"姐",年龄小的为"妹",父亲的兄弟中,比父亲年龄大的称为"伯",比父亲年龄小的称为"叔"。

直到现在,中国人还喜欢用拟亲属称谓的方式称呼与自己亲近的人,这样做,

很容易就能拉近人与人之间的距离。

延展内容：多媒体手段（如 motion graphic 等）风趣、形象地展现中国人复杂、精确的人物关系，如妣、奶、妈、婆、媳、妇、妻、婶、姨、姑、妗、妯娌、嫂、姐、娣、姊、妹、兄、弟、伯、叔、连襟、郎舅、侄、甥……

(5) 孝

中国人对亲属的称谓语之所以那么复杂，是因为在家庭内部，人与人之间要依据年龄、身份的不同，按照相应的行为标准行事。例如，"哥"意味着必须对"弟"友爱、谦让，"弟"意味着必须对"哥"尊敬、服从。在这些行为规范中，"孝"是最重要的行为规范。它的上半部是"老"字的上半部，下半部是儿子的"子"，字形像是"子"背着"老"人，指儿子能够承继家中老人，善待老人。这不仅仅是家庭内部对"子"的要求，也是中国社会对年轻人的要求。

复杂的亲属称谓语在生活中起到了分长幼、明尊卑的作用，使中国古代文化具有鲜明的伦理特点，形成了"家国同构"的现象，帮助中国数千年的宗法制社会得以延续。即使在当代社会中，人们仍然在生活中延续着传统的伦理美德。

第四篇：汉字的深层：中国人的思维与观念

(1) 金

"金"原来指的是青铜制品，可是随着金属冶炼业的越来越发达，它成为了标记金属家族和金属制品的重要偏旁，在简化字中为"钅"。常用汉字中，含"钅"的汉字有 643 个。如今，金属家族中只有"汞"不含"钅"，因为古人根据汞的形态特点，称它为"水银"——这就又有了"金"字。

当"镭""钛"等新元素被发现、制造出来之后，它的汉字称谓往往是"钅"加上一个表示它读音的字，崭新的元素就这样被古老的汉字造字思维表现出来了。

延展内容：展示常规的金属块，如钢铁铜锡铅锌等，分别对应不同的化学元素符号，以及相应的中国汉字，并将这些汉字的"钅"以不同的颜色明显标志出来。

(2) 木

这个字的下半部像树根，上半部像露在地面上的枝干，这个字指所有高大的树木。

地处暖温带的中国植被丰富，农耕民族的古代中国人更注重观察周围的世界，因此，汉字中有很多树种都有自己独立的命名，这些树种的名称基本上都有"木"作为偏旁，让人一望可知它指代的是什么。

当代汉字中含"木"字旁的字有 1012 个。这些字中除了表示树种之外，还有很多是木制品的名称。由于中国古代的建筑主要是木结构建筑，木字家族中有大量是房屋部件名称。人们称可以用来建造、加工制作物品的木头为"材"。"材"也因此具有了能力、资质的寓意。

延展内容：展示不同树木图片，如梧桐、杨柳等，分别对应中国汉字，并将这些汉字的"木"以不同的颜色明显标示出来；展示不同的中国木制建筑，如桥、楼、棚、榭以及建筑部件，如榫卯、斗栱、梁柱等，将这些部件名称中的"木"以不同的颜色明显标示出来。

（3）水

文明的发展总是离不开水。"水"字的字形像是所有的水向同一个方向并行流动，所以，所有的与水有关的字，都采用由"水"字演变而来的"氵"。

在汉语中，根据水流的大小，"水"也发展出了丰富的家族。从涧到溪、潭、湖、河、江、海、洋……中国含"氵"的字有 1030 个，其中很多是河流的名称。在中国古代阴阳观念中，河流的北面为"阳"，南面为"阴"，所以中国很多地名都是由有"氵"河流的名称加上"阴"或"阳"组成。像洛阳、江阴、汤阴、汉阳等，就算有些河流已经改名了、甚至消失了，它们依然留下了很多痕迹。而另一些新城市，如"上海"字面意义就是"到海边去"，"深圳"就是"田野间通向泽、海的水道"。

图片：地图＋标记那些与水有关的地名

（4）火

"火"在字形上模拟了火焰熊熊燃烧时向上的气势。有了个偏旁与"火"有关，一个是直接由"火"字演化的"火"字旁，这样的汉字共有 401 个；另一个是"灬"，这样的汉字有 40 个。

由于火的使用，人类摆脱了茹毛饮血的原始饮食方式，可以说，正是从有意识地使用火开始，人类迈入了文明的时代。中国汉字中有大量与饮食制作相关的词汇都与"火"有关。根据对食材加工方式的不同，煎炒烹炸烙蒸煮炖炙烤焗焖……中国人精细的饮食文化也丰富了汉字中的"火"字家族。

其他一些与"火"相关的字与中国的农耕方式、祭祀方式等相关。但也不是所有含"火"或"灬"的字都与火有关。"熊"就是个例外。这个字古时候没有"灬"，可是，为了突出熊的四个利爪，它在原来的"能"字下逐渐发展出了"灬"，成为了"熊"。

延展内容：中国的烹饪手法，动画或视频展示。

（5）土

"土"字在甲骨文中的形象是地平线上高耸的泥墩，后来，字形慢慢发展简化，成为了"土"。含有"土"字旁的汉字有 460 个。

最古老的建筑物主要是用土来建造的。例如，水边的"堤"，拦水的"坝"，房子的"壁"，里面生火的"炕"，以及保护城市的"城墙"。虽然后来很多建筑都用了木石结构，可是字形上还是保留了过去土质建筑的痕迹。例如，"长城"虽然是用砖石建造的，可是"砖"是由土烧制而成，可以说这也是最大的土质建筑；此外，"天坛"虽然是木建筑,可是"坛"字还保留了这种建筑的原始形态:用土搭建的高台。也许是由于土质建筑容易损坏,"土"字里保留了一些负面意义的字:例如,土质建筑会"坍塌""垮"掉,而它们的倒塌就是"坏"。

(6)五行

古代中国人认为,世界是由五种基本元素构成的:金、木、水、火、土。随着文明发展越来越复杂,由这五个基本元素为偏旁,形成的字也就越来越多。

古人认为,金木水火土不仅是五种元素,也代表了五种不同的方位、五种不同的状态,它们以相生相克的方式构成世界万物,由此发展出了"五行"学说,对应自然季节、颜色、人的内脏、甚至命运等众多事物。所以,以这五个字为偏旁的字经常出现在人名中,人们希望通过名字弥补命运中的某些不足,获得吉祥。

激光投射展示:五行图

第五篇 汉字的发展:从历史走向未来

(1)汉字的发展

到目前为止,发现的最早汉字是刻在龟甲上的,被称为"甲骨文",甲骨文距今已经有 3000 年的历史。从公元前 14 世纪开始,大量铭文出现在那时的青铜器上,这种文字的字形明显是由甲骨文发展而来,字形保持了很高的相似性,被称为"金文"。据统计,目前发现的金文有 3722 个,其中 2420 个可以被识别。公元前 221 年,中国得到了统一,文字也随之被统一、简化,出现了小篆。紧接着,庞大的汉代帝国管理需要面对更多的文书处理工作,官吏们进一步将文字简化成隶书。隶书的形状与当代汉字几乎没有差别了。

从甲骨文到隶书,再到当代的简化字,汉字在不断简化。汉字的字数也在减少。一些汉字由于它所表示的事物逐渐淡出人们的生活而变得不再常用,有些汉字则被合并到了其他字中,逐渐消失。虽然如此,可是汉字却凭借自己出色的组词能力足以面对当代纷繁复杂的事物。

实物:甲骨残片、司母戊鼎等仿制品

(2)汉字的传播

由于中国文化在东亚地区的长期影响,汉字也影响到了东亚东南亚许多国家和地区。

7、8 世纪时,日本派遣了很多遣唐使来到中国,将中国文化传播到了日本。至今,日本的平假名中,除了少数几个之外,都是由汉字中的草书演化而来。19 世纪后半叶,日本明治维新后吸收了很多西方现代文化元素,很多中国赴日留学生归国后,将那些词组的平假名重新介绍给了中国。当代中国汉语就有不少词汇是来源于日语。汉字,在不同的时期都成为了文化传播的中介。

（3）其他民族的文字

中国共有56个民族。1956年,民族语言工作者对全国进行普查时,发现了60多种少数民族语言。20世纪80年代以来,又陆续发现了40多种鲜为人知的语言。到目前为止,包括汉族在内的27个民族共有40种文字。有些民族有语言没有文字,有些民族一个民族有多种文字,有些民族好几个民族共用一种文字,中华人民共和国成立后,政府以拉丁字母为基础,为壮、布依、苗、侗、哈尼、傈僳、佤、黎、纳西、白、土、瑶这12个民族和景颇族中说载佤语的人,新创制16种拼音文字。我国现有36家民族出版社用23种少数民族文字出版图书。就连人民币上,除了用汉字之外,还有蒙古族、藏族、维吾尔族、壮族四个少数民族的文字。

（4）其他民族的文字之：满文

1644年位于中国东北部的满族人开始统治中国,成为中国历史上的清朝。满族有自己的语言和文字。至今,在清朝皇帝居住的紫禁城里,所有宫室的名称都是用满、汉两种文字书写的。但是经过300年的融合,当代满族人主要使用的已经是汉字和汉语了。

（5）特殊的文字之：西夏文

一些民族曾经产生过自己的语言和文字,但是在历史的发展中逐渐在退出人们的日常生活,只是以学术价值存在。例如,公元1036年,在中国西部立国的西夏王朝用了三年时间仿照汉字发明了记录党项族语言的文字。西夏文字属表意体系,曾经在西夏国全境上下通行,直到1227年西夏亡于蒙古帝国后,西夏文字也随之逐渐湮灭。

（6）特殊的文字之：东巴文

居于中国西藏东部及云南省北部的少数民族纳西族曾经使用过一种特殊的文字：东巴文。东巴,是当地语言中智者的意思,由于这种字由东巴(智者)所掌握,故称东巴文。东巴文源于纳西族的宗教典籍兼百科全书的《东巴经》,是一种兼备表意和表音成分的图画象形文字。其文字形态十分原始,甚至比甲骨文的形态还要原始。当代纳西族人虽然已经不在生活中使用东巴文了,可是这种象形文字对研究汉字甲骨文也经常有特殊的辅助参考作用,而且,从这种文字发展出的书法艺术也十分灿烂。

（7）特殊的文字之：女书

如同日本的平假名原来是流行于日本贵族女子之间的书写体一样,中国湖南一些地区的女子之间也流行着一种特殊的书写文字：女书。这种文字主要被写在或绣在扇面、手帕等女性使用的物品上,尤其是常常作为婚嫁礼物,在女性小圈子里流传。这种文字还有一个特殊的地方：这是用专用的汉语方言音节表音的文字。

中国通行的汉字以象形、表意为主要特色,这种仅在小圈子里流传的表音文字,符号奇特,记录的语言奇特,标记语言和手段奇特,具有文字学、语言学、社会学、民俗学、人类学、历史学等多方面的学术价值。

(8)书法艺术

汉字把书写发展成了一种成熟的独立艺术:书法。汉字书法使用的是毛笔,主要在宣纸上书写。这种艺术要求按照文字特点及其含义,以其书体笔法、结构和章法书写,使之成为富有美感的艺术作品。被公认的中国第一个书法家是东汉的张芝,当代中国楷书定型于生活在公元151年到230年的钟繇,被公认中国历史上最伟大的书法家是东晋的王羲之。书法艺术在中国文化界的地位很高,历代都有大艺术家致力于书法艺术。汉字书法对日本、朝鲜等周边国家的影响也很深。

实物:书法名帖仿品展示、欣赏

互动游戏:文房四宝+书法书写

(9)汉字输入

计算机键盘对于汉字来说,曾经是一个难以翻越的障碍。1978—1983年,王永民用五年的时间,以多学科的研究成果运用、集成和创造,研究出了一套以汉字偏旁部首为字根的输入法,发明了25键4码高效汉字输入法和字词兼容技术,在世界上首次突破了汉字输入电脑每分钟100字的大关,为中文顺利进入信息化时代克服了技术难关。这套输入法以他的姓氏被冠名为"王码"。2004年,王永民开发完成了包含5项专利在内的数字系列汉字输入法,从根本上解决了中国人手机、电话机、税控机上的汉字输入问题,也为汉字走向世界铺平了道路。

互动游戏:古老字模仿制品,观众可随意组合,也可按照图例示意组合,拓在现场准备好的纸上,可以带走。

四、结　语

汉字并不是单纯的象形文字。否则,面对日益发达起来的华夏文化,它要么将无法表达越来越复杂、抽象的概念,要么将发展出过于复杂的图案而不利于流通,两者都将使汉字因不适应文明的发展而没落。但汉字却越过了这个发展障碍。这是因为中国古人将复杂的图案抽象成了简单的线条,汉字由是成为了高度抽象的"象形文字"。此外,汉字的组合方式具有高度的联想性,如同电影的蒙太奇手法,将复杂、抽象的概念、意识、活动、系统精确地表达了出来。正因如此,3500个常用汉字就能伴随着华夏文化发展至今,即使在当代纷繁复杂的社会中依然应对自如。更重要的是,汉字抽象笔画形成的偏旁部首,以及其独特的组合方法,记录着传统中国人的生活,也蕴含着中国人的世界观、自然观、人生观。

此次展览,就是试图通过形象地拆解汉字具有独特内涵的偏旁部首,选择有趣味、有代表性的汉字为例证,通过介绍这些汉字的字形特征或独特的组合思维,传递汉字所具有的图案抽象性与组合联想性这两个关键特征,进而传达汉字中蕴含着的中国传统文化精髓。我们认为,利用汉字这一可视、可感、可闻的物质元素,将中国人的宇宙观、人生观、价值观,将中国社会的历史、人文与传统,将中华民族的思维方式与认知特点,生动形象地传递给各个国家的人民,其实这本身就是在讲述中国故事,就是在践行讲好中国故事。

　　《汉字里的中国》分别于 2017 年 5 月和 12 月,在中国国家图书馆和中国文化部中外艺术交流中心进行过两轮试展,效果良好。2018 年 4 月 16 日至 30 日,该展览作为 2018 联合国中文日的最主要活动之一,在联合国日内瓦总部万国宫进行了域外第一次展出,反响热烈。

　　该展览将陆续在世界各地进行巡展。展览自推出以来,受到中央电视台、中国国际广播电台、《人民日报》、《中国日报》、人民网、中国网、腾讯新闻等多家媒体的关注和好评。

参考文献

[1]《汉字里的中国》策划案,许菁,高约娜。

[2]《汉字里的中国》文案,孟德宏,江逐浪。

浅谈韩汉翻译课应为韩国学生
构建的几个翻译意识

万玉波

【内容摘要】 韩汉翻译课一向是韩国学生认为学起来较为困难的一门课程,为了解决学生的学习问题,本文立足于韩汉两语的语言差异,从韩语句式结构特点、韩汉搭配差异、韩汉语体色彩差异、韩汉文化心理差异四大方面出发,阐述了七个翻译意识的构建。教师将这些翻译意识在授课之初就灌输给学生,让学生在头脑中首先构建翻译体系,然后再通过大量输入等方法扩充个人汉语语料库,将会让韩汉翻译学习更加有效。

【关键词】 韩汉翻译意识 韩语句式结构特点 韩汉搭配差异 韩汉语体色彩差异 韩汉文化心理差异

引　言

　　在外语学习过程中,听、说、读、写、译可以说是一个从易到难的学习过程。因此,学到最后一项翻译课时,学生们往往怨声载道,抱怨翻译课太难。笔者近几年一直教授韩国学生韩汉翻译课,从学生那里得到的反馈亦是如此。学生们反映在做翻译练习时,常常摸不着头脑,面对韩文无从下手。最简单常用的办法就是依靠词典把每个词一一对译出来,然后将其按照汉语基本的SVO的顺序罗列出来。可是这样生硬地组合出来的汉语句子又貌似不通顺,翻译完了,学生自己也无法判断译文的正误。当遇到韩语长句时,学生就如堕五里雾中,更是不知如何是好。

　　为了便于观察和描述学生的错误,我们先来看一组学生们在课堂习作中的误译情况。

　　例句1: 수영과 볼링을 즐기고 장미와 여름을 좋아하는 저는, 적극 적이고 활달한 성격에 주위 사람들로부터 부지런하다는 칭찬을 자주 듣습

니다.①

误译：享受游泳和打保龄球，喜欢玫瑰和夏天的我，性格很积极活泼，常听周围人说勤奋的夸奖。

译文1：我喜欢游泳和打保龄球，我喜欢玫瑰和夏天，我的性格积极而活泼，我常听到周围人夸我勤奋。

例句2：고향은 서울이며 한의원을 경영하시는 아버지와 온화하고 자상하신 어머니 사이에서 2남 4녀중 막내로 태어났습니다.②

误译：家乡是首尔，作为2男4女中的老小出生在经营韩医院的父亲和温和慈祥的母亲中间。

译文2：我的家乡是首尔，我的父亲经营着一家中医院，我的母亲温柔而慈祥，我家有2男4女兄弟姐妹6人，我是老小。

例句3：대학이라는 관문을 앞두는 오랜 망설임 끝에 아시아대학 관광과에 차석으로 진학했습니다.③

误译：在叫做大学的关门前，我犹豫了很久，最后以次席入学了亚洲大学观光系。

译文3：在考大学的重要关头，我考虑再三，最后以第二名的成绩考入了亚洲大学观光系。

观察上面一组韩国学生的习作错误，我们就会发现这些误译的句子其实是学生对着词典逐词翻译的，基本上是一种韩语原语面貌的展现，并非彻底的韩汉翻译。没有考虑汉语的完整性，没有考虑汉语的搭配原则，还把一些韩语汉字词直接当成了汉语。之所以会出现这样的错误，是因为学生在头脑里还没有建立起翻译意识，还没有汉语句式的构建与汉语的搭配意识。可以说这是很多韩国学生对韩汉翻译的一种误解，以为把词汇都对应成汉语词汇就完成了翻译任务，其实这不过是韩式的汉语。因此，翻译课堂在开始之初就应以提纲挈领的方式，首先帮助学生建立起几个重要的翻译意识，理清翻译的思路，从韩汉两语的本质差异出发，认识到什么是韩汉翻译，意识到韩汉两语的转换，并非单纯的词汇对译，而是两套话语体系的转换。为了易于开始，也为了便于学生理解，本文将以韩中两语的表达差异为基础，从韩语句式、搭配、词汇色彩、文化价值四个方向的特点谈七个翻译意识的构建。希望通过这样的探讨，能让学生们进入翻译课堂时消除疑虑与畏难情绪，理清思路，心中有数。

---

① 张敏，朴光海，[韩]金宣希.韩中翻译教程.北京大学出版社，2012：17.
② 张敏，朴光海，[韩]金宣希.韩中翻译教程.北京大学出版社，2012：17.
③ 张敏，朴光海，[韩]金宣希.韩中翻译教程.北京大学出版社，2012：17.

一、韩语句式结构特点关涉的翻译意识

韩汉两语从直观的视觉来看,韩语为 SOV 句式,汉语为 SVO 句式。但是如果我们这样简单地向学生传递韩汉两语的不同,其实我们并未真正展示出韩汉两语的差异,会误导学生,让学生误以为仅仅把韩语的 OV 转换成汉语的 VO 就可以了。实际上,在韩语向汉语转化的过程中,我们遇到的差异更多地来自于韩语句式结构的其他特点。第一,韩语主宾语省略现象较多。第二,韩语分总结构占多数。第三,韩语书面语长句中往往存在长定语与长状语。韩语这三个结构上的特点会使学生们做韩汉翻译时产生三个方面的错误:第一,中文译文句子不完整,主宾语缺失。第二,译文分总结构使用较多,造成漏译现象,或者语序错误。第三,长定语和长状语无法顺利转化,造成汉译句子结构混乱,或者语序混乱现象。因此,在句式转换方面要给学生建立如下三个韩汉翻译意识。

1. 构建完整性意识

韩语多强调谓语部分,在前文已经知晓的内容,在后文的陈述中可能省略掉主宾语。而学生们往往"望文生义",见到什么翻译什么。结果按照原文逐词翻译出来的汉语句子可能缺少主宾语,也就是找不到句子的施事与受事。因此,在翻译时应告知学生第一步先翻译主语,发现句子没有主语时,应通过上下文判定主语,没有主语时,予以添加。

此时,可以给学生建立一个反复自问的模式,即"谁做了什么事?"反复问"谁"这个问题,学生会慢慢构建起汉语的完整性意识。如果句中有更多的修饰内容,则是"谁什么时间在哪儿怎么做一件什么样的事"。这样也会帮助学生逐渐建立起汉语的构句原则,而是不是单纯地被原文牵着鼻子走,失去汉语的风貌。

如下面的例句,括号中为原文缺失的主语,在翻译时应予以添加。

例句 4:이명현:언니랑 같이 왔으면 좋았을 텐데 .[①]

译文 4:李明贤:(您)要是和姐姐一起来就好了。

例句 5:언니랑 병원 몰래 같이 많이 잤어거든요 .[②]

译文 5:(我)和姐姐经常瞒着医生住在一起。

我们可以看到例句 4、5 都是从"和姐姐"开始的,不添加主语就不知道是谁和姐姐。通读原文我们发现被省略的主语,既有"我",又有"您",而且在汉语中这种添加非常必要,否则句子不完整,还会产生理解上的歧义。

---

① 张敏,朴光海,[韩]金宣希.韩中翻译教程.北京大学出版社,2012:260.
② 张敏,朴光海,[韩]金宣希.韩中翻译教程.北京大学出版社,2012:261.

例句6：이러한 시기에 한중 양국의 학자들이 한국 새정부의 정치, 경제, 외교안보 정책에 대한 인식을 공유하고 토론하는 오을이 학술 회의는 양국 관계 발전을 위해 큰 의미를 갖는다고 생각합니다.①

译文6：在这样的历史时期韩中两国的学者们共同理解并讨论韩国新政府的政治外交安保政策，(我)认为今天的这次学术会议对于发展两国关系具有十分重要的意义。

在韩语句子中，最后的总结部分是谓语"认为"，但是整句从头到尾并没有阐明是"谁"认为。如果我们不进行主语的添加，直译出来的汉语句子就会因缺失主语而不完整，需要依据上下文补充了主语才是完整的汉语句子。

例句7：동안 얼굴의 조건은 하얗고 탄력 있으며 아기 같이 매끄럽고 윤이 나며 적당히 통통해야 한다는 것이다.②

译文7：童颜的条件是(皮肤)白且有弹性，像婴儿一样又滑又有光泽，还比较圆润。

例句8：덕수궁을 둘러싸고 있는 아름답던 돌담길도 기억에 남는다.③

译文8：环绕着德寿宫的美丽石墙边上的路也(给我)留下了深刻的印象。

例句7中"皮肤"一词在原文中并没有体现，但是如不添加，中文表意不清晰。例句8中，只有留下印象，并没阐明谁留下印象，因此，添加了"给我"才能清晰地阐述这一点。

综上，在讲述翻译课初期应以提纲挈领的方式告知学生汉语的完整性很重要，这一完整性首先从施事和受事开始，也可以概括为找"责任人"，否则句式不完整。这样学生就会逐渐形成汉语表达的完整性意识。

2. 定状语切分意识

如前所述，学生们面对长句时往往比较困惑。在各种长句类型中，如果是因为连接语尾较多，导致句子较长的，一般没有太大问题。例如：

例句9：광고가 있으므로 해서 소비 심리를 자극하게 되고 소비가 확대되면 시장이 커지고 경제 성장을 가져 오며 이는 고용을 촉진시키는 결과를 낳는다.④

译文9：广告的存在刺激了消费心理，消费扩大，那么市场就会变大，带来经济

---

① 张敏，朴光海，[韩]金宣希.韩中翻译教程.北京大学出版社，2012：62.
② 万玉波，[韩]刘素瑛主编，邢娜，李鸿鹄，[韩]安瑾玲著.留学韩国语第三册下.北京大学出版社，2018：34.
③ 万玉波，[韩]刘素瑛主编，邢娜，李鸿鹄，[韩]安瑾玲著.留学韩国语第三册下.北京大学出版社，2018：73.
④ 张敏，朴光海，[韩]金宣希.韩中翻译教程.北京大学出版社，2012：137.

发展,这会产生促进就业的结果。

上述的句子虽然有一定的长度,但是连接语尾表意清晰,学生们自然而然就可以断句,基本上没有句式构建上的苦恼。但是,当韩语原文是由于出现了长状语或者长定语而使句子过长时,则会让学生感到难度倍增。也就是说,不是简单的"在哪儿""怎么""什么样"等由简单的词语构成的状语或者定语,而是出现了由短语、短句,乃至长句构成的定状语,这是韩国学生最难掌握的韩汉转换形式之一。如果不在授课初期就反复为学生建立长状语长定语的切分意识,学生容易按照韩语原语顺序逐词处理,结果句子内容杂糅在一起,造成译文混乱。在课堂实践中,我们发现有的学生明明在本子上翻译出了一段长长的汉语,但是不敢给老师看,因为他自己读了一遍,自己都觉得说不通。我们可以将学生此时的状况形容为"身在此山中,云深不知处"。

遇到此类句式,我们首先要给学生建立起定状语切分意识。不要让学生盲目地从第一个词开始翻译,而是要通观全句,找到长状语与长定语,对其进行切分。其实,一般长状语之所以长,是因为状语内部还含有定语部分。第一次切分的点在定语标记处,即韩语表现为"ㄴ,은,는,ㄹ,을,던"的位置。第二次切分的点在标记状语处,即韩语表现为"?(으)로,이,히,게"的位置。这样将句子化长为短以后,句子之间的关系就会清晰起来,便于学生进行整体的加工与排列。例如:

例句10: 성숙하고 자각된 시민사회를 건설하기 위한 노력의 일환으로 이번 학술 심포지엄은 한국사회의 시민성의 현주소를 지리매김하고 그 발전 방안을 모색하려고 합니다.①

译文10—1:作为为了建设成熟而自觉的市民社会而努力的一环,本次学术会议将定位韩国社会市民性现在的发展阶段,并探讨其发展方案。

译文10—2:我们要为了建设成熟而自觉的市民社会而努力,作为为此而努力的一环,本次学生会议将定位韩国社会市民性现在的发展阶段,并探讨其发展方案。

例句10中我们看到句子开头由一个长状语构成,学生在处理的时候,发现状语内部还有由句子构成的定语,因此,如果不进行切分,翻译时则会处理成译文10—1的情况,介词引导的状语部分内部还有一个定语句子。就像是俄罗斯的特色玩偶套娃,我们无法一眼看到句子内部的情况。为此,从定语位置切分开,再使用复指法,变成译文10—2的结构,句子就会清晰很多。

---

① 张敏,朴光海,[韩]金宣希.韩中翻译教程.北京大学出版社,2012:21.

例句11：이번에 본인이 중국을 방문하여 여러분과 뜻깊은 자리를 함께 하게 된 것도 바로 '한·중 국민교류의 해'를 더욱 빛나게 하기 위해서 라는 사실을 아울러 밝히고자 합니다.

译文11：同时(我)要说明的是,本人此次访问中国,与各位共聚一堂,实际上就是要为"韩中友好交流年"增光添彩。

例句11句子的特点是,句子分为两层,第一层句子没有主语,直接表述为"要说明一个事实"。第二层句子主语和宾语前都有定语,那么翻译前的首要任务是找句子的切分标记。即见到定语的"ㄴ,은,는,ㄹ,을,던"标记时,将第二层句子主宾语前的定语划分成小句,这样再通观全句,句子就被切分成了两层内容。第一层句子：我要说明一点。第二层句子,主宾前各单独列的两个句子分别是："本人访问中国,与各位共聚一堂","为韩中国民交流年增光添彩",然后我们再把这两层内容组合排列到一起,就变成了译文11。因此,当句中出现较长的定状语时,学生要马上有一个警惕意识,要避免汉语译文出现"套娃现象"。要通过切分,将句子内部的内容——列出,正如把套娃内部的小娃娃——取出,排成一排,让人第一眼看清事实。

3.语序调整意识

韩语的基础语序是SOV,再加之主宾语前的定语,在顺序转化时无法按照韩语顺序依次进行。因此,要为学生建立起韩汉两语内容排列先后不一致的意识。尤其是当句子较长,或者有多重定语,或者定语内部依然包含小句子时,则需要重新调整语序,此时的顺序排列有几个参考标准。第一,时间顺序。当定状语内部是短句时,需要按照时间先后完成。韩语中往往先发生的事情,出现在句子的后部,因此,此时需要从后往前译。第二,修饰顺序。当定状语内部是多重定语时,需要参考属性关系、领属关系、形容词修饰语、短语修饰语几个指标。第三,先中间后两边。当定状语内部包含句子时,一般先解决内部句子。再翻译内部,然后再翻译两端。这正如前文所述的套娃拆分法。也就是说,汉语需要能让人一目了然的排列成一队的娃娃,而非大套小,套在一起的一堆娃娃。

例句12：오랜 교수 경험을 가지고 있는 훌륭한 우리의 국어선생님도 이번 세미나에 참가하셔다.①

译文12-1：具有多年教学经验的优秀的我们的国语老师也参加了这次学术讨论会。

译文12-2：我们的一位优秀的有多年教学经验的国语老师也参加了这次学术讨论会。

---

① 张敏,朴光海,[韩]金宣希.韩中翻译教程.北京大学出版社,2012:151.

从上文中可以看出12—1译文是韩语的排列顺序,译文12—2才是汉语的排列顺序。因此,要为学生建立顺序差异意识。

例句13:소비자는 광고를 통해 약속한 것을 어기는 기업과 제품을 불신하게 되고 그 기업의 제품을 재구매하지 않기 때문에 기업은 광고의 약속을 지키려 노력하게 된다.①

误译:消费者通过广告不相信违反约定的企业和产品,进而不再购买那家企业的产品,所以企业努力信守广告承诺。

译文13—1:消费者不相信违反了通过广告做出的承诺的企业和产品,进而不再购买那家企业的产品,所以企业努力信守广告承诺。

译文13—2:企业和产品通过广告(向消费者)做出承诺,如果企业违反了这个承诺,消费者就会不相信这样的企业和产品,进而不会再购买他们的产品,所以企业努力信守广告承诺。

误译句子按照韩语原语的先后顺序进行,出现了状语位置的错误,传达的意思是"消费者看广告能看到哪家企业违约",而实际的含义是译文13—1所表述的,可是13—1译文的表达还是一种套娃现象,看似一个句子,其实句内有句。所以,如果做译文13—2这样的拆分,则每句表意都非常清晰。这样的方法尤其适用于韩国留学生的汉语表达,单句结构简单,易于把握。

4.分总与总分意识

在教授汉语时我们常常为学生详细讲述句法,讲述汉语的修饰关系。但是,讲过之后我们仍然会发现,学生生成的汉语句子可能符合句法,但是却不符合汉语表达习惯。如韩语常用分总句式说话,习惯于先进行描述,后给出结论的话语模式。而汉语的表达习惯则是常常先给出总结或者观点,然后对此进行分述。因此,韩汉翻译课还要帮助学生建立起汉语的总分意识。

例句11:이번에 본인이 중국을 방문하여 여러분과 뜻깊은 자리를 함께 하게 된 것도 바로 '한`중 국민교류의 해'를 더욱 빛나게 하기 위해서라는 사실을 아울러 밝히고자 합니다.

译文11:同时(我)要说明的是,本人此次访问中国,与各位共聚一堂,实际上就是要为"韩中友好交流年"增光添彩。

此处,在例句11中的句尾给出了"要说明"这个总结,而汉语在表达同样内容时会把"要说明"排在句首,先总结再分述。因此,学生要逐渐养成翻译时通读全文,看到最后,找到总结,再进行分别叙述的分总意识。

---

① 张敏,朴光海,[韩]金宣希.韩中翻译教程.北京大学出版社,2012:137.

二、韩汉搭配差异关涉的翻译意识

在韩语中可以使用的搭配，有时在汉语中不可以使用。这包括了多种动宾搭配，同样的动词，如在韩汉两语中语用不同，按照同一搭配方式进行翻译，就会出现误译。搭配还包括了介词短语与动词的搭配。在韩语中用的与汉语不一致。但是学生直接使用原搭配，从而导致了误译。例如：

例句14：과거와 현재가 공존하며 하루가 다르게 변하는 서울을 여행하는 일은 매일이 새롭다.①

译文14：过去与现在并存，每一天都在改变，在首尔旅行，每一天都是新的。

在例句14中出现了"旅行首尔"的动宾搭配，但是在汉语中这个搭配关系有误，需要调整为"在首尔旅行"，或者"去首尔旅行"。又如：

例句15：A 씨는 고려대를 졸업한 사업가로 알려졌다.②

译文15：毕业于高丽大学的 A 氏作为企业家而广为人知。

在例句15中，直接把毕业添加了学校名称，即"毕业高丽大学"，毕业一词搭配用法用汉语不同，因此，把"毕业高丽大学"改为"毕业于高丽大学的"。

例句16：이러한 시기에 한중 양국의 학자들이 한국 새정부의 정치，경제，외교．안보 정책에 대한 인식을 공유하고 토론하는 오늘 이 학술회의는 양국 관계 발전을 위해 큰 의미를 갖다고 생각합니다③

误译：在这样的历史时期，韩中两国的学者们共同探讨韩国新一届政府的政治、经济外交安保政策，我认为今天的这次学术会议将为韩中两国关系发展具有重大意义。

译文16-1：在这样的历史时期，韩中两国的学者们共同探讨韩国新一届政府的政治、经济外交安保政策，我认为今天的这次学术会议将对韩中两国关系发展具有重大意义。

译文16-2：在这样的历史时期，韩中两国的学者们共同探讨韩国新一届政府的政治、经济外交安保政策，我认为今天的这次学术会议将为韩中两国关系发展作出巨大贡献。

在例句16中，韩语使用了"为～具有意义"的搭配，但是在汉语中这一搭配不恰当，可使用"对～具有意义"，或者"为～做贡献"的搭配。

---

① Search.naver.com.
② http://news.kmib.co.kr/article/view.asp?arcid=0923948931&code=11131100&cp=nv.
③ 张敏，朴光海，[韩]金宣希.韩中翻译教程.北京大学出版社，2012：46.

从上述的几个例句中,我们可以看到动宾搭配和介宾搭配在韩汉两语中都有差异。所以,学生要有"搭配不同"的意识,要提升这一方面的翻译能力,并非靠多翻译篇章,而是需要在日常学习中,增加汉语篇章的阅读量,记忆反复出现的典型搭配,在大脑中建立汉语正确搭配的语料库,这个语料库的库存越多,翻译的能力越强。教师一方面要在翻译课堂上强调韩汉两语搭配不同,另一方面要尽可能多地为学生总结韩汉两语中常用的不同搭配,强化学生认知和搭配语料库。

三、韩汉词语色彩差异关涉的翻译意识

有时韩语句子并不复杂,学生对原语的理解也没有偏差。但是,翻译汉字词时受到母语负迁移的影响,韩国学生容易简单地将汉字词直接拿来使用,以为这就是汉语。然而,部分韩语词汇因语体色彩与汉语不同而无法直接作为汉语使用。因此,要给学生建立起一个语体色彩翻译意识,韩汉两语中的很多词汇,它们的关系是相近,但并不相同。

例句17:공중 화장실,전봇대,심지어는 거리의 보도블럭에 붙여 놓은 업소들의 고객 유인용 글귀.①

误译:在公共厕所里、电线杆上,甚至是人行道上都贴着营业场所诱引顾客的小广告。

译文17:在公共厕所里、电线杆上,甚至是人行道上都贴着营业场所吸引顾客的小广告。

例句17中直接把韩语的汉字词"诱引"拿来使用,然而这个词进入到汉语以后,虽有吸引的意思,同时也指向了贬义,并给人从事某种违反法律的行为的感觉。因此,并不是所有的汉字词都可以直接用作汉语,需要让学生明确韩语汉字词不完全等同于汉语。

四、韩汉文化心理差异关涉的翻译意识

说到中韩两国的关系,我们常说两国一衣带水,文化共融共通。我们都受到了儒家文化的深远影响,我们同属汉字圈。但是,即便是有很多相同之处,在大同中仍有小异,而这个小异恰恰是翻译中的绊脚石。要为学生建立文化差异意识,翻译需要了解文化差异,进而在翻译中做到文化等值。

---

① 张敏,朴光海,[韩]金宣希.韩中翻译教程.北京大学出版社,2012:137.

例句 18：저는 대학교 교수입니다 .①

误译：我是大学教授。

译文 18：我是大学老师。

这是韩国的大学老师们见面互相认识的时候常用的一句自我介绍。在韩语中使用了"教授"一词，该词在韩语中可以代表职业，说起来很正常。但是在汉语中"教授"代表职称。因此，在寒暄中谈自己的职业理所当然，但是一上来就谈职称，在中国的文化心理上有些不能接受，有自我标榜的嫌疑。因此，中国的大学老师会说"我是大学老师"，即便是教授，也不会在第一句就抛出"教授"这个词。

例句 19：오늘 저는 대한민국의 제 16 대 대통령에 취임하기 위해 이 자리에 섰습니다 .②

误译：今天我为了就任大韩民国第 16 届总统而站在了这里。

译文 19：今天我站在这里（宣誓）就任大韩民国第 16 届总统。

例句 20：국민 여러분의 위대한 선택으로 , 저는 대한민국의 새 정부를 운영할 영광스러운 책임을 맡게 되었습니다 .③

误译：正是国民们的伟大选择使我担当起管理大韩民国政府的光荣职责。

译文 20：正是国民们的大力支持使我担当起管理大韩民国政府的光荣职责。

译文 19、20 来自于 2003 年 2 月韩国第 16 届总统卢武铉的就职演说。例句 19 如果按照韩语词汇直接对应翻译，这个汉语句子给中国人的感觉就是总统站在这里的目的就是为了当总统，功利性被强化。例句 20 直译为"国民们的伟大选择"时，虽然是总统在夸赞国民，选择自己是伟大的，但是有变相夸赞自己的感觉。在汉语的文化意识里，这种表达容易造成误解，而在韩语中则不存在这样的误解。因此，要进行等值的文化传达，就要把例句 19 中的"为了"去掉，把例句 20 中的"伟大选择"改为"大力支持"。这样才能符合中国的文化价值观。

结　论

综上分析，本文认为翻译课堂上首先从韩汉两语的差异出发，帮助学生建立起韩汉转化时的几个重要的翻译意识是深入学习韩汉翻译的基础和前提。这种意识能够帮助学生梳理什么是韩汉翻译，我们要生成什么样的汉语才是真正的完成。

---

① http://endic.naver.com/search.nhn? sLn＝en&searchOption＝all&query＝%EC%A0%80%EB%8A%94＋~~%EB%8C%80ED%95%99%EA%B5%90＋%EA%B5%90%EC%88%98%EC%9E%85%EB%8B%88%EB%8B%A4
② 张敏,朴光海,［韩］金宣希.韩中翻译教程.北京大学出版社,2012:62.
③ 张敏,朴光海,［韩］金宣希.韩中翻译教程.北京大学出版社,2012:62.

翻译不是查词典,翻译需要句子框架以及内部搭配、语体色彩、文化心理的全部转化。当学生预先具有了这样的基础认知以后,再去面对翻译,就会有翻译的原则。当然,本文所述的每一个意识构建过程中的规则和方法还需要进一步研究,做更为深入的分析,建立起更多的恰当的对应关系,完善学生们大脑中的中文语料库,最终形成完善的汉语表达体系。

本文从韩语的四大特点出发,总结了韩汉翻译中七个方面翻译意识的构建。本文阐述较为粗略,希望能就韩汉翻译教学先提出一些核心问题,然后再逐项研究。其实,每一个部分的内容都很繁杂,仅就搭配差异研究一项而言,笔者曾在2017年做了一个语言点的尝试性的研究,是针对韩语"?에 대한 N""?에 대해 서 V"结构的汉译方式 分析①。目前,再研究尚不成熟,结论还有待考量。与此类似的"?를 위해""?를 위한"结构也值得深入探讨。因此,希望更多的韩汉翻译教学工作者能够关注研究这一领域,完成更多典型对译,生成更多的对译语料库。这样,韩汉翻译的教学从为学生建立翻译意识开始,到逐渐帮助学生建立起清晰的二语对应关系,必将让学生有所收获。

参考文献

[1]张敏,朴光海,[韩]金宣希.韩中翻译教程.北京大学出版社,2012.

[2]万玉波,[韩]刘素瑛主编,邢娜,李鸿鹄,[韩]安瑾玲著.留学韩国语第三册下.北京大学出版社,2018.

[3]万玉波.韩语"?에 대한 N""- 에 대해 (서)V"结构汉译分析.人文丛刊第十一辑.学苑出版社,2017.

[4]http://news. kmib. co. kr/article/view. asp? arcid=0923948931&code=11131100&cp=nv.

[5] http://endic. naver. com/search. nhn? sLn = en&searchOption = all&query=％EC％A0％80％EB％8A％94+～～％EB％8C％80％ED％95％99％EA％B5％90+％EA％B5％90％EC％88％98％EC％9E％85％EB％8B％88％EB％8B％A4.

---

① 万玉波.韩语"?에 대한 N""- 에 대해 (서)V"结构汉译分析.人文丛刊第十一辑.学苑出版社,2017:210—221.

中高级留学生词汇教学中隐转喻理解能力培养

王 波

【内容摘要】 词汇教学是语言教学的基础,汉语学习者对词语理解和运用能力直接关系到学生的语言水平。汉语教学的中高阶段,学生的词汇量难以迅速扩大并巩固,猜词能力亟待提高。隐喻和转喻能力作为一种与词汇习得密切相关的语言能力,不论在词汇的理解扩充还是运用创新方面都发挥着很大的作用,应该得到更多的重视。培养中高级留学生汉语隐喻和转喻思维和能力是极为有益的探索。

【关键词】 词汇教学　隐喻　转喻　隐喻理解

一、引　言

　　隐喻和转喻是传统修辞学中的两个词格,认知语言学将其视为人类认知的思维方式。Lakoff & Johnson(1980)认为隐喻是人类"须臾难离的认知方式和概念工具",人们必须借助隐喻来概念化内心情感和外部世界,隐喻是人类思维的重要手段,也是认知的基础。隐喻能力的概念是 20 世纪 70 年代末提出的,指的是判断理解和运用隐喻的能力。Danesi(1992)认为隐喻能力是母语言语产出的重要特征,是构成本族语者概念流利(conceptual fluency)的基本要素之一。二语学习者只有掌握了目的语如何在隐喻性推理的基础上反映概念,或对概念进行编码的知识,才能达到与本族语者一样的流利水平。和隐喻一样,转喻也是一种人类的思维方式,它是用比较容易感知和记忆的部分代替整体,或者与该事物有密切联系的其他事物。隐喻和转喻都是基于人们的基本经验,其实质是概念性的,无意识的认识过程,在功能上有很多相似之处,认知隐喻理论甚至把转喻当作隐喻的一种,但二者也存在一些差别。如:

(1)北京是一个<u>大熔炉</u>。①

(2)我像<u>小鸟</u>一样轻松快乐。

从结构上看,隐喻是由本体、喻体和喻底三部分组成。例(1)中,北京是本体,大熔炉是喻体,喻底没有出现。例(2)中,我是本体,小鸟是喻体,轻松快乐是喻底。隐喻的本质是通过某一事物来理解另一事物。本体和喻体属于不同的领域,但必须具有相似性,这是构成隐喻的基础。

在转喻中,本体从不出现,喻体就是喻底,本体和喻体隐含在其中。如:

(3)若是他也这么办,便尽时间在烟里爬过去,各人抓着一个<u>新伴儿</u>,大可以盘桓一会儿的。

(4)说说你成长过程中的<u>里程碑</u>。

(5)我们所知道的只是一些<u>皮毛</u>。

例(3)中"新伴儿"是转喻,替代"烟",例(4)中的里程碑是值得纪念的事,例(5)中的皮毛指的是表面知识。在转喻中"本体"和喻体之间是一种替代关系,所以在修辞学中也被称为"借代"。要理解转喻不能只看单独的句子,需要在上下文和前后语境中才能找到本体,并且,转喻的理解有时还与学习者的认知图式相关,如果在其母语中不存在将两个认知域关联起来的基础,就会形成理解障碍。由于隐喻和转喻这两种认知方式并不相互对立,而是具有互动性,所以在下文中不特别加以区分。

二、汉语词汇教学中的隐转喻

(一)二语教学中的隐转喻

二语教学中隐转喻能力的研究尚处于起步阶段。王寅(2004)较早提出在外语教学中培养学生隐喻能力。蔡龙权(2003,2005)提出要把隐喻表达作为一项外语交际能力。李克(2013)、陈朗(2010,2016)探讨了隐喻能力的界定和判断标准。陈朗(2017)基于英语演讲语料库,反思了中国中高级英语学习者书面语产出能力受限的原因,认为二语学习者跨域映射、意象关联、创造类比等认知能力以及社会文化知识的掌握程度等都有赖于隐喻能力的提高。相对而言,关于转喻能力的研究更少。关于隐喻能力和转喻能力的培养,文旭(2007)、程明(2013)等学者也有相关论述,强调隐喻和转喻能力在词汇学习、阅读教学方面的重要意义和实用价值。潘艳艳、孙凤兰(2017)对隐喻和转喻在英语教学中的实践做了有意义的尝试。然而到目前为止,汉语二语教学中的隐喻和转喻能力培养的研究尚不多见。

---

① 本文例句均出自北京大学出版社《博雅汉语》系列教材。

对于汉语学习者来说,无论在课内还是课外都会接触到大量隐转喻,尤其在中高级阶段,教材课文由初中级的日常生活叙事性文章转变为以文艺作品为主,文本语料中出现大量隐喻语言并成为语言的主要思维形式,很多情况下会成为汉语习得者难以逾越的障碍。以《博雅汉语》中级教材为例,据粗略统计,仅狭义隐喻表达在课文和练习中就出现118处,高级教材更达到239处(赵云霞,2014)。由于教材中存在大量隐转喻,如果汉语学习者不具备跨域类比的文化知识背景,即便有较大的词汇量,有时仍很难理解看似简单的惯用语或句子,更难以产出包含隐转喻的表达式。例如,《博雅汉语中级冲刺2》第四课《阳光与月色》中一个语法点"A 被称做B",示例之一为:小王有主见,头脑灵活,被称做"点子大王"。课后的练习要求用"被称做"完成句子:

(6)A:王海篮球打得怎么样?

B:他可是我们篮球队的主力队员,_____。

(7)A:听说李大伟是你们报社最棒的记者,是吗?

B:_____。

从学生完成的情况看,这个练习正确率很低。教材编写者的设计旨在使用新语法点"被称做",但是学生的难点并不是被动句式本身的使用,而是找不到合适的投射域,无法在本体和喻体间建立概念联系。只有当教师进一步引导:"你觉得最有名的篮球运动员是谁""我们认为出色的人好像星星一样引人注意"之后,学生才会说出诸如"小乔丹""小姚明""篮球之星""报社之星"这样的句子。留学生由于不具备相关的文化背景知识,因此造成了输出障碍。由此看来,中高级阶段的习得难点并不完全是语言形式,而是语义。如果学生具备较强的词汇意义隐转喻的拓展能力,就具备更大的语言理解和产出潜能,词汇系统和交际能力就会发展得更好;相反隐转喻能力的缺失,则意味着汉语词汇的多义性及中国文化尚未充分习得。

(二)词汇教学与隐转喻能力

词汇教学是汉语教学的基础,词语意义的掌握和运用直接影响到学生的各项技能,也是学生花时间最多的学习内容。理想状态下,掌握一个词的意义包括掌握它的基本意义、句法功能和搭配关系、文化内涵及附着的感情色彩,然而这对留学生来说并不容易。汉语词汇内涵丰富,大部分词语有两个或多个义项,这些义项之间并非孤立存在,而是相互关联,有相通之处。目前,常用的词汇教学法有例句法、近义词辨析法、搭配法、扩展法等,这些传统词汇教学法都在一定程度上对生词记忆起到了积极作用,但都未深入到词汇内部,没有关注到词语认知理据的层面,因此留学生对隐转喻及其相关词汇的理解和运用也极为有限,无法建立不同事物特征联系的方式或网络,只是死记硬背。经常听到中高级留学生抱怨每课生词太多,既抽象琐碎又不常用,因此产生了厌烦甚至抗拒的心理。而隐转喻可以通过相对具体、清晰的概念去理解那些相对抽象的概念,能够让新概念与已有的知识勾连起来,不仅能够加速词义理解,还能加深记忆,有助于提高词汇的习得效率。以隐喻性运动为例,请看《博雅汉语》教材中的句子:

(8)一个念头在她的脑海里闪了一下。

(9)我常因一些莫名的东西而彷徨踟蹰。

(10)当时他大概忍住了涌到嘴边的批评,没有吱声。

(11)那片淡而光润的绿色都在轻轻的颤动,仿佛要流入空中与心中去似的。

(12)那里,我虽然只住过十天,可是它的幽静已拴住了我的心灵。

(13)进入少年时代的尾声,音乐是托付和发泄所有的青春热情,寄予内心狂热崇拜和爱恋的对象。

例(8)—例(13)都是建立在"空间运动"上的隐喻映射。以空间运动建构的目标域大多是概念化为运动着的实体或场所,以上5个例句可以细分为3个类型,(8)—(10)为思想状态;(11)—(12)是感情状态;(13)是时间。这三种类型也是隐喻运动出现比较多的目标域。在教授这类词语时教师不能孤立地讲解生词,而要引导学生结合隐喻的认知方式进行推理,挖掘词义的隐喻。由于人类具有大致相同的情感和身体体验,所以人类语言对各种抽象领域的概念化是相似的。这样的教学的确会花费一些时间,但是可以加深学生对词义的理解,从原本互不相关的事物、概念和语言表达中发现相似点,建立想象极其丰富的联系。因而是有效的词汇深加工方式,能够对词汇教学起到积极的促进作用。

三、隐转喻能力的培养途径

(一)多义词教学

语言中存在大量的多义词,认知语言学认为隐转喻思维在词义的演变过程中起着重要作用,语言的多义性大多是隐喻化的结果,即隐喻利用或构建事物间的相似性,将源域的特征映射到目标域,使词汇在原有意义的基础上衍生出新义;转喻利用相邻性为新意义的形成提供认知参照,与隐喻一起使词汇意义更加丰富,形成多义。教授多义词时,要使学生熟悉词汇的核心意义并了解词汇的其他意义如何由核心义隐喻性地扩展产生。具体说来,在多义词教学中,教师在学生明确词汇核心意义的基础上可提供给学生不同的语境,启发学生结合语境通过认知隐喻、转喻对词汇的核心意义进行大胆衍生和创造,推断出具体语境中词汇的不同含义,并尝试性地解析词汇间的内部理据,建构各义项之间的联系。比如《博雅汉语中级冲刺2》第三课《闲说北京人》谈到老北京的饮食,内容紧紧围绕"吃"的方方面面。教师可以给出"吃"在词典中的常见义项和例词:

(1)把食物放在嘴里经过咀嚼然后咽下去：吃饭、吃药

(2)在某一出售食物的地方吃；按某种标准吃：吃食堂、吃馆子

(3)依靠某种事物来生活：靠山吃山，靠水吃水

(4)承受：吃得消

(5)受、挨：吃惊、吃亏

然后将一系列与"吃"相关的常用词如"吃小灶、吃老本、吃螃蟹、吃海鲜、吃豆腐、吃软饭、吃后悔药、吃苦、吃醋、吃糖、吃香、吃素、吃货……"等制成表格，请学生分组讨论，哪些词用的是本义，哪些词用的是隐喻义。然后再思考他们母语有哪些词语和"吃"有关，是怎样建立联想通道的。这样的活动既活跃了气氛，又让学生感到兴奋，因为他们觉得这样的表达方式非常生动有趣，非常愿意学习。

在多义词的教学中，基本范畴词是非常重要的内容。基本范畴词是语言中使用频率最高，也是留学生最早接触到的一些基础词汇，也是与人类关系最为密切的初始概念。在教这些词时，教师最好在头脑中有一个常用词表，一旦遇到相关词语，可以进行细致讲解，引导学生了解最根本的日常隐喻，让他们有意识地依靠这些基础隐喻将未知词汇与已知词汇联系起来。因此教师有时需要稍稍改进原有的生词讲练模式，以隐喻为切入点扩展词汇量，加深记忆，这是词汇教学的根本所在。

(二)熟语教学

熟语包括成语、惯用语和歇后语，它具有形象鲜明的表义功能。由于熟语具有语义的整体性和结构的稳固性，留学生有时会感到意义难以理解，使用过程中也常会出现偏差，熟语教学因此成为汉语教学的难点。

教师可以充分利用隐喻来搭建不同认知域之间的桥梁，使学习者能够快速理解熟语的含义，同时意识到不同的文化环境中或者不同语境中，熟语的隐转喻机制也不一样。注意到这种差异，学生就会更主动地去识别、理解、记忆，同时也会对母语负迁移抱持谨慎的态度。教师要鼓励学生大胆猜测，主动构建不同认知域之间的新联系，培养学生活学活用的能力。我们以"温度"的概念为例，它可以与"情感"的概念建立联系，不同的温度代表着人类不同的情感体验。例如：

冷眼旁观：指不参与其事，站在一旁看。

温文尔雅：形容人态度温和，举止文雅。

热火朝天：形容场面、情绪或气氛热烈。

水深火热：形容生活非常痛苦。

热锅上的蚂蚁：形容心里烦躁、焦急，坐立不安的样子。

从以上例子可以看出，低温常用来形容人类负面的、低落的情感体验；适中的温度常用来形容平和的态度和情感；高温常用来形容较为激烈或者胶着的感情。

再如有关动物的惯用语：

癞蛤蟆想吃天鹅肉。(特征代范畴)

路遥知马力,日久见人心。(部分代整体)

挂羊头卖狗肉。(具体代类属)

在进行熟语教学时,教师应指出遵循常用性原则,选择适宜学生接受的内容,同时也要结合中国文化,必要时引入典故,追根溯源,这样学生才能找到源头。

四、小　结

受学生语言水平的制约,汉语词汇的隐转喻能力的培养具有阶段性:在初级阶段,学习者并不具备足够语言条件。目前国内外汉语教学的现状决定了中低水平的学习者占绝对优势,教授中高水平的汉语教师数量也较少,而且几乎没有可资借鉴的研究成果和教学资料,这就对教师的教学能力和知识的储备提出了极大的挑战。教师既要对词汇的隐转喻机制充分了解,也要对词语的演变有足够的把握,同时还要具备一定的话语分析能力,这样才能引导学生形成隐转喻思维,提高认知能力。此外,隐转喻能力的培养是个长期目标,需要一个积累的过程。

隐转喻的作用不仅限于词汇教学,在语法、篇章的理解和产出上也有非常重要的地位。随着汉语教学的发展,隐转喻能力的培养必将越来越受重视。二语教学的目标不应仅仅停留在语音、词汇及语法等外部表征知识,还要带领学生深入到语言认知机制,培养类似于母语者的思维模式,只有这样才能从根本上提高汉语学习者的语言能力。

参考文献

[1]束定芳.论隐喻的理解过程及其特点[J].外语教学与研究,2000(4).

[2]严世清.隐喻能力与外语教学[J].山东外语教学,2001(2).

[3]王寅,李弘.语言能力、交际能力、隐喻能力"三合一"教学观——当代隐喻认知理论在外语教学中的应用[J].四川外语学院学报,2004(4).

[4]蔡晖,转喻思维产生动因的多元思考[J].国外社会科学,2006(6).

[5]李克,李淑康.基于《高级英语》的英语专业学生转喻思维的实证研究[J].北京第二外国语学院学报,2008(8).

[6]文旭,叶狂.概念隐喻与外语教学[J].重庆工学院学报,2007(1).

[7]张辉,卢卫中.认知转喻[M].上海:上海外语教育出版社,2010.

[8]陈朗.二语教学中的隐喻能力培养[J].外语学刊,2010(5).

[9]朱永生,严世清.系统功能语言学再思考[M].上海:复旦大学出版社,2011.

[10]袁凤识等.再论隐喻能力的定义[J].外语教学,2012(5).

[11]李克.转喻能力的构建及应用性研究——以英语阅读教学为例[J].外语电化教学,2013(7).

[12]程明.认知视角下大学英语教学中隐喻能力的培养[D].哈尔滨师范大学,2013.

[13]徐知媛,王小潞.中国英语学习者隐喻理解策略及理解模型建构[J].外语教学与研究,2014(1).

[14]赵云霞.《博雅汉语》比喻修辞分析与教学建议[D].广西民族大学硕士学位论文,2014.

[15]陈朗.国外隐喻能力研究综述——回眸与前瞻[J].外语研究,2016(4).

[16]潘艳艳,孙凤兰.英语教学中隐喻能力和转喻能力的培养:方法与案例呈现[J].当代外语研究,2017(3).

[17]Lakoff, G. & M, Johnson. *Metaphors We Live By*[M]. Chicago:University of Chicago Press,1980.

[18]Danesi M. *Metaphorical Competence in Second Language Acquisition and Second Language Teaching：The Neglected Dimension*[A]. In J. Alatis (ed.), *Georgetown University Round Table on Language and Linguistics*[C]. Washington, D. C.：Georgetown University Press,1992.

外语类院校中文专业现代汉语课程教学实践探索

王霜梅

【内容摘要】 本文根据外语类院校中文专业的特殊性,结合自身的教学实践,研究外语类院校中文专业基础课之一——现代汉语课程如何发挥自身资源优势,设定科学培养目标,合理安排授课内容,积极进行教学改革实践,在教材利用、教学内容、教学方法等各方面努力加以改进,以激发学生学习兴趣,提高教学成效,实现培养目标。

【关键词】 现代汉语　教学方法　实践

在人才需求日益多元化的今天,很多外语院校都开设了中文专业。北京外国语大学中文学院开设汉语国际教育和汉语言文学两个专业方向,目标是培养具备扎实的中国语言文学功底的同时具有较强的外语沟通和运用能力的高质量、国际化、复合型人才,这是外语类院校中文专业的特殊性。外语类院校中文专业如何在众多汉语言文学专业中具备足够的竞争力,专业课程如何为培养目标服务,这是值得我们进一步探讨的问题。本文结合自身的教学实践,探讨外语类院校中文专业的基础课程之一——现代汉语课如何确立课程目标、进行教学实践,从而达到理想的教学效果,实现专业培养目标。

现代汉语是中文系专业基础课程之一。高校中文专业现代汉语课的定位是:以辩证唯物主义为指导,以国家的语言文字政策法规为依据,系统讲授现代汉民族共同语——普通话的基础理论和基本知识,加强基本技能的训练,培养学生理解、分析和运用现代汉语的能力,为他们将来从事各项工作,特别是汉语教学和科研工作打下坚实基础。基于外语类院校中文专业的特殊性,笔者认为,现代汉语课程教学的改进需要关注以下几个方面:

1. 帮助学生提高专业认识,树立学习汉语的信心和决心

现代汉语是大学生一入校门就要学习的一门必修课。外语类院校中很多学生高考的第一志愿并不是中文专业,而是被调剂而来,还有一部分是理科生。因此有

相当比例学生对中文专业认识比较模糊。很多学生在学习现代汉语这门课程之前难免会有这样的疑问：我们都是中国人，从小就说中国话，还有什么必要学"现代汉语"？的确，汉语我们人人会说，但是汉语言现象背后隐藏的丰富的语言学原理，汉语中蕴含的深刻文化内涵，并不是人人都能体味得到并且能够说清楚的。随着中国经济发展和国际交往的日益增多，世界各地对于学习汉语的需要日益增长，孔子学院应运而生，很多中文系汉语国际教育专业的学生会从事海外汉语教学工作。汉语国际教育的目的是教会外国人如何说汉语、用汉语，外国人在使用汉语时会出现许多偏误，而对此要做出令人信服的解释，不仅要知其然，还要知其所以然。例如为什么可以说"我把书落在留学生食堂了"，却不可以说"我把饺子吃在留学生食堂了"，为什么可以说"今天星期天"，不可以说"星期天今天"。没有对汉语知识的系统扎实的学习和积累很难作出合理的解释。因此系统地学习现代汉语知识和基本理论对于从事汉语教学是十分必要的，既要具备良好的外语沟通能力又要具备扎实的现代汉语基础知识，外语院校的中文专业恰恰具备培养这类人才的优势。

因此，教师要让学生意识到，学好母语不仅仅是为了满足交际的需要，同时更是学生全面发展和未来终身发展的基础。为实现这一目的，教师可以在课程正式开始前组织学生讨论对汉语学习必要性的认识，鼓励学生树立学好汉语的信心和决心；课程中间也可以穿插一些语言学家逸事、励志名言等，或以一些语言教学实例帮助学生认识现代汉语学习的重要性，提高学习积极性。

2.有效利用教材，合理安排教学内容

目前高校中文专业的现代汉语教材比较多，但大同小异，其中用得较普遍的教材是黄伯荣、廖序东主编，高等教育出版社出版的《现代汉语》。笔者认为，黄廖本《现代汉语》理论体系很完整，但是对于外语类中文专业学生来说，内容上难免繁杂琐碎。因此在使用时教师要根据课程目标和设置特点进行合理利用，以扬长避短。一方面要帮助学生构建合理的现代汉语知识体系，另一方面要将汉语作为第二语言教学的重点难点等内容纳入教学范围。具体来说，有些内容可适当删减或作为自学任务，例如古今调类和四声平仄等。教材中还标示了建议选讲和自学的内容，笔者发现这些被标示为选讲和自学的内容中，有些反倒应该是学生学习的重点和难点。例如"音位"，对音位的概念和内容的把握能够帮助学生有效地掌握语音学中的相关几个概念（如音素、音节等）的内涵。再如"普通话水平测试"这部分内容，也不作为重点讲解，而笔者认为，像普通话水平测试这些和语言实践联系密切、学生比较感兴趣的内容，不但不宜列为选学内容，还很有必要在课堂上花一定的时间进行讲解，甚至适当作些补充。

总之对于教材，教师要根据专业培养目标，结合实际情况有选择性地使用。在教学内容方面，力求详略得当，既要有较强的系统性，又要符合外语类院校中文专业的培养目标的需求。

3.讲练结合,注重讲解的启发性、生动性

很多同学对现代汉语课的反映是觉得这门课很枯燥,不可否认,这和课程本身性质相关,但也可能是由于教师局限于教材,联系实际不足。外语类院校的中文专业,很多是为培养汉语国际教育人才而设立,因此应该根据培养目标,采取灵活多样的教学方式,其中讲练结合是非常重要的方法。"讲"客观的语言现象和规律,"练"如何举一反三,挖掘现象背后的理论支撑,解决实际问题。例如,要想具备较强的汉语教学和沟通能力,来自五湖四海、带着各种方音的学生们首先要能正确使用普通话,要达到这一目标,在课堂上进行大量的发音练习是很有必要的,并鼓励学生将这一学习延伸到课外。除此之外,教师在教学中要设计足够的可练习的题目,可以适当加入第二语言学习中容易出现的词汇和语法等偏误现象,让学生利用所学知识加以解释,这些可以为将来学生从事汉语国际教学打下良好基础。

教师课堂讲解要有启发性。这就要求教师精心设计问题,引导学生思考,培养他们观察、分析和解决问题的能力,发展他们的创造力。例如,在记忆辅音国际音标写法时,联系辅音的发音原理记忆,例如普通话里六个塞擦音 z、c、zh、ch、j、q 发音时先塞后擦,与此相对应,它们的国际音标的写法就由两部分组成。

教师课堂讲解要有趣味性。教师在课堂上对基础知识的讲解要做到准确之外,还要巧妙地运用一些方法,挖掘教学内容的趣味性,力求使枯燥的理论知识变得深入浅出,化繁为简,从而排除学生的"畏难"情绪。例如,在讲解声母的发音部位时,可以采用如下简单的图式来帮助学生记忆:

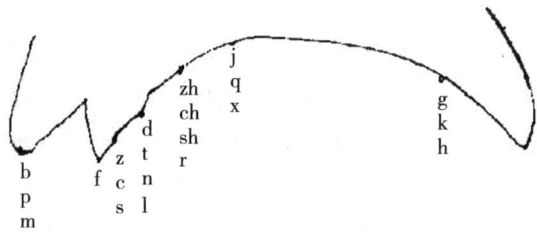

对容易读错的普通话声母(如 f 与 h)、韵母(如 en 与 eng)、轻声和儿化音等利用绕口令进行练习;在讲解汉字的造字法时,除了课本的用例之外,可以加入更多的生动的例字辅以图式。另外,还可以适当利用多媒体技术资源,适当辅以板书,调动学生多感官参与,变传统平面教学方式为立体的教学方式,激发学生学习兴趣。例如侯宝林的相声《普通话与方言》,周殿福的国际音标读法示例等。关于新词语和网络用语等现象的多媒体材料,都是教师在课堂上可以合理利用的资源。

总之在课堂教学中教师不能局限于简单说教,要以学生为主体,不断思考采用

何种方式把枯燥的理论深入浅出地展现给学生,讲练结合,寓教于乐,提高课堂趣味性,从而增强学生对语言本体知识的可接受性。

4. 注重实践,提高学生语言实践能力

语言在我们生活中无处不在,课堂教学绝对不能简单地传授知识,而应该重视实践能力的培养。我们认为,语言实践能力的培养和锻炼首先要使学生认识到课堂学习是和现实息息相关的,理论知识的学习最终目的是为了培养分析和解决问题的能力。当学生们尝试着用课堂上学到的基础知识来解决语言生活中的实际问题,哪怕是一个小小的问题,都会提升学生的"成就感",学生对本门课程的学习积极性也会大大提高。理论联系实践,可以从以下几个方面入手。

首先,紧密结合本课程的培养目标,采取多种形式的课内外实践活动。生活是学习语言的大课堂,汉语教师要善于引导学生关注语言生活,培养学生对现实中语言现象的敏感度。例如可以让学生准备一个小本子,随时记录平时在生活中遇到的新词语、新语法现象、特殊的用法以及值得思索的语言现象和问题。组织学生有针对性地进行语言调查研究,包括会用字用语调查、地方方言调查等。还可以给学生布置一些他们感兴趣的话题,做成小论文,时间允许的话就拿到课堂上讨论,例如让学生谈谈家乡所在地方言词汇的特点。也可以举办班级朗诵比赛或演讲比赛,提高学生表达能力,为今后走上讲台打下基础。课堂外还可以鼓励学生观看一些语言类电视节目,例如:成语大赛、汉字听写大赛、汉语桥等。

其次,在教学中注重文化要素的融入。随着中国国际交往的扩大,越来越多的外国人想了解中国文化。语言和文化具有不可分割性,外语类院校中文专业的学生不但要传播汉语言知识,还担负着将中国介绍给世界的神圣使命。在现代汉语课上,教师要努力挖掘汉语言知识中的文化因素,讲授知识的同时渗透中国文化方面的内容。例如讲解汉字字形演变时,可以融入不同类型的书法艺术作品,在欣赏的同时,增强学生感性认识,体会汉字的形体美,还可让学生完成一篇汉字软笔或硬笔书法作品并在教室布展。在讲解汉语颜色词、谦词、亲属关系等词语时也注意分析其中的文化特色。在学习成语和歇后语时注意分析其中蕴含的文化含义。像这样在课程中适当融入文化知识,有助于提高学生的文化修养,为将来传播汉语言文化奠定基础。

最后,培养学生用比较的眼光学习。和其他高校中文专业学生相比,外语类院校中文专业学生有更充足的条件学习好一门甚至几门外语,因此具有较强的外语能力,这是资源优势。教师要引导学生具有国际化视野,在学习汉语知识的同时,注重和所学的外语进行对比,从中掌握语言学习规律,为将来从事海外汉语教学服务。除了汉语和外语比较,还可以通过古代汉语和现代汉语对比,普通话和方言的对比,加深他们对现代汉语知识的理解,提高专业素养。例如在讲解方音辨正时,

可以让学生对照自己的方言,找出容易出现的错误,然后同学之间可以分成小组进行听音、辨别,最后填写方音自我辨正表,总结纠正错误发音的方法。

结　语

外语类院校中文专业的学科性质决定了学生从业后要具备较高的专业素质,特别是作为教学基础的现代汉语知识,不仅是主干基础课,而且还是本专业其他课程如教学通论、教学法等的必要基础,有很强的实践性。要想在众多汉语言文学专业中具备足够的竞争力,外语类院校中文专业就必须充分发挥自身的优势资源,确立科学培养目标,合理安排授课内容,突破传统的教学模式,增强教学实践性,尽可能培养学生的综合素质和能力,使其在未来的工作中能够胜任传播汉语言文化的重要使命。

参考文献

[1]邵敬敏.现代汉语课教学方法改革刍议.语文建设,1993(9).

[2]陈黎明.温欣荣,新时期以来现代汉语教学改革研究综述[J].河北师范大学学报,2008(9).

[3]孙春颖.对外汉语专业现代汉语课教学的探索和实践[J].语言文字应用,2006(4).

[4]孙明材.论外语院校汉语言文学专业的人才培养[J].黑龙江高教研究,2012(11).

基于学习需求的教材语言点的二次开发

吴思娜 朱海若

【内容摘要】 对外汉语教材在教学过程中占有非常重要的地位,因此对外汉语教材的开发也逐渐成为教学界关注的重点,但因为学生水平和课堂教学情况各有不同,所以很难有一本教材满足所有学习者的需求。因此本文以德国初级汉语学习者使用的《HSK标准教程》(一、二册)为例,结合笔者自身的教学实践和HSK考试大纲,本着以学生为中心的教学原则,巩固学生汉语基础知识和提高学生汉语交际能力的教学目标,对《HSK标准教程》(一、二册)语言点的二次开发提出了一些意见和建议,希望能够给德国汉语教师高效使用该教材、最大程度地调动学生积极性提供参考,同时也希望为德国初级汉语学习者更好地使用该教材提供帮助。

【关键词】 教材 学习需求 《HSK标准教程》 语言点 二次开发

一、前 言

Richterich(1997)最先提出将需求分析运用到外语教学中。后来,国内学者程晓棠(2002)以语言学习需求为出发点,将"学习需求"归纳为四个方面,分别是心理条件、知识技能条件、物质条件和支持条件。

在对外汉语教学方面,运用学习需求理论的实证研究也开始逐渐增多。倪传斌(2004)对一些北京、上海高校的来华留学生就汉语学习需求进行问卷调查,从在校生、专业教师、学校几方面来调查他们的学习态度、学习目标和学习需求,在调查的基础上,对来华留学生的汉语学习需求做了比较完整和全面的分析。在专门用途汉语教学方面,廖陈林(2007)和孙静(2010)以问卷调查和访谈的形式对商务汉语的课堂教学、教材的题材与体裁、课程安排设计等方面进行了学习需求的分析。倪传斌(2007)同样是采用问卷调查的方式,从汉语学习者的学习方式、课堂教学中的活动设计、所在班级的安排形式等角度进行调查分析。吴思娜、刘芳芳(2009)以汉语知识和语言技能为出发点,对不同认知风格的在华留学生进行了学习需求的调查分析。李明(2009)以调查问卷的形式,从德国杜塞孔院的教学方式、课程设置、师资情况和教材使用等方面对汉语学习者的学习需求进行了调查,并结合杜塞孔院的实际情况提出了一些具有可行性的建议。

教材的"二次开发"是"教师和学生在课程实施的过程中,根据课程标准对既定的教学内容进行适当的增删、调整和加工,合理选用和开发其他教学资源,从而使其更好地适应具体的教学情景和学生的学习需求"(俞红珍,2005),同时,教材"二次开发"也可以理解为教师"重构课程"的过程。另外,教材"二次开发"也是教材与使用主体之间的对话过程(于世华,2007)。赖瑜(2011)认为教师不能随意地进行教材的"二次开发",因为教材的"二次开发"是在学习需求引导下的一种教学过程。俞红珍(2006)将教材"二次开发"的原则总结为:以学生为中心,上承标准下启教学,坚持预设性与生成性的辩证统一。她同时还总结了教材"二次开发"的方法,具体来说就是通过增删修改、延伸简化、重新排列等方法来完善教材。

杨鹤澜(2012)针对中级汉语口语教学,结合自己的教学经验,提出了一些可供教师参考的开发内容:增加惯用语、绕口令、谚语、诗歌等练习内容、增加汉语辩论和演讲、小品表演、小组任务讨论等汉语教学活动。

陈宣(2014)基于对不同学习风格的汉语学习者的调查,对教材《匈牙利汉语课本》进行二次开发,主要从语音、词汇、语法、课文和练习五个方面进行增删和修改;从而帮助学生更容易地掌握汉语基本知识和语言技能。郑纪优(2016)针对学生使用的《新实用汉语课本》(一、二册)练习册,从语音、词汇、语法、汉字四个角度对练习册进行"二次开发",提出了具有可行性的建议。从上述研究来看,教材"二次开发"的内容,已经变得越来越丰富,越来越深入了。但是在教学实践中创造性地使用和开发教材的方法不仅仅止于这些,如何更合理、有效地去开发教材就需要教师在课堂教学的实践中不断地思考和总结了。

二、教材语言点基本情况介绍

(一)语法点的数量

《HSK标准教程》(一、二册)属于汉语学习的初级阶段,所以语法点数量不多且浅显易懂,另外,该套教材是以交际法和任务型语言教学为原则进行编写的,所以有弱化语法的倾向,但是从语法点内容上来看,对照《新汉语水平考试HSK(一、二级)大纲》的要求,该教材所涉及的语法点内容涵盖了所有需要掌握的语法知识。笔者对语法数量的统计主要来自于课文后语法注释部分,其中,第一册的语法点为45个,平均每课语法点为3个;第二册的语法点为44个,平均每课为2.9个,总体来看,一、二册语法点数量保持平稳,没有大幅度的变化。

(二)语法点的呈现方式

该套教材语法知识点的编排形式主要采用中英文对照的讲解形式,如第一册中"日期的表达"。

日期的表达(1):月、日/号、星期

Expression of a Date (1):month, date, day of the week

汉语的日期表达方式遵循由大到小的原则,先说"月",然后说"日/号",最后说"星期"。口语一般常用"号"。例如:

The way to say a date in Chinese observes the principal of "the bigger unit coming before the smaller one". The month is said first, then the date and finally the day of the week. In spoken Chinese,"号" is often used instead of "日" to express the date. For example:

(1)9月1号,星期三。
(2)9月2号,星期四。
(3)8月31号,星期二。

也有一部分是采用公式的讲解方式,见表2.1,且例句部分多采用表格的形式帮助学生加深记忆,如第一册的连动句,在表示该句型谓语部分的构成时,采用了公式表格的方式。

《HSK标准教程》语法讲解形式

Subject	Verb1		Verb2
	去	(place)	to do sth.
我	去	(中国)	学习汉语。
我们	去	(中国饭馆儿)	吃中国菜。
我	去	(学校)	看书。
她	去	(商店)	买牛奶。

三、《HSK标准教程》的学习需求调查

(一)调查对象

本研究主要采用问卷调查法来收集相关数据,并辅以访谈法对问卷调查中发现的问题加以深入分析。本文的调查对象为杜塞尔多夫大学孔子学院的28名初级汉语学习者和德国杜塞尔多夫海因里希·海涅大学选修初级汉语的90名学生。

(二)调查问卷

本文是一个包含六个维度的调查问卷的一部分。该调查问卷考察了语音、词汇、语法、汉字、练习和课文几个方面学生的需求状况。本文着重讨论语言点方面的需求。问卷涉及语法数量、语法点难易度、语法讲解方式等方面问题。

本次问卷调查的进行方式为课上发放、课下完成,共发放118份,其中收回的有效问卷为113份,有效率为95.8%。使用SPSS21.0统计软件对数据进行分析。

(三)调查问卷结果分析

1. 语法点的数量

笔者对学习者所希望的每课语法点出现的数量进行调查,数据显示只有1%的学习者选择"6个以上",48%的学习者都选择了"3到4个",42%的学习者选择了"5到6个",另外9%的学习者选择了"1到2个"。

进而,笔者对全体学生进行卡方检验,结果表明学生在生词表呈现方式上存在显著差异($X^2=62.97, df=3, P<0.001$),其中"3到4个"($R=7.56$)是最受学生欢迎的,"6个以上"($R=-5.10$)是最不受学生欢迎的。

2. 语法点的种类

笔者对学习者所希望学习的语法点种类进行了调查,其中66%的学习者选择了"使用频率非常高",25%的学习者选择了"有些难度",9%的学习者选择了"比较容易"。进而,笔者对全体同学进行卡方检验,结果表明学生在语法点种类上存在显著差异($X^2=80.90, df=2, P<0.001$),其中"使用频率非常高"($R=8.88$)是学生最喜欢的,"比较容易"($R=-3.40$)是学生最不喜欢的。

3. 语法点的呈现方式

笔者对语法点的四种呈现方式进行调查,具体数据见图3.1。观察数据可知,选择"总结归纳"的人最多,而选择"与英语或您的母语对比"的人最少。对于语法呈现方式,如果学生有其他建议,笔者也会要求他们写下来,写在语法建议的"其他"处,笔者看到有不少学生写出希望可以多采用实物道具以及增加情境语境来学习语言点的建议。

最后,笔者又对所得数据进行卡方检验,结果表明学生在语法点的呈现方式上确实存在显著差异($X^2=26.58, df=3, P<0.001$)。

德国汉语学习者对语法点呈现方式的选择百分比

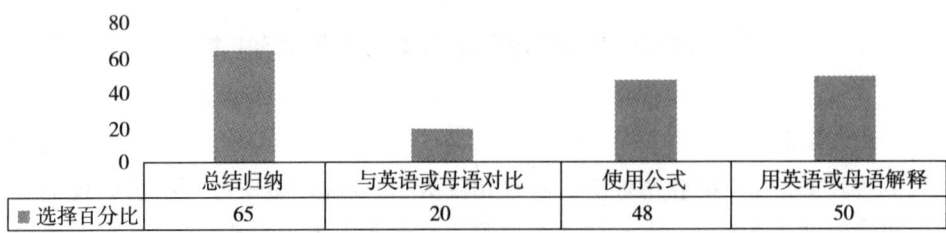

图1 德国汉语学习者对语法点呈现方式的选择百分比

4.例句的数量

关于注释部分给出的例句个数,60%的学生倾向"3到4个",23%的学生倾向"5到6个",12%的学生倾向"1到2个",只有5%的学生倾向"6个以上"。

进而,笔者对全体同学进行卡方检验,结果表明,学生在例句实用度的选择上存在显著差异($X^2=56.17$,df=3,$P<0.001$),其中"3-4个"(R=3.97)是最受学生欢迎的,"6个以上"(R=-4.35)是最不受学生欢迎的。

(四)语法需求小结

首先,对于语法点的数量,教材的安排为每课大概三到四个语法点,但据笔者调查,有很多学生表示需要在该语法数量基础上再增加一到两个,因此在教学过程中,笔者需适当地多讲一些语法点;对于语法点的种类,教材主要选取的都是一些使用频率非常高的语法点,而这一安排也正好满足了学生的需求,所以在教学中,如要补充的语法点,也最好都是非常实用的;此外,对语法点的呈现方式,教材主要采用的是"使用公式"和"文字解释",但根据调查,学生更多希望教师运用"总结归纳""直观教学""情景教学"等方式,所以在课堂上,笔者需多运用这些教学方法;对于例句的实用度,据笔者的教学经历,课文给出的例句实用度都是比较高的,另外根据调查,绝大多数学生也都非常认可教材给出的例句;最后,对于例句的数量,教材的安排为每个语法点罗列出三到四个例句,据笔者调查,这一数量正好符合学生的要求,所以在教学中,笔者应以教材的例句为主,不需要额外补充更多的例句。

四、基于学习需求的教材二次开发

不管一本教材编写得有多好,它都一定多多少少有些不足之处,比如教材中的某些内容不适合自己所教班级的学生;教材设计的语言活动不太切合教学的实际情况;又或者是难度超过了学生的接受范围,除此之外,学生语言水平和对听说读写的学习需求也不尽相同,以上种种都要求教师对教材进行合理的"二次开发",使学生的学习需求尽可能地得到满足。

(一)语法数量的把控

《HSK标准教程》平均每课的语言点为三个,据笔者的调查,48%的德国学生更希望每课的语法点为三到四个,此外还有42%的学生希望每课语法点为五到六个,这样看来,教材编写的每课语法点略低于学生的需求。通过与学生的访谈,笔者得知因为受母语的影响,学生认为如果掌握的语法越多,那么运用已知词汇可以构造的句子就越多,尽管有学生表示学五六个语法点可能记不住,但至少脑中会有印象,这样以后在练习说的时候即使说得不太流畅,但因为知道有这个语法,所以还是能够说出完整的句子;另外只要知道了这个语法点,那么只需多加练习即可,总比要说的时候不知道用什么句子结构或语言点要好。

基于学生想要更多了解语言点的需求,笔者在教学中会根据学生的实际情况来做相应的补充,如第七课《你家离公司远吗》介绍了时间副词"就"是强调说话人认为事情发生得早,进行得快。笔者在讲完该语法点后,又向学生介绍了时间副词"才"表示说话人认为事情发生得比较晚,或进行得比较慢,和"就"表达的意思是相反的,这样的对比记忆更有助于学生加深印象;又如第八课《让我想想再告诉你》出现了语言点"有点儿+Adj."其表示说话人对事情或事物不太满意的态度,希望能对此做出改进。因为之前学生已学过"一点儿"这个词,所以笔者就把"Adj.+一点儿"补充进来,并与"有点儿+Adj."进行对比和造句,让学生更清楚地明白"有点儿+Adj."与"Adj.+一点儿"之间的区别,避免出现混用的情况。另外,本课还介绍了门牌号的读法,所以笔者又将年份、钱数、身高体重、电话号码等数字的读法教给学生,使他们知其一也知其二。再如第九课《题太多,我没做完》中关于使用结果补语表示疑问时,只介绍了一种用法即在句尾加上"(了)没有",这个时候教师有必要告诉学生也可以将其换成"了吗",并且在口语中人们更常用的是后者。对于语言点的补充并不是漫无边际的,教师不仅要联系前后内容,更需要斟酌补充的知识点是否实用,因为通过需求调查,学生们表示更希望所学的语言点是使用频率非常高的,所以这也要求教师要结合生活实际与口语表达来对课程内容进行补充。

(二)语法点的呈现方式

《HSK 标准教程》介绍语法点的方式以中英文对照讲解为主,同时有些还附有公式。据笔者的调查,除了上述两项呈现方式,学习者还非常喜欢总结归纳法,所以笔者在教学过程中,通常会在白板上再给出六七个例句,加上课本上的例句,引导学生去发现其中的规律,力求让学生自己总结出公式来,如第 15 课《新年就要到了》中的语言点"要……了"只给了"火车快要来了""要下雨了""新的一年快要到了"三个句子,笔者又补充了"快要上课了""我快下班了""作业快写完了""大卫快生日了""复活节就要到了""考试就要来了""老师就要回国了"七个句子,要求学生不要看书上的注释,自己尝试着去总结归纳,当学生发现自己总结的句子结构正确时都非常高兴,而且对此句式的使用正确率也都非常高。

另外,在教学中,笔者也常常使用直观法来呈现语言点,这也是因为学生的汉语水平有限,有时只靠语法翻译来解释还不足以让学生完全理解,如第四课《她是我的汉语老师》中出现的结构助词"的",笔者在教学中借助身边的实物来解释表领属关系"的"的用法,如笔者拿着课本问:"这是什么?"学生答:"这是书。"然后笔者就会在白板上写:这是书。这是老师的书。同时把"的"圈出来。之后又拿杯子、笔、本等来问学生,在他们掌握用法之后,要求他们互拿东西来问"这是谁的……?"来做练习。

据笔者的调查,语境教学法也非常受学生欢迎。多数学生表示有些语法比较难,若只是空讲规则,那他们可能会不知所云,所以让他们在真实的语境中学习,效果可能会更好。因此,笔者在教学中常利用语境或营造语境,尤其是有关副词的教学内容,这主要是因为副词的意义较抽象,而且种类较多,其意义也常体现在与前后句的联系中。如第八课《让我想想再告诉你》中的副词"再",它表示一个动作或一种状态重复或继续,有时也可表示一个动作将要在某一情况下出现。笔者在讲解过程中主要采用了创造语境的方法,如:很多人去看了刚上映的《美女与野兽》,这个电影很好看,老师很喜欢,所以上星期老师去看了,这星期想再看一遍,你们有谁想和老师一起去看吗?这里的"再"就表示"看电影"这个行为又要出现了。再如:最近生病的人很多,我们班上的马赛也病了,所以现在不能来上课,老师觉得马赛应该等病好了再来上课,你们觉得呢?这样就把"再"的第二个意思引出来了,笔者认为结合身边的例子来模拟真实的语境可以让学生形成自然反应,即下次再遇到类似的情况能够立马想起自己要用哪个语言点,这样语言点的呈现方式会有事半功倍的效果。

五、研究结论与未来展望

《HSK 标准教程》以用 HSK 真题编写基本素材,配合 HSK 考试为特点,成为国家汉办大力推广的教材。不可否认,该教材拥有循序渐进、实用高效、简便易学等众多优秀汉语教材的特点,但因为任何一套教材都无法做到绝对的完美,满足所有学习者的需求,所以在教学实践中,教师需要根据学生的汉语水平、学习需求以及课堂实际情况等众多因素对其使用的教材进行具体的二次开发,以期让学生的汉语运用能力得到最大程度的提高。

本文对基于学生的学习需求和笔者的教学实践,在语法方面,对《HSK 标准教程》(一、二册)的二次开发提出一些建议,尽可能达到最佳的教学效果。在语法方面,除了课文上已有的讲解注释,笔者还会采用不同的方式如归纳总结、借助实物和语境等来呈现语法知识。在语法数量上,基于学生想要更多了解语言点的诉求,笔者也会根据所讲语法的难易度有选择地进行补充,使学生能有效地掌握并运用所学内容,同时也使教材得到充分的利用。

目前国内主要是从宏观角度入手对汉语教材的二次开发进行研究,而且涉及到具体开发研究的文献还比较少,从学习者需求角度进行二次开发的研究资料更是寥寥无几,因此笔者可以用来直接参考的文献很少,加上笔者自身的研究能力尚浅,虽然从学习需求的角度对教材进行了统计分析,但是对一些问题的研究还不够深入透彻,提出相关的解决方案也不是非常系统具体。笔者今后将继续从学习者的学习需求出发对教材的二次开发进行补充和完善,使教材尽量满足绝大多数学习者的需求。

参考文献

[1]Richterich,R. &Chancarel,J. L. *Identifying the Needs of Adults Learning a Foreign Language*. Strasbourg:Council of Europe,1997.

[2]程晓棠.英语教材分析与设计.外语教学与研究出版社,2002.

[3]陈宣.基于不同学习风格的教材二次开发——以《匈牙利汉语课本》为例.北京外国语大学,2014.

[4]赖瑜.小学英语教材"二次开发"的研究.西南大学,2011.

[5]李明.德国杜塞尔多夫孔子学院的汉语教学.云南师范大学学报,2009(5):34—38.

[6]廖陈林.在华商务人士汉语使用情况的个案调查——目标情景需求分析理论和方法在汉语中的应用.北京语言大学,2007.

[7]倪传斌.外国留学生汉语的学习需求分析.语言教学与研究,2007(1):68—76.

[8]倪传斌等.外国留学生汉语语言态度调查语言.语言教学与研究,2004(4):56—65.

[9]孙静.以需求分析为导向的商务汉语教材主题研究.大连理工大学,2010.

[10]吴思娜,刘芳芳.不同认知风格留学生的汉语课堂学习需求分析.语言教学与研究,2009(4):77—84.

[11]杨鹤澜.谈对外汉语教师对口语教材的二次开发——以中级汉语口语教学为例.黑龙江教育(高教研究与评估),2012(04):12—15.

[12]俞红珍.教材的"二次开发":涵义与本质.课程教材教法,2005(12):9—13.

[13]俞红珍.论教材的"二次开发"——以英语学科为例.华东师范大学,2006.

[14]于世华.论教师与教材对话.中国教育学刊,2007(4):76—78.

[15]郑纪优.《新实用汉语课本》(一、二册)教材练习题的二次开发.北京外国语大学,2016.

构建适合意大利学习者的孔子学院教学模式
——以罗马大学孔子学院为例

张 红 王珺琪

【内容摘要】 本文讨论全球示范孔院之一的罗马大学孔院在12年发展中形成的"系统性的课程设计,以学习者为中心的课程管理,在地教师培训制度"为主的适应意大利国情与适合意大利学习者的孔子学院教学模式的发展实践,为促进中意两国教育文化交流,实现孔子学院融入当地并进行可持续发展提供借鉴。

【关键词】 适合意大利学习者 罗马大学孔子学院 教学模式

一、构建孔子学院教学模式的重要意义

孔子学院是跨国合作的汉语培训机构,作为孔子学院中方院长,需要考虑怎么让孔院的汉语教学保持教学质量的一致性和应有的专业水准。一致性是指同等级别的汉语课程,比如中级汉语,要有相对固定的学习目标和学习内容,教师虽然风格不同,但是每个语言层级的学习目标,测试的维度都基本相同。专业水准是说教师的资格认证,教师的专业素养,对教师的职业培训等应有孔子学院的标准和要求。或者说,怎么能让新教师到任后避免从头摸索,老教师摆脱纯粹的经验和感觉,解决的办法就是建立孔子学院的教学模式。教学模式是指在一定教学思想或教学理论指导下建立起来的较为稳定的教学活动结构框架和活动程序,需从宏观上把握教学活动整体及各要素之间内部的关系和功能;作为活动程序则突出了教学模式的有序性和可操作性。

放眼国内外许多汉语培训项目或培训机构都有自己成熟的教学模式。比如美国明德大学中文项目的沉浸式学习模式,北京外国语大学的"商务汉语+商务文化"的中欧青年经理培训项目,罗马国立住读学校的"国际理科高中中文项目"等都

因为有自己的学习目标、课程规划和特别的要求,因而获得了显著的教学效果,他们的教学模式受到了广泛关注,在业界有良好的声誉。语言培训项目不同,但是成功的模式都有共同的东西。比如,清楚明确的目标,系统的师资培训,严格的课程操作步骤,迅速的沟通反馈机制,以及以测试来对项目教学效果进行持续的监管和评估等等。

意大利的12所孔子学院平均有6年以上的教学实践,是时候总结和归纳孔子学院的教学经验,从中提炼出合适、有效的课堂操作方法,建立较为稳定的教学活动结构框架和活动程序了。

二、罗马孔院教学模式发展成果

罗马孔院经过12年的探索,不断发展壮大,逐渐形成了自己的教学风格和模式。故以罗马孔院为例来探讨如何构建适合意大利学习者的孔子学院教学模式,具有十分重要的意义。目前,罗马孔院教学模式主要由三部分组成,它们分别是整体关联的课程设计,完善的课程管理系统,以及孔院教师职业发展培训。

(一)第一组块:整体关联的课程设计

1. 课程设计应具有衔接性

以通用汉语课程为例,共包含初级汉语、中级汉语、高级汉语及提高汉语四个层级,其中每个层级又根据学习者的学习周期划分成不同级别,课程整体关联性在使用教材、教学安排、教学进度及课程对应的汉语水平考试等级上都有体现。从初级汉语开始的各个层级的课程都设有固定的教学目标与教学内容,语言层级之间能够互相衔接和过渡。

表1 罗马孔院部分通用课程情况

级别	使用教材	教学进度	HSK 等级
初级A班	《意大利人学汉语:基础篇》	16小时(意)+34小时(中)=50小时,学习1—10课	—HSK1
初级B班	《意大利人学汉语:基础篇》	16小时(意)+34小时(中)=50小时,学习11—16课	HSK1—HSK2
中级A班	《意大利人学汉语:中级篇》	16小时(意)+34小时(中)=50小时,学习17—20课(红书)、1—2课(绿书)	HSK2—HSK3
中级B班	《意大利人学汉语:基础篇》&《意大利人学汉语:中级篇》	16小时(意)+34小时(中)=50小时,学习3—8课(绿书)	HSK3
高级A班	《意大利人学汉语:中级篇》	50小时,学习9—14课(绿书)	HSK3—HSK4
高级B班	《意大利人学汉语:中级篇》	50小时,学习15—20课(绿书)	HSK4

2. 根据内容进行课程分类

随着意大利汉语学习者的学习需求的多样化,目前孔院已设有通用汉语、专用汉语、汉语水平考试(HSK)辅导等课程。依照表格所示罗马孔院部分专用汉语课程以及 HSK 辅导课程情况,目前孔院专用汉语教材主要以教师自编教材为主,故为保证课程的完整性、关联性及延续性,《罗马大学孔子学院教学管理规范》规定负责该类课程的老师需在课程结束后填写课程档案并将学期教学材料整理成册,交给办公室存档。

表 2 罗马孔院部分专用汉语课程情况

类别	使用教材	教学要求	HSK 等级
旅游汉语	教师自行准备教材	听说为主,兼顾读写	HSK4 级以上
商务 A 班	《体验汉语·商务篇》为主,辅以教师自编教材	听说为主,兼顾读写	BCT(A)
商务 B 班	《体验汉语·商务篇》为主,并辅以教师自编教材	听说为主,兼顾读写	BCT(A)－BCT(B)
HSK 汉语辅导课程	《HSK 标准汉语教程》为主,辅以教师自编教材	HSK 备考重点 & 考试策略	HSK1－HSK6

3. 按照课程规模区分管理普通课程和定制课程

2017 年上半年,罗马孔院先后启动了一对一精品定制课程、企业系列文化定制课程等系列特色课程,不仅创新和完善了孔子学院的课程体系,也使孔院教学朝更加专业化、科学化的方向发展。另外,为完善一对一定制课程的考评工作,出于对学生负责任的态度,也帮助下一任负责学生课程的老师设计教学内容,孔院建立了一对一定制课"学生档案"库。

表 3 罗马孔院定制汉语课程情况

类别	使用教材	教学要求	HSK 等级
一对一精品定制课	教师自行准备教材	根据学生的水平和需求为学生量身定制学习内容与进度	HSK1－HSK6

4. 根据学习者的认知水平,区分开设成年人和非成年人的课程

罗马孔院自成立以来就依照学生的情况设立了成人汉语班和少儿汉语班。依据少儿语言与认知发展的水平,又设立了不同级别的课程。同样地,因该课程教材需要教师自行准备,故负责该课程的教师需在课程结束后填写课程档案并将教学材料整理交给办公室存档。

表4 罗马孔院部分少儿汉语课程情况

级别	使用教材	教学要求	HSK 等级
儿童班一级	教师自行编写教材	以 YCT 一级词汇和话题为核心展开	－YCT1
儿童班二级	教师自行编写教材	以 YCT 二级词汇和话题为核心展开	YCT1－YCT2
儿童班三级	教师自行编写教材	以 YCT 三级词汇和话题为核心展开	YCT2－YCT3
儿童班四级	教师自行编写教材	以 YCT 四级词汇和话题为核心展开	YCT3－YCT4
少年班一级	教师自行编写教材	以 YCT 一级词汇和话题为核心展开	YCT1
少年班二级	教师自行编写教材	以 YCT 二级词汇和话题为核心展开	YCT2

(二)第二组块:完善的课程管理系统

整体关联的课程设计需要借助完善的课程管理系统推动其运行和实践。为使罗马孔院教学能够实现可持续发展,保持已有的良好教学声誉与专业水平,秉着其可传承、可操作的理念,罗马孔院院务委员会在2017－2018年间,通过反复修改和整理、制定并出台了《罗马大学孔子学院教学管理规范》,使其既能帮助新手教师迅速开展教学工作,又能使熟手教师在遵守规范的基础上发挥其创造性,实现孔院课程品牌建设。

有效的课程管理的目的是最大程度推动学习的发生并取得好的效果,也是推进汉语教学发展不可忽略的重要因素,罗马孔院目前教学管理系统共设立了八个方面的管理章程。

1. 课堂环境管理

课堂环境可以分为物理环境和心理环境两个层面。

(1)课堂物理环境管理

课堂物理环境管理主要是针对课堂外在的物质环境的管理,通过对罗马孔院新手教师的日常课堂观察与记录,不难发现很多新手教师很容易忽略对课堂物理环境的管理,比如教师所处位置、板书布局等等。其实,如果有意识对这些细节进行管理,课堂教学的效果将事半功倍。为此,通过对罗马孔院真实课堂教学情况的研究与调查,将课堂物理环境管理分为以下几个方面:

表 5　物理环境管理细则

序号	项目	主要内容
1	教师位置	教师所处的位置应保证能与所有学生合理互动
2	学生座位	适当安排学生座位,辅助课堂教学活动
3	教室布置	利用可移动的中国文化特色物品或与汉语学习相关的饰品装饰教室
4	板书布局	依据教室特点做出适当的调整,准备多种方案
5	教学工具	教学工具的安全性,配合公共教室的使用规则
6	多媒体设备	合理使用多媒体

表五所示为在教学过程中应注意的物理环境管理细则。首先是教师的位置应保证能与所有学生合理互动。教师不能只站在一个位置,应当适时地走动,"走近"学生才能"走进"学生;在语言学习的课堂上,教师有义务营造互动交流的课堂气氛。其次是适当安排学生的座位,罗马孔院的汉语课程大多数是在罗马大学的马可波罗大楼里进行的,教室的桌椅一般是固定的,或者是语音教室,这样的座位在真实的汉语课堂上,未必有助于开展教学活动。所以,这就要求教师在上课前应该提前考虑学生的座位安排,以方便后续的教学活动。再次是教室环境的布置,前面提到了罗马孔院教学环境的特点,既然是大学教室,教师就要考虑到公共环境资源其实是不能满足汉语课堂的需求的,所以教师要有意识地对教学环境进行加工处理。其必要性主要是由于汉语教学是在非目的语国家进行的,学生语言输入机会较少,教师需虚拟语言文化环境,能够为学生增加汉语接触与中国文化体验的机会。复次是对板书布局的考虑。虽然现在汉语教学大多数可以借助现代多媒体技术进行,但是在真实的教学中,板书的意义是不容忽视的。学生需要跟随老师一起书写,适当的板书也可以给学生记忆和反应的时间。所以,教师需要根据教室的特点安排板书的布局。又次是教学工具的使用。教学工具是配合开展教学活动的一些物品,比如一些教学活动,像击鼓传花、拍苍蝇这些教学活动,需要借助一些教学工具。应当注意的是,教学工具的安全性,尤其是少儿汉语教学的课堂;另外,在使用教具的时候应配合公共教室的设施或者设备的使用规则。最后是多媒体设备,随着现代多媒体技术的发展,大多数教师已经离不开多媒体设备了,适当地借助音频、视频帮助学生练习听力和营造汉语环境是行之有效的办法,但是教师需要控制多媒体使用的时间和内容。

(2)课堂心理环境管理

课堂心理环境管理包括师生之间和学生之间的关系建设,课堂是教师与学生交往与互动的场所,师生关系的和谐度也会影响教学的效果,课堂不仅是教师传授知识的地方,还是情感交流的平台,所以课堂上良好的沟通氛围是教学得以顺利开展的前提条件。

表6　心理环境管理原则

序号	原则	表现形式
1	平等	师生平等,生生平等
2	尊重	师生之间互相尊重,学生之间互相尊重
3	公平	教师应当公平对待每一位学生
4	合作	师生合作,生生合作

表六所示是罗马孔院课堂心理环境管理所遵循的"四大原则",即平等原则、尊重原则、公平原则与合作原则。汉语课堂上,如何搭建师生之间的沟通桥梁?如何帮助学生们建立和谐融洽的关系?其实在真实的教学中是没有什么规律可循的,这牵扯到几个方面的问题。首先是文化背景的问题。汉语教学离不开跨文化交际,即使在意大利本土进行汉语教学,在课堂上也会有不同文化背景的学生,大到国与国之间,小到人与人之间。那么,在汉语教学的课堂上,面对不同文化背景的学生教师应当有意识地提醒自己坚持互相尊重和平等对待的原则。比如,面对中意差异,不要刻意夸大;面对不同文化背景的学生不要区别对待。其次是教学风格的问题。汉语教学的风格跟教师性格及自身修养有很大的关系。比如,教师性格活泼、外放,对学生的表现或者某一课堂现象会做出比较夸张的反应,那么,这种方式会存在一定的风险,对于敏感的学生会有一定的心理影响。所以,无论教师是什么性格,在对待学生的方式和态度上要坚持公平的原则,不要过于表现出自己的个人喜好,从尽可能客观、真诚的角度出发给学生以反馈。最后是学生特点的问题。来罗马孔院学习汉语的意大利学习者的学习背景具有多样化的特点,同一个班的学生,汉语水平可能参差不齐,很多教师也很苦恼该如何解决学生汉语水平不一的问题。其实,在真实的汉语课堂上,很多学生之间也是初次见面,是汉语让他们产生了联系,通过在孔院学习的机会认识了彼此,本着人类所具有的社会属性,教师应当坚持合作的原则,引导学生之间建立融洽的同学关系,善于发现他人身上的优点,学会合作学习,使每个人能有不同层面的收获。

2.中意合作教学管理

意大利一直有用其母语学习目的语的语言和文化知识的传统习惯,从而促使孔院形成了中意教师合作教学的模式。所以,特殊的教学情况对孔院教学管理提出了新的要求。那么,中意老师如何统一课程目标?课程衔接有哪些基本要求?汉语知识学习与汉语交际使用如何相互作用?

表7　中意教师授课情况

教师构成	授课重点	授课方式	授课语言
意大利教师	传授语言知识	讲授	意大利语+汉语
中国教师	构建语言技能	技能促成	汉语

从表七中可以看到,罗马孔院中意教师合作教学的侧重点、授课方式及授课语言的情况,中国教师需要与联合授课的意大利教师建立双方认可的沟通机制,各自发挥优长,最大程度发挥课程效能,使学生最大程度上受益。为此,《罗马大学孔子学院管理规范》中制定了中意教师合作流程,如图所示:

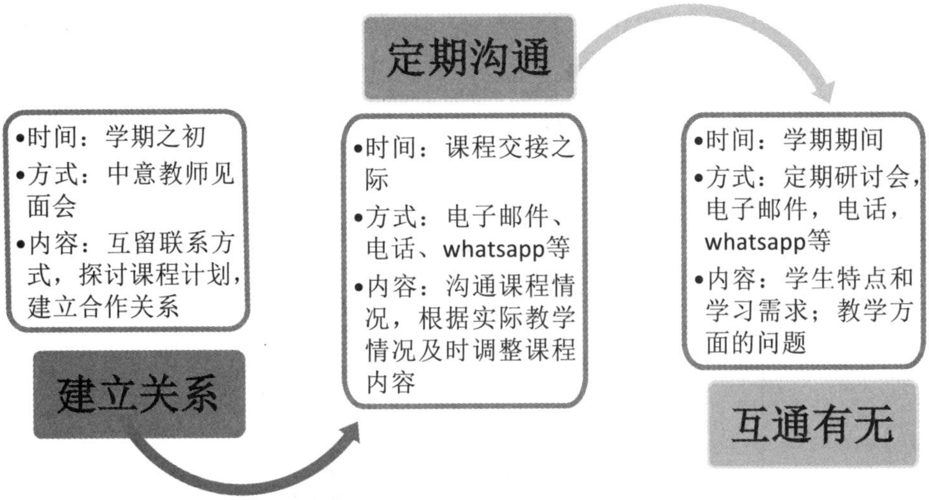

定期沟通

- 时间:学期之初
- 方式:中意教师见面会
- 内容:互留联系方式,探讨课程计划,建立合作关系

建立关系

- 时间:课程交接之际
- 方式:电子邮件、电话、whatsapp等
- 内容:沟通课程情况,根据实际教学情况及时调整课程内容

- 时间:学期期间
- 方式:定期研讨会,电子邮件,电话,whatsapp等
- 内容:学生特点和学习需求;教学方面的问题

互通有无

图1 中意教师合作流程图

3. 教学程序管理

教师在开展每堂课时,都要做到心中有丘壑,教学步骤要清晰明了。罗马孔院每节课课时一共是110分钟,比如平时的晚课是17:30—19:30(考虑大学关门时间需提前5—10分钟下课,在此扣除10分钟)。那么,教师预留多长时间用于课前准备?每节课有哪些教学步骤?每部分的时间如何分配?为了能帮助新教师迅速开展教学工作,又能使熟手教师在遵守规范的基础上发挥其创造性,罗马孔院依据课程情况制定以下基本教学步骤:

表8 基本教学步骤

序号	教学步骤	时间(分钟)
1	课前准备	10
2	热身	5
3	复习检查	10
4	新课教学	30
5	复习巩固	30
6	当堂评估	10
7	布置作业	5
8	个体关注	10
9	机动时间	10

当然,教师可根据课程需要做出相应的调整。

4.媒介语使用管理

孔院中国教师上课时间有限,在海外开展汉语教学,课堂是学生能够接触汉语和用汉语表达的宝贵平台,并且结合中意教师教学分工与合作的现实情况,在中国老师的课堂上应当极少使用或者不使用媒介语。罗马孔院鼓励中国教师用汉语教学,尽可能为学生提供沉浸式学习的机会。但是,对于很多教师来说,总是想要借助英语或者意大利语来向学生传达指令。为此,建立一套固定的教学指示手势及动作是十分有必要的,这样可以帮助教师把媒介语的使用降到最低。

表9　部分教学指示手势与动作图

序号	活动指令	手势或动作
1	听	
2	说	
3	看	
4	读	
5	写	

5.汉字清晰度管理

教学工作事无巨细。汉字作为汉语学习的重要组成部分,又作为展示汉语的重要载体,在板书汉字或PPT放映时,汉字书写的大小,笔画笔顺,PPT的字体和字号都应该注意。《罗马大学孔子学院管理规范》对此做出了一定的要求,以方便学生学习模仿。

表10　汉字展示要求

序号	汉语水平	板书	PPT	汉字体	字母体
1	初级	二分之一A4纸	36	楷体	calibri
2	中级	二分之一A4纸	32	楷体	calibri
3	高级	四分之一A4纸	28	楷体	calibri
4	提高	四分之一A4纸	24	楷体	calibri
5	专用汉语	四分之一A4纸	24	楷体	calibri
6	少儿汉语	二分之一A4纸	36	楷体	calibri

考虑到不同级别学习汉语的汉字数量和难易程度，表十按照不同汉语水平的级别做出了不同的要求，教师可以根据课堂教学情况做出轻度调整，但是要考虑到汉字清晰度的因素。

6. 课后学生学习时间管理

语言学习不是一朝一夕的事情，鉴于孔院学生在离开汉语课堂后几乎没有机会接触汉语，教师需要布置一定的作业和任务帮助学生将对学习内容的短时记忆拉长。作业应给予学生更多语言接触的机会，故而作业可以分为语言接触型、复习巩固型、预习与提高型，每周布置的作业，学生需安排两个小时以上的时间完成。作业练习也应涉及汉语学习的各项技能，具体技能分布如下：

表11　课后汉语学习情况

序号	汉语水平	听力(分钟)	口语(分钟)	阅读(分钟)	写作(分钟)	总共(分钟)
1	初级A	30	30	20	40	120
2	初级B	30	30	20	40	120
3	中级A	60	30	30	60	180
4	中级B	60	30	30	60	180
5	高级A	45	45	45	75	210
6	高级B	45	45	45	75	210
7	提高A	60	60	90	90	300
8	提高B	60	60	90	90	300
9	商务/旅游A	60	60	120	120	360
10	商务/旅游B	60	60	120	120	360

7. 教学测试与评估管理

语言学习成果评估有类似汉语水平考试（HSK）的语言水平评估，有课堂常用的形成性评估，还有学期考试这样的总结性评估。孔院教学鼓励将教学评估贯穿始终，HSK考试标准融入课程评估，按照课程级别对应的HSK级别大纲，一个月为一个周期，进行测试，测试内容可以是词汇、语法、句型，教师可引用HSK考试部分题型，根据学生实际情况做相应的调整。

另外，罗马孔院正在致力于建立各个层级的汉语课程的学期考试的试题库，并通过控制试题的质量确保测试的效度和信度。

(三)第三组块:孔院教师职业发展培训

为了实现上述的两大板块,让孔院教师团队保持在一个较高水平,故将教师职业发展培训作为第三个组成部分,构成罗马孔院教学模式。孔院教师存在流动性较大的特点,要让不同专业背景和工作经验的人都达到"孔院标准",教师培训是行之有效的重要保障。

以 2017—2018 年度罗马孔院教师职业成长系列培训为例。培训共有 5 个板块,分别是汉语教学理论与实践、教师共同体建设、孔子学院可持续发展、国际汉语教师师资培养和国际汉语教学史。

表 12　各个板块开展次数

培训板块	培训次数
汉语教学理论与实践	23
教师共同体建设	16
国际汉语教师师资培养	4
孔子学院可持续发展	4
国际汉语教学史	2

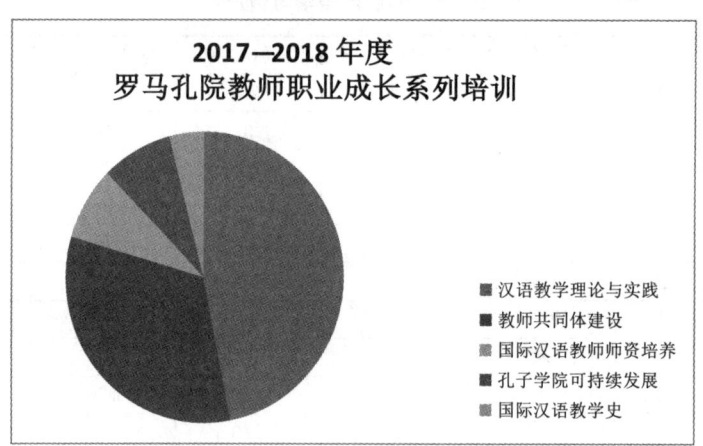

图 2　各板块所占比例

1.汉语教学理论与实践

作为孔院工作的一线教师,汉语本体知识与技能的提升应当贯穿教学的始终。该板块为教师提供分享教学心得,交流教学经验的机会,同时以职业人的角度针对不同的专题进行探讨和研究,集思广益,寻求适合本土教学的方法。比如,"如何上好开学第一课""儿童班汉语教学""产出导向法的运用""'了'的教学"等,专题涵盖了教学法、本体知识点、课堂管理、课程设计等汉语教学理论与实践的分享。对帮助孔院教师在教学方面的迅速成长具有重要的作用和意义。

2. 教师共同体建设

孔院教师在海外的工作往往是"身兼数职",这就对教师自身的能力提出了更多的要求。那么,教师如何快速获得意大利式的跨文化综合能力和多领域能力呢?为此,罗马孔院为实现教师共同体建设,定制了不同领域的培训课程,推动教师自身发展。比如,"中意语言对比研究""服装礼仪""学术论文指导与写作""绘画与建筑"等等。通过教师们彼此的分享,实现教师多领域共同成长。

3. 孔子学院可持续发展

12年来,罗马孔院迅速发展壮大,是每一位一线教师齐心协力,不断奋斗的结果。作为意大利成立最久的孔院,罗马孔院在文化推广、汉语教学、学术科研、内部管理各个方面都走在了前列。故罗马孔院有义务继续为探索孔子学院可持续发展而不懈努力。通过组织罗马孔院本部与课堂教师对教学资源、文化推广办法等问题的探讨,实现资源共享,并不断推陈出新,将可持续发展的理念融入每一个人的血液。2017—2018年,罗马孔院相继制定了《罗马大学孔子学院教师手册》《罗马大学孔子学院绿色发展管理文件》《罗马大学孔子学院教学管理规范》等,这些都为孔院未来建设与发展提供了重要保证。

4. 国际汉语教师师资培养

自2016年起,为实现跨区域汉语教师交流与发展,罗马孔院在每年的4月、11月会举办两场本土教师研讨会,并邀请界内专家为来自世界各地的国际汉语教师进行专业知识与技能的培训。汉语国际教育事业的发展不是一个人、一个团队或者一个孔院的事情。深化合作、创新发展需要每一位汉语教育者的努力,罗马孔院愿意为实现人类命运共同体贡献一份力量。

5. 国际汉语教学史

作为罗马大学和北京外国语大学合作的产物,罗马孔院拥有两所高校得天独厚的教育资源。至今,罗马大学拥有超过700年的历史,其古典文学及考古学位居世界大学排名第一。而意大利作为最早与中国产生联系的欧洲国家之一,其汉语教学的历史已经成为汉语教学界的瑰宝。作为汉语教师通过了解意大利传教士跨文化适应与汉语学习的经历,来发现汉语学习者的特点,对现代汉语教学具有重要的借鉴意义。

(四)罗马孔院教学模式

孔子学院有中外合作、海外运行、语言教学的独特属性。首先,由于本土化程度高,孔院能发现当地社会学习需求并及时提供相关课程,在发挥灵活性优势的同时构建丰富的课程体系并使课程之间进行关联与衔接,设立具有科学性、针对性和独特性的课程体系；其次，为了使学习者能从精心设计的课程学习过程中获益，作为专业教学机构的孔院进行全面的质量管理，无论从每门课程的学期计划、教学程序管理、学习者的课堂内外的语言学习指导帮助等各个方面，建立一套易于执行又行之有效的系统方法，在尊重教师个体风格差异的同时有统一规定的标准来最优化课程，保证语言教学的高效性；最后，基于孔院中外教师有不同的专业背景、年限不一的经验且每年都有一定比例的人员流动，孔院要保证稳定的课程供给与高质量教学需要开发当地资源并结合现代教育技术进行教师培训，以使新新手、新手老师都尽快达到严格的"罗马孔院标准"。教师对孔院工作的远景使命与目标、跨文化特征与合作教学的工作特性有清晰的认识、掌握较为全面丰富的技能技巧并培养教师自主学习主动工作的精神，这些"罗马孔院要求与罗马孔院标准"多年来确保汉语教学稳定一致性和专业灵活性。今后，罗马孔院会继续以适应意大利学习者为中心的理念，完善课程设计与设置、推动学习发生的教学管理以及海外本土师资建设的教学模式，为促进中意两国人文交流，实现中意两国民心相通贡献力量。

三、结　语

本文主要以罗马大学孔子学院为例，介绍了孔院通过12年来的发展探索出的一套本土化教学模式。以详细论述三个重要组块，即整体关联的课程设计，完善的课程管理系统，以及孔院教师职业发展培训，以点及面，来探讨如何构建适合意大利学习者的孔子学院教学模式，为实现孔子学院可持续发展提供可借鉴的思路和建议。

参考文献

[1] 罗马大学孔子学院. 罗马大学孔子学院2018年春季学期教师手册[R]. 2018.

[2] 罗马大学孔子学院. 罗马大学孔子学院绿色发展管理文件[R]. 2017.

[3] 罗马大学孔子学院. 罗马大学孔子学院教学管理规范[R]. 2018.

[4] 张红，王晓鸥. 融入、学习、提升和引领——罗马大学中方教师及其在意大利的工作与事业[J]. 北京：人文丛刊，2016.

[5] 胡文仲. 跨文化交际学概论[M]. 北京：外语教育与研究出版社，1999.

[6] 吴应晖. 汉语国际传播研究理论与方法[M]. 北京：中央民族大学出版社，2013.

【文学文化研究】

故人与故国
——从观宁侯萧永之死与周弘正聘周看王褒入北后的心态①

罗 静

【内容摘要】 南北朝文学家王褒与庾信并称为"庾王",《周书》称之为"唯王褒、庾信奇才秀出,牢笼于一代"。王褒江陵陷落时的表现备受诟病,近人评价王褒的文学成就时多以其"荷恩眄""忘羁旅"判为"人心"与"文心"之分裂,褒庾而贬王。本文梳理了王褒人品备受诟病的原因,并以观宁侯萧永之死及周弘正聘周二事为线索,对王褒入北后的作品《送观宁侯葬》与《赠周处士诗》等进行文本细读,力图证明王褒虽不及庾信"乡关之思"抒发之显,却将对"故国"的情感隐藏于对"故人"的怀念下,还原王褒入北后的真实心态。

【关键词】 王褒 故人之思 羁旅之思

王褒,字子渊(512?—575?)②,《周书》传论称之为"唯王褒、庾信奇才秀出,牢笼于一代"。③ 庾、王对于南北朝文学、文化交流意义重大,二人入北后之作更受人推崇。王渔洋以庾、王为北周仅有之才:"二人之才,一时亮瑜,而钟仪之悲,开府为

---

① 基金项目:2017 年新入职教师科研启动基金项目(2017QD025)、由"中央高校基本科研业务费专项资金资助"(项目批准号:2017QD025)。

② 王褒的生卒年,《周书》王褒本传记其卒年六十四。[日]清水凯夫《王褒的传记与文学》考证其生年为 514 年,牛贵琥《王褒集校注》《王褒略论》《王褒卒年及部分作品写作年代考》《王褒卒年考》《王褒年谱》等认为王褒生年为 513 年。曹道衡《中古文学史论文集·关于王褒的生卒年问题》认为王褒生于 512 年。

③ (唐)令狐德棻等.周书.北京:中华书局,1971:744.

至矣。"①并以庾信的羁旅之思、钟仪之悲比王褒更甚。《周书》本传也以王褒"荷恩眄,忘羁旅焉"。②相比庾信,王褒入北后的作品对"故国"似乎有意地淡化,而强化了对"故人"的思念与回忆。本文期望在前人基础上,结合王褒确认系于入北后的作品中,以观宁侯萧永之死及周弘正聘周为线索,对《送观宁侯葬》与《赠周处士诗》等进行文本细读,以期揣摩王褒入北后的心态。

一、王褒其人

王褒出身琅琊王氏,家世显赫,累世为官。自萧齐后,王褒家族所在分支尤为发达。王褒曾祖王俭,东晋王导五世孙,宋明帝时尚阳羡公主,拜驸马都尉,十八岁为秘书郎;后佐齐太祖萧道成即位,以佐命之功封南昌县公,升尚书左仆射,领吏部、兼丹阳尹;齐武帝时任侍中、尚书令,领国子祭酒、太子少傅,卫军将军,中书监,死后谥文宪。祖父王骞,《梁书》载了其拒高祖买其家田以布施之事,侧面体现出琅琊王氏之底蕴。父王规,起家秘书郎,袭封南昌县侯。曾侍东宫,为昭明太子所礼。萧衍诏群臣赋诗,王规援笔立奏,文美。王规曾集《后汉书》众家异同。王俭、王骞本传中多倾向于对其政治作为的记叙,而王规本传中则既因"文美"又因"识达事机"而备受称赞。王规侍奉萧统时长虽不长,但与陈郡殷钧、琅琊王锡、范阳张缅交好。王褒母袁氏,袁昂之女。

琅琊王氏高门著姓对培养子弟的文学素养相当重视,《梁书》记载王筠(王褒族叔)与诸子称世所未有如琅琊王氏这种"名德重光,爵位相继,人人有集者"③,并劝勉王氏子弟"汝等仰观堂构,思各努力"④。在家族浓厚的学术氛围下,王褒也博观群书,颇受到姻亲的爱重。其外祖袁昂殷殷期盼"此儿当成吾宅相"⑤,从萧子云学习草隶"名亚子云,并见重于世"。⑥ 王褒自云其早年治学为"吾始乎幼学,及于知命,既崇周、孔之教,兼循老、释之谈"。⑦ 思想中包含儒、释、道因素。

此外,王褒与萧梁皇室关系密切。父王规受萧衍、萧统礼遇,姑父萧子云与湘东王萧绎"如布衣之交"。姑母王灵宾嫁于萧纲,为皇太子妃。王褒本人"识量渊通,志怀沉静。美风仪,善谈笑,博览史传,尤工属文"⑧,颇受梁武帝喜爱,梁武帝

---

① (清)王士禛. 王士禛全集·渔洋文集:第14卷.五言诗凡例. 齐鲁书社,2007:1758.
② (唐)令狐德棻等. 周书. 北京:中华书局,1971:731.
③ (唐)姚思廉. 梁书. 北京:中华书局,1973:486.
④ (唐)姚思廉. 梁书. 北京:中华书局,1973:486.
⑤ (唐)姚思廉. 梁书. 北京:中华书局,1973:583.
⑥ (唐)令狐德棻. 周书. 北京:中华书局,1971:729.
⑦ (唐)姚思廉. 梁书. 北京:中华书局,1973:584.
⑧ (唐)令狐德棻. 周书. 北京:中华书局,1971:729.

弟鄱阳王萧恢之女妻之。

可以说琅琊王氏的背景及与萧梁皇室的密切关系使得王褒的前半生相当顺利。与其父王规一样,王褒弱冠举秀才(约531年),除秘书郎、太子舍人,以清流之职入仕。后王褒以父忧去职,服阕,袭封南昌侯,除武昌王文学、太子洗马,兼东宫管记,迁司徒属,秘书丞,转为安成内史。侯景之乱时,侯景转攻南中,王褒未降而犹据郡据守,时人称赞,体现了王褒一定的政治才能。

二、王褒备受诟病、未能南归

大宝二年(551),王褒到了江陵,封为忠武将军、南平内史,不久升迁为吏部尚书、侍中。承圣二年(553),迁尚书右仆射,仍参掌选事,又加侍中。其年,迁左仆射,参掌如故。然而史书本传此后的记载使得王褒完美的形象出现了碎裂。554年,江陵陷落,入北。《北史·王褒传》所记同《周书》,元帝降而王褒从之。《南史·梁本纪下·元帝纪》则称王褒反对谢答仁之议并以皇太子为人质向西魏投降。这几部史书之中,唯后起的《资治通鉴》最为详细:元帝入东阁竹殿焚书、命御史中丞王孝祀作降书、王褒主张降敌、元帝与王褒之论,西魏于谨受降,以太子为质,元帝就遣王褒送之。于谨子予王褒纸笔,王褒写下了"柱国常山公家奴王褒"。司马光自注云:"谨为柱国大将军,封常山公,褒以此自处,安能为帝谋乎!"① 已有前人考辨"家奴"之事是否为真,莫衷一是。笔者亦非为王褒翻案,只是王褒深受诟病的几处史实依然值得再考辨。

其一,梁元承制之后定都江陵,王褒唯唯而已。据王仲荦《魏晋南北朝隋初唐史》雍州地区与西魏的联合,江陵三面被围,江陵危矣,王褒绝无力挽狂澜之才。王褒、周弘让等"东人"主张定都建康;宗懔等"西人"主张定都江陵。宗懔等本来就是荆楚之人,可能不愿意远离故乡,加之建康经战乱洗劫损失惨重,力主定都江陵,梁元帝对宗懔他们的说法"深以为然"。而"褒性谨慎,知元帝多猜忌,弗敢公言其非。当时唯唯而已。后因清闲密谏,言辞甚切。元帝颇纳之。然其意好荆、楚,已从僧佑等策"。② 王褒知其计之不用,于是不复言。王褒并未面谏元帝,而是私下进言。而元帝"多猜忌",王褒却"性谨慎",定都于江陵之过不可加诸王褒。

其二,江陵之围选择抵抗还是选择投降是王褒身负骂名的根本原因。当时,主张抵抗者有谢答仁,谢认为可去投奔任约。而事实上,谢答仁、任约本皆为侯景投降旧部,是否忠于萧梁,实属可疑。梁元帝性格猜疑,对此二人更缺乏信任。若非

---

① (宋)司马光. 资治通鉴. 北京:中华书局.1956:5121.
② (唐)令狐德棻. 周书. 北京:中华书局,1971:730.

元帝意图投降,王褒劝降不能动摇元帝的主意。《周书·王褒传》云:"王师攻其外栅,城陷,褒从元帝入子城,犹欲固守。俄而元帝出降,褒遂与众俱出。"①可见是战是降,王褒内心也是有过挣扎过程的,最后顺应元帝之意投降,却成了背负罪孽者,被认为是人品卑劣。

其三,王褒入北之后生活优渥。《周书》中记载王褒等入北周后受到宇文氏的优待,宇文氏还"授褒及克、殷不害等车骑大将军、仪同三司"。②孝闵帝时王褒封石泉县子,邑三百户。南人入北后多被授予车骑将军、仪同三司一类官衔。"但这些看似很高实际上都是空官衔。"③《通典·职官》北周时车骑大将军、仪同三司属九命,太府计部等中大夫、内史属正五命,小司空等上大夫、刺史户不满五千以上者属正六命,刺史的最高级别是正八命。王褒入北就授"车骑大将军、仪同三司"属九命官职。近十年后的周武帝保定中授属正五命的"内史中大夫"。建德年间"颇参朝议""乘舆行幸,褒常侍从"时所任的小司空仅为正六命。入北二十二年后出任宜州刺史亦仍属八命以下闲职。也就是说,入北后王褒空有华名而无实权,更类似于文学侍从。

综合梳理了王褒深受诟病的种种原因后再看王褒的污名,似乎王褒其人更值得同情。王褒自入北后终生未能再践南土。《周书》杜杲传曾记杜杲出使陈,陈宣帝拟换回王褒、庾信曰:"长湖公军人等虽筑馆处之,然恐不能无北风之恋。王褒、庾信之徒既羁旅关中,亦当有南枝之思耳。"④结果杜杲代表北周含蓄拒绝了,王褒、庾信等失去了回乡机会。陈宣帝虽致力于召回王褒、庾信,但与之并没有深厚的情感。王褒、庾信与陈的关系也远远不及与萧氏之亲密。加上王褒本人当时年岁已长,政治抱负已消失殆尽,沉溺于佛教与道教之中。王褒身体状况不佳,即使北周政权同意王褒回南,王褒的身体能否经受住路途的遥远,也值得怀疑。种种因素交织,王褒、庾信入北后再也未能离开北方回到故土。《周书》本传评王褒为"荷恩眄,忘其羁旅焉",则似乎将王褒作为庾信"乡关之思"的对照。但对王褒其人,今人既不能用"忠于一姓一朝"的观念去简单地评价,也不能用有待考证的历史记录作为对他全然否定的证据,将庾信视为爱国典型,王褒则为数典忘祖之流。

三、"故人"与"故国"——观宁侯萧永之死与周弘正聘周

王褒作品保存情况如下:《旧唐书·经籍志》《王褒集》三十卷、《新唐书·艺文

---

① (唐)令狐德棻.周书.北京:中华书局,1971:731.
② (唐)令狐德棻.周书.北京:中华书局,1971:731.
③ 牛贵琥.由乡关之思看庾信王褒的不同兼论其原因.民族文学研究.中国文艺联合出版公司,2003.
④ (唐)令狐德棻.周书.北京:中华书局,1971:703.

志》《王褒集》二十卷、《通志·艺文略》《王褒集》二十一卷。而《梁书》附王褒《幼训》,《隋书·经籍志》有王褒《王氏江左世家传》二十卷、后周小司空《王褒集》二十一卷,《宋史·艺文志》有王褒《桐柏真人王君外传》一卷。而后有明人辑本。①《全后周文》辑王褒文二十六篇。《先秦汉魏晋南北朝诗》辑王褒诗四十六题四十八首。②

今人研究王褒诗,必提及王褒作品中乐府诗之多。葛晓音《八代诗史》中统计,王褒乐府共有19首,多继承了汉魏以来的乐府传统。经历了侯景之乱后的《燕歌行》可证王褒诗风已产生了变化,而入北后,王褒"诗歌的内容比过去要充实得多,风格也显得刚健。……入北周后所作的《渡河北》《送别裴仪同》则显得朴素和悲凉,远非过去那些作品所可比拟"。③ 周建江《北朝文学史》以王褒"诗歌创作以乐府诗见长,有建安诗风的遗韵。风格雄健,格调健康,语言遒劲有力,感情世界丰富多彩,只是有时气势上稍带悲壮之色"。④ 王褒"以文士而总兵戎,故多边塞之作"。⑤ 确实,王褒与大多数世族子弟不同,侯景之乱时曾"犹据郡据守";江陵之役中,负责城西诸军事,也占有举足轻重的地位。故而他的乐府诗大多采用汉魏乐府古题如《关山月》《饮马长城窟行》等。

在继承汉魏传统的同时,王褒对初唐诗歌也有启发。陈胤倩敏锐地指出:"王子渊诗淹雅,是南朝作家,辄有好句,足开初唐之风。伤心北地,如夏蝉经秋,独树孤吟,缠绵不已。"如《入关故人别》除第四句"远"字应平而仄外,二联之间不粘则不合后代绝诗格式,但各句均为律句。又如《别陆子云》"平湖开曙日,细柳发新春"是杜审言《和晋陵陆丞相早春游望》"云霞出海曙,梅柳渡江春"二句所出。⑥ 故而葛晓音认为:"王褒诗缺乏鲜明的独特风格,成就虽不能与庾信相比,但淹雅娴熟,时有佳句,足启唐人之思,在北朝诗人中可称才杰。"⑦

---

① 明人辑本有:明张燮辑《王司空集》三卷,附一卷,收入《七十二家集》。明薛应旗辑《王子渊集》一卷,收入《六朝诗集》。明张溥辑《王司空集》一卷,收入《汉魏六朝百三家集》。明叶绍泰辑《王司空集》,收入《增定汉魏六朝别解》,详见周祖譔主编.先唐文苑传笺证.江苏:凤凰出版社,2012:771.

② 王褒诗作为47还是48首,今人仍有争议。牛贵琥认为《关山篇》一首,实王训《度关山》,非王褒之作,详见牛贵琥.王褒卒年及部分作品写作年代考.文献,1999(2).而蔡鸿.从王褒名下诗的归属看文献考证中从早、从近原则的应用.古籍整理研究学刊,2011(4).本文认为应从蔡鸿说,王褒入北后之作应为48首。

③ 曹道衡.试论北朝文学.中古文学史论文集.北京:中华书局,2002:92.

④ 周建江.北朝文学史.北京:中国社会科学出版社,1997:251.

⑤ 萧涤非.汉魏六朝乐府文学史.北京:人民文学出版社,1984:294.

⑥ 曹道衡,沈玉成.南北朝文学史.北京:人民文学出版社,1991:414.

⑦ 葛晓音.八代诗史.西安:陕西人民出版社.1989:308.

王褒入北之后可考的诗作九首①,确实并没有直白表达"乡关之思"者。但这并不等于王褒已完全忘记自己的故国,只是他将对"故国"的情感埋藏于对"故人"的怀念下,更为复杂而微妙。但是这种微妙的情感表达还是会在某些场合表达得更为明显,观宁侯萧永之死以及周弘正聘周就是这样的契机。

(一)观宁侯萧永之死

观宁侯萧永史书无传,仅在《南史·萧范传》《陈书·周敷传》等略有提及。萧永为萧梁忠烈王萧恢之子,其兄萧范。王褒妻萧恢女,则萧永为王褒妻内弟。太清三年(549)萧范曾"复遣其弟观宁侯永将兵通南川,助庄铁"。②结果"铁至郡即叛,推观宁侯永为主"。③萧永败于萧大心。侯景之乱后曾至豫章投靠周敷,周敷助他西上至江陵。承圣二年(553),以吏部尚书王褒为左仆射。萧永任豫章太守,司马光评之为"昏而少断……永将兵讨陆纳,至宫亭湖,重杀蛮奴,永军溃,奔江陵"。④宫亭湖即为鄱阳湖,萧永兵至此而大败,逃回了江陵。等江陵陷落,萧永应是与庾信、王褒同时入北。萧永卒于北周,王褒有《送观宁侯葬》,庾信有《思旧铭》,是岁为周明帝二年(558)⑤。

送观宁侯葬⑥

蒙羽高峻极,淮泗导清源。
荆茅广裂地,跗萼盛开蕃。
纷纶彤膟彩,从容琼玉温。
冲飚摇柏斡,烈火壮曾昆。
畴昔同羁旅,辛苦涉凉暄。
观风方听乐,垂泪遽伤魂。

---

① 本文认为王褒入北后确切可考作品如下:《高句丽》《出塞》《奉和赵王途中五韵诗》《奉和赵王隐士诗》《赠周处士诗》《和庾司水修渭诗》《送观宁侯葬诗》《送别裴仪同诗》《和殷廷尉岁暮诗》。其中,《高句丽》《出塞》为萧涤非《汉魏六朝乐府文学史》所考;《奉和赵王途中五韵诗》系于562年,《奉和赵王隐士诗》未详,《赠周处士诗》系于562年,《和庾司水修渭诗》系于557年,《送观宁侯葬诗》系于558年,《送别裴仪同诗》由曹道衡《中古文学史论文集》系于入北后,具体年份未详,《和殷廷尉岁暮诗》系于558年。其余为曹道衡、刘跃进《南北朝文学编年史》系之。其他置于入北后者如《渡河北》、《咏雁诗》、《入关故人别》、《别王都官》(牛贵琥考)、《九日从驾》、《始发宿亭》(清水凯夫考)、《云居寺高顶》(清水凯夫考)存疑,本文暂且搁置讨论。

② (唐)李延寿.南史.北京:中华书局,1975:1297.

③ (宋)司马光著.(元)胡三省音注.资治通鉴.北京:中华书局,1956:5030.

④ (宋)司马光著.(元)胡三省音注.资治通鉴.北京:中华书局,1956:5101.

⑤ 庾信《思旧铭》序有"岁在摄提"之句,倪璠注考释当是戊寅年卒,在周明帝二年(558),详见庾子山集注.北京:中华书局,1980:685.

⑥ 逯钦立辑校.先秦汉魏晋南北朝诗.北京:中华书局,1983:2339.

造舟虚客礼，高閈掩宾垣。
桂树思公子，芳草惜王孙。
今晨向郊郭，犹似背辕辕。
丹旐书空位，素帐设虚樽。
楚琴南操绝，韩书旧说存。
西靡伤新树，东陵惜故园。
自怜悲谷影，弥怆玉关门。
余辉尽天末，夕雾拥山根。
平原看独树，皋亭望列村。
寂寥还盖静，荒茫归路昏。
挽铎已流唱，歌童行自喧。
瞻言千载后，谁将游九原。

  这首诗由三十六句组成。首先应当注意的是题中"观宁侯"三字，倪璠曰："观宁，梁时所封，为故侯也。"①虽不见得以梁时故封称之即为寄托王褒对萧梁之思，但不能完全否认王褒对萧梁的感情。首六句以萧氏起源开笔，承以第七、八句中之"飓风""烈火"，暗示萧梁动荡的命运。第九至十二句以"同羁旅""涉凉暄"证明了萧永与王褒、庾信一同入北的经历，一路上只能暗自垂泪，心中伤悲。第十三、十四句"造舟""虚客""高閈"均为用典，写参加萧永葬礼者之多、规格之高。第十五、十六句"思公子""惜王孙"用典，点明萧永溘死而流亡的悲剧命运，赋予桂树、芳草以人的情感，寄寓个人对萧永的思念。第十七、十八句写清晨在洛阳郊外送葬，十九、二十句从眼前所见丧仪丧具为之招魂。接下来就二十一、二十二句用《左传·成公九年》钟仪"南冠"典故，"韩书"应是指韩非，著书传于后世，本韩公子而死秦，正与萧永经历有类似之处。二十三句"西靡"用典，颜师古注《汉书》引《皇览》说"东平思王冢在无盐，人传言王在国思归京师，后葬，其冢上松柏皆西靡也"。②"西靡"代表了东平思王刘宇即使死后依然心向故都之情，以此表达萧永对故国的思念也是非常贴切的。"东陵"典出自《史记》"召平者，故秦东陵侯。秦破，为布衣，贫，种瓜于长安城东"。③ 此句表达萧永死后化成"西靡"之新树，而旧时王侯入北后俨然如东陵一般，也只能屈从于命运。萧永死于558年，而陈霸先557年底接受梁敬帝禅让，建立陈。二十五、二十六句也是用典，"悲谷"典出《淮南子》注"悲谷，西南方之

---

① （北周）庾信撰，（清）倪璠注.庾子山集注.北京：中华书局，1980：684－685.
② （汉）班固撰，（唐）颜师古注.汉书.北京：中华书局，1962：3326.
③ （汉）司马迁撰，（南朝宋）裴骃集解，（唐）司马贞索隐，（唐）张守节正义.史记.北京：中华书局，1982：2017.

大壑。言其深峻,临其上令人悲思,故曰悲谷"。① 在为萧永之死感伤过后,王褒也为自己的身世而感伤。第二十七至三十句则是眼前所见之景,第三十一至三十四句则是送葬的队伍返回,用喧闹的歌童反衬内心的悲凉。最后两句是想象千年后,又有谁会来到萧永墓前纪念他,记得他。

葬礼既是死者与生者之间所横亘着不可逾越的鸿沟,又是对生者的提醒甚至是警告。今日死者即明日生者。萧永之死提醒王褒,生命终有结束之时,惶惶然不知何去何从。从"畴昔同羁旅"联想到二人共同的人生经历,从感伤他人到自怜自伤,王褒含蓄地用未来的想象结束了全诗。而庾信《思旧铭》也写到了"昔尝欢宴,风月留连,追忆平生,宛然心目。及乎垂翅秦川,关河羁旅,降于悲谷之景,实有忧生之情"。② 可见,庾信与王褒面对故人萧永之死,怀念故人的同时表达个人的"羁旅"与"忧生之情"。

(二)周弘正聘周

周弘正(496—574),汝南周氏,周颙之孙,仕梁、陈二朝。《南史》本传称其"善清谈,梁末为玄宗之冠。及侯景平,僧辩启送秘府图籍,敕弘正雠校"。③ 梁元帝江陵即位后,周弘正曾经与王褒同朝为官,受命与王褒、颜之推、庾信等校书。在定都建康还是江陵的讨论中,王褒与周弘正均赞同定都建康。史书无载周弘正与王褒关系如何,但记其弟周弘让与王褒相善。《周书·王褒传》:"初,褒与梁处士汝南周弘让相善。及弘让兄弘正自陈来聘,高祖许褒等通亲知音问。"④周弘正曾多次聘周而返。《陈书·周弘正传》:"天嘉元年,迁侍中、国子祭酒,往长安迎高宗。三年,自周还。"⑤庾信有《别周尚书弘正》《重别周尚书》等作品相送。⑥ 王褒请周弘让带去书信以及赠诗《赠周处士诗》。

赠周处士诗⑦

我行无岁月,征马屡盘桓。
峥曲三危岨,关重九折难。
犹持汉使节,尚服楚臣冠。

---

① (汉)刘安编,刘文典撰,冯逸,乔华点校.淮南鸿烈集解.北京:中华书局,2013:834.
② (北周)庾信撰,(清)倪璠注.庾子山集注.北京:中华书局,1980:689.
③ (唐)李延寿.南史.北京:中华书局,1975:899.
④ (唐)令狐德棻.周书.北京:中华书局,1971:731.
⑤ (唐)姚思廉撰.陈书.北京:中华书局,1972:309.
⑥ 今人陈志平《庾信〈别周弘正〉诗系年考误》(《嘉应学院学报》2007年第7期,67—69)认为《别周弘正》诗应系于建德二年(573)。本文姑从曹道衡、刘跃进之说,仍系于562年,见《南北朝文学编年史》,北京:人民文学出版社,2000:564.
⑦ 逯钦立辑校.先秦汉魏晋南北朝诗.北京:中华书局,1983:2336.

> 巢禽疑上幕,惊羽畏虚弹。
> 飞蓬去不已,客思渐无端。
> 壮志与时歇,生年随事阑。
> 百龄悲促命,数刻念余欢。
> 云生陇坻黑,桑疏蓟北寒。
> 鸟道无蹊径,清溪有波澜。
> 思君化羽翮,要我铸金丹。

若将《赠周处士诗》系于562年,则此时距王褒入北已有近十年。第一至第四句回顾了自己早年的生活,以"征马"自比,"屡盘桓"表明反复地产生迷茫之感。"三危岨""九折难"体现人生艰难。五、六句分别用典,一方面剖白内心在被迫入北后极端的痛苦,另一方面对萧梁故土念念不忘。随着时间的流逝,王褒依然用"犹""尚"暗示自己多年后对故国的坚定。或许王褒这样标榜自己,体现了某种知行的分裂。七、八句化用失群之雁的典故,"疑"和"畏"揭示了内心世界的惶恐不安。九、十句用"飞蓬"意象象征了羁旅他乡的诗人,随风而飞,无根无处。与此诗同时所作的《与周弘让书》亦有"征蓬长逝,流水不归",以"蓬"自喻。"客思渐无端",可能诗人心中依然是对故人及故国的思念。与周弘正的重逢让诗人想起的也可能是个人再难以受到信任建功立业的痛楚。因此,诗人只能空叹:"壮志与时歇,生年随事阑。"十三、十四句感慨人生短暂,大多数时间的痛苦与偶尔的"余欢"对比,更反映了人生的悲哀。所谓"余欢"不仅是与周弘让的交游,是在萧梁期间的优游岁月,也是逝去的萧梁灿烂的文化与文明。十五、十六句描绘了北朝风光,"陇坻""蓟北"代指北方,王褒刻意强化了北方不同于南方的自然风光,寒冷、植物稀疏。十七、十八句又从陆地转移到天空中,即使鸟类想要跨越南北也无路可走,更何况天上有重重障碍。因此,想要与友人周弘让相见也是遥遥无期,甚至于今生无望,只能寄托于道教,伤心不已。

这首诗中非常值得注意的是首联中的"无岁月"。既然时间是开始还是停滞,都是出于人的感觉,则诗人的世界中时间也有可能就是停滞的。入北后看似优渥的生活实际上却是政治生涯的停滞,高门甲族自豪感、南朝文化优越感也同时在江陵陷落时停滞。"征马屡盘桓"。"屡""盘桓"是暗含着时间存在的。在故人重逢间,时间似又重新开始,回忆突然间涌入,"三危岨""九折难"一直到"悲促命""念余欢"。更可悲的是,诗人回忆其人生竟只有"数刻"可"念余欢",更多是"悲促命"。时间推动了诗人对自己一生经历的回忆,辉煌灿烂而短暂。最终,诗人还是只能在"铸金丹"这样的过程中消磨自己的回忆,消磨自己的生命和时间。事实上诗人确实也这样做的,在佛、道中消磨自己,达到对时间的忘却。

或许有时与北周的贵戚交往,也会使王褒暂时忘记自己身居何处,"荷恩昐,忘其羁旅"。然而王褒在面对观宁侯萧永之死及周弘正聘周时,还是难以克制自己对故国、故人的回忆,还是流露出了乡关之思。或许,王褒与江陵事败的关系太过密切,他无法如庾信较为深刻地反思萧梁灭亡,却更多去感慨、伤情于自己年华不在,壮志已失。相比庾信,王褒更像是用怀念"故人"去代替怀念"故国",是谨慎与节制的。故而张溥以王褒为"微弱",但以王褒情感为"建章楼阁,长安陵树,伤心久已"。① 王褒如此的家世与文才却终生离故土,坎坷多病,肠断秦川,对故国的思念也只能隐藏于对故人的思念下,可谓"昔为人所羡,今为人所怜"。②

参考文献

[1](唐)令狐德芬等. 周书. 北京:中华书局,1971.

[2]曹道衡. 南朝文学与北朝文学研究. 南京:江苏古籍出版社,1999.

[3]曹道衡,刘跃进. 南北朝文学编年史. 北京:人民文学出版社,2000.

[4]曹道衡,沈玉成. 南北朝文学史. 北京:人民文学出版社,1991.

[5]牛贵琥. 由乡关之思看王褒庾信的不同兼论其原因. 民族文学研究,2003(4).

[6]牛贵琥. 王褒卒年考. 山西大学学报,1990(4).

[7]牛贵琥. 王褒略论. 山西大学学报(哲学社会科学版),1993(3).

[8]牛贵琥. 王褒卒年及部分作品写作年代考. 文献季刊,1999(2).

[9]赵静. 关于王褒生平思想几个问题的考辨. 文艺评论,2013(6).

---

① (明)张溥,殷孟伦注. 汉魏六朝百三家集题辞注. 北京:中华书局. 2007:369.
② (北周)庾信撰,(清)倪璠注. 庾子山集注·伤王司徒褒,"世途旦复旦,人情玄又玄。"北京:中华书局,1980:308.

越南使臣武辉珽的《华程诗》研究[①]

吕小蓬　赵　阳

【内容摘要】 越南后黎朝使者武辉珽于1772—1773年使清期间，写下了140余首汉诗记述使途见闻与出使情怀，后被编纂成《华程诗》上下两集。本文从武辉珽出使的外交使命与使途行程入手，具体分析《华程诗》的诗歌内容，指出这部越南古代使华诗集的独特文学价值。

【关键词】 越南　使臣　武辉珽　《华程诗》

在15世纪至18世纪的300多年间，越南主要处于后黎朝时期。后黎朝与明、清两朝均维持着宗藩关系，定期派遣使臣履行岁贡、告哀、求封、谢恩等外交使命。后黎朝使臣武辉珽曾于1772年起程使清，他从广西经湖南、湖北等地入北京，途经中国文物繁盛之地，皆尽力到访，"专对之暇，触兴吟题"，[②]以诗歌记录下出使情怀、自然人文景观、中国的朝野生态，及与多国使节的交往。这些诗歌后汇编为《华程诗》，即武辉珽的汉文使华诗集。[③]

由于国际学术交流不畅等原因，国内学术界以往对越南使华诗文掌握较少，研究大多集中在个别知名诗人，如后黎朝的黎贵惇和阮攸等，而武辉珽则几乎未被关注。2010年复旦大学出版社出版的由复旦大学文史研究院、(越南)汉喃研究院合编的《越南汉文燕行文献集成》，是迄今所见最系统、翔实的越南汉文燕行文献汇编，其中收录了汉喃研究院藏武辉珽《华程诗》的钞本影印本，这为本文的撰写提供

[①] 基金项目：北京市社会科学基金研究基地项目"越南古代汉文学中的北京形象研究"（编号：17JDWXB003）阶段性成果。

[②] 宁逊.《华程诗》·序.复旦大学文史研究院，(越南)汉喃研究院合编.越南汉文燕行文献集成(5).复旦大学出版社，2010：241-242.

[③] 宁逊在《〈华程诗〉序》中称，武辉珽的使华诗集"凡千百首，颜《华程学步集》"，而《华程诗》共收诗150首（其中包括越南使臣、姚迈德、欧阳新等人的赠诗，并将组诗分别统计），故笔者认为《华程诗》当为《华程学步集》的选本。

了重要的文献依据和研究基础。

一、武辉珽及其使华之旅

武辉珽(1731—1789),字温奇,号颐轩,海阳唐安县慕泽人。海阳属于北圻(北部国土),位于红河下流的冲积平原,土地肥沃,开发较早,文明和教育程度较高。北圻靠近中国边境,不少华人移居此地,故而与中原文化最为接近,汉文化的程度较高。武辉珽家族的祖先原籍为中国福建,唐武宗时期始移居唐安。慕泽武族不仅是当地的名门望族,而且族中子弟屡屡在科场上显身扬名,被赞誉为"八百年前道脉长,名公硕望世相望。高曾云耳勋贤继,爵禄科名荫泽光"。[①]武辉珽继承了家族的科场荣耀,景兴十五年(1754)中甲戌科进士。虽然《登科录》称他"二十五中",[②]但由于越南人年龄多用虚岁,所以他事实上23周岁就考中进士了,可谓年轻俊才。武辉珽从小熟读儒家经典,有较高的诗歌造诣和文坛声望,武氏门生宁逊评价他为"黎朝景兴中名进士也,雄文大笔,领袖词林",称赞他的诗"雄浑闳奥,妙达真机,其命意精深,其摘词典丽,其格致飘逸似陶渊明,其字句工练似杜子美"。[③]这其中虽不乏溢美,但也足见武辉珽在当时越南社会的影响。

武辉珽于景兴三十二年(乾隆三十六年,1771)充甲副使使清,次年春(景兴三十三年,乾隆三十七年,1772)启程,又次年冬(景兴三十四年,1773)回国。他此行目的一是岁贡,二是交涉黄公缵事件。黄公缵为安南夷目,1769年(乾隆三十四年)被当时的后黎朝显宗黎维祧讨伐,被迫率众逃入云南。据《清实录》记载,"(黄公缵)率眷属、民人四百余名,恳求内附",[④]这一事件在中国方面称为"黄公缵投诚案"。清廷对此很是为难,一方面考虑到安南国王"恪守藩服,向称恭顺",[⑤]黄公缵"既系该国之人,于理不应允纳";[⑥]另一方面又想"昭中朝正大之体",[⑦]于是几经权衡后同意收留黄公缵,将其"安插普洱府思茅厅属那可乐地方"。[⑧] 1770年6月,云

---

① 武芳堤,陈贵衕.公余捷记.孙逊,郑克孟,陈益源主编.越南汉文小说集成(9).上海古籍出版社,2010:20.
② 武楣等编,阮伣校.鼎锲大越历朝登科录.第3卷.景兴四十年刻本(越南国家图书馆藏本R116).
③ 宁逊.《华程诗》·序.复旦大学文史研究院,(越南)汉喃研究院合编.越南汉文燕行文献集成(5).复旦大学出版社,2010:241—242.
④ (清)庆桂,董诰等纂修.清高宗纯皇帝实录(11).中华书局,1986:130.
⑤ (清)庆桂,董诰等纂修.清高宗纯皇帝实录(11).中华书局,1986:140.
⑥ (清)庆桂,董诰等纂修.清高宗纯皇帝实录(11).中华书局,1986:130.
⑦ (清)庆桂,董诰等纂修.清高宗纯皇帝实录(11).中华书局,1986:140.
⑧ (清)庆桂,董诰等纂修.清高宗纯皇帝实录(11).中华书局,1986:793.

贵总督奉旨将黄公缵部所存126人送往新疆,由乌鲁木齐办事大臣拨给"地亩房间,令其耕种自赡"①。清廷将此消息通知了后黎,后黎得知后要求"索取黄公缵,领回处治"。②乾隆皇帝为了"使外夷不复妄生顾虑",命两广总督李侍尧以"于情理未合"等理由拒绝,③并告知黄公缵等人已被安置于极北之地,不会回安南再生事端了。1772年,安南国王再次要求清廷归还黄公缵等人,并派段阮俶、武辉珽、阮瑶三人充任正副使,在向清廷进贡方物的同时,附奏引渡黄公缵的相关事宜。乾隆帝下旨驳回,免收方物,此事才告一段落。虽然武辉珽此次出使未能圆满完成引渡黄公缵的任务,但这仍是一次成功的使华之旅。武辉珽归国后便升任兵部侍郎兼国子监祭酒,封爵红择伯。④

二、《华程诗》的内容分类

从《华程诗》的内容编排来看,武辉珽出使的路线大体如下:广西(宁江、五险滩、浔州、梧州、苍梧、昭平县、桂林、桂平县、灵州、兴安县、全州、南宁)—湖南(永州、长沙、岳州、祁阳)—湖北(武昌、汉阳、汉口、黄州、黄冈)—江西(彭泽、铜陵)—江苏(南京、宿迁、扬州)—山东(济宁、泰安)—河北(景州、涿州)—北京。⑤他的使途以水路为主,自入关后至广西宁明州时便舍陆登舟,直到河南或山东时下船乘车,入直隶后转为坐轿。这也符合《大清会典事例》所载的雍正二年(1724)议准的安南贡使进京路线:"由广西、湖南、湖北、江西、江南、山东、直隶水路行,回日由部照原勘合换给,仍由水路归国。"⑥

《华程诗》的诗作基本按照使程顺序编排,且不少题下有注,或是介绍历史典故,或是说明山川地理,或是简述使臣事务安排,对理解诗作起到了重要的作用。《华程诗》的诗作内容十分丰富,大体可以分成五类:第一,抒发使臣情怀的出使诗,对国家的惦念、久别故土的苦闷、离京归国的畅快在诗中都有直率的表达;第二,吟咏历史的怀古诗,往往表达对某段历史或某个历史人物的追忆;第三,书写自然与人文地理的景观诗,以欣赏的态度记录自己对中国山川风物和文化面貌的感受;第四,表现民俗风情的诗,记录中国各地在端午、中秋等传统节日的民间风俗;第五,

---

① (清)庆桂,董诰等纂修.清高宗纯皇帝实录(11).中华书局,1986:846.
② (清)庆桂,董诰等纂修.清高宗纯皇帝实录(11).中华书局,1986:792.
③ (清)庆桂,董诰等纂修.清高宗纯皇帝实录(11).中华书局,1986:891-892.
④ 参见朱莉丽.《华程诗》提要.复旦大学文史研究院,(越南)汉喃研究院合编.越南汉文燕行文献集成(5).复旦大学出版社,2010:237.
⑤ 参见郑幸.越南使臣入清京师路线考述.历史地理,2017(35):130-138.
⑥ (清)昆冈,李鸿章等.钦定大清会典事例.卷502.礼部.朝贡.贡道,光绪二十五年重修影印本.

与在华友人交往应酬的赠答诗,反映出越南使臣在中国期间与中国官员、普通士人及他国使臣的交往情况和彼此间的友谊。

(一)出使诗

《华程诗》中直抒胸臆地表达使臣出使情怀的诗作约有 10 余首,主要集中在从越南启程出发和完成使命离京归国这两个阶段,前者多抒发强烈的使命感和责任感,精神昂扬,意气风发,后者则主要寄托迫切的思乡之情,归心似箭。例如《济河》:

> 皇华宠命远衔将,迢递骃程起富良。
> 春旭分辉行杖绚,奎章回照使星光。
> 亭簪绅佩三需宴,岸闹笙箫五济舻。
> 恋恋虽然臣子念,也须公干早勾当。

由于对使华的重视,后黎朝在使团出发前有颁发赏赐、组织送行宴席的惯例,根据宴会的不同规格,赏赐也有差别:内宴时,正副使每人银 3 两 3 钱 3 厘;外宴时,正副使每人银 10 两,古钱 10 贯。① 这首《济河》便写到了使团出发前在东津亭设宴欢送的场景,以华丽的辞藻、工整的对仗极力张扬盛大的出发排场。然而诗人没有陶醉在笙箫齐鸣的喧嚣中,反而由于得到"宠命",产生了为国效力的责任感和使命感、远行前对国家不舍的"恋恋之情"。本诗从一个臣子的立场和心态出发,再现了一个稳重务实、恪尽职守的朝廷重臣形象,正如《华程诗》诗下评语所说,风格"通篇庄重"。

使团由广西镇南关进入中国,通关时需处理入关程序。《南关夜宿》和《南关晓渡》便写于这段时间,"念头靡盅难为梦,乍报初鸡已索冠"(《南关夜宿》)、"乾坤许大前程远,丹愫凭将对蔚蓝"(《南关晓渡》)都表达了对未知使途的紧张与期待。《自梧州至昭平舟程即事》《客程夜雨》《舟次桂林》则分别发生在路途险阻、恶劣天气和祖先忌日三个时间节点上,不仅道出了羁旅行役之苦、思土怀亲之痛,还寄托了诗人排除万难、为国效命的决心。例如《自梧州至昭平舟程即事》:

> 桂江涝涨两淋漓,溯棹迢迢旅思縻。
> 篙子后先呼喝闹,榄夫咫尺拽牵迟。
> 八千里外迂还远,三百滩涂险亦夷。
> 往处纵非回处易,中秋好看顺帆驰。

---

① 参见陈文.安南后黎朝北使使臣的人员构成与社会地位.中国边疆史地研究,2012(6):114—126.

诗下还有按语写道:"自梧州至北京八千三百里,自苍梧至昭平三百六十六滩"。中秋在即,使途充满艰险,这勾起了作者的羁旅之愁。出发数月,遇险滩无数,而前路漫漫多少险阻尚未可知,只从一句"顺帆驰"便道出了使臣坚定的意志。

离京回程途中,诗人创作了《回程喜赋》《重济洞庭喜赋》《回程崑江泛棹漫成》《回程南宁舟次即事》《回程出关喜赋》等诗篇,抒发即将归国的喜悦之情。例如《回程喜赋》:

> 鹿鸣宴罢驾归程,袖带天香出上京。
> 人值新春添宿健,马谙旧驿趁宵征。
> 亭梅试趣擎花赠,山月知新点烛迎。
> 幸此桑蓬初志遂,顺鸿云路羽毛轻。

据题注云,该诗写于"正月初六日"。诗人刚刚于12月15日觐见了乾隆帝(见《午门待曙》),又在皇宫经历了盛大的元旦庆典,"鹿鸣宴罢"后正式踏上了回程,因此一路马蹄轻快,愉快地与新知旧交往来应酬。诗人庆幸此番使华的顺利,也恰恰由于"志遂",心情格外畅快,如云路顺鸿一般踏上了返程的路途,全诗风格正如评点所说"逸兴飘飘"。再如《回程出关喜赋》:

> 周道逶迟恰两年,北轺南乘此门前。
> 去时梅驿千重地,回处枫宸咫尺天。
> 无恙故山青认仗,欲春新柳绿迎鞍。
> 归囊点检希长物,满载衣裳与简编。

诗人经镇南关归国,此时距离使团从该地出发已经"逶迟恰两年",想起当日的离愁别绪,眼前青山依旧、新柳迎宾的景象愈发喜人。在令人羡慕的使华之旅中,诗人并没有购置珍稀的中国特产,归囊中只是衣裳和各类书籍。盘点归囊象征着盘点使华之旅的收获,四季衣裳显示出漫长旅途的劳苦,而简编则代表了诗人的精神收获,其中或许既有购买的中国典籍,也有诗人的使途创作,体现诗人强烈的精神追求。

(二)怀古诗

《华程诗》中的怀古诗约占四分之一,如《题贾谊庙》《赤壁怀古二首》《乌江怀古》《九疑怀古》《题项王庙》《题琵琶亭》《题韩信钓台》《题山平堂》等。多由历史遗迹和传说触兴而发,诗前多有题注,记录地理位置、概况、缘由等,集中体现了武辉斑的汉文学与文化功力。诗人在使途中经过特定的历史地点,产生历史文化的追忆,吟咏舜帝、贾谊、诸葛亮、白居易、董仲舒、韩信、欧阳修、岳飞、项羽等中国历史人物,感慨楚汉争雄、赤壁之战、金陵兴衰等历史事件。在写作技巧和风格上,武辉斑讲究对偶和用典,善用飘然逸想,风格清隽典重,如《题贾谊庙》:

  才俊英英逸寡俦,锐将怀抱赞皇猷。
  久安有策堪隆□,多质无能共复周。
  吊屈已高翔凤志,过秦犹作断蛇谋。
  惟余忠爱标千古,衡岳湘波自峙流。

  根据题注所记,武辉斑行经长沙省城西门灌锦坊,参观了贾谊故居改建的祠庙,不禁凭吊古人。特别是五、六句,不仅对仗工整,情绪饱满,而且巧妙地化用贾谊《吊屈原赋》和《过秦论》,在赞扬贾谊高洁的节操和卓越的才华的同时,又为他英年早逝的悲惨结局痛心疾首。武辉斑23岁即中举,仕途较之屡遭排挤的贾谊要畅达得多,但他依然能体会到贾谊怀才不遇的苦闷,显示了武辉斑对中国文化的深刻理解与感悟。"衡岳湘波自峙流",止不住的水流似乎是悲伤的物化,写尽诗人对贾谊的"忠爱"之情;流淌的江水给人以时间流逝之感,衬托咏史怀古的苍茫心绪;同时象征文人间默契的同理心,在地域间、代际间传递,永不止息。再如《过驷亭驿偶题》:

  尺剑乘时创火图,潜龙曾此布衣游。
  丈夫语志观秦日,皇帝知尊灭楚秋。
  基宇寻常元匪义,山河百二竟皆刘。
  舣船却笑乌江叟,更劝他人作对头。

  本诗是诗人行经江苏沛县泗水亭驿的所见所感。汉朝开国皇帝汉高祖刘邦在带领沛县的乡亲父老起事前,当过泗水亭的亭长。刘邦曾是一个小小的亭长、一介布衣,在秦朝末年的农民起义的乱世中脱颖而出,造福百姓。这不禁激发了作者的妙想——乌江上开船的老叟说不定有一天也会成为人中豪杰。本诗评点为"飘然逸想"。广阔而传奇的历史给了作者万事皆可为的勇气和魄力,自我成就的意识在畅想历史中被放大,在历史中实现自己远大的抱负是诗人所期待的,体现了诗人广阔的胸襟和抓住出使机遇建功立业的迫切心情。

  (三)景观诗
  《华程诗》中的景观诗分人文和自然景观两类,多有题注和小序,对景观的位置所在、地理状况以及历史沿革做出说明。如《灵渠溯陡》：

  舟行兴安县界，系秦时所凿，以通灵州。汉伏波、诸葛复修之，水道浅狭，盘回难行。旧置石陡三十六处，中间久经圮坏，累蒇修理，不能依旧，每逢水涸，即于陆中横树竹栅密篱，遏注水势，待水盈科，然后放行，一级高一级，徐上徐转上，又随处架石桥砌、石门以通行舟。岸边土人多作竹□，置翻车运水，以注田上。

数百江滩险既超，长渠路入更迢迢。
源开流浚秦而汉，岸转湾回陆又桥。
注水竹篱通涸鹬，灌田□轴活枯苗。
凭谁借得商霖雨，数日舟程可半朝。

  广西灵渠是中国历史上一个伟大的引水和运输工程，它沟通了湘江与漓江，打通了南北水道，曾为秦朝统一岭南提供了重要的保障。武辉珽一方面吟咏灵渠的高效，讴歌劳动人民的智慧；另一方面不厌其详地题注更像是报告，因为使团归国后需要向国王呈报所见景象，像灵渠这类先进的水利工程，对水道密集、水利工程相对落后的安南来讲是一个极好的学习对象。

  《华程诗》中自然景观诗数量庞大，约占诗集的一半。它们常以组诗形式出现，如《登黄鹤楼二首》《登岳阳楼二首》《三浯六咏》《洞庭闲咏三首》《梧州八景》《桂林八景》《金陵八景》等。对自然景象的描摹展现出的是作者对中国山川地理的热爱，对广袤自然的喟叹，风格多清丽自然。如《潇湘晚泛》：

潇湘津口晚扬舲，水凑双流一样清。
凉影浴波山既月，斜阳映树岸犹晴。
江空石迹航无恙，汀集渔村笛有声。
八景相传应未尽，辋川妙手画难成。

  诗人晚泛潇湘，水中倒映着的山头似月影，随波晃动，斜阳将树影投在岸上，犹如晴天。在如画的美景中，眼前空旷的江面与耳边缥缈的笛声相伴，这动静结合、诗画一体的美妙恐怕"辋川妙手"王维也难以描绘。本诗在描摹自然景象时，显然在模仿王维山水诗的风格，故诗评赞之"三四景甚寻常，字甚奇丽，足见锦心"。

  (四)风俗诗

  武辉珽在为期近两年的使华之旅中，大致经历了一次端午节、两次中秋节，并在北京度过了除夕和元旦。他的风俗诗约有10篇，主要记述沿途所见的中国节日习俗和风土民情。例如，《旅次中秋》中提及了"中秋此夕初圆月，故国来宵正赏灯"

的中秋赏月赏灯习俗,《燕台元旦》写到了北京元旦"连天竿爆轰春蛰"的热闹景象。中越两国有着深厚的历史文化渊源,春节、中秋、端午等民俗节日也是两国共有的,甚至连中秋赏灯、春节燃放爆竹这样的节日风俗都相近。不过武辉珽还是以异国眼光,敏锐地发现了中国不同地域节日风俗的特点与差异。例如《客中端午》便书写了桂林端午节风俗,对中国南北百姓过端午节习俗作了比较:"时桂林省临桂县,江边舟次,北俗每逢端午,人多操舟竞渡,踏板长歌,节以笙鼓,不独荆楚为然,又凡节日燕客,必有吹打以侑杯斝。"

不仅如此,武辉珽还以异国眼光审视中国人的日常生活,以强烈的好奇心发现了许多有趣的风俗现象。到达直隶时,武辉珽发现北俗与南俗不同,"北俗凡官轿两边,各夹长杠,前后二马抬之。商贾装载,多用独轮车,上挂素帆,顺风行走。行途居舍,皆有土床,下通空窍,薰煤炭以祛寒气。水凝时,土人多用竹□载运,人物牵拽"(《北直纪见》题注),抬轿、独轮车、土炕、冰上运输等都与安南风俗不同,武辉珽好奇地记录下来。明清中国的农业生产技术较安南发达,如鸬鹚捕鱼这一技术在武辉珽看来就很新鲜。当时他到梧州和昭平,发现"渔子多养鸬鹚,乘槎中流放鹚汩鱼,樵夫每泛舠,随客舟买柴,不劳樵担"(《又纪见一律》),渔夫摇船至江中用鸬鹚捕鱼,以及樵夫们用小船载柴卖与客船上的人,这些给他留下了深刻印象。

《回程两次明江兴述》写归途再至明江,武辉珽发现这里的人多会南语,妇女椎发黑齿,风俗与越南相近。"明江觋村,人烟稠密,使舟到此,由旧路起回南关,仅百余里。土民多会南语,妇女椎发黑齿,颇似我国风俗。"越南人自古以来就有黑齿文化,中国自古以"明眸皓齿"来形容美女形象,古代越南不论男女都以"黑齿"为美,在相当长的历史时期里,染黑齿成了盛行民间的一种传统习俗。[①] 中国百姓智慧勤劳的民风给安南使臣留下深刻印象,而广西地区的民俗习惯让安南使臣倍感亲切。

(五)赠答诗

《华程诗》中的赠答诗共10首,均以题注介绍赠答对象,后附上赠诗或双方往来诗作。其中,写给同行的正使和乙副使的有《舟中有怀正乙两公》,写给朝鲜使节的有《赠朝鲜国使诗并引》,写给使团伴送官员的有《赠文伴送王步曾》,写给旅途中结识的中国文人的有《答赠济宁诗客姚迈德》等。

诗歌内容多以彼此称赞为主,不乏客套、应酬之意。如《赠曾州分府李邺》:

伊官系进士出身,见现任通判,自山东界首伴送。见其器宇廉和,躬勤小物,舟程陆路,多为我周旋。数次会谈,又相欵合,于其回也,诗以赠之。

[①] 罗长山.越南传统文化与民间文学.云南人民出版社,2004:146—147.

华程有分契相逢,先后周旋见急公。
桂籍敢希中外共,兰香幸接北南同。
浓人易饮周郎酹,和我偏怀柳下风。
郑重临岐无别话,回轺重觐慰谈衷。

清廷对外交伴送制度有明确规定,例如乾隆三十五年曾要求"嗣后外国入贡,俱令按省派员伴送。更换交代,毋许一人长送"。[①] 李邺是山东地界的伴送文官,主要负责处理越南使团与中方文书交接类事务的办理,因此与武辉珽在公务上往来甚多。武辉珽在赠诗中,称赞李邺为人谦和、认真负责,对李邺表达感谢,同时赞美了彼此的情谊。

由于越南与朝鲜同属汉字文化圈,有着悠久的汉文学传统,且两国使臣常常在使华的外交场合相遇,因此使臣间往往以笔谈交流、以汉诗交往。《赠朝鲜国使诗并引》便是武辉珽写给同期使华的朝鲜使臣尹东升、李致中的赠诗:

共球盛会,萍水良缘,虽东海南海,利地有万千,而心契道同,匪今伊昔,剩喜晋陪燕暇,预接尘谈,以领十年书之益。只是南轺早锡,行色匆忙,鸿翼□飞,余怀耿耿,式凭手札,代致面辞,极知下里巴音,仅仅博大方一粲,聊以表涯角相逢之雅云耳。

幸把芝兰觉宿因,醇杯未到易成醺。
鸭江莺岭疆虽远,麟籍龟书道不分。
已喜衣冠无异制,更征图牒有同文。
想应轺乘南归后,座右台光寤寐殷。

武辉珽将此番岁贡比作"共球盛会,萍水良缘",也就是一场广结朋友的友谊盛会,认为越、朝两国虽然相隔遥远,但"无异制"而"有同文",把朝鲜使臣视作"心契道同"的文化知音。可以说,武辉珽的诗作不仅是越、朝两国友好交往的例证,还体现了汉文化在区域内的纽带作用。

三、武辉珽《华程诗》的文学价值

武辉珽《华程诗》以汉文诗的形式,从域外使臣的视角出发,书写了沿途所见的中国山川地理和清代社会风土民情,记述了使团的基本行程和处理外交事务的主

---

① (清)庆桂,董诰等纂修.清高宗纯皇帝实录(11).中华书局,1986:859.

要过程,抒发了使臣的情怀与感受,不仅内容丰富,而且风格多样。其出使诗和平忠厚,怀古诗淋漓慷慨,景观诗清丽精纯,风俗诗平雅见工,赠答诗典重温厚,可谓各有千秋。贯穿诗中的始终是一股昂扬向上的力量,正如宁逊《〈华程诗〉序》中所云"(先生)以周游万里之眼力,写驰骋千古之心胸,精神意气,自倍寻常",使臣强烈的使命感融入文人丰富的精神世界,造就了武辉珽观察中国、书写中国的独特艺术风格。

汉喃研究院藏武辉珽《华程诗》钞本前有武氏门生宁逊光中三年庚戌(1790)撰序,且题署有"赐己亥科正进士欢中真福石洞范阮攸好德氏朱评""赐戊戌科进士安谟瑰池宁逊希志氏墨兼评"字样。诗集中的55首有4字以上的诗评,对诗歌风格、构思、用字做出评点,如"通篇雄隽清炼,在李杜之间"(《回程两次明江兴述》);"飘然逸想"(《过驷亭驿偶题》);"五六摘星妙句"(《登拱极楼》)等。虽然钞本中诗下评语不分朱墨,难以具体区分两位评点者,但这些诗评和序文还是明确指出了武辉珽使华诗歌的风格,显示了越南古代诗歌的基本审美主张。越南评点者夸赞武辉珽时,常以中国著名诗人诗风相比附,例如"三四锻炼精纯,盛唐风雅韵"(《登岳阳楼二首》);"五六孟浩然诗思"(《雪天野望》);"鲍参军之清逸,笔底藏神,白乐天之浓丽,纸中刺绣,读之以为诗范"(《游右南池兴吟》);"其格致飘逸似陶渊明,其字句工练似杜子美,而是集之作也"(宁逊《〈华程诗〉序》)等,这显然是对武辉珽《华程诗》的高度溢美,但也为揭示中国古代诗歌对越南的深刻影响提供了一个例证。

作为一部优秀的越南汉文使华诗集,《华程诗》对后代越南使臣的使华文学创作起到了重要的启发、引领作用。特别是武辉珽之子武辉瑨,曾任西山朝工部侍郎,并于光中二年(乾隆五十四年,1789)和光中三年(乾隆五十五年,1790)两度使清,有使华诗文集《华原随步集》《华程后集》和《燕台秋咏》行于世。①《华原随步集》的名称除了"随其所遇,信步而行"外,②显然也有追步其父武辉珽的《华程学步集》之意,而《华程后集》的名称既与该集为二度出使诗文集有关,很可能也是用来表明对《华程学步集》或《华程诗》的继承关系。武辉瑨的使华诗中有《三吾三咏和家尊诗稿元韵》《涿州夜行,回观家尊诗稿,有涿州见雪之作,依韵书怀》等篇章,在描摹名山大河时也写下了"大溶江口渡横舟,细阅家书曾此游"③、"家稿阅来常历览,楚南第一此禅林"④等诗句。其中"家尊诗稿""家书""家稿"无疑是指武辉珽的使华诗作,可见武

---

① 《燕台秋咏》为武辉瑨与吴时任、潘辉益三人的诗文合集。
② 武辉瑨.华原随步集·序.复旦大学文史研究院,(越南)汉喃研究院合编.越南汉文燕行文献集成(6).复旦大学出版社,2010:296.
③ 武辉瑨.华原随步集·渡大溶江感怀.复旦大学文史研究院,(越南)汉喃研究院合编.越南汉文燕行文献集成(6).复旦大学出版社,2010:309.
④ 武辉瑨.华原随步集·题湘山寺.复旦大学文史研究院,(越南)汉喃研究院合编.越南汉文燕行文献集成(6).复旦大学出版社,2010:309.

辉瑨不仅熟读之,还在自己的使华之旅随身携带、随时翻阅。可以说,武辉珽的《华程诗》产生了重要的社会影响,令"诗社皆啧啧搁笔",还成为越南著名文学家族慕泽武族中子弟学诗的典范,启迪了后代子弟创作使华诗文的才思。正如宁逊所评价的,"教之于家,而显扬于朝,风云之会,可谓有传矣"。[①] 从这一意义上说,武辉珽的《华程诗》对深入研究越南文学家族的使华文学传统具有重要意义。

参考文献

[1][越]武辉珽.华程诗.越南汉文燕行文献集成.第5册.复旦大学出版社,2010.

[2][越]武辉瑨.华原随步集.越南汉文燕行文献集成.第6册.复旦大学出版社,2010.

[3][越]武辉瑨.华程后集.越南汉文燕行文献集成.第6册.复旦大学出版社,2010.

[4][越]陈重金.越南通史.商务印书馆,1992.

[5]孙宏年.清代中越关系研究(1644—1885).黑龙江教育出版社,2014.

[6]古小松.越南——历史 国情 前瞻.中国社会科学出版社,2016.

[7]陈文.安南后黎朝北使使臣的人员构成与社会地位.中国边疆史地研究,2012(6).

[8]周亮.清代越南燕行文献研究.暨南大学硕士学位论文,2012.

[9]陈小亭.安南后黎朝时期使臣眼中的中国.暨南大学硕士学位论文,2015.

---

① 宁逊.《华程诗》·序.复旦大学文史研究院,(越南)汉喃研究院合编.越南汉文燕行文献集成(5).复旦大学出版社,2010:244.

从《北京折叠》的英文译本 FOLDING BEIJING 看刘宇昆的跨文化沟通能力

冉利华

【内容摘要】 基于对中美两大文化的全面而深刻的认识,刘宇昆在《北京折叠》的翻译中,通过增补、误译、替换和删减等多种方式对原文进行了创造性翻译,为美国读者扫除了因为中美两种文化语言表达风格的差异、价值观的差异和风土人情的差异而形成的接受障碍,表现了卓越的跨文化沟通能力。

【关键词】 文化　差异　翻译　跨文化沟通

2016 年 8 月 21 日,年轻的中国女作家郝景芳凭借其中篇科幻小说《北京折叠》斩获第 74 届有"科幻界诺贝尔文学奖"之称的雨果奖最佳中短篇小说奖,一时间在中国读者中引起广泛关注与热议。有意思的是,兴奋地找来作品读过之后,不少读者得出了该作品之所以能得大奖"主要是因为其译者刘宇昆翻译得好"的结论。此说法之有失公允自不待言,因为《北京折叠》能走向世界而获此大奖,本身自有其"世界文学性"品质;但刘宇昆的翻译对于《北京折叠》在西方世界的接受大有助益这一点也是毋庸置疑的。本文主要从译介学的视角考察刘宇昆在翻译中所采取的种种"创造性翻译"之法,探究其技术性的语言符号转换之后的文化考量。

一

总的来说,刘宇昆的翻译可以说是相当忠实于原文的,只有少量地方进行了一些适当的调整。其调整主要表现为以下几种形式:

第一,增补。

如下表(表 1)所列 16 个句子(或句群)中,都存在着增补之处。有些地方增补的是原文中省略了也并不妨碍语义表达的句法成分,如主语、谓语等,如译文 1 和 8

增补的是主语和系动词,译文 9 则增补了主语和谓语。有些地方增补的则是因原文的省略而造成了一定的语义含混的句法成分,如译文 11 中原文只是"就像荒野部落",意思比较含混,不知是这些工人感觉自己像荒野部落的成员,还是这些工人在别人看来就像荒野部落的成员,而加上主语、谓语和一部分宾语之后,语义就非常明确了,是"他们觉得自己像是日渐减少的荒野部落的幸存者"。更多地方则是额外增补了一些并非原文中省略了的信息,这其中有的是对人物活动或生存状态的描绘,如译文 12 在原文"老刀"和"到了大厅"之间增补了"从会场出来,回(到大厅)"等信息,译文 2 在原文"他的日子总是从胶囊起,至胶囊终"与"在脏兮兮的餐桌和被争吵萦绕的货摊之间穿行"之间增补了"这两者之间的时间则花在工作之上,或者"等语句,译文 5 在两段内心独白之间增补了一句"他等了一下",译文 14 在"散场的舞厅器物凌乱,像女人卸了妆"的"女人"之前增加了一个修饰语"劳累了一整天的";有的是对人物心理的说明,如译文 3 补充说明"他第一次轻吻她一下,她躲开"中"躲开"的心理在于"害羞",译文 4 中补充说明了老刀之所以不愿接受依言拿出来的钱时的另一重心理,即强烈的自尊,不愿让依言等第一空间的人瞧不起——"他们就是这样看第三空间的人的";有的是对人物行为的目的或者结果的交代,如译文 15 补充说明了他"用牙齿咬住拳头"的目的是为了"不让自己叫出声",译文 6 在"老刀头脑嗡嗡响"之后补充了"他不知道该怎么办";有的是对事物变化发展的逻辑前提的说明,如译文 13 在"你这个工程要是上马了"之前增补了前提条件"要是我批准了你这个工程",等等。

表 1: 增补

原文	译文
1.彭蠡接着解释了爬过土地的诀窍。要借着升起的势头,从升高的一侧沿截面爬过五十米,到另一侧地面,爬上去,然后向东,那里会有一丛灌木,在土地合拢的时候可以抓住并隐藏自己。老刀没有听完,就已经将身子探出窗口,准备向下爬了。	1. Then Peng Li explained the technique for entering First Space as the ground turned during the Change. He had to wait until the ground began to cleave and rise. Then, from the elevated edge, he had to swing over and scramble about fifty meters over the cross section until he reached the other side of the turning earth, climb over, and head east. There, he would find a bush that he could hold onto as the ground descended and closed up. He could then conceal himself in the bush. Before Peng had even finished his explanation, Lao Dao was already halfway out the window, getting ready to climb down.

续表

原文	译文
2. 他的日子总是从胶囊起，至胶囊终，在脏兮兮的餐桌和被争吵萦绕的货摊之间穿行。	2. His days had always started with the cocoon and ended with the cocoon, and <u>the time in between was spent at work</u> or navigating dirty tables at hawker stalls and loudly bargaining crowds surrounding street vendors.
3. 他第一次轻吻她一下，她躲开。	3. The first time he tried to kiss her, she had moved her lips away <u>shyly</u>.
4. 依言推出钱的样子就像是早预料到他会讹诈，这让他受不了。他觉得自己如果拿了，就是接受贿赂，将秦天出卖。	4. The way Yi Yan had taken out the money seemed to suggest that she had been anticipating an attempt from him to blackmail her, and he could not accept that. <u>This is what they think of Third Spacers.</u> He felt that if he took her money, he would be selling Qin Tian out.
5. 他对自己说，他对秦天没有任何义务，秦天只是委托他送信，他把信送到了，现在这笔钱是另一项委托，保守秘密的委托。他又对自己说，也许她和秦天将来真的能在一起也说不定，那样就是成人之美。他还说，想想糖糖，为什么去管别人的事而不管糖糖呢？	5. He told himself, I have no duty to Qin Tian. All he asked was for me to deliver his message to her, and I've done that. The money on the table now represents a new commission, a commitment to keep a secret. <u>He waited,</u> and then told himself, Perhaps someday she really will get together with Qin Tian, and in that case I'll have done a good deed by keeping silent. Besides, I need to think about Tangtang. Why should I get myself all worked up about strangers instead of thinking about Tangtang's welfare?
6. 老刀头脑嗡嗡响。	6. Lao Dao's head felt like a droning beehive. <u>He couldn't think.</u>
7. 从远处看，或许会以为老刀脚踩风火轮。	7. From a distance, it appeared as if Lao Dao was skating along on <u>a pair of rollerblades</u>, like Nezha riding on his Wind Fire Wheels.

续表

原文	译文
8. 这下一切完蛋了,他想,钱都没了,还要坐牢。	8. It's all over now, he thought. Not only am <u>I</u> not going to get my money, <u>I</u>'m also going to jail.
9. 大气中正的布局,沿中轴线对称的城市设计。	9. <u>The aerial shots revealed</u> the magnificence of Beijing's ancient symmetry.
10. 也发展出成体系成规模的循环经济,每年废旧电子产品中回收的贵金属已经完全投入再生产。	10. We've developed a systematic, large-scale recycling economy in which all<u>the rare-earth</u> and precious metals extracted from e-waste are reused in manufacturing.
11. 据说那边的工厂都差不多,机器自动作业,工人很少,少量工人晚上聚集着,就像荒野部落。	11. The machines pretty much ran on their own, and there were very few workers. At night, when the workers got together, <u>they felt like</u> <u>the last survivors of</u> some dwindling tribe in a desolate wilderness.
12. 老刀到了大厅。	12. Lao Dao <u>emerged from the banquet hall and was back in the reception lobby</u>.
13. 你这个工程要是上马了,大规模一改造,又不需要工人,现在那些劳动力怎么办,上千万垃圾工失业怎么办?	13. If I approve <u>your project</u> and it's implemented, there will be major consequences. Your process won't need workers, so what are you going to do with the tens of millions of people who will lose their jobs?
14. 散场的舞厅器物凌乱,像女人卸了妆。	14. The deserted banquet hall after the party looked messy and grubby, like a woman who took off her make-up<u>after a long, tiring day</u>.
15. 他只好用牙齿咬住拳头。	15. He had to bite his fist<u>to stop from screaming</u>.
16. 这屋里冷得跟冰一样。	16. The place is cold as an ice<u>cellar</u>.
备注:译文中划线部分为增补处。	

第二,误译。

译文中的误译之处不多,笔者所发现的只有下表(表2)中的两处,其中第一处是在介绍老刀个人情况时,原文中本来说的是老刀是个单身汉,家里没有妻子在生活起居方面"照顾"他,但在译文中则成了家里没有妻子"拿家务琐事来烦他";第二处是秦天回忆与依言初吻,原文所写的情景本来是秦天坚持要吻依言,后者在害羞地躲开却退无可退的情况下只好闭上眼睛,"像任人宰割的囚犯",由他亲吻,并因此而"引他一阵怜惜",而译文中则成了依言闭上眼睛,"回吻秦天"。这两处的原文都很简单,不存在什么难以翻译的文化空缺事物和词语,因此可以断定,两处的误译都是译者有意地误译。

表2: 误译

原文	译文
17. 老刀四十八岁,没结婚,已经过了注意外表的年龄,又没人照顾起居。	17. Lao Dao was forty-eight, single, and long past the age when he still took care of his appearance. As he had no one to pester him about the domestic details.
18. 他第一次轻吻她一下,她躲开,他又吻,最后她退无可退,就把眼睛闭上了,像任人宰割的囚犯,引他一阵怜惜。	18. The first time he tried to kiss her, she had moved her lips away shyly. He had persisted until she gave in, closing her eyes and returning the kiss.

第三,替换。

如下表(表3)所示,相对而言,译文中替换之处不少,其中既有句式转换和语气转换,如第19、23、26、28等处的疑问句变为陈述句,32的疑问句变感叹句,21、33的感叹句变疑问句,22、25的肯定陈述句变否定陈述句等,语气也随之发生很大的变化之外,还有易词而译、易句而译等其他替换形式,如20用英文词语的"18个月大"替换了中文的"一岁半",24用英文词语"不胖"替换了中文词语"没有突出的肚子",31用"被千万只蚂蚁咬"替换了"百爪挠心",29用一个双重定语的名词短语替换了两个并列的名词短语,27用"老刀的心跳到了嗓子眼里"替换了"老刀紧张极了",30用"因为他为自己不能留在父母身边照顾他们而感到歉疚与难过"替换了"弥补一下自己亏欠的心"。

表3: 替换

原文	译文
19. 你就这么缺钱花?	19. I didn't know you were so in short of money.
20. 自从糖糖一岁半之后。	20. Since she was an eighteen-month-old.
21. 你真是作死!	21. What are you working so hard for?
22. 我还是劝你最好别去。	22. I don't think you should go.
23. 她很漂亮吧?	23. She must be beautiful.

续表

原文	译文
24. 男人看上去和老刀年龄相仿,或者年轻两岁,穿着一套很合身的深灰色西装,身材高而宽阔,<u>虽没有突出的肚子</u>,但是觉得整个身体很厚。	24. The man looked to be about Lao Dao's age, or maybe a couple of years younger. Dressed in a dark gray, well-fitted suit, he was tall and broad-shouldered. <u>Not fat</u>, just thickset.
25. 这点也是我不好,我没说实话。最开始只是随口说的,到后来就没法改口了。	25. I admit that was my fault for not telling him the truth. <u>I don't know why I said I was an intern at first</u>, and then it became harder and harder to correct him.
26. 你能不能暂时不告诉他?等我……有机会亲自向他解释可以吗?	26. Can you please not tell him, just temporarily? Please… give me a chance to explain to him myself.
27. 老刀紧张极了。	27. Lao Dao's heart was in his throat.
28. 带回去吧?	28. Bring him in.
29. 夜晚的霓虹,白昼一样的天空。	29. Neon signs lighting up the night, blotting out the stars.
30. 他希望老刀帮他带点东西回去,弥补一下他自己亏欠的心。	30. He hoped that Lao Dao could bring a few things back to his parents <u>because he felt regret and sorrow over his inability to be by their side and care for them</u>.
31. 血液复苏的小腿开始刺痒疼痛,如百爪挠心。	31. As circulation returned to his numb leg, his calf itched and ached as though he was being bitten by thousands of ants.
32. 凭什么啊?凭什么?	32. Ha!
33. 你蒙谁啊你!	33. Do you think we were born yesterday?

第四,删减。

译文中删减之处并不多,但每一处都各有特点,自有其代表性。如 34 是删除了两个喻体之一的北京地域性符号"西山",36 是将两个同义重复的名词短语删减成了一个名词短语,35 是删减了对于老刀"沉默"举动的说明,37 是删减了对老板的主观评价"很厉害的老头儿",38 是删减了秘书对上司的劝告"别想了",39 则是删减了上司对下属的训斥"废话"。

表4: 删减

原文	译文
34. 就像遥望西山或是海上的一座孤岛	34. Like gazing at an island in the sea.
35. 老刀沉默了一会儿,他需要做一个决定。	35. Lao Dao was silent for a while.
36. 大气中正的布局,沿中轴线对称的城市设计。	36. The magnificence of Beijing's ancient symmetry.
37. 我们的顶头上司,很厉害的老头儿。他可是管实事的。	37. That's my boss. He's a man with real power.
38. 您回去好好吃饭吧。别想了。其实您应该明白这道理。	38. You might as well go back and enjoy the meal. I'm sure you understand how this works.
39. 白发老人斩钉截铁地说,废话,当然推迟。	39. The old man made the decision right away. Of course they had to delay it.

二

从以上所列多条增补、误译、替换和删减之处不难看出,译者对中美文化差异非常敏感,除了"老刀紧张极了"译为"Lao Dao's heart was in his throat."这一条可能更多是出于修辞上的考虑之外,其余各条可以说都是鉴于中美文化差异而作出的灵活调整。概括来说,影响译者作出这些"创造性翻译"之选择的中美文化差异主要有以下几类:

第一,中美语言表达风格的差异。

如众所周知,中式思维是一种整体性直觉性思维,而美式思维则是一种分析性逻辑性思维。反映在语言上,汉语重意合而轻形式结构,句子不受严谨的主谓结构的约束,松句、散句、紧缩句、无主句、省略句等交替并用,凭借意义即内在的逻辑关系组织语言,语义表达简略而含混,对语境的依赖较大;英语则重形合,注重语法关系和语义逻辑,强调句法结构完整、严谨、规范,语法和意义协调一致,凭借明显的形式标记(如词的变化形态、词汇的衔接等)组织语言,语义表达直白、充分而不累赘,对语境的依赖很小①。从多处"叛逆的"译文中我们不难发现译者鉴于对中美语言表达风格差异的认识而作出的调整。第1、2、8、9、11、12等几条译文都进行了增补,其目的显然是为了满足英语对句法结构完整与语义表达充分而准确的要求。第13条,引出手握重权的白发老人这段话的背景是吴闻在用清洁、低成本、污染非

---

① 参见连淑能:《中西思维方式:悟性与理性——兼论汉英语言常用的表达方式》,《外语与外语教学》,2006年第7期。

常小等诸多优点极力说服老人批准"这个工程"。从逻辑上讲,当然首先得老人同意并批准这个工程,它才能上马,也才能导致大量垃圾工失业等问题。原文中老人回答时将这个前提省略掉了,开口就直接说的是"你这个工程要是上马了",而译文则在这句话之前加上了"我要是批准了你的工程",无疑是因为这样才更符合美国人话语表达强调逻辑严谨的特点①。第 16 条,原文是"这屋里冷得跟冰一样",译文则将"冰"增补成了"冰窖"二字,因为按照英语"硬的""没有弹性"②的语法,"A 跟 B 一样"这种比较句中的 A 和 B 应该是同质的两种事物,而"这屋里"指的是处所,"冰"则指的是物品,显然是不能与之相比的,只有换成"冰窖"这样也表示处所的词语这种比较句才能成立。第 36 条,原文"大气中正的布局"和"沿中轴线对称的城市设计"两个偏正式名词短语其实是同义重复,所描绘的都是北京古城宏大而对称的设计风格,但这种"叠床架屋"式的表达方式却违背了美国读者客观、理性、精确的表达习惯,因此译者将其缩减成一个名词短语,既将意思表达清楚了,又不会给人以累赘的感觉。第 26 条,原文连续两个表示请求的疑问句"你能不能暂时不告诉他? 等我……有机会亲自向他解释可以吗?"在习惯汉语的意合与弹性特点的中文读者看来自然不难明白,依言之所以请求老刀暂时别告诉秦天自己的实际情况,是因为她希望有机会亲自向秦天解释。可在习惯了英语的形合与硬性特点的美国读者眼里,这样连续两问则既重复累赘又不符合逻辑——既然前面询问对方意见式地提出了请求,后面就应该接着说明提出该请求的原因,而不是又询问对方意见式地提出一个意思基本相同的请求。译文将后一个问句改译成了祈使句"请……给我一个机会亲自向他解释",就更符合美国人语言表达的特点了,既重逻辑又简洁明了。第 32 条,老刀的邻居阿贝对收租的老太太两个重复的质问"凭什么啊? 凭什么?"被改译成了简简单单一个"Ha"字,因为老太太前面刚说过了,向她们收取暖费是依照合同行事。对于更讲究客观、理性的美国读者来说,凭据既然非常清楚,阿贝和阑阑再质问"凭什么"就不合理了,而表达气恼之情,一个"Ha"字足矣。

第二,中美价值观的差异

荷兰社会学家霍夫斯泰德曾主持过一项大规模的全球文化价值观调查,以探索"存在于 50 多个现代国家国民之间思维方式和社会行为上的差异",提出了从权力距离、不确定性回避、个人主义与集体主义、男性气质与女性气质等几大维度分析不同文化价值观的理论框架。根据其理论,中国人和美国人在这几大维度上都存在很大的差异,其中权力距离和个人主义与集体主义两大维度上的差异是最为

---

① 这种增补可能还与美国人更重视个人的自主权以及相互间责任清楚明确有关,而这一点涉及的是下文会谈到的价值观的差异。

② 参见王力:《中国语法理论》,《王力文集》(第一卷),济南:山东教育出版社,1984 年。

显著的[①],详见下表。

中国与美国文化维度对比表

国别 维度	中　国	美　国
权力距离	80	40
不确定性回避	30	46
个人主义(与集体主义)	20	91
男性气质(与女性气质)	66	62

按照霍夫斯泰德的解释[②],所谓权力距离,指的是组织机构中处于弱势地位的成员对权力分布不平等的接受度和预期度,其实质就是人与人的不平等程度。权力距离指数越高,社会等级制度越森严,不同层级的人之间的地位越不平等;权力距离指数越低,则社会越不看重人与人之间由财富、权力、性别、年龄等所引起的层级差异,而越强调地位和机会的平等。个人主义与集体主义,指的是个人在诸如家庭、学校、工作单位等群体中保持个人独立或融入群体的程度。一种文化,其个人主义指数越高,价值观和道德观就越鼓励追求个人成就、个人权力以及自我独立性,人们越倾向于对自己负责,而不需要在情感等方面依赖群体;个人主义指数越低(集体主义指数越高),人们越关心群体利益而不是个人利益,越把个人身份建立在群体成员的基础上,群体成员之间互相依赖互相干预的程度就越高,彼此间的责任和义务就越多,个人空间就越小,隐私权意识就越薄弱。

从刘宇昆在翻译《北京折叠》时所作的种种改动来看,他一定是考虑到了中美两国之间在权力距离和个人主义指数上的巨大差异以及由此造成的两国人在行为方式上的显著不同。下面笔者试举例加以证明。

因权力距离的差异而作的调整,可见于39、28、4等条。第39条原文中,白发老人在斩钉截铁地告诉下属自己的决定和指令之前,先说了一句训斥对方的话——"废话",刘宇昆在翻译的时候将"废话"二字略去未译。究其原因,应该是因为美国人的平等意识比中国人要强很多。美国人更倾向于认为,组织结构中的层级差异主要是出于工作的需要,不同层级者之间在工作责任与决定权等方面有大小之别,但在社会地位和人权上是平等的,应该互相尊重,因此在美国的工作情境

---

① 受条件所限,20世纪六七十年代霍夫斯泰德的调查对象并未包括中国。本文此处所列有关中国的数据为他本人后来的相关研究以及他人依照其理论与研究范式所做的研究之结果。详见"霍夫斯泰德洞见"官方网站(https://www.hofstede-insights.com/)。

② 参见 Geert Hofstede, Culture's Consequences: Comparing Values, Behaviors, Institutions and Organizations Across Nations (Second Edition)[《文化之重:价值、行为、体制和组织的跨国比较》(第二版)],许立生导读,上海:上海外语教育出版社,2008年。

中,上司对下属这种很不客气甚至带有侮辱性的话语是很罕见的,一般也是不会被接受的,尤其是在后者并无工作失误的情况下。第28条,是在主人公老刀无证进入第一空间一个戒备森严的园子而被发现并逮住之后,负责后勤保障的"支持性部门"里一个三十多岁的年轻男性工作人员对五十二岁的部门主任老葛所说的话,原文是疑问句——"带回去吧?",用的是询问的语气,但刘宇昆将其译成了带命令语气的祈使句"把他带回去"。中国人自古即有尊老、敬上的传统,现代社会人们依然相当尊敬长者与职权大于自己的人。无论是在家庭内部、工作场合还是一般社交场所,长者和上司都享有较大的发言权和决定权,居领导职位的长者就更不用说了。作为同事,年轻人对职权与自己相当甚至不如自己的年长者说话一般都语气比较客气,遇事会(有时是客套性地)征求他们的意见,在年长的上司面前就更不敢擅自做主了。因此原文中年轻人对老葛请示性的一问再正常不过了。但在美国,人们的平等意识更强,讲究的是人与人之间的互相尊重而不是不平等的尊敬,主张无论职权、财富、年龄、性别、族裔、职业等何种差异,法律与规则面前人人平等,因此遇到有章可依的事情的时候年轻人一般都会自行处理而不必征求长者的意见和同意。可能也正因此刘宇昆才将年轻男子的话译成了直接决定式的"把他带回去"。第4条一大段话都在描述贫穷且急于挣钱的老刀在面对依言递过来的贿赂性的五万元纸币时的心理斗争。老刀心里非常矛盾,一方面受到这笔巨款的极大诱惑,另一方面又不愿意接受它。原文中先说"依言推出钱的样子就像是早预料到他会讹诈,这让他受不了",接着就说"他觉得自己如果拿了,就是接受贿赂,将秦天出卖",读来令人感觉老刀所受不了的就是出卖秦天、有负秦天之托。刘宇昆的译文在前后两句话中间则增加了一句老刀的内心独白"在他们(即第一空间的人)眼里第三空间的人就是这样子的",清楚地表明老刀不仅受不了出卖秦天,更是受不了被第一世界的人所轻视。之所以要增加这一句,大概是为了迎合美国读者强烈的平等意识——在美国虽然与在中国一样,人与人之间在社会分工、经济状况方面存在着或大或小的差异,但是即便是处于底层的人们在最上层的人面前也并不会自轻自贱,而是有高度的(人格与权利)平等意识,警惕与反对来自其他阶层的任何形式的歧视。

因个人主义指数不同而导致的差异则可见于第19、21、22、38等几条。第19条原文是一个疑问句——"你就这么缺钱花?",刘宇昆将其改译成了否定陈述句"我不知道你这么缺钱用",意思虽然没有多大的改变,但询问语气的疑问句变成平淡道来的陈述句之后,打探对方经济状况的意味就少了许多,更符合美国这个高度个人主义社会人们重视保护自己隐私与不侵犯他人隐私的价值观。第21条原文是个感叹句"你真是作死!",被刘宇昆改译成了疑问句"你干吗这么拼命啊?",虽然语义并没有什么改变,表达的还是彭蠡对老刀的关心与劝阻,但语气由明确的评价与批评一变而为迷惑不解,就更符合高度个人主义的美国人对消极面子①的维护意识,也即维护个人哪怕是在满怀善意的亲朋好友面前也要保持独立自主的选择权利的意识。第22条原文是个肯定句——"我还是劝你最好别去",被刘宇昆改译成了"我不认为你应该去"(I don't think you should go.),不仅句子形式发生了改变,而且信息焦点也发生了转移,重点从"劝"与"别去"变为了"不认为"(don't think),语气也随之发生了转换,从明确建议对方的语气变为客观陈述自己意见的语气。在个人主义指数很低而集体主义指数很高的中国,亲朋好友之间常常不分彼此,互相关心同时也干预对方的一切,常常会出于善意地为对方出谋划策甚至拿主意;而在个人主义指数很高的美国,人们非常强调个人的独立自主权,因此即便是对至爱亲朋,即使是在其人生非常重要的关头,人们一般也不会因为爱与关心而将自己的建议或主张强加于人,而是会告诉对方自己的看法,但尊重其独立自主权。刘宇昆的改译无疑与美国读者这种追求是一致的。第38条译文把原文中明确劝阻式的"别想了"这个短句删去未译,显然是出于与22条同样的考虑。

第三,中美风土人情的差异。

俗话说,一方水土养一方人。中美两国地理上相距遥远,在自然环境、社会状况、人们的行为模式、风俗习惯以及历史遗产等方面都存在着诸多不同,这些差异在7、10、14、17、18、20、23、24、25、30、31、33、34、37等多条中都有所反映。

首先是地理环境、社会生产情况与人们生理状况等方面的差异,可见于第34、10、24等条。

第34条原文本是"就像遥望西山或是海上的一座孤岛",经翻译后"西山"二字被删减掉了,可能是因为西山是中国北京的一个地域化符号,在原文中只是两个同类喻体之一,本也可有可无,删去并不会影响美国读者的理解,而照译出来倒有可能形成阅读障碍之故。第10条原文中只提到"每年废旧电子产品中回收的贵金属已经完全投入再生产",而译文中除了"贵金属"之外还多出了"稀土",显然更符合美国社会"废旧电子产品回收"的实际情况。第24条描绘老刀初次"远远观望"到的依言的丈夫吴闻——"身材高而宽阔,虽没有突出的肚子,但是觉得整个身体很厚",在刘宇昆的译笔下变成了"身材高而宽阔,虽然不胖,却很结实",这显然跟中美两国人的生理特点和肥胖表征的差异以及由此引起的对肥胖的理解不同有关。据一项流行病调查显示,中国人和美国白人肥胖人士的脂肪堆积部位(即肥胖部

---

① Brown 和 Levinson 认为,每个交际参与者都具有两种面子:积极面子(positive face)和消极面子(negative face)。积极面子是希望得到别人的赞同、喜爱、欣赏和尊敬;消极面子是指不希望别人强加于自己,自己的行为不受别人的干涉、阻碍,有自己选择行动的自由。(Brown & Levinson,1987:62)相比较而言,中国人主要崇尚积极面子而无多少"消极面子"观念,而美国人则更注重对彼此消极面子的保护。

位)有差别,中国肥胖人士的脂肪大多堆积于腹部,而美国白人的脂肪则大多堆积于臀部和大腿部位,所以,中国人偏向于腹型肥胖,也就是说中国人的肥胖以肚子突出为显著的外部特征①,而美国白人则不然,一般偏向于整体臃肿,主要以丰臀粗腿为显著特点。原文中说吴闻"没有突出的肚子",也就是说他"并不肥胖"的意思。但这样的说法如果照字面意思译出来,则可能会引起美国读者的困惑与不解。而直接换成语义对等的"肥胖"一词就毫无问题了。

其次是中美社会组织和社会关系、人们的交往模式与规则以及伦理道德观念的差异,可见于第17、14、18、23、37、25等多条。

第17条介绍老刀的婚姻与家庭状况,原文是他"没结婚……又没人照顾起居",却被译成了"没结婚……又没人拿家务琐事来烦他",因为中美家庭模式、夫妻家庭分工有所不同。在中国,即使是在男女社会地位平等的现当代,男女的家庭地位也仍然不完全平等,至少在家庭事务分工上仍然不太平等,仍然基本沿袭着"男主外女主内"的模式,一般由女人负责照料孩子、完成家务并照顾丈夫的饮食起居;而在美国,尤其是20世纪中期以来,在一波一波女权运动浪潮的冲击之下,男女平等已经成为社会生活各个方面的现实,家庭也不例外。在当下的美国家庭中,"家务琐事"已不再是妻子的专属任务,而一般由丈夫与妻子共同承担。第14条,译文中之所以将"散场的舞厅器物凌乱,像女人卸了妆"中的"女人"之前加上一个限定语"劳累了一整天的",应该不仅是考虑到了大多数美国女性和男性一样在职场奔波的现实,也是对波涛汹涌的女权运动尊重女性之呼声的回应。不如此改动而照直译,在美国读者眼里则大概会有贬低女性、歧视女性之嫌了。第18条也与中美女性的平等意识、行为模式以及男女交往模式的差异有关。在当代中国,与美国不同,至少在男女两性建立认真的恋爱关系之初,仍然是男性占据着主动地位——一方面是女性大都羞于主动向男性表白,另一方面则是男性普遍较为排斥主动示爱、对第一次亲密接触表现得比较开放的女性。原文中秦天甜蜜地回忆起他与依言初吻的情景——"他第一次轻吻她一下,她躲开,他又吻,最后她退无可退,就把眼睛闭上了,像任人宰割的囚犯,引他一阵怜惜。"依言的躲闪、闭眼以及"任人宰割"的"囚犯"似的模样,正是每一个初涉爱河的中国女子对于亲密的身体接触的反应的生动写照,那种羞怯与被动的表现,在中国人看来非常自然、正常与合适,在中国男性看来则格外可爱格外惹人怜惜。可是如果刘宇昆翻译时不在"躲开"之前加上表示原因与情状的状语"害羞地",不将依言"像任人宰割的囚犯,引他一阵怜惜"式的被动译成了"回吻"的主动,那么秦天接下来的"又吻"在重视男女平等、主张女性自

---

① 参见:《为什么美国那种超级大胖子,在中国不多见?》,http://mini.eastday.com/mobile/170723113509992.html.

主权的美国读者眼里就有违背女性意愿、强行性骚扰之嫌了。第23条老刀听秦天回忆对依言一见钟情的情景时的发问"她很漂亮吧？"被改译成了肯定判断句"她一定很漂亮"，显然更符合美国人乐于恭维与被恭维、尤其爱恭维女性容貌的交往规则。而中国不太熟悉的男性之间是不太习惯于恭维对方的女朋友或妻子的容貌的，男性当面恭维不熟悉的女性的容貌则更有被视为调戏与侮辱对方的可能。第37条译文将原文"我们的顶头上司，很厉害的老头儿。他可是管实事的。"中"很厉害的老头儿"删而未译，也更符合美国人的另一交往规则，即与中国人不一样，美国人在人际交往之中注重实际与客观，强调对人对事物的客观的介绍，而不轻易对人进行主观评价。第25条依言对老刀坦承自己当初向秦天隐瞒真实身份的过错并解释自己当初没说实话的原因——"最开始只是随口说的"，刘宇昆将其肯定句式的解释改译成了否定句式的开脱——"我不知道当初为什么要说自己是个实习生"，则可能是因为在习惯于从字面理解话语含义的美国读者眼里，"随口说"显得过于不负责任，而"不知道当初为什么要说"则主观恶意要轻一些，不负责任的色彩要淡一些，因而更符合美国读者的道德观念吧。第30条老葛"希望老刀帮他带点东西回去，弥补一下他自己亏欠的心"。被译成了"希望老刀帮他带点东西回去给父母，因为他不能在他们身边照顾他们，感到非常歉疚与难过"。译者之所以做如此改译，可能是因为，与讲究孝道、以"四世同堂"为莫大幸福的中国人不同，美国人强调独立，成年人——即使是亲子之间——也应该互相独立，一方面，孩子成年之后即不应该在生活上、经济上再依赖父母；另一方面，父母也不应该成为子女的负担，依靠成年子女的照顾，妨碍孩子（核心家庭）的独立与自由。如果照直译，美国读者很可能对于老葛何以要"弥补一下他自己亏欠的心"感到莫名其妙，不明白他亏欠了父母什么。而如此改译一下，增加了说明，美国读者就能明白老刀歉疚与难过的原因了。

最后，还有中美习惯表达法方面的差异，可见于第31、33、7和20等条。

第31条"血液复苏的小腿开始刺痒疼痛，如百爪挠心"中"如百爪挠心"被改译成了"被成千上万只蚂蚁咬"，第33条"你蒙谁啊你！"被改译成了"你以为我们昨天才出生吗？"从中不难看出中美两国语义对等的成语、惯用语表达法的不同。第7条，将充满形象性的典故"脚踩风火轮"首先还原成白描式的"脚踩轮滑鞋"，然后再增补有关风火轮的信息"就像哪吒脚踩风火轮一样"，是因为"脚踩风火轮"这个典故虽然在中国家喻户晓、老少皆知，而在美国却属于地地道道的文化空缺，不如此则美国读者对该句的基本语义都难以明白。第20条"自从糖糖一岁半之后"被译成了"自从糖糖十八个月之后"，是因为美国人计算幼儿年龄的单位与中国有所不同。中国人谈及一周岁以内的孩子，一般以"月"为年龄单位，一周岁以上的则一般都是"年""月"并用，而在美国，两周岁以内的幼儿，年龄一般都是以"月"为计量单位。

三

　　翻译不仅是两种语言之间的转换行为,更是两种文化之间的交流与传播,是通过语言的转换而进行的文化交流与传播。这种文化交流与传播的成功,有赖于译者对源语言和目的语言熟练的掌握,更有赖于译者对源语文化和目的语文化全面而深刻的认识。只有在充分的文化比较的基础之上所进行的语言转换,才能填补两种文化之间或大或小或显或隐的种种差异所造成的鸿沟,达到有效交流与传播的目的。王佐良先生曾说过,"译者做的文化比较远比一般细致、深入。他处理的是个别的词,他面对的则是两大片文化"①。先生此言,是他自己长期翻译实践的深切体会,也是对译者的基本素质要求的总结,即一个合格的译者,应该具备高度的跨文化沟通能力——面对"两大片文化",他要先进行"远比一般细致、深入"的比较,达到对二者的同质性和异质性清楚的认识,然后才能通过一个一个词语的"处理",帮助分属于这两大片文化的作者和读者超越文化异质性的障碍,实现有效的沟通。

　　前述种种刘宇昆在译文中所进行的调整,正是他对于中美两大文化进行比较之后,为扫除美国读者文化上的接受障碍,将两个遥远的文化星球②无缝地连接在一起而作的努力。对于中美文化的差异,他可谓洞察入微,无论是表层的显性的语言表达风格的差异和风土人情的差异,还是深层的隐性的价值观念的差异,都逃不过他的眼底——这是高度的认识能力的表现。其译文中异于原文的种种调整,无论是增添与删减,还是有意的误译,抑或词语、句式、语气等方面的转换,都绝非随意为之,而是为了既真实传达原作的含义又充分考虑译文读者的接受能力与心态所进行的创造性叛逆——这是高度的行为能力。正是这种认识能力与行为能力的完美结合,造就了他卓越的跨文化沟通能力,也使他所翻译的《北京折叠》获得了美国读者的赞誉。

参考文献

　　[1]王力,中国语法理论,王力文集(第一卷),山东教育出版社,1984.
　　[2]刘宓庆,当代翻译理论,中国对外翻译公司,1999.

---

　① 王佐良:《翻译:思考与试笔》,北京:外语教学与研究出版社,1989年第1版,第19页。
　② 刘慈欣在其《三体》荣获第73届雨果奖的获奖感言中说:"中文与英文这两个遥远的文化星球之间,有一艘飞船将它们连接在了一起,那就是本书的译者刘宇昆。他对东西方文化都有深入的了解,而且为本书的翻译付出了不懈的努力,最后的译文几近完美。"参见《刘慈欣获奖感言:科幻小说使人类聚合成一个整体》,http://www.zuojiawang.com/xinwenkuaibao/14964.html。

[3]Geert Hofstede. *Culture's Consequences: Comparing Values, Behaviors, Institutions and Organizations Across Nations (Second Edition)*, Shanghai Foreign Language Education Press, 2008.

[4]Penelope Brown and Stephen C. Levinson, *Politeness: Some Universals in Language Usage*, Cambridge: Cambridge University Press, 1987[1978]. 2nd ed.

汉唐时期石榴审美与实用价值的认知

石云涛

【内容摘要】 石榴原产于西亚,经中亚、西域传入中国。石榴树汉代已经传入,魏晋南北朝时北方已经普遍种植,唐代遍及全国各地。石榴树这一外来物种受到汉地人民的喜爱,首先是因为其实用价值,除了果实可食之外,花红叶翠,形姿婆娑,成为观赏植物。石榴树花叶果木有医药价值,也为汉地医家逐渐认识。石榴形象在造型艺术和文学作品中得到多方面的表现,石榴成为中国文化中内涵丰富的意象和符号。

【关键词】 安石榴　丝绸之路　审美价值　饮食文化　医药价值

石榴树起源于西亚,移植于世界各地。由于其多样的实用价值,受到各地人民的喜爱,并被赋予各种文化意义,其实用价值和文化寓意在各地之间互相传播。石榴树传入中国,首先供观赏和食用,还有医药价值,给汉地人民带来的利益是多方面的。石榴树在世界各地普遍种植,其实用价值在世界各地有共同性,因此关于其实用价值的认知这是一个跨文化研究的课题。本文尝试对汉唐时期石榴和石榴树在汉地日常生活中的作用和人们对其实用价值的认识进行探讨。

一、石榴树的审美观赏价值

花木之美赏心悦目,域外传入的奇花异草名果佳树更有新奇之感,品尝和观赏之余令人开怀忘忧,因此石榴树审美价值极高。石榴树早已成为西亚人民的所爱,成为其庭院观赏植物。古希伯来《雅歌》中云:"你园内所种的结了石榴,有佳美的果子,并凤仙花与哪哒树";"我下入核桃园,要看谷中青绿的植物,要看葡萄发芽没有,石榴开花没有";"我们早晨起来往葡萄园去,看看葡萄发芽开花没有,石榴放蕊没有；我在那里要将我的爱情给你"。① 从《古兰经》里可知，石榴也是阿拉伯人果园的植物，并被视为真主的恩典。"他从云中降下雨水，用雨水使一切植物发芽，长出翠绿的枝叶，结出累累的果实，从海枣树的花被中结出一串串枣球；用雨水浇灌许多葡萄园，浇灌相似的和不相似的橄榄和石榴。当果树结果的时候，你们看看那些果实和成熟的情形吧。对于信道的民众，此中确有许多迹象"；②"在那两座乐园里，有水果，有海枣，有石榴"。③

安石榴在汉代已经传入中国，历来认为石榴是张骞从西域带入汉地。此说最早见于西晋陆机《与弟陆云书》："张骞为汉出使外国十八年，得涂林，安石榴也。"④"涂林"是梵语 Darim 的音译，即石榴。《文选》李善注引张华《博物志》："张骞使大夏得石榴。"⑤唐封演《封氏闻见记》云："汉代张骞自西域得石榴、苜蓿之种。"⑥李冗《独异志》云："汉张骞奉使大月氏，往返一亿三万里，得蒲萄、涂林安石榴，植之于中国。"⑦后世植物学、医药学著作皆沿袭此说。但汉代文献并没有张骞带回安石榴的种子的记载，这与葡萄、苜蓿等一样，未必是张骞带回，后世将成绩记在了他的名下。但石榴树在汉代传入中国是没有问题的。⑧ 安石榴曾出现于东汉张仲景的医学名著《金匮要略》，其"果实菜谷禁忌并治"部分提到"安石榴不可多食，损人肺"。⑨ 除了《金匮要略》，还有其他材料都说明汉代中国的确已经传入石榴，并有石榴树的种植。石榴树引种初期，首先在帝都长安上林苑、骊山温泉宫种植，这就是最早的临潼石榴。相传西汉刘歆撰、东晋葛洪辑《西京杂记》载："初修上林苑，群臣远方各献名果树，有安石榴十株。"书中又注："余就上林令虞渊得朝臣所上草木名二千余种，邻人石琼就余求借，一皆遗弃，今以所记忆列于篇右。"⑩因得到汉武帝的喜爱，后又命人将石榴栽植于骊山温泉宫。刘安《淮南子》中提到木槿，东汉高诱注云："木槿朝荣暮落，树高五六尺，其叶与安石榴相似。"⑪以安石榴相比，说明人们对石榴已经熟知。东汉时石榴已经引种到中原地区。首都洛阳北宫正殿德阳

---

① 圣经·雅歌.中国基督教三自爱国运动委员会、中国基督教协会.2008:654,655,656.
② 古兰经:第6章.马坚译.中国社会科学出版社,1981:102—103.
③ 古兰经:第55章.马坚译.中国社会科学出版社,1981:416.
④ 贾思勰著,石声汉校释.齐民要术今释:第4卷.中华书局,2009:382.
⑤ 萧统编.文选:第16卷.上海书店,1988:211.
⑥ 封演撰,赵贞信校注.封氏闻见记校注:第7卷.中华书局,1958:60.
⑦ 李冗.独异志:卷中.中华书局,1983:49.
⑧ 美国汉学家劳费尔曾认为石榴树不是汉代引进中国，而应该是3、4世纪，见氏著《中国伊朗编》，林筠因译，商务印书馆1964年版，第111页。此说有误，参石云涛《安石榴的引进与石榴文化探源》，《社会科学战线》2018年第2期，第119—128页。
⑨ 张仲景撰,高学山注.高注金匮要略.上海人民卫生出版社,1956:339.
⑩ 葛洪集.西京杂记:第1卷.汉魏丛书.吉林大学出版社,1992:304.
⑪ 刘安撰,高诱注.淮南鸿烈解:第5卷.文渊阁四库全书本.台湾商务印书馆,1986:9.

殿北有濯龙苑,种植有安石榴。文学家李尤《德阳殿赋》云:"德阳之北,斯曰濯龙。葡萄、安石,蔓延蒙笼。"①德阳殿是洛阳北宫最大的宫殿。"安石"即安石榴。东汉张衡《南都赋》写南阳园圃中有"樿枣、若榴"。萧统《文选》卷二李善注引张楫《广雅》云:"石榴,若榴也。"②汉末蔡邕《翠鸟诗》云:"庭陬有若留,绿叶含丹荣。"③这些都说明石榴在汉代已经引种中国内地,并在中原地区开始种植。

石榴树的引种给汉地带来了新的观赏植物。石榴树形姿婆娑优雅,初春叶碧绿而有光泽;入夏绿叶间红花艳丽如火,花期长;仲秋果实成熟,变红黄色,碧枝间硕果累累,因此春夏秋三季一直给人以视觉的美感,成为重要的庭院树种。在不同季节,石榴树都受到人们的欣赏,中国人尤其喜欢其带有喜庆气氛的红色,满枝的石榴花象征着红红火火的幸福美满生活,故喜在庭院里种石榴树,既欣赏其花枝果叶之美,又有甜美的佳果收获。从汉代石榴树传入中国以后,石榴树华实之美便引起中原文士赞不绝口。文学史上第一首咏及石榴树的诗是蔡邕的《翠鸟诗》,开头便写其花叶之美:"庭陬有若榴,绿叶含丹荣。"④其次是曹植诗《弃妇篇》:"石榴植前庭,绿叶摇缥青。丹华灼烈烈,璀采有光荣。光华晔流离,可以处淑灵。"⑤此后石榴树便进入中国文人的审美视野,赞美石榴树形象之美成为文学的传统。潘尼《安石榴赋》序:"安石榴者,天下之奇树,九州之名果。是以属文之士,或叙而赋之,盖感时而骋思,睹物而兴辞。"⑥应贞《安石榴赋》序:"余往日职在中书时,直庐前有安石榴树,枝叶既盛,华实甚茂,故为之作赋。"⑦外国人把石榴树作为观赏植物的信息也为中国人所知,南朝梁陶弘景说:"石榴花赤可爱,故人多植之,尤为外国所重。"⑧他们都道出了石榴树惹人喜爱的原因。暮春与夏季既绿叶繁茂,又果实累累,最为人所观赏。

魏晋南北朝时,随着石榴树栽种越来越多,歌咏石榴树的作品也多起来,如王筠《摘安石榴赠刘孝威诗》所云:"既标太冲赋,复见安仁诗。"当时流行状物咏怀的小赋,据统计,流传下来的专咏安石榴的赋完整的达12篇之多,赋散句2句。还有颂1篇,诗5首。文学家们各逞才使气,极状石榴树之美。晋时许多文人作赋咏叹石榴,左思《吴都赋》有"蒲陶乱溃,石榴竞裂"之名句。⑨张载、张协、傅玄、应贞、庾

---

① 欧阳询.艺文类聚:第62卷.上海古籍出版社,1982:1122.
② 萧统编.文选:第4卷.上海书店,1988:52.
③ 欧阳询.艺文类聚:第92卷.上海古籍出版社,1982:1609.
④ 逯钦立辑校.先秦汉魏晋南北朝诗.中华书局,1983:193.
⑤ 曹植撰,赵幼文校注.曹植集校注:第1卷.人民文学出版社,1984:33.
⑥ 欧阳询.艺文类聚:第86卷.上海古籍出版社,1982:1480.
⑦ 欧阳询.艺文类聚:第86卷.上海古籍出版社,1982:1481.
⑧ 李时珍.本草纲目:第30卷.中医古籍出版社,1994:756.
⑨ 李昉等.太平御览:第9册.上海古籍出版社,2008:572.

儋、夏侯湛、潘岳、范坚、殷元、徐藻妻陈氏、王伦妻等皆有专以《安石榴赋》为题的作品。从这些作品来看，石榴首先是以外来的新奇树种被称颂，其次花叶之美作为观赏性植物被人们所欣赏，最后以其果实味美为人们所喜爱。石榴是外来物种，这一身世特征突出了其新奇的一面。张载《安石榴赋》云："有若榴之奇树，肇结根于西海。仰青春以启萌，睎朱夏以发采。"①夏侯湛《安石榴赋》云："冠百品以奇仰，迈众果而贵。"②"览华圃之佳树兮，羡石榴之奇生。滋玄根于夷壤兮，擢繁干于兰庭。"③王筠《摘安石榴赠刘孝威诗》："中庭有奇树，当户发华滋。素茎表朱实，绿叶厕红蕤。"④这些诗赋作品都不约而同地用了一个"奇"字来形容，表现出石榴树这一外来果木给人们造成了强烈的新鲜感。

这一时期的文人多赞美石榴的花叶树姿等外在形象，石榴开花是在众芳零落后的初夏，一片绿海中如火的石榴花和累累硕果格外引人注目。在魏晋南北朝时期写安石榴的赋作中，作家尽力铺写石榴树和石榴的形态之美。张协《安石榴赋》：

> 考草木于方志，览华实于园畴，穷陆产于苞贡，差英奇于若榴，耀灵葩于三春，缀霜滋于九秋，尔乃飞龙启节，扬飚扇埃，含和泽以滋生，郁敷萌以挺栽。倾柯远擢，沈根下盘；繁茎条密，丰干林攒；挥长枝以扬绿，披翠叶以吐丹；流晖俯散，回葩仰照，烂若柏枝并然，赫如烽燧俱燎；皦如朝日，晃若龙烛，晞绛采于扶桑，接朱光于若木。尔乃頳萼挺蒂，金牙承蕤，荫佳人之玄鬓，发窈窕之素姿，游女一顾倾城，无盐化为南威。于是天汉西流，辰角南倾，芳实垒落，月满亏盈，爰采爰收，乃剖乃拆，内怜幽以含紫，外滴沥以霞赤。柔肤冰洁，凝光玉莹，灌如冰碎，泫若珠迸。

赋铺写了石榴树从"三春"至"九秋"不同季节的形姿之美。又如应贞《安石榴赋》："挹微露以鲜采，承轻风而动葩。……时移节变，大火西旋，丹葩结秀，朱实星悬。肤拆理阻，烂若珠骈。"写石榴随着"时移节变"有着不同的美，其果实成熟在秋天，经霜后的果实缀于枝头，榴皮开裂，籽如珍珠灿烂。潘岳《河阳庭前安石榴赋》："有嘉木曰安石榴，修条外畅，荣干内樛。扶疏偃蹇，冉弱纷柔。于是暮春告谢，孟夏戒初。新茎擢润，膏叶垂腴。丹晖缀于朱房，缃的点乎红须。煌煌炜炜，熠烁入

---

① 欧阳询.艺文类聚：第86卷.上海古籍出版社，1982：1480.
② 欧阳询.艺文类聚：第86卷.上海古籍出版社，1982：1481—1482.
③ 徐坚等.初学记：第28卷.中华书局，1962：683.
④ 李昉等.文苑英华：第322卷.中华书局，1966：1668.

蕊,似长离之栖邓林,若珊瑚之映绿水。"①潘尼《安石榴赋》:"朱芳赫奕,红萼参差。含英吐秀,乍合乍披。遥而望之,焕若随珠耀重川;详而察之,灼若列宿出云间。湘涯二后,汉川游女,携类命畴,逍遥避暑。托斯树以栖迟,逆祥风而容与。尔乃擢纤手兮舒皓腕,罗袖靡兮流芳散。披绿叶于修条,缀朱华兮弱干。岂金翠之足珍,实兹葩之可玩。商秋授气,收华敛实";②"缤纷磊落,垂老曜质"。③ 庾儵《安石榴赋》:"绿叶翠条,纷乎葱青;丹华照烂,晔晔荧荧。远而望之,灿若摛绘被山阿;迫而察之,赫若龙烛耀绿波。"④范坚《安石榴赋》:"红须内艳,赪牙外标,似华灯之映翠幕,若丹瑗之厕碧瑶";⑤"紫红根以磐峙,擢修干以扶疏。荑应春以吐绿,葩涉夏而扬朱"。⑥ 殷元《安石榴赋》称赞石榴"或珠离于璇瑰,或玉碎于雕觞"。⑦ 徐藻妻陈氏《石榴赋》:"堆木之珍,莫美若榴,擢鲜葩于青春,结芳实于素秋。"王伦妻《安石榴赋》:"振绿叶于柔柯,垂彤子之袞累。"⑧赋的特点是铺陈,这些作品都从花、叶、枝、实、籽等不同方面赞美石榴,又写其不同季节展现出的不同的美,又用优美的语言和各种动人的拟人、比喻手法渲染其形色之美。

唐诗中不乏咏石榴之美的名篇,唐代处处种植石榴树,诗人经常目睹石榴树而引发诗情。张谔《岐王山亭》写春色:"王家傍绿池,春色正相宜。岂有楼台好,兼看草树奇。石榴天上叶,椰子日南枝。出入千门里,年年乐未移。"⑨李白《过汪氏别业二首》其二写夏景:"星火五月中,景风从南来。数枝石榴发,一丈荷花开。"⑩刘复《夏日》:"映日纱窗深且闲,含桃红日石榴殷。"⑪韩愈《题张十一旅舍三咏·榴花》:"五月榴花照眼明,枝间时见子初成。可怜此地无车马,颠倒青苔落绛英。"⑫王维《田家》写秋景:"多(一作夕)雨红榴折(当作坼),新秋绿芋肥。饷田桑下憩,旁舍草中归。"⑬李嘉祐《送卢员外往饶州》亦写秋景:"早霜芦叶变,寒雨石榴新。"⑭不同季节有不同的美,但总是令诗人赏心悦目。与魏晋南北朝时期的小赋注重铺写

---

① 欧阳询.艺文类聚:第86卷.上海古籍出版社,1982:1481.
② 欧阳询.艺文类聚:第86卷.上海古籍出版社,1982:1480.
③ 徐坚等.初学记:第28卷.中华书局,1962:683.
④ 欧阳询.艺文类聚:第86卷.上海古籍出版社,1982:1482.
⑤ 李昉等.太平御览:第9册.中华书局,1966:572.
⑥ 欧阳询.艺文类聚:第86卷.上海古籍出版社,1982:1842.
⑦ 李昉等.太平御览:第9册.中华书局,1966:572.
⑧ 李昉等.太平御览:第9册.中华书局,1966:573.
⑨ 彭定求等.全唐诗:第110卷.中华书局,1960:1130.
⑩ 李白著,瞿蜕园,朱金城校注.李白集校注:第23卷.上海古籍出版社,1980:1339.
⑪ 彭定求等.全唐诗:第305卷.中华书局,1960:3470.
⑫ 韩愈著,钱仲联集释.韩昌黎诗系年集释:第4卷.上海古籍出版社,1984:382.
⑬ 王维著,赵殿成笺注.王右丞集笺注:第11卷.上海古籍出版社,1984:211.
⑭ 彭定求等.全唐诗:第206卷.中华书局,1960:1293.

不同,唐诗着重心理感受,往往画龙点睛般地一语写出石榴树的花叶给人之鲜明印象。

二、石榴在饮食文化中的价值

石榴果实甜美,营养丰富,石榴树的引进为中国人增添了一种食用佳果。在不同的文化中都有对石榴作为美味的赞美。石榴的阿拉伯语名和犹太名都意为"天堂之果",包含着强烈的赞叹之情。《古兰经》里称真主"创造了许多园圃"种植果木,其中有"石榴"。① 在阿拉伯地区石榴、无花果、橄榄为"天堂三圣果",认为每个石榴中都有一粒来自天堂,食之可以延年益寿,消除嫉妒和憎恨。在《一千零一夜》的故事里,阿拉伯人款待客人,在烘烤的乳饼上撒满石榴籽;做"加了胡椒粉的糖石榴子"。② 在中国文人的诗赋中往往写到这种佳果滋味甜美,可以待客,有益身心。晋张载《安石榴赋》写石榴"紫房既熟,赪肤自拆。剖之则珠散,含之则冰释";③"充嘉味于庖笼,极甜酸之滋液。上荐清庙之灵,下羞玉堂之客"。④ 张协《安石榴赋》:"素粒红液,金房细隔。"⑤夏侯湛《安石榴赋》:"光明怜烂,含丹耀紫;味滋芳袖,色丽琼蕊。"⑥《石榴赋》云:"馺然含蕤,璀尔散珠;雪醒鲜饧,怡神实气。冠百品以仰奇,迈众果而特贵。"⑦潘岳《安石榴赋》:"味滋芳神,色丽琼蕊。"⑧潘尼《安石榴赋》:"滋味浸液,馨香流溢"。⑨ 张载写给人的书信中称:"大谷石榴,木滋之最。肤如凝脂,汁如清濑,渴者所思,铭之裳带。"⑩唐皮日休《石榴歌》:"萧娘初嫁嗜甘酸,嚼破水精千万粒。"⑪这些作品都极力赞美石榴果实甘甜味美。

石榴的甘甜令人心清气爽,这种口感和效果在各地文化中都曾被肯定和夸大。在古希腊神话中石榴被称为"忘忧果",人们相信它的魔力可以使人忘记过去和烦恼。荷马史诗中有两个著名故事,一是奥德赛的船队返乡途经忘忧果之岛,三个同伴吃了忘忧果后,不肯再离此岛。二是大地女神得墨特尔之女帕尔赛福聂,被冥王

---

① 马坚译.古兰经:第六章.中国社会科学出版社,1981:108.
② 李惟中译.一千零一夜:第1册.宁夏人民出版社,2006:195.
③ 欧阳询.艺文类聚:第86卷.上海古籍出版社,1982:1481.
④ 李昉等.太平御览:第9册.中华书局,1966:572.
⑤ 徐坚等.初学记:第28卷.中华书局,1962:683.
⑥ 严可均校辑.全上古三代秦汉三国六朝文.中华书局,1958:1852.
⑦ 欧阳询.艺文类聚:第86卷.上海古籍出版社,1982:1481.
⑧ 严可均校辑.全上古三代秦汉三国六朝文.中华书局,1958:1990.
⑨ 欧阳询.艺文类聚:第86卷.上海古籍出版社,1982:1480.
⑩ 李昉等.太平御览:第9册.中华书局,1966:573.
⑪ 彭定求等.全唐诗:第611卷.中华书局,1960:7055.

劫入冥府,在冥王引诱下吃了一枚石榴,从此忘记了自己的身世,不想脱离冥界,成为冥王皇后。中国文化中也强调石榴的食之安神宁志的功效。潘尼《安石榴赋》说它"华实并丽,滋味亦殊,可以乐志,可以充虚"。[①] 张协《安石榴赋》称食石榴则"含清冷之温润,信和神以理性"。[②]都包含着乐以忘忧之意。

石榴在饮食文化中还有其他用途,石榴可以酿酒,古代近东、埃及、东南亚、南亚等地都有以石榴酿酒的记录。古希伯来《雅歌》有云:"我必引导你,领你进我母亲的家,我可以领受教训,也就使你喝石榴汁酿的香酒。"[③]《南史·夷貊传》记载顿逊国"有酒树似安石榴,采其花汁停瓮中,数日成酒"。[④] 至迟南北朝时南方已经酿制石榴酒。梁简文帝《执笔戏书诗》云:"玉案西王桃,蠡杯石榴酒。"[⑤]梁元帝《赋得石榴诗》云:"西域移根至,南方酿酒来。"[⑥]唐代乔知之《倡女行》诗:"石榴酒,葡萄浆,兰桂芳,茱萸香。愿君驻金鞍,暂此共年芳。"[⑦]李商隐《寄恼韩同年》诗:"我为伤春心自醉,不劳君劝石榴花。"[⑧]以石榴花代指酒,即石榴酒。石榴酒有营养保健价值,石榴中含有丰富的维生素、氨基酸、矿物质等成分,适于女性饮用,被称为"女人酒"。与同为果酒的葡萄酒工艺不同,石榴酒需要去皮低温发酵,出汁率比葡萄酒低很多,只有28%左右,因此成本高,更加珍贵。石榴酒保持石榴汁原色,入口酸甜丝滑。

石榴可以作羹,而且是佛家、道家养生食品。皮日休《太湖诗·雨中游包山精舍》写受到僧人的款待:"道人摘芝菌,为予备午馔。渴兴石榴羹,饥愜胡麻饭。"[⑨]明代朱橚《救荒本草》把石榴树当作灾荒年间救饥果树之一:"救饥采嫩叶煠熟,油盐调食。榴果熟时,摘取食之,不可多食,损人肺及损齿令黑。"[⑩]古代还用煮熟的红榴汁作饮料、食品色素等。

三、石榴树的医药养生价值

石榴树根茎花叶和果实都有医药价值,在地中海和近东地区的文化中,石榴的

---

① 欧阳询.艺文类聚:第86卷.上海古籍出版社,1982:1840.
② 欧阳询.艺文类聚:第86卷.上海古籍出版社,1982:1481.
③ 圣经·雅歌.中国基督教三自爱国运动委员会,中国基督教协会,2008:656.
④ 李延寿.南史:第78卷.夷貊传.中华书局,1975:1991.
⑤ 徐陵编,吴兆宜注,程琰删补.玉台新咏笺注:第7卷.中华书局,1985:293.
⑥ 欧阳询.艺文类聚:第86卷. 上海古籍出版社,1982:1480.
⑦ 周勋初等主编.全唐五代诗:第82卷.陕西人民出版社,2014:1685.
⑧ 李商隐著,冯浩笺注.玉溪生诗集笺注:第1卷.上海古籍出版社,1979:83.
⑨ 彭定求等.全唐诗:第610卷. 中华书局,1960:7036.
⑩ 朱橚.救荒本草:第7卷.文渊阁四库全书.台湾商务印书馆,1986:38.

药用价值就受到重视。伊斯兰药典《回回药方》中"泻痢门"有"石榴子末方""石榴汤""石榴花饼子"(三方)"干石榴子方""石榴膏子""干石榴散"(两方)"干石榴末子"(两方)等 11 个药方。① 在"众热门"中有"单石榴汤""石榴水膏子",②方剂中有"酸石榴汤",治恶疮有"石榴膏"。③ 在"众花果菜治病门"中专论甜石榴的药性。④ 还记载了以酸石榴水为配方的"石榴水膏子","夏月天气养身,治心惊,止黄水,能散昏沉病证"。据宋岘考证,此方剂与中古时期阿拉伯《医典》中的"水果饮料处方"内容相同。⑤ 中医学重视植物的药用价值,石榴树传入中国,其根茎、花果之药性,逐渐被医家所认识。东汉张仲景医学名著《金匮要略》中提到它,其"果实菜谷禁忌并治"部分讲到"安石榴不可多食,损人肺"。⑥ 但并没有对其药性有何论述,相反认为多吃有害,被列入禁忌之类,这应该是日常生活经验的总结。西晋潘岳《河阳庭前安石榴赋》赞美石榴:"御渴疗饥,解醒止疾。"⑦这似乎反映人们发现了石榴解酒疗病和保健之功效,"疾"者病也,但这个字另外的版本作"醉",⑧醉与醒同义,一个句子中不当出现这样的语义重复。潘岳非医家,他并没有指出石榴药性如何,能止何疾。所以李时珍《本草纲目》引前代医家论述石榴药性,最早的是南朝梁陶弘景,陶弘景发现酸石榴更适合入药,其果皮有特殊药效。他说石榴"有甜、酢二种,医家惟用酢者之根、壳。榴子乃服食者所忌"。⑨其《名医别录》把安石榴列为下品,论其药性和主治云"其酸实壳,治下痢,止漏精;其东行根治蚘虫、寸白"。⑩ 蚘虫即蛔虫,寸白即寸白虫。宋苏颂《图经本草》云:"花有黄、赤二色。实有甘酢二种,甘者可食,酢者入药。"寇宗奭《图经本草衍义》云:"惟酸石榴入药,须老木所结,收留陈久者乃佳。"⑪其治痢的功用与阿拉伯药典相同。

后世医家对石榴医药价值的认识不断深入,唐人苏颂《食疗本草》、陈藏器《本草拾遗》、王焘《外台秘要》、孙思邈《千金要方》都详论石榴的药性。在传统中医药学中,酸石榴的果实、果皮、根茎、花朵都有药性,李时珍《本草纲目》进行了系统总

---

① 宋岘考释.回回药方考释·《回回药方》残本影印本.中华书局,2000:21,22,24,27.
② 宋岘考释.回回药方考释·《回回药方》残本影印本.中华书局,2000:39.
③ 宋岘考释.回回药方考释·《回回药方》残本影印本.中华书局,2000:66,87.
④ 宋岘考释.回回药方考释·《回回药方》残本影印本.中华书局,2000:114.
⑤ 宋岘考释.回回药方考释·《回回药方》残本影印本.中华书局,2000:257—258.
⑥ 张仲景撰,高学山注.高注金匮要略.上海人民卫生出版社,1956:339.
⑦ 汪灏等.广群芳谱:第 59 卷.河北人民出版社,1989:1384.
⑧ 严可均校辑.全上古三代秦汉三国六朝文.中华书局,1958:1990.
⑨ 李时珍.本草纲目:第 30 卷.中医古籍出版社,1994:756.
⑩ 陶弘景撰,尚志钧辑校.名医别录:第 3 卷.人民卫生出版社,1986:309.
⑪ 李时珍.本草纲目:第 30 卷.中医古籍出版社,1994:757.

结。① 首先果实。酸石榴的果实气味"酸、温、涩,无毒"。孟诜曰:"治赤白痢腹痛,连子捣汁,顿服一枚。"李时珍说:"止泻痢崩中,带下。"《本草纲目》记载了以酸石榴作为主料的药方,分别治疗肠滑久痢、久泻不止、痢血五色、小便不禁、捻须令黑等,说明酸石榴有收敛、涩肠、止痢功效。甜石榴吃多了对肺不好,易生痰,导致牙齿发黑,而酸石榴却可以治疗由于甜石榴食用过度对人体造成的不适。其次果皮。酸榴皮有抑菌和收敛功能。《名医别录》曰:"止下痢漏精。"甄权曰:"治筋骨风,腰脚不遂,行步挛急疼痛,涩肠。取汁点目,止泪下。"酸石榴的果皮中含有碱性物质,有驱虫功效。陈藏器云:"煎服,下蛔虫。"②李时珍说:"止泻痢,下血脱肛,崩中带下。"《本草纲目》记载了用酸榴皮作主料的十个药方,其中旧方六,新方四,分别治赤白痢下、粪前有血、肠滑久痢、久痢久泻、小儿风痫、卒病耳聋、食榴损齿、丁肿恶毒、脚肚生疮等。再次,酸榴根。酸榴根除了治蛔虫、寸白虫,还和榴皮一样有抑菌消炎和收敛之功效,止涩泻痢、带下。苏颂曰:"治口齿病。"甄权指出,榴根"青者入染须用",可以染须发。《本草纲目》记载了以酸榴根为主料的旧方三、新方二,分别治金蚕蛊毒、寸白蛔虫、女子闭经、赤白下痢等。最后,榴花。榴花有止血消肿功能。苏颂曰:"千叶者,治心热吐血。又研末吹鼻,止衄血立效。亦傅金疮出血。"陈藏器说:"榴花阴干为末,和铁丹服,一年变白发如漆。"铁丹即铁粉。《本草纲目》记录了以榴花为主的药方旧一,新二,分别治金疮出血、鼻出衄血、九窍出血等。石榴叶也有止血效果。另外石榴花还可充作杀虫剂,可以作胭脂。石榴果皮、树皮、根皮、果汁中含有鞣酸单宁,可使肠黏膜收敛,分泌物减少,可治疗腹泻、痢疾等症,对痢疾杆菌、大肠杆菌有较强抑制作用。石榴花有止血功能,泡水洗眼,有明目效果。

医家认为,甜石榴也有药用价值,但有副作用。陶弘景说它"味甘、酸,无毒。主咽燥渴。损人肺,不可多食"。③ 孟诜《食疗本草》说:"榴者,天浆也,止泻、化淤、清渴、祛火";"能理乳石毒";"多食损齿令黑。凡服食药物人忌食之"。④ 段成式《酉阳杂俎》云:"石榴甜者,谓之天浆,能已乳石毒。"⑤乳石毒指头痛口干,小便浑浊。李时珍《本草纲目》云:"制三尸虫。"中医所谓"三尸虫"指弓形虫,寄生于细胞内,随血液流动,到达全身各部位,破坏大脑、心脏、眼底,致免疫力下降。《广群芳谱》甜石榴"性滞,恋膈,多食生痰、损肺、黑齿,服食家忌之"。⑥

石榴还是配制药酒的原料,西晋时已有以石榴作为制作药酒配料的记载,张华

---

① 李时珍.本草纲目:第30卷.中医古籍出版社,1994:756—758.
② 李时珍.本草纲目:第30卷.中医古籍出版社,1994:756.
③ 陶弘景撰,尚志钧辑校.名医别录:第3卷.人民卫生出版社,1986:309.
④ 李时珍.本草纲目:第30卷.中医古籍出版社,1994:757.
⑤ 段成式.酉阳杂俎·前集:第18卷.中华书局,1981:174.
⑥ 汪灏等.广群芳谱:第59卷.河北人民出版社,1989:1381.

《博物志》记载制作"胡椒酒"的方法:"以好春酒五升,干姜一两,胡椒七十枚,皆捣末。好美安石榴五枚押取汁,皆以姜椒末及安石榴汁悉内着酒中,火暖取温,亦可冷饮,亦可热饮之,温中下气。若病酒苦觉体中不调,饮之。能者四五升,不能者可二三升从意。若欲增姜椒亦可,若嫌多欲减亦可。欲多作者,当以此为率。若饮不尽,可停数日。此胡人所谓荜拨酒也。"①这是一种药酒。据这条记载可知,石榴汁是胡椒酒的重要配料,这种胡椒酒制法也是从域外传入的。

中国道家重养生,石榴被道家视为养生佳品,从上引皮日休诗可知,石榴羹和胡麻饭都是道家日常食品。在道家传说中,其功效甚至被夸大。《神仙传》云:"刘冯者,沛人也,封桑卿侯,学道于楼丘子。常服石桂英及中岳石榴,垂四百年,如十五幼童。"②在道家这里石榴还有奇妙的功效,"道家书谓榴为三尸酒,言三尸虫得此果则醉也。故范成大诗云:'玉池咽清肥,三彭迹如扫。'"③以为石榴为三尸酒,肚子里的三尸虫吃了以后会大醉,就不会向天帝告黑状了。道教所谓"三尸虫"又名"三彭""三尸""三尸神"等,包括上尸神、中尸神和下尸神,皆为人身之阴神,即阴气。道书《梦三尸说》云:"人身中有三尸虫。"但云三尸虫遇石榴而醉的说法,出于道家幻想之词。

从汉至唐石榴树自域外移入并得以推广,全国各地普遍种植,受到人们喜爱。从"滋玄根于夷壤"之外来果木成为汉地享誉盛名的"奇树""名果"。石榴的多种实用价值为人类所共享,文化交流使石榴造福于世界各地人民。伴随着石榴树的移植,西域石榴文化也传入汉地,世界各地有关石榴的文化寓意有许多共同之处,石榴树在汉地特殊环境中产生出富有民族特色的文化含义,寄托了中国人的理想和愿望,转化为中国传统文化中意蕴丰富的文化符号,体现出文化传播过程中衍化生新的倾向。在中国文化中,石榴被赋予吉祥、团圆、喜庆、昌盛、和睦、爱情、多子多福、金玉满堂、才华、长寿、辟邪等多方面的象征意义。石榴是一种世界文化符号,作为一种文化意象,蕴含着深刻而丰富的文化意义,承载着不同民族的共同的生活向往。石榴文化的全球景观揭示了文化交流促进人类文明昌盛的重要作用。

---

① 张华撰,范宁校证.博物志校证:佚文.中华书局,1980:117.
② 李昉等.太平御览:第9册.中华书局,1966:571.
③ 李时珍.本草纲目:第30卷.中医古籍出版社,1994:756.

《千金》的生态主义解读

杨 春

【内容摘要】 本文从生态批评的视角对当代华裔美国小说《千金》进行了解读。《千金》延续了西方自然文学的传统,描写了华裔女主人公腊露在美国西部开荒辟土、创建家园的艰苦历程,赞颂了女主人公对土地、大自然的热爱,肯定了人与大自然和谐共处的田园理想。从环境正义的视角考察该小说可以发现,小说无情揭露了在环境权利问题上存在的性别、族裔和阶级歧视,反思和批判了那个年代的环境非正义现象及环境种族主义。

【关键词】 华裔美国文学 林露德 《千金》 生态批评

《千金》(Thousand Pieces of Gold,1981)是华裔美国作家林露德(Ruthanne Lum McCunn,1946—)创作的长篇历史小说。这部小说记录了一个真实历史人物腊露·纳顺(Lalu Nathoy,又名宝莉·毕默斯)的人生历程。因为排华法案、生活工作条件恶劣等原因,在美国的淘金热和西部开发时期(1840—1880),进入美国西部的华人女性非常少见。《千金》的主人公腊露就是一个在19世纪70年代被卖到美国西部、定居爱荷华州并最终赢得了当地白人尊敬的华人移民女性。小说对腊露在爱荷华州从酒吧侍女到农场主人的奋斗历程进行了生动描绘,塑造了腊露这个华裔美国文学史上独一无二的华人女性拓荒者形象。

作为一个生活在19世纪中后期的中国农村女性,腊露被迫迁移到遥远的异国他乡,语言不通、举目无亲。她在异国求生的过程中,究竟是凭借什么样的精神和行为争取到了生存的权利、赢得了当地人的敬意?作品又是如何再现和反思美国西进运动中的种族歧视等问题的?本文将从生态批评的角度对该小说进行解读,并试图回答这些问题。

一、荒野、城镇与田园

对荒野和田园的描写,是英美自然文学的一个重要传统。无论是华兹华斯、威廉·布莱克、华盛顿·欧文还是梭罗,都曾在作品中描写从城市退隐到乡村的田园理想。乡村世界的安宁、纯朴和城市世界的喧嚣、冷酷的鲜明对比,一直为维吉尔以来的田园作家所着力描绘。

对阿卡迪亚的想象则是田园诗歌的直接起源。在古希腊神话中,阿卡迪亚人占据着一块禁地,他们是地球的土著民,他们自出生之日起就与地球融为一体。他们的形象总是与动物在一起,有时畜牧,有时打猎;半人半神的潘神是他们的主神。而后世田园诗人笔下那些快乐的、自由自在地在和风中唱着牧歌的阿卡迪亚人则是罗马人的创造。古罗马诗人维吉尔在他的诗歌中别具匠心地把他笔下的田园景色安置在了阿卡迪亚地区。① 从某种意义上说,西方文学传统中的"阿卡迪亚"就类似于中国人心目中的桃花源:一个远离尘嚣、怡然自得的世外桃源。

中国北方农村、美国爱荷华州的沃伦斯镇和宝莉庄园,这就是《千金》的女主人公腊露生活过的三个主要地方。

腊露出生在中国北方农村,是一个勤劳懂事的农家姑娘。为了减轻父亲的负担,她主动提出放开已经裹了几个月的小脚,下地干活儿。在地里干活儿的腊露虽然被邻居嘲笑不像个姑娘,但很快就成了干农活儿的一把好手,成为家里仅次于父亲的重要劳动力。但大旱之年,村子遭到土匪袭击。眼看被土匪头子发现的腊露难逃一劫,父亲不得已用两袋种子的代价把腊露卖给了土匪。腊露被土匪掠走,从此永别了故乡。

被辗转贩卖到美国后,18岁的腊露被爱荷华州沃伦斯镇的一个华人酒吧老板洪金买下,成了洪金的女奴和酒吧侍女。同情腊露的白人查理通过赌博的方式从洪金手里赢得了腊露,并给了她自由。腊露和查理一起生活在沃伦斯,她独立经营着一家旅馆。虽然衣食无忧,而且与镇上的白人邻居建立了亲密的友谊,但城镇里的生活并不能让腊露感受到真正的幸福。她希望拥有的家园,是离不开土地、庄稼和溪水的,就像她在中国北方的故乡一样。

于是,腊露卖掉了她在镇上的旅馆,和其他美国西部的拓荒者一样,在沃伦斯镇附近的萨尔门河峡谷白手起家。《千金》中所描绘的萨尔门河峡谷,就是一处典型的荒野,一片未开垦的土地:

最使宝莉(腊露)惊愕的仍是水声,它汹涌澎湃,永无休止地冲击着从萨尔门河的河床里冒出来的嶙峋怪石,发出暴怒的咆哮。
……
很难相信这样一个荒僻的峡谷离沃伦斯只有十八英里。直到现在她才完全理

---

① 薛小惠. 美国生态文学批评研究. 北京大学出版社,2013:26.

解为什么马利克一家、尼兹柏斯一家会选择在这里,在河的对岸安家、垦荒。这片长满野草、荨麻、盐肤木和带刺的黑莓树丛的土地荒无人烟,任何人都可以在这里开垦和耕种;这里土壤肥沃,耕作期长。①

在这一片荒野上,腊露运用自己从小擅长的干农活儿的本领,开辟出了一个占地25英亩的农场,建起了自己的家园:"宝莉庄园"。腊露在农场上开辟了果园,栽种了各种果树。她还种各种蔬菜、小麦,养奶牛和鸡。她自制面包、做各种果酱、腌菜甚至种植中草药,还在河里钓鱼。丈夫查理则负责打猎、供应野味肉食。

可以说,这个田园风光的所在既是腊露记忆中的故乡与异国地方的结合,是家园与田园的结合,也是阿卡迪亚和桃花源的结合:

他们在萨尔门河峡谷度过第一个秋天那年,她做果酱的材料只有樱桃、小野梅、野越橘和野黑莓。但现在,随着园子逐年扩大,随着她种植的果树开花结果,她收获的各种果子越来越多了。等到年底下第一场雪的时候——他们在这里的第四个冬天——他们地窖里的木架上将排满一罐罐油渣、李子酱、桃子和杏子蜜饯,还有腌蔬菜、熏鹿肉、熏松鸡等。(227)

宝莉将最后一把樱桃扔进桶里,然后站起来伸了一下懒腰,用自豪的目光审视他们这幢被查理命名为"宝莉宫"的房子。一根根芦笋探出碧绿的尖头望着峡谷陡斜的石壁和石壁下面的灰色大岩石。准备过冬休闲的地里铺着一层麦秸,它们围在一块块长方形菜畦的周围,恍似一圈金黄色的光环;菜畦里种着包心菜、白菜、胡萝卜、青萝卜,还有几排绿油油的老玉米,以及她给李迪种的草药。几只公鸡在咯咯乱叫的母鸡群里,在马棚附近的干草堆里刨抓觅食;透过河水的哗哗声可以听到野云雀在歌唱;从小溪那边的树林里传来山鸡在啄树皮的声音。(228)

腊露对土地的热爱、对故乡的思念,都表现在她在干农活儿、钓鱼、做果酱等与大自然亲密接触、和谐无间时所感受到的发自内心的喜悦中。这种喜悦显示出一个中国北方乡村的女儿与土地、与大自然的不可分割的联系。腊露在这片荒野上建立起的宝莉庄园就是她的家、她的阿卡迪亚和桃花源。在这里,她可以远离沃伦斯镇上白人和华人的对立和仇杀给她带来的痛苦,也可以远离淘金热的喧嚣,享受和土地、大自然的亲密接触,过着自给自足的生活。宝莉庄园既寄托了她对中国故乡的怀念,也是她逃离美国现实的避难所。从这个意义上说,宝莉庄园具有典型的

---

① 林露德. 千金. 阿良译. 吉林出版集团,2011:219—220. 以后出自该书的引文只在引文后用括号标明页码。

田园理想的特征———一个逃离城市文明的田园所在。

不管农场在哪儿,她大概都会享受大体一样的乐趣:在指缝间感受泥土的肥沃;在脊背上感受阳光的温暖;整日除草之后,让全身肌肉体验酸痛的滋味;做果酱时在水汽蒙蒙的厨房里闻果子的清香;加工调料时让刺鼻的香料冲入鼻腔。不过,只有这个峡谷能使她获得完美的满足,她永远不会离开这里。永远不会。(229)

作者把腊露白手起家、自力更生创造出来的宝莉庄园描写成腊露的精神家园和心灵归宿。小说对腊露与宝莉庄园的描写,既是对土地、大自然的礼赞,更表达了对人类与大自然和谐关系的向往。从小说中我们可以看到,腊露之所以能够作为一个拓荒者受到当地人的信任和尊敬,正是因为她对土地的热爱以及她对朋友的宽厚、真诚。她在土地上的辛勤劳作不仅换来了丰收的果实,也为她赢得了当地人的尊敬和喜爱:

每年春、夏、秋三季,到这里来的人只有那些偶尔路过要乘查理的渡船过河的探矿人或冒险家。但一到冬天,当河上结了厚厚的冰层时,附近农场的人以及沃伦斯的老朋友们便纷纷来访。他们通宵达旦地谈着,交换新闻,填补遗漏的消息,重讲昔日的老故事,打纸牌,吃夜宵,还要喝宝莉亲手用黑麦和蛇麻草酿制的威士忌酒。这时,查理会拿出提琴,让琴声伴着歌声,有时还即兴起舞;就这样一连数日,他们这间温暖、舒适的双层小木屋几乎被笑声和顿足声震得颤颤悠悠。(228)

虽然腊露在宝莉庄园感受到了田园生活的惬意,在大自然怀抱中的生活也使她思念故乡的心灵获得了很大的安慰。但是,宝莉庄园并非真正的世外桃源。在这里,腊露从来也没有真正得到她向往的安定和幸福。小说对宝莉庄园田园诗式的描写和西进运动中美国政府剥夺外来移民正当权利的丑恶现实形成了鲜明对比。

二、环境正义:性别、种族、阶级

在生态批评的第二次浪潮中,人们意识到:生态批评的研究与种族、性别、阶级有着密切的关系,因为环境问题的受害者往往是少数族裔、女性和穷人。这些处于社会边缘的人群不仅要争取政治权利的平等,还要寻求环境权利的平等。而生态批评的任务之一,就是弘扬环境正义思想,反思文学作品中反映的"环境非正义现象"和"环境种族主义"。①

在《千金》中,腊露的女性身份给她带来了侮辱和迫害,使她失去了与土地有关的一切权利。

在中国,年少的腊露为了不被父亲卖掉还债,从小就学着干活儿。父亲尽管也爱她,并认可她是个干农活儿的好手,是值得家人自豪的"千金闺女",但在大旱之年,还是以两袋种子的代价把腊露卖给了土匪,让腊露从此失去了家园——毕竟她只是一个要嫁到别人家的女孩。

腊露小时候就听父亲讲过郭巨埋子的故事。作为一个女孩儿,她非常清楚她在家里是没有任何权利的,更不可能拥有土地。她知道,如果家里缺钱了,父亲随时可能把她卖掉。而母亲也会像郭巨的妻子一样,不敢违抗父亲的命令。虽然父亲经常对她说:你是我家的千金闺女。但腊露心里明白自己的真实地位。因此,当家里种的冬小麦被大雨冲毁,欠下大笔债务时,腊露哀求父亲不要卖掉她。她说她愿意像男人一样下地干活儿,替父亲分担农活儿。腊露放开了小脚,在地里干了五年农活儿,为家庭牺牲了嫁到好人家的机会。可是大旱之年,当土匪闯进家里时,父亲不顾腊露恳求的目光,跟土匪讨价还价,最终以两袋豆种的价钱卖掉了她。

在美国,作为华裔移民女性,腊露更是经受了种种侮辱和磨难,一直到死都未能摆脱心里的阴影。腊露是被人贩子用假证件带进美国的。当她刚刚踏上美国的土地,就被迫脱光衣服站在拍卖台上,最后被酒吧老板洪金以 2500 美元的价钱买下。在洪金的酒吧里,她就是洪金的女奴。她没有人身自由,更不可能拥有任何权利。只是当白人查理通过赌博从洪金手里赢下了她以后,她才获得了自由。

其次,腊露的外来移民身份也给她带来了歧视和不公平的待遇。腊露虽然在查理的帮助下获得了人身自由,但当时美国的法律规定,华人无权拥有土地:

> 她鼓起勇气继续说:"我一生都属于别人:属于父亲,属于土匪,属于洪金。我下过决心,一旦离开洪金,我就谁都不属于,只属于我自己。你知道我攒下金子是为了向洪金赎身,现在我要用它盖一间屋子,自己做生意,像舒尔茨太太那样,开客栈。"……
>
> 查理转过身来对着她:"华人是不准拥有土地的。"他说话的声音小得她几乎听不见。
>
> "但你说过,美国土地很多,人人都有份。为了土地,世界各国的人都跑到这里来,穷的,富的都一样,任何人都可以拥有土地。你说过的。"
>
> "任何一个美国人都可以拥有土地,但你是从中国来的。"(159—160)

---

① 龙娟. 美国环境文学:弘扬环境正义的绿色之思. 外语教学与研究出版社,2010:59.

不仅如此，当时的美国法律还规定，只有在美国出生的华人才能成为美国公民。腊露绝望地发现："不管在美国还是在中国，不管是奴隶还是自由人，结果全都一样。"（161）即使她已经自由了，仍然无法拥有属于自己的土地和房产。因此，腊露不得不接受查理做她的保护人，她用辛苦积攒的血汗钱建造的客栈也只能由查理出面做名义上的主人。

当腊露和查理在萨尔门峡谷的宝莉庄园生活了二十八年后，一场突发的大火烧毁了他们的家。那时腊露外出钓鱼，只有病重的查理一人在家。年老体弱的查理不顾自身安危，在大火中拼死抢救各种证件：结婚证、腊露的居住证书、土地和矿产产权证等等。当腊露试图把他救出火场时，他还坚持要腊露先去拿证件。因为他知道，如果没有了这些证件，一旦他去世，腊露将一无所有。被火灾中的浓烟严重损害了健康的查理已经奄奄一息，他每次从昏迷中醒来都会重复一句话："法律还没有变。"（274）而腊露每次都安慰他说："我知道。你别担心。我有证件。你看。"（275）这场火灾夺走了查理的生命。查理不惜付出生命为腊露保住她的证件，这是作者对美国政府剥夺少数族裔移民环境权利的有力控诉。

处于社会底层的穷苦外来移民这种边缘弱势群体的被歧视、受迫害不仅发生在腊露身上，也发生在华人青年阿詹和被白人私刑处死的阿福身上。

华人移民阿詹以帮人运货为生。就是他把被洪金买下的腊露从波特兰一路护送到了沃伦斯。他和腊露相互同情、互生好感。阿詹知道腊露渴望获得自由，于是试图花钱从酒吧老板洪金手里赎出腊露。可是，当他好不容易存够了洪金要求的金额，却一再被贪婪卑鄙的洪金欺骗，最终在运货途中失足跌入峡谷丧生。虽然阿詹在美国生活了十一年，已经熟悉和适应了美国的生活，但最终他不仅未能帮助腊露获得自由，自己也永远无法实现在美国建立一个属于自己的家的梦想。

阿福是一个在沃伦斯附近的山区淘金的华人，他用自己淘来的金子在沃伦斯镇上赢了点钱，引起了当地白人的嫉恨。他们诬陷他偷了白人一双靴子，把他关进了班房。但阿福坚称自己没有偷别人的东西。于是，几个白人把他从班房里带走，说要吓唬吓唬他，逼他说出实话。当查理等人找到阿福时，发现他已经被吊死在一棵树上。而杀害阿福的白人始终没有受到惩罚。追逐美国西部的淘金热而来的外来移民中，还有无数像阿福这样悲惨死去的人。他们试图凭借自己的辛勤劳动，在这个美丽新大陆实现自己的梦想，拥有自己的一片土地，建造一个属于自己的家。但现实的残酷远远超出了他们的想象。

《千金》从华人移民的视角描绘了19世纪中后期到20世纪初期美国西部的真实画面。虽然在伟大的西进运动中，无数美国人实现了他们的美国梦，但同样怀抱梦想来到美国西部的外来移民却有着迥然不同的经验。小说中一个令人印象深刻的场面是写临终的腊露陷入昏迷后，被邻居送入医院。在意识不清的情况下，她仿佛看到县治安官制服上的银色五角星,立刻喊道:"证件,我有证件!"(314)这个时候,腊露已经在美国生活了五六十年,但在她的潜意识中还留存着被审查身份的恐惧。腊露虽然在宝莉庄园中感受到了仿佛回到中国北方故乡的归宿感,但美国政府对外来移民合法权利的剥夺使得这种归宿感变得脆弱而不真实。

无论是在中国北方还是在美国西部,腊露对土地始终抱有深厚的感情。正是在与土地和大自然的亲密接触中,腊露学会了怜悯、勇敢、坚毅和忍耐。虽然腊露的一生经受了种种苦难,但她始终保持着自己的美好品性。直至今天,沃伦斯当地的居民还在颂扬腊露的善良、勇敢和独特魅力。爱荷华州已经把腊露曾经居住过的宝莉庄园建成了博物馆,并将流经萨尔门河峡谷的一条小溪命名为"宝莉溪",让后人永远缅怀这位华裔女性拓荒者的动人事迹。

参考文献

[1]胡志红. 西方生态批评史. 人民出版社,2015.

[2]劳伦斯·布伊尔. 环境批评的未来:环境危机与文学想象. 刘蓓译. 北京大学出版社,2010.

[3]林露德. 千金. 阿良译. 吉林出版集团,2011.

[4]龙娟. 美国环境文学:弘扬环境正义的绿色之思. 外语教学与研究出版社,2010.

[5]薛小惠. 美国生态文学批评研究. 北京大学出版社,2013.

女性的质疑
——萧红后期创作偏离抗战文艺的原因

张 霖

【内容摘要】 萧红的创作在1938年前后分为前后两期。前期创作以粗犷、热烈、激昂、悲壮的时代场景为主要特点,后期作品则是个人寂寞情怀的写照。作为左翼文学的代表作家,萧红在其创作的后期主动脱离了抗战文艺主潮,开始探索女性独立的文学空间。其原因与她个人的情感经历以及和鲁迅的交往有关。当萧红开始独立进行文学探索时,她的创作立足于女性立场和人道主义精神,对抗战文艺的男权中心主义提出了深刻的反思。

【关键词】 萧红 女性主义 抗战文艺

萧红是一位英年早逝的天才作家,在她短短的十年创作生涯中一直以"女性作者细致观察的和越轨的笔致"[①]描写人民的苦难,寻求民族的出路。一般认为萧红小说在1938年前后发生转变,分为前后两期。前期风格为粗犷、热烈、激昂、悲壮的时代场景,后期则是个人寂寞情怀的写照。

《生死场》是公认的萧红前期代表作。它较为鲜明地反映了作家前期创作思想,即有明显的人道主义特征,创作重点在于真实摹写农民非人的生活状态,并在萧军影响下,试图从阶级观念出发,解释苦难根源,唤起民众觉醒反抗。作品在某种程度上有概念化倾向。由于萧红无法将阶级斗争和人道主义整合,因而才在《生死场》中出现了一种叙述的分裂。[②] 这一时期的代表作有《王阿嫂的死》《生死场》《桥》《手》《商市街》《家族以外的人》等小说和散文。

---

① 鲁迅.《生死场》序.生死场.黑龙江人民出版社,1980:7.
② 萧红自知《生死场》的内部结构缺乏有机的联系,但她"想不出其他方法,就让它这样罢。"梅林.忆萧红.王观泉编.怀念萧红.黑龙江人民出版社,1981:62.

萧红后期创作逐渐偏离"文章下乡，文章入伍"的抗战文艺的主流。萧红在创作上的转折反映作家思想上的重大转折。她的思想动荡实际上发端于1936年。在这一年里，发生了两件大事，对萧红的一生有极其重要的影响：其一是萧红与萧军关系的恶化；其二是鲁迅的逝世。

据萧红的多种传记记载，二萧关系的恶化主因是萧军与某女士的特殊关系使萧红在精神上非常痛苦。为了逃避感情的困扰，静心写作，她不得不只身东渡日本。此时的萧红虽然在事业上取得了成功，但在现实生活中她正受着严重的虐待和忽视。在与萧军的生活中，萧红曾离家出走学画，被萧军的朋友发现抓回家中，而且萧军还对她动粗，把面孔都打青了。① 萧红，作为出走的娜拉，正面临着鲁迅所说的困境，她"生活在别人的同情下，已经是不自由了"。② 在给萧军的信中，萧红写道："这真是黄金时代，是在笼子里过的。……显然有些不习惯，所以又爱这平安，又怕这平安。"而萧军对自己扮演的保护人的角色非常骄傲，他在给萧红的第九信的注释中，他写道："我也很习惯以一个'保护者'自居，这使我感到光荣和骄傲！"他并不理解萧红的痛苦，还不无侮蔑地说："和我比起来，无论身体和意志，她确是很弱的，在信中她还有点不服气的样子。"③正是在这样的情况下，"作家萧红感受到另一种社会力的威胁，那就是男人中心力"。④ 萧红发现，男权主义不但是历史的存在，而且在以进步自居的男性知识分子中，这一势力也相当大。她清楚地意识到女性是男性中心社会的附属品，她和其他被侮辱与被损害者一样，都处于弱者的地位。这一处境给萧红提供了一个有别于男性启蒙知识分子的视角，即"弱者视角"。这一视角使萧红有可能对一切强权保持警惕，这种警惕性在她的人生选择中起了至关重要的作用。她看到原本为她所崇敬的强者的虚伪，在散文《春意挂上了树梢》中，她谴责强者对弱者的漠视："墙角、转角，都发现着哀哭，老头子、孩子、母亲们……哀哭着的永远都是被人间遗弃的人们！""世界上这一切不幸的人，存在着也等于不存在，倒不如赶早把他们消灭掉，免得在春天会唱这样难听的歌。"⑤在《三个无聊人》中，萧红以极其辛辣的语调讽刺胖同伴"以学者的态度，带着钱，热诚地到妓女身上去研究'社会主义'的丑行"。自此，萧红的作品中开始出现尖锐的批判锋芒，从一开始就指向了男权社会中隐藏的各种国民性的弊端。

在萧军作为萧红的情感支柱倒下去的同时，萧红的精神支柱——鲁迅，于该年10月逝世。这一重大事件对当时中国知识界是一个相当沉重的打击，就萧红而

---

① 葛浩文.萧红新传.三联书店(香港),1989:92.
② 鲁迅.娜拉走后怎样.鲁迅全集,第一卷.人民文学出版社,1973:149.
③ 萧军.萧红书简辑存注释录.黑龙江人民出版社,1981:92－93,26.
④ 骆宾基.萧红小论,怀念萧红.东方出版社,2011:99.
⑤ 萧红.春意挂上了树梢.萧红选集.人民文学出版社,1981:98－99.

言,则更具深意。这个被她奉为导师、可以对她有所庇护的伟大男性已不存在,对萧红说来,首先意味着精神导师的缺席,她必须独立面对历史和人生的困境;其次意味着文学权威的消失,她将开始按自己的方式创作。

发生在1936年的这两件大事将萧红彻底地从她所依附的男性中心社会中抛出。她被迫面临情感和精神的空虚,别无选择地走上女性独立的不归路。

钱理群先生将萧红与鲁迅的相见比作中国现代文学史上"父"与"女"两代人的会合。① 萧红从"五四"女儿向独立女性的转变正是始于1936年。她用自己的人生为鲁迅所提出的"娜拉走后怎样"的问题提供了一种答案。并且,她开始以一种完全独立(包括身体、精神、经济)的女性身份加入到对历史的反思和民族出路的探寻中来。她在这一年创作的作品既有自觉的女性主义立场(如《牛车上》),又有犀利的社会批判锋芒。这正是萧红后期创作的显著特征。后期代表作有《三个无聊人》《失眠之夜》《牛车上》《朦胧的期待》《呼兰河传》《马伯乐》《回忆鲁迅先生》。

正如骆宾基在《萧红小论》中所说,萧红的大胆抗拒,"不只是向思想,她是向历史挑战"。这挑战的第一步就是摆脱对萧军情感上的依附,主动选择端木蕻良为人生伴侣。二萧分手的经过目前有两个版本。一是萧军的说法,在他的叙述中,他与萧红诀别的气氛是"很宁静的","平凡而了当地,并没有任何废话和纠纷地确定下来"。② 另一种则是端木的说法,在他的叙述中,萧军并不像他自己形容的那么富于骑士风度。萧红面对萧军的狂怒,竟说出"你要把他(指端木)弄死,我也把你弄死"③的话来。二萧感情上的对立,由此也可见一斑。今天,三位当事人皆已作古。我们无法知道哪种版本更为真实。但就结果而论,萧红最终顶着多方压力与端木结合,并离开西安南下,去寻找比延安更为合适的创作之所了。萧红的这一选择,无疑是一个觉醒女性对男性中心社会的背叛,她迈出的这一步,使她走向了女性的独立,更走向了历史的孤独。

萧红挑战的第二步就是争取女性对历史、对社会的解释权。从1936年起,她开始形成自己的历史观和文学观。在创作上,萧红继承了鲁迅"改造国民灵魂"的文学传统。她笔下出现的不再是偶然的事件与人物,而是民族大多数人最普遍的生活,是摹写民族生活方式的社会风俗画。《呼兰河传》就代表了萧红对历史的深刻见解,她继续开拓在前期《生死场》中就已发掘出的"历史惰性"母题,通过小团圆媳妇等一系列惨剧向读者揭示出造成"历史惰性"的根源,即存在于我们民族内部的一种扼杀一切异端的文化。这种文化"以人对自然的依附为前提,又以人对自然

---

① 钱理群."改造民族灵魂"的文学.十月,1982(1).
② 萧军.萧红书简辑存注释录.黑龙江人民出版社,1981:157.
③ 钟耀群.端木与萧红.中国文联出版公司,1998:33.

的依附为目的"。① 在对历史的反思中,萧红才会异常坚决地在抗日文艺的洪流中坚持"改造国民性"的主张,在一片"文章下乡,文章入伍"的呐喊声中,发出了颇不合流的呼吁:"作家的责任,无论是现在还是过去,都应当向着人类的愚昧。"②

回顾40年代的文坛,我们不难发现,当时的主流文学具有明显的浪漫主义色彩。时人对此也并不讳言,他们认为:"我们生在表现神力的传奇时代,中国人的英勇抗战本身是中国历史空前的奇迹之一。奇迹一般的故事,在今天的中国到处可以发生。"③钱理群揭示出抗战文学的本质,即"建立在战争浪漫主义基础上的理想主义英雄主义的战争文学,正是通过戏剧化(矛盾冲突的高度集中,审美感情、审美判断的强化与纯化,封闭结构等)的手段,制造战争神话,信仰、信念(某种意识形态)神话,以及被英雄化了的人(个体和群体)自身的神话"。④ 由此,我们就不难理解萧红后期作品为什么会遭到那样的冷遇。她所坚持的对民族历史的反思,对现实痼疾的批判,对艺术个性的追求,无一不是对以政治宣传为目的,以典型化为特征,以乐观主义为基调的抗战文艺模式的反拨。下面我就萧红在文艺思想上偏离主流模式的原因进行分析。

萧红面对民族主义和国家主义的汹涌思潮,之所以能得出自己独立的判断,原因之一是她受鲁迅影响继承了"五四"个性解放、人道主义思想。在鲁迅逝世后,萧红曾参与鲁迅文稿的整理工作,长期撰写纪念鲁迅的文章,且在鲁迅生前,二人就有师生之谊。萧红将鲁迅一直视为精神导师,并坚持了鲁迅"改造国民性"的文学道路。这都可以作为萧红思想与鲁迅思想密切相关的明证。

从这阶段萧红的创作中,我们也可以清楚地看到她的人道主义立场。萧红曾这样描述她在西安看到的一个八路军女伤员的感受:

有一天我看到一个残废的女兵,我就向别人问:"也是战斗员吗?"

那回答我的人也非常含混,他说也许是战斗员,也许是女救护员,也说不定。

等我再看那腋下支着的两根木棍,同时摆荡着一只空裤管的女人的时候,但是看不见了,她被一堵墙遮没住,留给我们的只是那两根每走一步,那两肩不得安宁的新从木匠手里制作出来的白白木棍。

我面向着帝国主义,我要讴歌了! 就像南方的朋友们去到了北方,对于那终年

---

① 孟悦,戴锦华.浮出历史地表.河南人民出版社,1989:195.
② 现时文艺活动与《七月》——座谈会纪录.七月,1938(6):81.
③ 欧阳凡海.1946年上半期文学创作的一般倾向.黄俊英编选.小说研究史料选.四川教育出版社,1988:81.
④ 钱理群.精神的炼狱——中国现代文学从"五四"到抗战的历程.广西教育出版社,1996:164.

走在风沙里的瘦驴子,由于同情而要讴歌了。

  但这一刻的心情对于蛮的东西所遗留下来的痕迹,憎恶在我是会破坏了我的艺术的心意的。

  那女兵将来也是要作母亲的,孩子若问她:"妈妈为什么你少了一条腿呢?"

  妈妈回答说是日本帝国主义给切断的。

  成为一个母亲,当孩子指问到她的残缺点的时候,无论这残缺是光荣过,还是可耻过,对于作母亲的都一齐会成为灼伤的。①

  很明显,萧红的感受是非政治性和超阶级性的。这个女伤员,在她眼中,不是英雄,而是被战争永远戕害了的弱者。萧红对战争的控诉,不是站在国家主义、阶级意识的立场上,而是向着人类社会的不合理。在以"民族""国家""人民"为最高价值取向的抗战时期,萧红反对战争高于一切的论调,反对阶级决定论:"作家不是属于某个阶级的,作家是属于人类的。现在或者过去,作家写作的出发点是对着人类的愚昧!"②她对"人类""愚昧"的关注,对作家自由个性的要求都是典型的"五四"之声。

  作为"五四"之后的中国第二代知识分子,萧红是应声而起的一位。她在1941年5月所写的一篇文章中直呼:"'五四时代又来了'。"她痛感启蒙在中国收效之微,认为民族危机的日益深重全缘于此,她说:"在我们这块苦难的土地上,二十年来东走走,西走走,却好像鬼打墙,一直在原地踏步,一步没有向前进。"于是她重新举起"五四"启蒙大旗,并且自命为"是新'五四'",要"学鲁迅拿起刀枪来",将启蒙"照样地来演一遍"。③ 在以"救亡"为时代最强音的40年代,萧红仍然坚持着理性的呼喊,尽管她的呼声非常微弱,但我们可以看出她对"国家""民族"偶像的瓦解主因于她自觉继承的"五四"精神。

  另一方面,萧红的女性主义立场,则使她能先于其他知识分子认识到国家民族主义中所隐藏的封建性,对历史做出的敏锐洞察。但值得注意的是,萧红所持的女性主义与当时"妇女解放"有不同的前提。自"五四"以来,妇女解放运动在中国一直是现代话语不可或缺的部分,但是,妇女的解放从来不是针对着以男性中心为前提的民族国家。恰恰相反,"妇女解放"必须和"国家利益"一致。在这一共识下,刚刚从封建制度父权统治下逃出的娜拉,又一次被要求臣服于另一个以解放民族国家为名义的抗战逻辑。这场民族圣战给女性所做的承诺可以用《朦胧的期待》这篇

---

  ① 萧红.无题.萧红全集.哈尔滨出版社,1991:1086.
  ② 现时文艺活动与《七月》——座谈会纪录.七月,1938(6):81.
  ③ 萧红.骨架与灵魂.华商报副刊《华灯》第21号,香港,1941.

小说中金立之对李妈的许诺代表，他说："抗战胜利了回来娶你，那时一切就都好了。"①但是现实经验无法让萧红像李妈那么天真地相信美好的誓言。她认为："男权社会中的女子连一点东西都不能白得，哪管就不是自己所要的也得牺牲好话和眼泪。"②

萧红苦苦争取的女性对历史、对现实的解释权，实际上遭到相当严重的压抑。她对民族国家名义下的女性处境没有丝毫憧憬，反而对男性的许诺提出严重质疑。在上文提到的《朦胧的期待》中，作家一方面借李妈的失落道出对未来女性处境的忧惧；另一方面，萧红又借金立之对情人李妈的冷酷漠视，和他口口声声宣称"我们打仗全是为了国家……我们为了妻子、家庭、儿女，我们必须抗战到底"的矛盾言行，以曲笔巧妙地揭示出民族国家名义下男性中心社会的虚伪。与此同时，她还批评李妈身上的这种"过多的自我牺牲精神，不是过勇敢，倒是怯懦，是在长期的无助的牺牲状态中养成的自甘牺牲的惰性"。③

萧红清楚地认识到女性的意义与民族国家意义之间的严重对立。在她心中，女性主义是以个性解放为前提的，与以国家利益为前提的一般意义上的"妇女解放"有本质的区别。正是站在这样的立场上，她才有可能看到主流文化阵营中的弊端，"不满于她这阶层知识分子们的各种活动，觉得那全是扯淡，是无聊"④；她清醒地意识到，在"文章下乡，文学入伍"这一思潮下所潜伏的不利于文学发展的因素，即"文学战斗性时代性的获得，是以文学的多样化、个性化的部分丧失为代价"的。⑤ 因此，萧红在后期创作中，一直坚持自己的创作个性，拒绝加入主流抗战文艺，并尝试开辟新的话语空间。

在历史的困境面前，萧红一直坚持着五四之声，她从民众近于麻木的苟且生存中看到了弱者的反抗，这是一种凭隐忍的生活和顽强的挣扎来对历史命运的反抗。这是五四时期第一代启蒙知识分子所忽视的人民的悲剧的力，这种力，在40年代又被过度夸大成盲目乐观的喜剧的力。她的不朽之作《呼兰河传》和《马伯乐》就是在这种特殊的思想背景下完成的。萧红的文学选择，是中国女性知识分子为谋求女性独立与解放的勇敢探索。

---

① 萧红.朦胧的期待.萧红选集,1981:339.
② 萧红.《大地的女儿》与《动乱的时代》.七月,1938(7):222.
③ 王观泉.怀念萧红.黑龙江人民出版社,1981:31.
④ 茅盾.《呼兰河传》序.萧红.呼兰河传.北方文艺出版社,1987:11.
⑤ 钱理群,温儒敏,吴福辉.中国现代文学三十年(修订本).北京大学出版社,1998:448.

【博士专栏】

哈萨克斯坦汉语学习者的汉语量词教学调查

MELLAT DILNAR（迪丽娜·米来提）

【内容摘要】 量词是汉语中非常重要的词类之一。但是，量词在哈萨克语中的划分不够明确。因此受母语干扰的原因，学习量词一直是哈萨克斯坦汉语学习者的一个难点。本文通过对哈汉量词的初步比较，归纳了两种语言中量词使用的相同性和差异性，通过对28位给哈萨克斯坦学习汉语的学生授课的老师进行问卷调查，对哈萨克斯坦学生的汉语量词教学提出建议。

【关键词】 哈萨克斯坦　量词　汉语教学

一、哈汉量词

(一)汉语量词

汉语在众多语言中，具有鲜明的特征。以汉语量词来说，类型复杂、数量繁多。因此学习汉语量词是哈萨克斯坦汉语学习者的学习难点之一，对于汉语教学来说也是一个挑战。而正确地使用汉语量词，对于提高汉语水平有着重要的意义，因此值得引起汉语学习者和教学者的重视。

量词是表示数量单位的词，如：十(件)裙子、八(位)客人、六(张)椅子、三(条)腿等。汉语量词的分类至今没有一个统一的标准，笔者倾向于把汉语量词分为动量词和名量词，名量词和动量词都包含专有和借用两类，大致结构如图一。

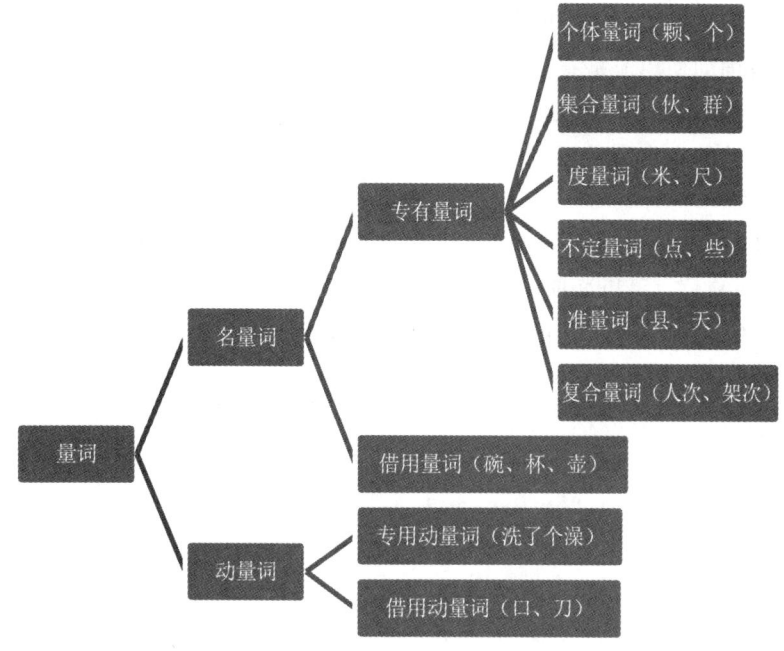

图 1　量词结构分析图

(二)哈萨克语量词

在哈萨克语中名词(зат есім)、形容词(сын есім)、数词(сан есім)表示事物的名称、颜色、次数等。以上这些词都具有复数形式,而且能够体现格、领属的附加。而代词(есімдік)既可代替名词,又可代替形容词,还可代替数词。所以,语法上把这四类词称为"есім"。上一节我们分析了汉语中的量词,汉语的量词作为实词独立地划分成一类,而且汉语量词较多。但是,在哈萨克语中的"量词"不具有这样的独立性,现在的学术界对于哈萨克语中是否有量词,尚未有定论。

在《汉哈词典》中将"量词"解释为"есептік анықтама"(数量的阐释)。一直以来,人们常常混淆哈萨克语中的量词和数词。其实数词和量词是很容易区分的。例如:从"бір гүл"(一花)这组词中我们得不到一个明确的含义。因为这里的数词"бір"(一)是区分不了花的特征的。如果我们在数词和名词中间加入形容词,即"бір қызыл гүл"(一种红色的花),"бір күлгін гүл"(一种粉色的花),我们就可以区别出花的颜色。而我们在数词 бір(一)和名词 гүл(花)之间再加上量词便成为 бір шоі гүk(一束花),бір тал гүл(一朵花),бір буда гүл(一捆花),这样我们就可以区分出花的数量范围了。

虽然在哈萨克语中的"量词"不具备词类的独立性,但是在哈萨克语中确实存在着量词。特别是从其他语言中引入的大量的法定单位,如:"метр"(米),以及一些转义量词、派生量词等,所以现代哈萨克语的量词是客观存在的。

(三)哈汉量词使用上的区别

哈汉量词的使用上是有区别的。汉语量词的存在具有必要性,不能随便添加或者减少,因为这样会改变相关的意思。例如,将"一群人"去掉量词,说成"一人"就会发生语义的变化,意思扭曲,原意不成立。但是,在哈萨克语中,有时可以省略量词,如:"үш жұмыртқа"(三鸡蛋)和"үш тал жұмыртқа"(三个鸡蛋);"он көзәйнек"(十眼镜)和"он тал көзәйнек"(十副眼镜)。看汉语直译可能会觉得不能省略,但是在哈萨克语里面前一种说法和后一种说法的理解是一样的。

当然,还有些情况没有量词语义就会不成立。如:"екі кесе су"(两碗水),"бір қалта ұн"(一袋面),"бір литр бал"(一升蜂蜜)。在哈萨克语中规定抽象名词不能与数词直接使用,必须使用量词,否则语义就会改变。

此外还有另一种比较特殊的情况就是不使用量词。如:"он адам"(十人),"жүз оқушы"(一百学生),"бес мұғалім"(五老师),在形容人的时候是不能使用量词来修饰的。

通过对上述案例的归纳,可以发现量词在汉语中的意义比较宽,而在哈萨克语中的意义比较细,可以展示一些细微的意义差别。例如,汉语量词"群"字,表示聚集在一起的人或者物,但在哈萨克语同样表示此意却用不同的词修饰不同的人或物。

例如:

一群人 бір(топ)адам

一群马 бір(үйір) жылкы

一群牛 бір(табын)сиыр

一群骆驼 бір(қоспақ) түйе

一群羊 бір(отар)қой

上述为哈萨克语中出现的多词一义的量词,还存在一词多义的例子,哈萨克语中"тал"表达的意思比较宽泛,可以与汉语中的多个量词相对应,可以表示"支""朵""个""块"等。

例如:

一朵花 бір(тал)гүл

一支笔 бір(тал)қалам

一个苹果 бір(тал)алма

一块糖 бір(тал)кәмпит

二、哈萨克斯坦汉语教学中的量词教学调查

笔者主要使用问卷调查法,对哈萨克斯坦汉语学习者的汉语量词的学习情况

进行了调查,分析调查数据,对课堂教学中汉语教师遇到的问题以及学习者常见的偏误进行了全方位的考察,希望能为提升量词课堂教学效果和成绩提供有效的帮助。

(一)调查对象

表1 调查对象及人数

调查对象	对外汉语老师(以给哈萨克斯坦留学生授课的老师为主)	
人数	28人	20名老师来自哈萨克斯坦阿拉木图市各高校与培训中心
		7名是新疆师范大学的对外汉语老师,其中1名老师是教授非哈萨克斯坦留学生的老师
		1名是兰州大学俄语老师,曾经在哈萨克国立民族大学孔子学院工作过

根据表一,可以看出本次调查以给哈萨克斯坦留学生授课的老师为调查对象,因为他们有实际的教学经验,可以更好地完成此次调查,结果更准确。

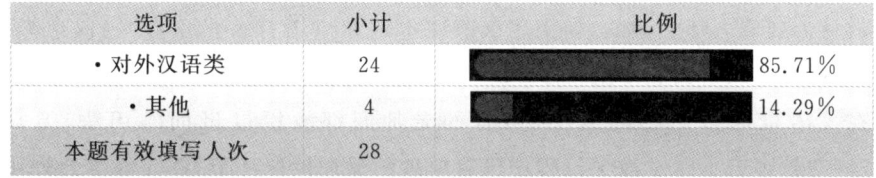

图2 教师专业分类

我们也将老师的专业作为调查的一项,因为专业与否也是汉语教学中比较重要的因素之一。根据图二,28位教师中以对外汉语专业居多,只有4位教师是其他专业,包括同声传译、俄语、翻译、英汉双语专业。

(二)问卷设计

问卷调查共有15道题。1道题为填空题,需要教师们填写针对哈萨克斯坦汉语学习者的汉语量词教学意见。其余14道题为选择题。包括对学生常见偏误、偏误产生原因、教师课堂量词操练方式、教学方法、教学困难等问题,全面分析量词教学课堂情况。

(三)调查结果

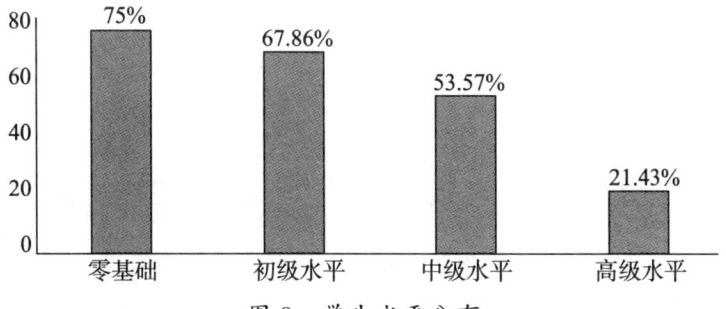

图3 学生水平分布

接受调查的教师们授课的学生水平不同,根据图三可以看出,零基础和初级水平的学生比较多,因此,此次问卷更多可以指导哈萨克斯坦零基础与初级水平汉语学习者的量词学习困难与教学问题。

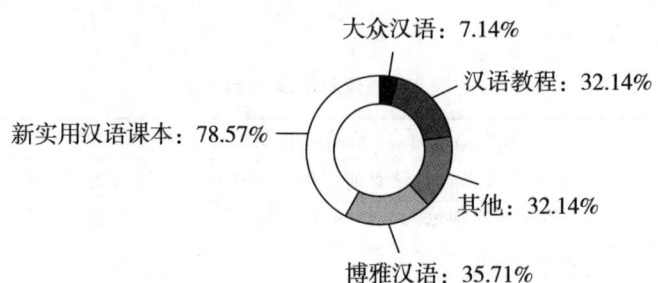

图 4　教学过程中所使用的教材统计

在哈萨克斯坦进行汉语的学习,因为哈萨克斯坦没有相关教材,一般使用的是中国的对外汉语教材。在问卷的调查中涉及到了这个问题,通过统计发现,使用最多的教材为刘珣老师主编的《新实用汉语课本》(北京语言大学出版)、《汉语教程》以及《大众汉语》(哈文版)等。

在汉语量词教学的问题中,所有的老师们都教授过量词的用法,但是有28.57%的教师表示课堂教学过程中没有单独的量词授课环节,都是在综合课中与课后练习里。这也表明有部分老师对于量词教学的重视程度比较低,也导致部分学生无法彻底了解量词的使用。

量词教学中,老师们使用最多的方法有:搭配法(78.57%)、翻译法(57.14%)、类聚归纳法(50%)。大部分老师在教学中,会通过例子便于学生更加清晰地了解到词义和使用方法。但是,对于比较抽象的量词来说,无法用简单明了的方式来解释,所以老师会运用搭配法来讲解。比如:量词:"辆",由形旁"车",声旁"两"组成,通过形旁,我们可以了解此量词多与交通工具来搭配,比如"前方驶来一辆公交车""我有一辆很酷的自行车"等等。

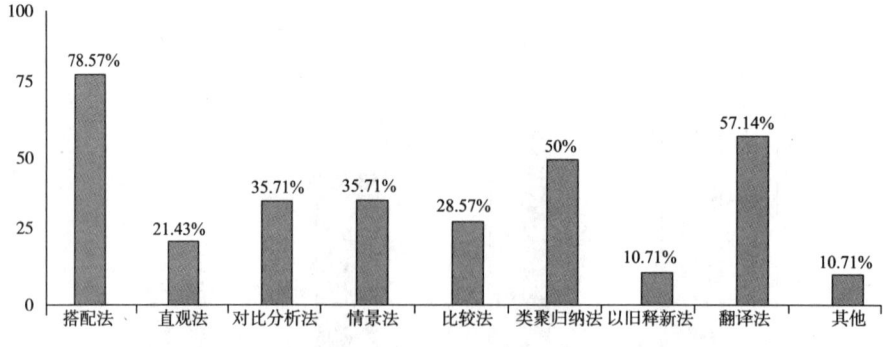

图 5　量词授课中教师常使用的教学方法

其次教师们用得比较多的方法是"翻译法",上一节我们讲到哈萨克语中虽然没有量词这一词类,但是生活中使用量词还是很多的。而在词汇教学中,特别是针对零基础与初级水平的学生,相对使用"翻译法"可以节省大量的课堂教学时间,学生也很容易接受。特别是法定单位的量词教学,比如:吨"тон",升"литр"等等。

还有一种教师们常用的量词教学法是类聚归纳法,教师们会将量词根据搭配对象的语义特征来归类,帮助学生理解。比如说,表示人的:一个人、一群人、三位客人、一名教师等;表示建筑的:一座桥、一所学校、一间房、一家医院等;表示器皿的词:一碗饭等等。

以上讲到的量词教学方法都是目前汉语课堂中教师们常使用的教学方法,这些方法容易操作、学生容易接受、同时也节省课堂时间。其次较多使用的还有:对比分析法和情景教学法。

虽然老师通过多种方法进行讲解,但是为了使学生能够更好地进行理解和运用,所以操练就成为一个重要的部分。因为老师讲完,学生不一定能够合理准确地使用量词,通过不同方式的操练,学生们可以将所学量词"消化",转化成自己的语言能力,在日常交际中使用。

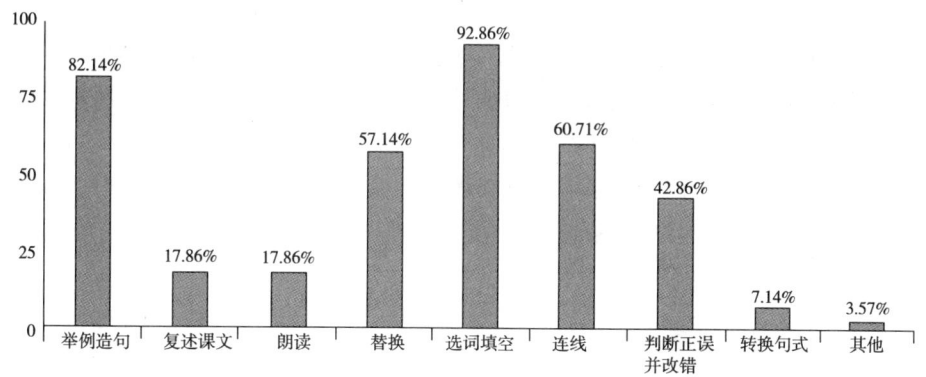

图 6 量词教学中教师常用操练方式

图六显示,教师们在课堂教学中常用的量词操练方式有"选词填空""举例造句"等多种形式。"选词填空",这种练习属于近义量词辨析,学生在知道多种量词的词意及使用方式的情况下,才能完成练习,是教师们使用最多的操练方式。其次是"举例造句",教师们在讲解完量词的语法规则后,给出生活中常使用的例句,让学生们模仿造句练习,并给予肯定。除了以上两种形式,在教学过程中还会使用到"连线"等方式。

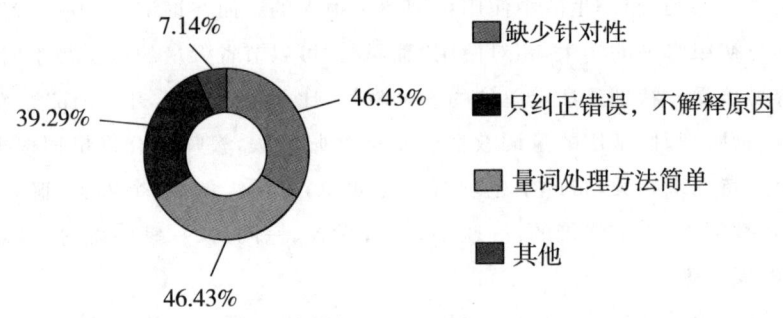

图 7 量词教学中存在的问题

调查教师中,64.29%的教师认为量词教学中产生了困难,大部分教师认为量词教学中所存在的问题有:46.43%的老师认为量词教学的针对性比较差;46.43%的老师认为量词的处理方法简单;39.29%的老师认为只纠正错误(不能给出原因)。从这几点来看,可以发现老师们比较想改善教学方式,希望更加重视量词的教学。

在其他的回答中,因为哈萨克语中的量词与汉语量词的搭配与语法规则有很大的不同,在中国教授哈萨克斯坦留学生的教师们普遍认为,不知道哈萨克语量词使用情况,因此无法针对性地教授量词是目前量词教学所存在的问题。其次,根据笔者课堂观察发现,大部分教师在量词课堂教学中普遍存在简单处理量词和纠错不解释原因的情况。比如说,课本中出现学生不懂的量词,部分教师一般只回应其是量词,并没有对量词搭配对象进行分析,导致学过的量词再次出现时,学生还是会当作新的量词来学习。

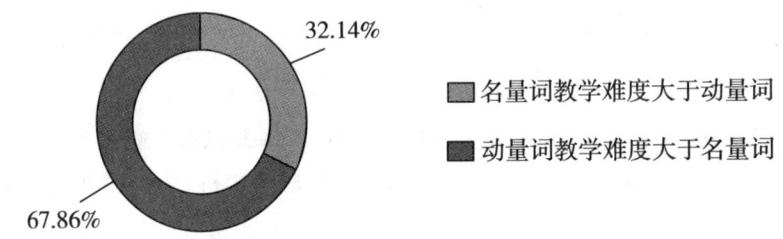

图 8 名量词与动量词教学难度分析

根据此次教师的问卷调查,发现哈萨克斯坦汉语学习者的量词教学中,动量词的教学难于名量词的教学,于是教师会选择忽略动量词的教学。比如:我踢了他一脚、小王打了他一巴掌。"脚"是"踢"的工具,"巴掌"是"打"的工具,这类词临时用来表示动作的量,一旦离开此类语言环境,它们又只是普通的名词。也就是说有些词在自身词性之外,在某些情况下可以担任量词,但是学生们不能很好地了解这类特殊的量词。

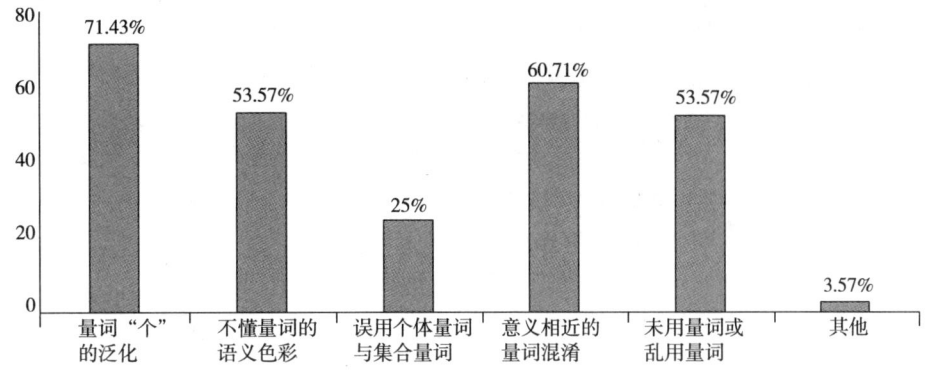

图 9 哈萨克斯坦汉语学习者常见量词偏误分析

从学生们常见的量词偏误中,笔者总结了学习者在汉语的学习过程中存在以下问题:

第一,"个"的泛化

百度百科中"个"字的量词功能解释为:"通用个体量词,表示单独的人或物。[used with nouns without specific measure words]"。其次,教学过程中,教师们也会说量词"个"与名词的搭配范围很广,如果想不到合适的量词,可以用"个"代替。因此,他们认为"个"就是万能的,随便使用,引起一定的使用不当情况的产生。比如说:一个牛、一个书等。

第二,意义相近的量词混淆

在现代汉语中有些量词表示的意思相近但是使用情况是有差别的,但是由于文化背景的不同,学生不能很好地理解,于是存在使用偏差的情况。例如,"双""对",学生只知道表示两个事物或者人,在使用的时候就会发生偏差,例如"一对手套""一双新人"等偏误。

第三,不用量词或者乱用量词

因为哈萨克语中有很多情况是"数词＋名词"的形式组成短语,不需要使用量词,因此受母语负迁移影响,很多时候学生不使用量词,导致了语义产生变化。比如:"бір адам"一人(一个人)、"бір ағаш"一树(一棵树)、"бес ай"五月(五个月)。此外,在不需要使用量词的情况下却使用了量词。如:星期五那(个)天,我们准备去游泳。

第四,不懂量词的语义色彩

常用量词中使用频率较高的是具有形象色彩的个体量词,比如表示圆形的:一轮圆月、一团毛线、一丸药;表示条形的:一列火车、一条路等。学生常出现的偏误就有:一辆火车、一个毛线等。

汉语传达语义有两种方式。一是客观意义,二是主观评价。因此,有主观的色彩存在,就会存在褒贬义。比如:一个小偷(贬义)、一尊佛像(褒义、表尊敬)。这种情况比较容易产生错误,例如:一个佛像、一位小偷等。

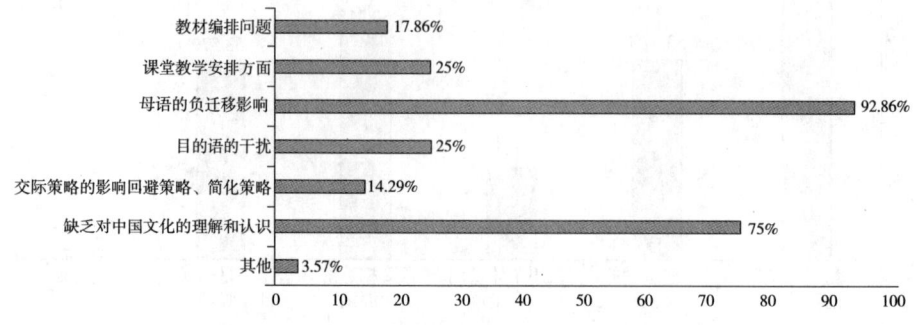

图10　哈萨克斯坦汉语学习者量词偏误原因分析

图十表明,哈萨克斯坦汉语学习者量词使用的偏误产生的主要原因是"母语的负迁移影响"和"缺乏对中国文化的理解和认识"。

第一,母语负迁移影响

由于受到母语的深入影响,会干扰其他语言的学习。而且哈萨克语量词结构与汉语量词结构明显不同,汉语量词十分丰富、分类较细,因此给学生学习汉语造成了很大的困扰,同时也对不懂哈萨克语的汉语教师量词教学造成了困扰。

第二,缺乏对中国文化的理解和认识

汉语的量词除了表示数量,还具有感情色彩。不了解有关语言的文化背景,就会产生偏误。

第三,目的语负迁移影响

"个"的泛化是最好的例子。百度百科中"个"字的量词功能解释为:"通用个体量词,表示单独的人或物。[used with nouns without specific measure words]"。其次,教学过程中,教师们也会说量词"个"与名词的搭配范围很广。学生在不知道利用哪个量词的情况下,就会使用"个"。

第四,课堂教学安排

课堂教学中,由于内容等有关课程安排,对于量词只介绍教材中的基本用法,不做扩展练习,不讲解量词的适用对象和范围,使学生不能很好地进行了解和运用。

通过分析调查文件,探讨了量词教学中存在的问题、学生使用偏误产生的原因等,从而提出一些有针对性的对策。

三、针对哈萨克斯坦汉语学习者的汉语量词教学建议

在对给哈萨克斯坦汉语学习者授课的老师们进行调查问卷的结果的基础上,根据学生们在学习和运用汉语量词的过程中存在的问题及其原因,本文将提出一

些行之有效的教学策略,希望能帮助到来华留学的哈萨克斯坦学生,使他们更深刻地理解和更全面地掌握汉语量词的用法。

(一)改变传统教学方法

如果按照传统"一名一量"搭配的教学方式,费时又费力,还会给学生造成困扰,学生们不明白为什么汉语会有这么多的量词,而且记忆也非常困难。这时候,可以从汉语量词的特点出发,采用汉语量词"一对多"进行教学,在了解汉语量词本义的基础上,可以更好地进行使用,不管是教学还是学习都会容易很多。比如:量词"串",用于连贯起来的东西,如:一串儿珍珠、一串儿钥匙、一串儿糖葫芦、一串儿葡萄等等。

除此之外,还要结合语言背景,在了解本意的基础上,进行引申学习。这样有助于学生理解哪些量词后面跟褒义词,哪些要用贬义词。比如说,我们为什么可以说"一位老师",但不能说"一位强盗"。学习量词对哈萨克斯坦汉语学习者来说难度较大,因此应该加强语境教学法来教量词。在平时课堂或者课后作业中进行量词搭配练习,让学生习惯性使用量词。

(二)分阶段学习量词

学习外语是一个循序渐进的过程,学生不可能迅速掌握量词的使用规则,因此需要划分不同的层次,由浅入深地教学。初级阶段,教师要为学生打好量词的基础知识结构,让学生了解量词,在此基础上告诉学生可以和哪个量词搭配,如:一米布、一张桌子、一把椅子等,还需要配合机械性的词组搭配、连线、填空等练习,让学生记住特定名量词的搭配;在进行一段学习之后,学生有了一定的了解和基础时,就会发现量词和名词的搭配有多种情况,可以一对多,也可以多对一。因此,在这个阶段,要强调准确选用量词;之后教师还要讲解量词语义特征,如:量词的形象色彩。在这些学习和积累的基础上,学生对于汉语的掌握有一定的提升,语言能力增强,可以流利交流。此时量词教学目的是让学生们感受和欣赏这些量词的好处,了解量词的修辞作用。

(三)教材编排

根据哈萨克斯坦汉语学习者学习特点编排有针对性的本土汉语教材,加重量词教学部分。教材的编写过程中,在不同的语境中,体现常用量词。并且,对于量词进行例释。在此基础上,进行一些相关题目的训练。

四、结　语

目前,针对国外汉语学习者的量词教学的研究工作开展的比较少,特别是特定国别的研究。在此笔者作为哈萨克斯坦汉语教师,总结自身教学经验,并结合问卷调查的结果,总结了针对哈萨克斯坦汉语学习者的汉语量词教学建议,希望能对哈萨克斯坦汉语教学中量词的教学实践有所借鉴和启发,有不足之处,也恳请读者批评指正。

参考文献

[1]王思思.对外汉语量词教学初探[J].吉林省教育学院学报,2011(5).

[2]高元穗.对外汉语量词教学方法[J].黑龙江生态工程职业学院学报,2013(11).

[3]于洪月.量词在对外汉语教学中的模糊化教学[J].东南大学学报(哲学社会科学版),2012(12).

[4]Parsamyan Evelina.从汉俄量词的比较谈汉语量词教学[J].语言应用研究,2015(12).

[5]王汉卫.量词的分类与对外汉语量词教学[J].暨南学报,2004(2).

[6]N.S.努尔哈毕.试谈哈萨克语量词的构成方式[J].语言与翻译,2004(2).

[7]王远新.现代哈萨克语量词浅析[J].民族语文,1984(3).

"同伴辅导"研究与汉语国际教育硕士
教学实践能力培养

孙 琳

【内容摘要】 实践性课程建设薄弱已经成为汉语国际教育硕士（MTCSOL）培养的一块短板。培养院校利用留学生资源，安排MTCSOL与留学生结成课后辅导对子以增加实践机会的做法被普遍采用，但目前汉语国际教育领域对这种实践形式缺乏深入的研究与探讨。本文在梳理国内外研究成果的基础之上使用"同伴辅导"为这种实践形式命名，介绍其理论基础，并详细阐述"同伴辅导"在国内外的研究概况，以期为汉语国际教育硕士教学实践能力培养提供借鉴。

【关键词】 汉语国际教育硕士　教学实践能力　同伴辅导

一、研究缘起

汉语国际教育硕士（英文简称"MTCSOL"）是面向汉语国际推广工作的专门人才，培养目标和培养方式直接指向实践能力的培养。汉语教学能力是 MTCSOL 应该具备的基础能力，也是核心能力。根据 2009 年版国家汉办《汉语国际教育硕士专业学位研究生指导性培养方案》（下文简称《方案》）的课程设置，对 MTCSOL 教学能力的培养分为"岗前预备"（完成预备、核心、拓展、训练四类课程的学习）和"上岗实习"（教学实习）两个阶段。岗前预备的培养重点在于完善知识结构，教学能力的培养以观察、体验、讨论、分析、设计、调查为主。最接近真实教学的训练课程是"课堂观察与实践"，常采用微格教学的方式进行技能培训，"只是教学片断的演练"（江傲霜，2013），通常不会面对真实的学习者进行教学。也就是说，从岗前预备（preparation）到上岗实习（practicum），中间缺少面向真实学习者在真实情境中进行"实践"(practice)的过渡①,出现了一处断层(如图1)。已有研究表明,由于岗前缺少教学实践经历,MTCSOL在上岗实习初期会遇到胜任力不足的问题(颜湘茹,付绎擎,2013;吴坚,刘立云,2014),实践性课程建设薄弱已经成为MTCSOL培养的一块短板。

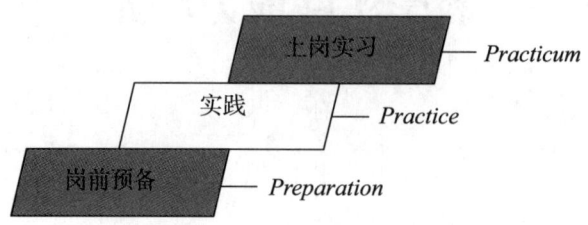

图1 MTCSOL教学能力培养中的"实践断层"

如何增加教学实践机会来补足这块短板已经成为许多高校着力解决的问题。利用留学生资源,安排MTCSOL与留学生结成课后辅导对子的做法被普遍采用。如湖北第二师范学院文学院对外汉语专业的"一对一分散式教学见习"(童琴,2011)、上海外国语大学国际文化交流学院"安排研究生为留学生进行课后个别辅导"(杨金华,2012)、安徽大学国际教育学院的"个别教学"(周曼,2014)等等。这些记述很有参考价值,但与此同时留出了许多思考空间,例如这种实践形式究竟该如何命名?理论依据是什么?国内外已有哪些研究成果?是否有成熟的模式可供借鉴?等等。目前学界还鲜有研究专门探讨。

二、概念界定:"同伴辅导"

在汉语国际教育领域,学者们使用了许多不同的名称来为其命名:"个别教学""个别化教学""个别(教学)实习""个别(式)辅导""一对一个别教授""一对一教学""一对一课堂教学""一对一分散式见习""依托于同伴关系的一对一辅导"等,有些相似,有些名称虽然相同其所指却大相径庭。如"个别教学"有时对应美国成体系

---

① 实习(practicum)不等同于实践(practice)。据商务印书馆《现代汉语词典》(2002年版)释义,"实习"是把学到的理论知识拿到实际工作中去应用和检验,以锻炼工作能力,与《方案》规定的带有工作性质的"教学实习"相同;在英语中,practicum亦为workplacement,与"实习"一道均强调是在实际工作中学习。而"实践"是实行自己的主张,把想法付诸行动,和practice一样带有练习的含义,未必发生在工作中。

的Individualized Instruction①(张占一,1984;刘亚林,1996),有时则用来指跟课堂教学相对的单独授课形式,授课者不一定是具备教学资质的熟手教师(吴仁甫等,2002)。对于我们聚焦的实践形式,这些名称并不适用。首先,从性质来看,是"辅导",而不是"教学"或"实习"。"教学"要求有很强的目的性、计划性和组织性,一般由熟手教师来承担。"实习"则与《方案》中规定的"教学实习"(6学分)相混淆。其次,从形式来看,"一对一"虽然最常见,但也存在MTCSOL与留学生"一对二"或"二对一"结对的情况,所以用"一对一"概括不准确。此外,无论"一对一"还是"个别"都突出了个体性,容易掩盖MTCSOL作为学习群体的特征。

国外研究中使用的概念同样纷繁,如"Individualized Instruction"(个别教学)、"One-to-one instruction"(一对一教学)、"One-on-one Tutoring"(一对一辅导)、"Peer Teaching"(同伴教学)、"Peer Assisted Learning"(同伴辅助学习)、Peer Learning(同伴学习)、Peer Tutoring(同伴辅导)等等。其中"Peer"译为"同伴",通常指年龄、社会地位和教育水平等状态相当或相匹配的伙伴。他们并不是专业教师,在帮助彼此学习的同时,自己也更好地掌握了知识和技能(Topping,1996,2005;Colvin,2007)。高等教育领域里,在学习上提供帮助的"同伴"学习相同或者相近的专业,可以分为横向和纵向两种。横向的"同伴"指同年级的学生,纵向的"同伴"则是指高年级和低年级学生结成伙伴(Black & MacKenzie,2008)。

综上,我们使用"同伴辅导"(Peer Tutoring)来为这种实践形式命名。MTCSOL与留学生可以被视为"同伴"是因为他们不仅学习状态相当、学习内容密切相关,而且有能力差别,存在知识流动的空间。此外,他们的心智和教育程度基本匹配,生活在校园及周边也使MTCSOL与留学生有共同的交流语境。Topping(2005)将"同伴辅导"的特点概括为:包含"辅导者"和"被辅导者"两个角色,高度关注课程内容,重视明晰的互动过程,并且在这一过程中参与者受到通用的和/或特别的训练。在此基础上,我们将汉语国际教育硕士培养中的"同伴辅导"界定为:汉语国际教育硕士在专业课程学习过程中,以辅导的方式帮助汉语作为第二语言学习者在关注课程内容并强调明晰的互动过程的基础上学习汉语,以实现帮助他人学习和自我学习双重目的的实践形式。

---

① 在张占一(1984)文中,美国的"个别教学"是正规教学的一种特殊形式,教师分工明确,操作有成形的模式,甚至有与之配套的自编教材。"以个别学生的能力、兴趣为依据而因材施教……教师辅助,以掌握为前提,自订进度……具体做法是:学生在家或学习中心自学,遇到问题可以随时找老师帮助。教师值班,分为讲解教师(fact teacher)和操练教师(act teacher)两种。"

三、"同伴辅导"的理论基础

"同伴辅导"是由"同伴"和"辅导"组合起来的概念,其中包括人与人之间的社会互动,也包括学习、认知发展的过程以及这过程背后人的发展。早期认知理论、教育心理学和社会心理学提供了主要的理论支撑[①]。

(一)"同伴辅导"的认知理论基础

早期认知理论奠定了"同伴辅导"的理论基础,瑞士儿童心理学家皮亚杰(Piaget,J.)的认知发展理论和苏联心理学家维果茨基(Vygotsky,L.S.)有关"最近发展区"(zone of proximal development,ZPD)的研究是最重要的两块基石。皮亚杰(1971)指出,当个体遇到与原有的心理图式(mental schema)不同的新信息时,会导致认知失衡,于是学习者接纳新的信息来修正他们对世界原有的理解,从而达成新的平衡。学习者就是通过这样的方式来建构他们的知识。皮亚杰十分强调"认知冲突"的价值,认为多样的观点有利于促生批判性思考、看待问题的客观性和发散性反思。他还认为,同伴之间的合作更能鼓励学习者们交流真实的想法(Falchikov,2001:3)。不过,Forman & Cazden (1985:343)坦言,皮亚杰使用"认知冲突"来解读认知发展的过程很有用,不过"要是一个人想要了解在别的社会语境下的认知结果,维果茨基的观点可能更有帮助"。

维果茨基(1978)认为,在任何年龄阶段,完整的认知发展都需要社会互动。他十分看重同伴学习的作用,讨论了通过同伴合作或者成人对幼儿的引导能够发展的多种技能。其理论的核心就是"最近发展区"(ZPD)的概念。维果茨基认为学习者的发展有两种水平:一种是他们现有的水平,指独立活动时所能达到的解决问题的水平;另一种则是潜在的发展水平,也就是通过成人引导或与更有能力的同伴合作所能达到的水平。两者之间的距离就是 ZPD。教学应关注学习者的 ZPD,提供那些能够帮助学习者发挥潜能、超越 ZDP 而达到下一发展阶段的水平,并在此基础上不断进阶。根据维果茨基的理论,更有能力的学习者能够为那些能力较弱的学习者提供支架(scaffold),通过 ZPD 来帮助他们进步。

(二)"同伴辅导"的教育心理学基础

"同伴辅导"源于教育实践。在教育心理学方面,人本主义心理学家罗杰斯

---

① Falchikov(2001)将与"同伴辅导"相关的理论归为三类:早期认知理论、社会心理学相关理论以及跟个人和专业发展有关的理论。事实上与个人和专业发展有关的理论绝大多数也属于心理学范畴,例如马斯洛(Maslow, A. H.)的"需求层次理论"是社会心理学的重要理论之一;罗杰斯(Rogers,C.)的"经验学习理论"则属于教育心理学范畴,等等。

(Rogers,C.)于1969年提出的"经验学习"(experiential learning)影响最大。在罗杰斯看来,传统教育和以人为中心的教育是"一个连续体的两端",他强调"学习者是中心",是"能够负责任地对自身经验做出评价的重要的人"(Rogers,1977)。在《自由学习》(Freedom to learn)一书中,罗杰斯指出真正深刻影响一个人行为的是那些自我发现的、自主的学习。学习不能直接靠与他人交流获得,而必须经过亲身经历。为促进这种学习,罗杰斯提到了多种可供参考的途径,其中就包括"同伴教学"。

情境学习(Situated learning)是由美国加利福尼亚大学莱夫(Lave,J.)教授和独立研究者温格(Wenger,E.)于1990年前后提出的一种学习理论。1991年他们合著的《情境学习:合法的边缘性参与》[①]一书中集中阐述了这样的观点:学习是社会实践不可分割的一部分,学习本身是对社会的参与[②]。学习是在活动、情境和文化中发生的。如果把社会看作一个大的"实践共同体",那么学习者起初是在边缘的参与者,随着经验的增加,他们在这个共同体中的位置越来越接近核心,能够合法使用共同体的资源。因此,"学习实质上是一个文化适应与获得特定的实践共同体成员身份的过程",从本质上看,"'合法的边缘性参与'这一术语描述了一个新手成长为某一实践共同体核心成员的历程"[③]。情境学习包括两个重要的原则:知识应该在真实环境中呈现,学习需要社会互动与合作。

(三)"同伴辅导"的社会心理学基础

"同伴"是一种"角色",在汉语里"辅导"也是一种"角色"。美国社会学家米德(Mead,G.H)和人类学家林顿(Linton,R.)较早把"角色"的概念引入社会心理学研究,角色理论(Role Theory)试图从人的社会角色属性解释社会心理和行为的产生[④]。社会角色的定义需要许多规范,并且角色能够产生巨大的影响。人们倾向于内化自己的形象,当角色内化以后,自我意识就渐渐消退,甚至以前感到不适应的事情也会感到自然。在同伴辅导关系中,辅导者希望保持"同伴"与"辅导"两种角色之间"微妙的平衡",这种双重角色之间的"不稳定的游移"可能给辅导者带来潜在的问题[⑤]。

"辅导"还是一种"帮助行为"。根据社会交换理论(social-exchange theory),

---

① 英文名为 Situated Learning: Legitimate peripheral participation.
② Lave, J. & Wenger, E. Situated Learning: Legitimate Peripheral Participation[J]. 1991:31,43.
③ 张振新,吴庆麟. 情境学习理论研究综述[J]. 心理科学,2005(1).
④ 乐安国. 社会心理学. 北京:中国人民大学出版社,2009:127-131.
⑤ 转引自 Falchikov N. Learning Together: *Peer tutoring in higher education*: *Routledge Falmer*,2001:91.

人们付出是为了收获。帮助行为能够提升自我价值感。沃切尔(Worchel S.,1984)认为,帮助者所获得的报酬之一就是能力意识的增加。但有研究显示,"帮助"这种互动行为产生的结果并不一定都是愉快的,在一些情况下可能会给接受帮助的人带来无力感或自尊威胁①。与帮助有关的另一个理论是"公平理论"。"公平理论"的核心思想是:个体不仅仅希望能在一种人际关系中使自己的获得最大化,而且他们也尽力去获得一种公平关系②。这里的"公平"可以用收获与付出的比率来衡量。辅导双方的收获付出比相当就是一种能够使双方都感到快乐的理想的"公平"状态。这是"同伴辅导"关系中追求的另一种平衡。

综上可知,"同伴辅导"不仅仅是辅导者和被辅导者个人知识的建构过程,还是一个复杂的社会互动过程。主要的理论支撑来自早期认知理论、教育心理学和社会心理学,如图2所示:

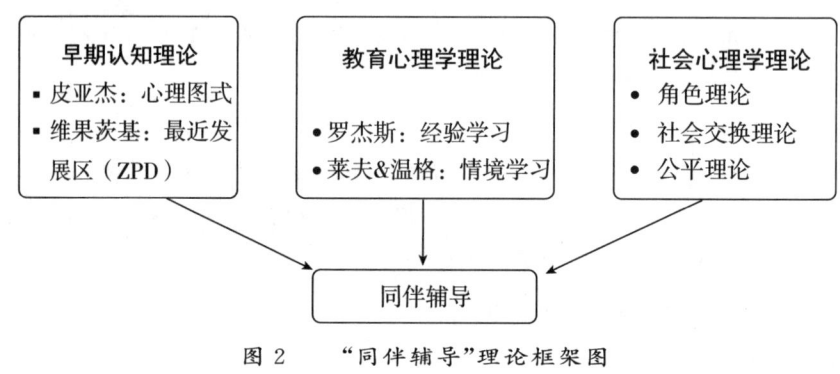

图2 "同伴辅导"理论框架图

四、"同伴辅导"研究概况

正如 Bruffee(1984)所说,"同伴辅导"始于实践,而非理论。它的历史可以追溯到古希腊时代(Topping,1996)。1798 年,Joseph Lancaster 在伦敦为穷人开办的学校里第一次正式使用了这种形式来教学,使其规范化。在近代高等教育领域,1951 年德国柏林自由大学率先尝试使用"同伴"来教学。60 年代产生了多种形式的"同伴教学(或辅导)",诸如由在校生组织领导的研讨小组,学习小组,监督学习等。

(一)早期研究:有效性验证及定量研究取向

70 至 80 年代"同伴辅导"已经在欧洲和美国普及开来。Klaus(1975)撰写的

---

① 转引自 Falchikov N. Learning Together: *Peer tutoring in higher education*: *Routledge Falmer*,2001:91.101.

② 斯蒂芬·沃切尔著,金盛华等译. 社会心理学. 南京:江苏教育出版社,2008:342.

美国国家学院的教育报告中详细梳理了当时美国的"同伴辅导"模式,并提供了一份发展"同伴辅导"项目的指南。Sharpley & Sharpley(1981)对70年代的同伴辅导研究成果进行了梳理,发现研究涉及的问题十分广泛,包括阅读、数学、社会科学、语言技能、法语、德语、西班牙语、英语、句法、认知技能、写作表达、拼写、创新思维、问题解决等等。与此同时,"同伴辅导"的有效性得到多方验证,如Sternberg(1985)列举出"同伴辅导"过程中能够提升的多种智力表现。定量研究的方法被更多采用,得到许多有说服力的结果(Beirman & Furman,1981;Annie,1983;Johnson,1983;DePaulo et al.,1989;Greenwood et al.,1989)。到80年代末,已经出现比较完备的"同伴辅导"专著(Goodlad & Beverley,1989)。

(二)研究深入:操作框架成形与质性研究转向

90年代之后"同伴辅导"研究愈发深入。研究者一方面关注辅导者与被辅导者的感受与互动(Goldgrab,1992;Fuchs et al.,1994),研究"同伴辅导"对自我效能感、焦虑、自信心等认知因素的影响(Griffin & Griffin,1995;Watters & Ginns,1997);另一方面,对"同伴辅导"的研究(特别是高等教育领域)已成体系(Falchikov,2001),对"如何做"的研究更加细化。例如Godlad(1999)提出了制定"同伴辅导"计划的"黄金法则",可以归纳为"目标、角色、培训、内容、支持、简便和评估"7个关键词。在众多研究中,Topping(1996,2001,2005)的研究尤其引人关注。Topping(1996)初次提出决定"同伴辅导"类型的10个维度(课程内容、群聚方式、年级、能力、角色连续性、地点、时间、被辅导者特点、辅导者特点和辅导目标),并在此基础上梳理了学校教育中"同伴辅导"的9种类型,包括跨年级小组辅导、个性化教学、补充教学(指向不及格率较高的课程)、同年级一对一固定角色辅导、同年级一对一相互辅导、跨年级一对一固定角色辅导、同年级小组辅导、同伴辅助写作以及同伴辅助远程学习[①]。在之后的研究中,他还列出了在组织"同伴学习"(将"同伴辅导"作为其中一类)时需要考虑的12个方面。除一般学习要素(学习语境、目标、课程领域、参与者、帮助技能、接触方式、学习材料)以外,还提到了培训、过程监控、学生评价、项目评估和反馈等5个组织管理要素(Topping,2001a)。此外,Topping(2005)还在原有的10个分类维度上又增加了3个维度,包括"校内还是校外""自愿还是非自愿"以及"外部强化",组织管理因素开始被纳入分类标准。这些结论对后来的研究影响很大。与此同时,更多"同伴辅导"在高校实施的案例完整地呈现出来,集结成册(Capstick,2004;Black & MacKenzie,2008)。

这一时期的研究方法开始向质性研究倾斜。观察、问卷、文字及影音资料采集,

---

① 这里"教学"和"辅导"混合出现在大的"同伴辅导"概念下,辅导者仍是作为同伴的学生,而不是专业教师。

个别采访、焦点小组访谈等方法被更多采用,开始注重以研究者自身为工具深度解读研究现象和个案。扎根理论被用来建构新的"同伴辅导"理论框架(Outhred & Cheste,2010),混合研究开始兴起(Bell&Elledge,2008;Hamid et al.,2009;Berghamns et al.,2013;Flores & Duran,2013)。这些研究更多关注辅导者和被辅导者的互动风格、角色关系(Roscoe & Chi,2004;Jones et al,2006;Colvin,2007;Lassegard,2008)以及他们的认知发展(Mynard & Almarzouqi,2006;Wawrzynsky et al.,2011)。此外,有研究开始关注职前教师教育中的"同伴辅导"(Hedrick et al.,2000;Maheady et al.,2004;Alsup et al.,2008),结果表明,无论是全课堂环境还是一对一形式的同伴辅导对职前教师培养都有益处。Sim(2006)还提出基于同伴辅导的职前教师"实践共同体"模式。

(三)语言学习与"同伴辅导"

语言学习是"同伴辅导"应用的重要领域,20世纪70年代已被应用于阅读、写作以及外语学习中。外语学习中的"同伴辅导"主要有两种形式:由共同学习一种目标语言的学习者结成的互助辅导,以及由母语者和学习者结成的同伴辅导。无论哪种辅导形式,都对参与的双方有益(Johnson,1983;Swain&Lapkin,2002;Gisbert & Font,2008;Back,2016;Bowman—Perrott et al.,2016)。

写作学习中的"同伴辅导"受到更多关注,包括使用网络(同步聊天或电子邮件)的同伴写作辅导。辅导中的互动是研究焦点。例如 Thonus(2004)发现,辅导者在帮助被辅导者修改作文时面临一种"微妙的平衡",一方面要提供指导,另一方面又要保留被辅导者的原意。关注焦点的不同也需要平衡,Bell&Elledge(2008)就指出,学习者常关注的是语言更表层的特征,如语法和措辞,而不是语言的整体,这让辅导者感到一种"不和谐"。Kim(2015)发现,让学习者感到满意的,并不是辅导者对其写作内容作了多少修改或给出多少建议,而是辅导者如何将其引入有意义的对话中。有研究者比较了利用网络辅导写作和面对面辅导的不同,发现在网络上辅导双方的关系更平等,而且不同的辅导内容会向不同的互动方式分流(Jones et al.,2006)。不过在线同伴辅导是否能增强外语学习动机则呈现出一幅"混合的图景","没有时间,缺少赞扬,反馈不足"是有些参与者学习动机未能增强的主要原因(East et al.,2012)。

利用"同伴辅导"促进语言学习能否达到预期效果,不仅取决于辅导双方的互动,还取决于许多外部因素。角色定位是否清晰、时间安排是否合理、管理是否到位都关系到是否会给辅导参与者带来额外的问题与挑战(Lassegard,2008;Chai & Lin,2013)。

(四)国内英语教学领域的"同伴辅导"研究

与国外相比,国内"同伴辅导"研究起步较晚。1988年,周一贯最早将"同伴辅导"的概念引入国内,称其为"同伴辅导法",应用于小学教法改革中。在英语教学领域,伍新春、管琳(2006)研究了同伴互动类型(辅导、合作、协作)对三年级小学生写作水平的影响,发现与个体写作相比,同伴互动更有利于初学者整体写作水平的提高,其中合作写作最为突出。王晓红(2006)研究"同伴辅导"对英语听力理解的影响,验证了其有效性,指出"同伴辅导"能够增强学生的学习动机和自信心。胡林丹、赵敏娜(2008)使用定量的方法研究"同伴教学"对大学英语学生认知、交际和情感发展的影响。结果表明这种学习方式不仅能有效提高学生的英语学习能力、交际能力,还有利于学生情感的发展。芦俊燕、李玉红(2016)为提高大学英语写作教学质量,介绍了美国大学写作中心的运作模式,其中就包括"同伴辅导"。在这些中心里,辅导老师"主要是本校的硕士或者博士研究生,他们的专业可以是英语,也可以是教育学、心理学、法学、社会学等";中心会对辅导老师进行培训,"有些大学还开设'tutor training'的硕士课程"。

(五)汉语国际教育领域的"同伴辅导"研究

"同伴辅导"在汉语国际教育领域既是一个旧概念,也是一个新概念。"旧"在于跟"同伴辅导"相类似的"个别教学/辅导""一对一教学/辅导"早已广泛应用在汉语教学中,也有专门的研究成果推介、探讨其有效性和操作原则(张占一,1984;刘亚林,1996;吴仁甫等,2002;曹成龙、王国文,2004)。2007年国内高校开始招收汉语国际教育专业硕士(MTCSOL)以来,涌现出大量以汉语"一对一教学/辅导"为研究对象的汉语国际教育硕士专业学位论文,在"中国知网"以相关概念作为题名关键词检索,共检索到硕士论文45篇。这些论文内容涉及课堂教学与一对一教学/辅导的对比、"一对一"教学设计、教学方法探索、教学模式呈现、语言技能习得及教师话语研究等,多是MTCSOL基于对个别留学生教学/辅导经历撰写的个案研究或实践报告。"同伴辅导"概念之"新"在于,将MTCSOL的角色定义为自身也在学习如何教学的"同伴",而不仅仅是母语老师;将关注的焦点从语言教学拉回到辅导者与被辅导者的互动过程和认知发展;将辅导视为一种培养方式,而不仅仅是个人的实践行为。在汉语国际教育领域,相关研究还十分鲜见。高芬(2011)首次把"同伴辅导"引入汉语国际教育研究,采用定量方法验证了基于同伴关系的"一对一"辅导模式能够显著提高学习者口语交际能力,并提出长期参与"一对一"辅导的必要性。杨佳、尹承旭(2014)以美国圣母大学的"同伴辅导"系统为例,探讨了有效的中文"同伴辅导"系统所需的四个要素,包括辅导时间和频率的安排、辅导材料和行政支持、学生辅导的筛选,以及培训和监督机制。李水(2016)使用叙事研究的方法探讨了汉语"个别式辅导"中影响教师情感的因素,开始将视线转向辅导者(两名汉语国际教育硕士研究生),在研究方法上也是一次有益的尝试。

五、结　论

综上所述,"同伴辅导"始于实践,同时根植于深厚的理论基础,早期认知理论、教育心理学和社会心理学为其提供了重要的理论支撑。在近70年的发展中其有效性不断得到验证,在国外高等教育领域已被广泛应用。语言学习是"同伴辅导"应用的重要领域,亦有将这种模式应用于职前教师教育包括语言教师教育的成果面世。丰富的研究成果表明,"同伴辅导"是一个复杂的社会互动过程。近年来在研究方法上出现从定量研究向质性研究、混合研究的转向。在汉语国际教育领域,尽管类似的辅导模式已经被应用于汉语国际教育硕士的培养中,被默认为一种可以弥补MTCSOL顶岗实习前实践能力不足短板的有效方式,但现有研究大多仍止步于辅导个案呈现以及教学方法探讨,将MTCSOL作为一个学习群体、深入探究"同伴辅导"模式以及这种模式下MTCSOL教学实践能力发展情况的研究还十分匮乏,尚有很大的探索空间。

参考文献

[1]曹成龙,王国文. 对外汉语一对一教学的几个问题[J]. 黑龙江高教研究,2004(4).

[2]高芬. 依托于同伴关系的"一对一"辅导模式探析——以美国马萨诸塞大学阿默斯特分校汉语教学为例[J]. 华文教学与研究,2011(3).

[3]国家汉办/孔子学院总部. 国际汉语教师标准(2012版),2012.

[4]胡林丹,赵敏娜. 同伴教学对大学英语学生认知、交际和情感发展的影响[J]. 宁波教育学院学报,2008(2).

[5]江傲霜. 汉语国际传播背景下汉语国际教育硕士培养新尝试——以纽约大学MTCSOL培养为例[J]. 民族教育研究,2013(4).

[6]李水. 对外汉语个别式辅导教师情感因素的动态分析——基于叙事的个案研究[J]. 云南师范大学学报(对外汉语教学与研究版),2016(5).

[7]刘亚林. "一对一"与"个别教学"——驻华外交人员汉语教学法改革的思考[J]. 世界汉语教学学会会议论文集,1996.

[8]芦俊燕,李玉红. 美国大学写作中心对大学英语写作教学的启示[J]. 山西广播电视大学学报,2016(3).

[9]斯蒂芬·沃切尔著,金盛华等译. 社会心理学[M]. 南京:江苏教育出版社,2008.

[10]童琴. 浅谈对外汉语专业"一对一"分散式见习模式——以湖北第二师范

学院对外汉语专业为例[J].湖北第二师范学院学报.2011（9）.

[11]王晓红.同伴辅导对二语听力理解的影响[D].西北师范大学硕士学位论文，2006.

[12]吴坚，刘立云.汉语国际教育硕士课堂教学能力培养策略——基于×大学的案例分析[J].云南师范大学学报（对外汉语教学与研究版），2014（3）.

[13]吴仁甫主编.对外汉语一对一个别教授研究[M].北京：中国社会科学出版社，2002.

[14]伍新春，管琳.同伴互动类型对三年级小学生写作水平的影响[J].心理科学，2008：31（6）.

[15]颜湘茹，付绎擎.MTCSOL课程设置与教学实习情况调查分析——以中山大学国际汉语学院为例[J].海外华文教育，2013（3）.

[16][美]杨佳，尹承旭.推进个性化的课外学习：美国大学中文教学中的"同伴辅导"设计[J].国际汉语教育，2014（1）.

[17]杨金华.汉语国际教育硕士专业学位研究生教学实践探索[J].学位与研究生教育，2012（2）.

[18]乐安国.社会心理学[M].北京：中国人民大学出版社，2009.

[19]张占一.汉语个别教学及其教材[J].语言教学与研究，1984（3）.

[20]周曼.汉语国际教育硕士教学实习调查研究——以安徽大学为例[D].安徽大学硕士学位论文，2014.

[21]周一贯."同伴辅导法"的理论和实践[J].湖南教育，1988（12）.

[22]Alsup, J., Conard-Salvo, T. S. & Peters, S. J. Tutoring Is Real: The Benefits of the Peer Tutor Experience for Future English Educators. Pedagogy 8, No. 2 (2008): 327-347.

[23]Annie, L. F. The Processes and Effects of Peer Tutoring. Human Learning 2 (1983): 39-47.

[24]Back, M. Epistemics and Expertise in Peer Tutoring Interactions: Co-Constructing Knowledge of Spanish. The Modern Language Journal 100, No. 2 (2016): 508-521.

[25]Beirman, K. & Furman, W. Effects of Role and Assignment Rationale on Attitudes Formed During Peer Tutoring. Journal of Educational Psychology 73, No. 1 (1981): 33-40.

[26]Bell, D. C. & Elledge, S. R. Dominance and Peer Tutoring Sessions with English Language Learners. Learning Assistance Review 13, No. 1 (2008): 17-30.

[27]Berghamns, I. et al. *A Typology of Approaches to Peer Tutoring. Unraveling Peer Tutors' Behavioural Strategies*. European Journal of Psychology of Education 28, No. 3 (2013): 703—723.

[28]Black, F. M. and MacKenzie J. *Quality Enhancement Themes: The First Year Experience*. The Quality Assurance Agency for Higher Education 2008(2008).

[29]Bowman—Perrott, L. et al. *Assessing the Academic, Social, and Language Production Outcomes of English Language Learners Engaged in Peer Tutoring: A Systematic Review*. Education and Treatment of Children 39 (2016).

[30]Bruffee, K. A. *Peer Tutoring and the Conversation of Mankind*. Landmark Essays on Writing Centers (1984): 87—98.

[31]Capstick, S. *Implementing Peer Assisted Learning in Higher Education: The Experience of a New University and a Model for the Achievement of a Mainstream Programme*. [on line] Available at: https://www1.bournemouth.ac.uk/sites/default/files/asset/document/capstick—fleming—hurne.pdf(2004).

[32]Chai, M. S. & Lin, S. F. *Perceptions of Esl Student Tutors on Challenges Faced in Peer Tutoring*. Education Journal 2, No. 4 (2013): 127—131.

[33]Colvin, J. W. *Peer Tutoring and Social Dynamics in Higher Education*. Mentoring and Tutoring 15, No. 2 (2007): 165—181.

[34]DePaulo. *Age Differences in Reactions to Help in a Peer Tutoring Context*. Children Development 60 (1989): 423—439.

[35]East, M., Tolosa, C. & Villers, H. *Reciprocal Role Peer Tutoring: Can It Enhance Students' Motivation and Perceptions of Proficiency When Learning a Foreign Language?*. Babel 2012, No. 47 (2012): 1.

[36]Falchikov, N. *Learning Together: Peer Tutoring in Higher Education*. Routledge Falmer, 2001.

[37]Flores, M. & Duran, D. *Effects of Peer Tutoring on Reading Self-Concept*. International Journal of Educaitional Psychology 2, No. 3 (2013): 297—324.

[38]Forman, E. A. and Cazden, C. B. *Exploring Vygotskian Perspectives in Education: the Cognitive Value of Peer Interaction*, in J. V. Wertsch (Ed.) Culture, Communication and Cognition: Vygotskian Perspectives. Cambridge: Cambridge University Press(1985).

[39]Fuchs, L. S. et al. *The Nature of Student Interactions During Peer*

Tutoring with and without Prior Training and Experience. American Educational Research Journal 31, No. 1 (1994): 75—103.

[40] Gisbert, D. D. & Font, C. M. *The Impact of Peer Tutoring on the Improvement of Linguistic Competence, Self-Concept as a Writer and Pedagogical Satisfaction*. School Psychology International 29, No. 4 (2008): 481—499.

[41] Godlad, S. *Never Knowingly Oversold: Awatchword for Tutoring and Mentoring Schemes?*. Paper presented at the 2nd BP Regional Conference on Tutoring and Mentoring, Perth, Western Australia (1999).

[42] Goldgrab, S. *Peer Tutoring in the Classroom*. Voices from the Literacy Field, edited by James A. Draper and Maurice C. Taylor (1992): 129—138.

[43] Goodlad, S., Beverley, H. *Peer Tutoring: A Guide to Learning by Teaching*. Kogan Page Ltd., England, 1989.

[44] Greenwood, C. R. et al. *Longitudinal Effects of Classwide Peer Tutoring*. American Psychological Association 81, No. 3 (1989): 371—383.

[45] Griffin, N. M. & Griffin, B. W. *An Investigation of the Efects of Reciprocal Per Tutoring on Achievement, Self-Eficacy, and Test Anxiety*. Paper presented at the Anual Meting of the National Consortium for Instruction and Cognition (San Francisco, CA, April 18—22) (1995).

[46] Hamid, M. O. et al. *Private Tutoring in English for Secondary School Students in Bangladesh*. TESOL Quarterly 43, No. 2 (2009): 281—308.

[47] Hedrick, W. B., MacGee, P. & Mittag K. *Pre-Service Teacher Learning through One—on—One Tutoring: Reporting Perceptions through E-Mail*. Teaching and Teacher Education 16 (2000): 47—63.

[48] Johnson, D. M. *Natural Language Learning by Design: A Classroom Experiment in Social Interaction and Second Language Acquisition*[J]. TESOL Quarterly 17 (1983): 55—68.

[49] Jones, R. H. & Shing Li, D. C. *Interactional Dynamics in on—Line and Face—to—Face Peer—Tutoring Sessions for Second Language Writers*. Journal of Second Language Writing 15 (2006): 1—23.

[50] Kim, E. Y. *"I Don't Understand What You're Saying!": Lessons from Three Esl Writing Tutorials*. Journal of Resonse to Writing 1, No. 1 (2015): 47—76.

[51] Klaus, D. J. *Pattern of Peer Tutoring*. Final Report. National Institue of Education Project, 1975.

[52]Lassegard, J. P. *The Effects of Peer Tutoring between Domestic and International Students: The Tutor System at Japanese Universities*. Higher Education Research & Development 27, No. 4 (2008): 357—369.

[53]Maheady, L. , Harper, G. F. , Malette, B. & Karnes, M. *Preparing Preservice Teachers to Implement Class Wide Peer Tutoring*. Teacher Education & Special Education 27, No. 4 (2004): 408—418.

[54]Mynard, J. and Almarzouqi, I. *Investigating Peer Tutoring*. Elt Journal 60, No. 1 (2006): 13—22.

[55]Outhred, T. & Chester, A. *The Experience of Class Tutors in a Peer Tutoring Programme: A Novel Theoretical Framework*. Australasian Journal of Peer Learning 3 (2010): 12—23.

[56]Piaget, J. *Science of Education and the Psychology of the Child*. London: Longman, 1971.

[57]Roscoe, R. D. & Chi, M. T. H. *The Influence of the Tutee in Learning by Peer Tutoring*. Proceedings of the Annual Meeting of the Cognitive Science Society, 26 (2004).

[58]Sharpley, A. M. & Sharpley, C. F. *Peer Tutoring: A Review of the Literature*. Collected Original Resource in Education 5 (1981): 1—63.

[59]Sim, C. *Preparing for Professional Experiences — Incorporating Pre-Service Teachers as "Communities of Practice"*. Teaching and Teacher Education 22, No. 1 (2006): 77—83.

[60]Sternberg, R. J. *Beyond I. Q*. Cambridge and New York: Cambridge University Press (1985).

[61]Swain, M. & Lapkin, S. *Talking It Through: Two French Immersion Learners' Response to Reformulation*. International Journal of Educaition Research 37 (2002): 285—304.

[62]Thonus, T. *What Are the Differences? Tutor Interactions with First — and Second — Language Writers*. Journal of Second Language Writing 13 (2004): 227—242.

[63]Topping, K. J. *The Effectiveness of Peer Tutoring in Further and Higher Education: A Typology and Review of the Literature*. Higher Education 32 (1996): 321—345.

[64]Topping, K. J. *Trends in Peer Learning*. Educaitonal Psychology 25, No. 6 (2005): 631—645.

[65] Vygotsky, L. S. *Mind in Society*. Cambridge, MA: Harvard University Press, 1978.

[66] Watters, J. J. and Ginns, I. S. *Per Asisted Learning: Impact on Self-Eficacy and Achievement.*. Presented at he anual meting of the American Educational Research Asociation, 24—28 March, 197, Chicago, IL. (1997).

[67] Wawrzynsky, M. R. et al. *Learning Outcomes for Peer Educators: The National Survey on Peer Education*. New Directions for Student Services 133 (2011): 17—27.

中西文化交流视域下的裴矩与西域经略

王慕尧

【内容摘要】 裴矩是隋炀帝时期西域经略的实施者,正是其对西域的谋划与经营,加深了隋朝对西域的认识,促进了与西域的政治、经济、外交和文化往来。其用计分化东、西突厥,吞并吐谷浑,巩固了隋朝统治,扩大了国家版图。通过招抚、使节往来等政策与西域建立良好关系,并借朝贡贸易和民间贸易加强与西域诸国的经济联系,保证了丝绸之路的畅通。中原与西域的文化交流与互鉴也在更深更广的层面展开。裴矩在西域的经营,开创了中西交通的新局面,将自西汉后逐渐衰落的中西交流推向另一个高峰,也为唐朝中外文化交流的辉煌奠定了基础。

【关键词】 裴矩 西域经略 中西文化交流

隋朝统一中国,结束了长达近四百年的分裂局面,隋炀帝在隋文帝统一大业的基础上得以重新经营西域,加强中央政权对西域的统治,促进了中原与西域在政治、外交、经济、文化等方面的交流与友好往来。在隋朝重开西域的过程中,朝廷设鸿胪寺"掌蕃客朝会"①,也曾"遣侍御史韦节、司隶从事杜行满使于西蕃诸国"②,而真正起到决定作用的则是隋炀帝将"四夷经略""咸以委之"③的裴矩。

裴矩(547—627),本名世矩,字弘大,河东闻喜(今山西闻喜)人,是出色的政治家、外交家、战略家和地理学家。裴矩出自河东裴氏,这是一个煊赫汉、魏、晋、南北朝、隋、唐几百年的世家大族,史称裴氏"世为著姓"④。裴矩虽"襁褓而孤"⑤,但因

---

① (唐)魏徵.隋书·百官中[M].中华书局,2010:512.
② (唐)魏徵.隋书·西域传[M].中华书局,2010:1235.
③ (唐)魏徵.隋书·裴矩传[M].中华书局,2010:1062.
④ (西晋)陈寿.三国志·魏书·裴潜传[M].中华书局,2010:1062.
⑤ (唐)魏徵.隋书·裴矩传[M].中华书局,2010:1060.

出身于"世以文学显"①的名门望族,"颇爱文藻,有智数",加之"留情世事"②,稍长即进入仕途。初仕于北齐,齐亡后加入北周。杨坚取代北周建立隋朝,裴矩受到重用,曾参加平陈之战,安抚突厥启民可汗,又参与制定隋礼。隋炀帝即位后成为掌握朝政的股肱之臣。隋灭亡后归降唐,官至民部尚书。但是,裴矩的主要功业在隋朝,在隋的对外关系中,尤其是对西域的经略中起到了举足轻重的作用。

隋炀帝仰慕秦皇汉武的功绩,素有经略四方、建功立业之伟志。登基的第三年,炀帝即开始北巡,兵出雁门关,过榆林郡,径直进入突厥境内。当时,西域各番邦多至张掖同中原往来通商。炀帝令裴矩掌管当地事务。裴矩了解炀帝"方勤远略"③,于是"寻讨书传,访采胡人"④,探询西域各国的山川地理和风土人情,国王以及百姓的风俗习惯、服饰仪表等,撰写《西域图记》一书献于炀帝。原书惜佚,但其序文仍完整地保留在《隋书·裴矩传》中。序文中裴矩历数西域各国的变迁,记述了编纂该书的过程及缘由,分析了征服突厥和吐谷浑,进而"混一戎夏"⑤的必要性和可能性。裴矩对西域的了解、掌控及其经营西域的战略思想,与渴望开通西域的炀帝不谋而合。炀帝每日让裴矩到御座旁,亲自询问西域的情况,将筹划处理四夷的事务都委托给了裴矩。于是裴矩便成为了整个炀帝时期西域政策的决策者和实施者,正是其在西域的经营,增进了隋朝对西域的了解,加强了与西域的政治、经济、外交和文化的往来。

一

在经营西域方面,裴矩的贡献主要表现在分化东、西突厥,吞并吐谷浑,巩固了隋朝统治,扩大了隋朝版图。隋文帝对突厥实施"远交近攻,离强合弱"的策略,导致这个曾经控制了自伊朗萨珊帝国至满洲的盛极一时的帝国于开皇三年(583)分裂为东西二部。东突厥沙钵略可汗归附于隋朝,曾试图借隋朝之力灭西突厥,但未得逞。后都蓝可汗继位,其妻大义公主为原北周宇文氏之女,一方面鼓动都蓝可汗出兵攻隋,另一方面暗中联合西突厥。裴矩请求出使,利用大义公主同随从的胡人私通一事,劝说都蓝可汗公开惩治大义公主。于是长孙晟被派出使东突厥,大义公主被杀,阻止了东、西突厥的联合,化解了西北边境的危机。

然而对隋西部边境造成更大威胁的是西突厥,他们经常侵扰隋朝边境,而且与

---

① (唐)李延寿.北史·裴佗传[M].中华书局,2010:914.
② (唐)魏徵.隋书·裴矩传[M].中华书局,2010:1060.
③ (唐)魏徵.隋书·裴矩传[M].中华书局,2010:1061.
④ (唐)魏徵.隋书·裴矩传[M].中华书局,2010:1061.
⑤ (唐)魏徵.隋书·裴矩传[M].中华书局,2010:1062.

吐谷浑一起控制西域,切断了西域、中亚诸国与隋的联系,丝绸之路被阻塞。裴矩在《西域图记·序》中就曾指出"突厥、吐浑分领羌胡之国,为其拥遏,故朝贡不通"①,所以解决隋与西域交往的两大阻碍,成为了裴矩西域经营的重要内容。西突厥势力一度非常强大,后因与东突厥数次征战,国内属国多叛,至达罗可汗时已出现危机。大业四年(608),裴矩听闻处罗可汗思念其居住在长安的母亲,请求炀帝派遣使者前往招抚。司朝谒者崔君肃携诏书前往,成功说服处罗可汗,使其俯首称臣,派使者向隋朝朝贡。然待其度过危机后处罗便不再理会隋廷。大业七年(611)炀帝将西巡,遣侍御史韦节召处罗可汗,处罗以"其国人不从"②推托。炀帝大怒。裴矩认为"处罗不朝,恃强大耳",故"请以计弱之,分裂其国,即易制也"③。恰此时西突厥酋长、前大可汗达头可汗之孙射匮正遣使前来求婚。射匮原应继承达头的可汗位,而今却依附于处罗。裴矩认为射匮求婚是为"结援",以得到隋朝的支持,便献策:"厚礼使者,拜为大可汗,则突厥势分,两从我矣。"④炀帝采纳其计策,致使射匮击败处罗成为可汗,亲隋的射匮及其继任者与隋和后世的唐都保持着友好的关系,而处罗也因裴矩的招抚入朝,甚至后来还从征高丽。这种分化离间的策略,使得西突厥与隋建立了良好的关系,减轻了隋朝西部的压力。

吐谷浑自东晋时建立政权起,长期占据今青海广大地区,与中原王朝分庭抗礼,屡次袭扰寇掠中原政权的边境,隋文帝时期因和亲嫁光化公主,关系有所缓和。但吐谷浑虽"朝贡岁至,而常访国家消息,上甚恶之"⑤,加之其阻遏了与西域诸国的交通,裴矩《西域图记·序》便向炀帝进言"吐谷浑易可并吞"⑥。铁勒部遣使来降时,裴矩趁机劝说其袭击吐谷浑,大胜。炀帝也依裴矩之策同时出兵,进而击溃吐谷浑。"自西平临羌城以西,且末以东,祁连以南,雪山以北,东西四千里,南北二千里"⑦的土地归入隋朝版图,隋在此设立西海、且末、河源、鄯善四郡,并赦轻罪犯到此屯垦戍边,彻底消除了吐谷浑的威胁。这也是中国历史上第一次将青海全境纳入版图。

与西突厥关系的缓和,以及吐谷浑的征服,减轻了隋朝的西部威胁,打通了隋朝与西域国家的交通,隋炀帝时期的中西关系也由此出现了新局面。由于边患的消除,隋朝的中央集权得以加强和巩固,促使政治形势、社会经济顺利地在大业前

---

① (唐)魏徵.隋书·裴矩传[M].中华书局,2010:1062.
② (宋)司马光.资治通鉴·隋纪五[M].岳麓书社,2009:357.
③ (宋)司马光.资治通鉴·隋纪五[M].岳麓书社,2009:357.
④ (宋)司马光.资治通鉴·隋纪五[M].岳麓书社,2009:357.
⑤ (唐)魏徵.隋书·西域·吐谷浑传[M].中华书局,2010:1237.
⑥ (唐)魏徵.隋书·裴矩传[M].中华书局,2010:1062.
⑦ (唐)魏徵.隋书·西域·吐谷浑传[M].中华书局,2010:1237.

期出现了极盛的局面。

二

在裴矩的策划和外交实践中,隋朝加强和扩大了与西域诸国的交往,通过招抚、使节往来、和亲等政策与西域建立了良好的关系,保证了丝绸之路的畅通。《隋书·西域传序》有明确记载:

炀帝时,遣侍御史韦节、司隶从事杜行满使于西番诸国。至罽宾,得玛瑙杯;王舍城,得佛经;史国,得十舞女、师子皮、火鼠毛而还。帝复令闻喜公裴矩于武威、张掖间往来以引致之。其有君长者四十四国。矩因其使者入朝,啖以厚利,令其转相讽喻。大业年中,相率而来朝者三十余国,帝因置西域校尉以应接之。①

可见,当时与隋朝建立官方交往的已有三十余国。但因隋末战乱,史书记载的缺失,《隋书·西域传》中记载的只有二十国,包括吐谷浑、党项、高昌、康国、安国、焉耆、龟兹等。这些国家均于大业年间"遣使贡方物"②,与隋朝保持着使节交往及朝贡关系。大业三年(607),炀帝到恒岳祭祀,西域十余国均来助祭。炀帝将要巡视河西地区,又命裴矩去游说高昌王麹伯雅以及伊吾的吐屯设等,以厚利引诱他们,召他们遣使者入朝。到炀帝西巡,驻扎在燕支山时,麹伯雅、吐屯设以及西域二十七国的国王、使者都在道路旁拜见炀帝。他们均受命佩戴金玉,身着锦衣,焚香奏乐,歌舞欢腾。武威、张掖的仕女也受命盛装跟随观看,车马堵塞,绵延十多里,盛况空前。

裴矩献于炀帝的《西域图记》共三卷,记载了西域四十四国情况及其与中原王朝的关系,并附有地图画册,涵盖了西域所有重要的地点——"从西顷以去,北海之南,纵横所亘,将二万里"③。该书增进了隋朝对西域诸国的认识,为密切与西域的交往,进而更好地经营西域提供了重要依据。其序文中详细说明了自敦煌出发西行至"西海"的三条路线,比《魏书·西域传》更为详尽,代表了隋时对西域各国的认识水平。这三条道路为:

发自敦煌,至于西海,凡为三道,各有襟带。北道从伊吾,经蒲类海铁勒部,突厥可汗庭,度北流河水,至拂菻国,达于西海。其中道从高昌、焉耆、龟兹、疏勒、度葱岭,又经钹汗、苏对沙那国、康国、曹国、何国、大小安国、穆国,至波斯,达于西海。其南道从鄯善、于阗、朱俱波、喝盘陀,度葱岭,又经护密、吐火罗、挹怛、忛延、漕国,至北婆罗门,达于西海。其三道诸国,亦各自有路,南北交通。其东女国、南婆罗门

---

① (唐)魏徵.隋书·西域传[M].中华书局,2010:1235.
② (唐)魏徵.隋书·西域·康国传[M].中华书局,2010:1240.
③ (唐)魏徵.隋书·裴矩传[M].中华书局,2010:1061.

国等,并随其所往,诸处得达。故知伊吾、高昌、鄯善,并西域之门户也。总凑敦煌,是其咽喉之地。①

其中的中道和南道,即汉代以来有名的"丝绸之路":中道,相当于《汉书·西域传》的北道;南道,相当于《汉书·西域传》的南道②。而裴矩所谓之"北道"途经蒲类海③西行过突厥可汗庭④,又度北流河⑤——这条道路是裴矩首次记载的,即中西方交通中的草原丝绸之路。由此可见,即便是在魏晋南北朝分裂割据的状态下,中原地区与西域的经济文化交往仍在发展,裴矩将这一史实记录下来,在中西交通史和文化交流史上都具有重要的历史意义。这三条道路的发展,促进了隋朝与西域、中亚、西亚乃至欧洲诸国的交往,为唐朝丝绸之路的畅通、繁荣打下了基础。

三

在裴矩的倡议和策划下,隋朝积极开展与西域各国的贸易往来。隋在西域的经营,保证了丝绸之路的畅通,加强了中原地区与西域诸国的经济联系。丝绸之路自汉代起就是通商要道,源源不断的丝织品由此输出,以换取种类繁多的外国商品。隋朝时,张掖已然成为丝绸之路上一个重要的国际贸易市场,裴矩曾两次被派往此地执掌"互市"⑥。第一次,裴矩从往来的西域官商那里搜集信息编撰完成了《西域图记》,并确立其之后的对外方针和经济政策。第二次,裴矩则注重以张掖为中转,向长安和洛阳招引西域使臣和商人。他宣扬中原帝国的文明、富庶与包容,许以厚利,西域各国到长安、洛阳者络绎不绝。各国使节和商人到洛阳后,不仅与中原进行贸易,也应邀参加各种经济、文化活动。大业六年(610),在裴矩的建议下,炀帝在洛阳举办贸易盛会,邀请各番部落酋长、使节、胡商齐聚东都。端门街举办了盛大的百戏表演,"戏场周围五千步,执丝竹者万八千人,声闻数十里,自昏达旦,灯火光烛天地,终月而罢"⑦。炀帝又命令丰都、大同、通远三市饮食店肆都设

---

① (唐)魏徵.隋书·裴矩传[M].中华书局,2010:1062.
② 最早记录丝绸之路线路的是《汉书》。《汉书·西域传》记载了自玉门关、阳关出西域的两条路:"从鄯善傍南山北,波河西行至莎车,为南道;南道西逾葱岭则出大月氏、安息。自车师前王廷随北山,波河西行至疏勒,为北道;北道西逾葱岭则出大宛、康居、奄蔡焉"。((汉)班固.汉书·西域传[M].中华书局,2010:2855.)
③ 今新疆巴里坤湖,位于北天山北侧。
④ 今新疆特克斯河一带。
⑤ 今伊犁河,位于中国新疆和哈萨克斯坦交界处。
⑥ 互市,是历史上中原王朝与周边各族间,及中国与外国之间的贸易往来。张骞通西域以后,中原与西域各国的贸易便开始了,其后多受政治和军事斗争影响,衰荣更替。
⑦ (宋)司马光.资治通鉴·隋纪五[M].岳麓书社,2009:354.

置帷帐,摆着丰盛的酒席,派掌管番邦的官员带领胡商与汉民贸易交往。凡是胡商所到之处,店肆就邀其入席,至喝醉吃饱方才离开。那些"蛮夷"赞叹不已,称中原是神仙之地。这次贸易大会是隋朝中外交流上的盛举,虽有夸大、炫耀之意,但也通过彰显中原帝国的文明和富庶,吸引了更多外族人的到来。

当然,除了对外国使节和商人进行招徕外,隋朝也从机构、制度设置上加以改进,以适应不断发展的贸易需要。除设置西域校尉外,隋朝还设立了四方馆,"以待四方使者"①。四方馆设东夷使者、南蛮使者、西戎使者、北狄使者四个使者,"掌其方国及互市事"②;每个使者署在纲领、监管、互市等方面也分工明确,各司其职,运转顺畅。这种对外贸易管理机构的出现,是经济发展的需求,也直接反映出隋时对外贸易的昌盛,更为对外贸易的实施提供引导与保障,起到了良好的促进作用。

隋与西域间的朝贡贸易和民间贸易,也极大地促进了西部地区的经济发展。隋在西部地区设置了牧马监,年养马量超十万匹,隋朝的军马基本上由河西、陇右供应。而隋文帝初期土旷民稀、贫穷落后的河西、陇右地区,到了唐玄宗年间,一跃成为"闾阎相望,桑麻翳野"③,天下无处能及的富庶之地。这前后截然的变化,也与隋朝最初的经营和裴矩的努力密不可分。

四

当然,政治上的经营,外交上的促进和经济上的发展,也必然造成文化的交流与提高。丝绸之路再次打通,朝贡贸易和民间贸易得以发展,中原地区的丝织品和其他土特产源源不断地进入中亚、西亚甚至于欧洲。通过移民和屯田,中原先进的生产技术传到了西域;西域的良马、珍宝、香料等也进入了中原。中原的儒家思想、礼仪教化、典章制度等通过官方和民间的交流,早已在西域番族中传播。大业三年(607)春东突厥的启民可汗入朝时,曾向炀帝"请袭冠带";归国后再次上表言"愿帅部落变改衣服,一如华夏"④。大业八年(612)高昌王麴伯雅迎娶华容公主后,"观礼容于旧章,慕威仪之盛典",于是下令高昌国内改革风俗,"袭缨解辫,削衽曳裾,变夷从夏,义光前载"⑤。

中原也以开放和包容的态度,接纳外来文化的传入。中原地区与印度、中亚的佛教交流日趋繁荣,隋代高僧达摩笈多就曾于敦煌游历,彦琮也因记录达摩笈多游

---

① (唐)魏徵.隋书·百官下[M].中华书局,2010:541.
② (唐)魏徵.隋书·百官下[M].中华书局,2010:541.
③ (宋)司马光.资治通鉴·唐纪三十二[M].岳麓书社,2009:860.
④ (宋)司马光.资治通鉴·隋纪四[M].岳麓书社,2009:345.
⑤ (唐)魏徵.隋书·西域·康国传[M].中华书局,2010:1240.

历西域各国的见闻著《大隋西国传》。隋朝时期发展起来的天台宗、三论宗、律宗等宗派,大师辈出,著述颇丰,在形式和内容上进一步促进了佛教的中国化。而这些宗派也正是从印度和中亚诸国汲取助力。自六朝已经传入中国的古波斯的祆教在隋代继续流传,隋在鸿胪寺中设"萨宝",即祆教的祀官。信奉祆教的胡人不但入住京城,也散处诸州,立有祆祠。西域的音乐、舞蹈也在中原地区流行。隋朝设立礼乐时"华戎兼采",宫廷的九部乐中就有龟兹、疏勒、安国、天竺等六部乐由西域传入;西域舞蹈在宫廷和民间也是盛极一时,到处传习。

经营西域,使隋朝加强了对西域各国的认识,发展了中西之间的经济贸易和文化交流,开创了中西交通新局面,将自汉武帝后逐渐衰落的中西交流开始推向另一个高峰。但是,炀帝的统治仅仅持续了十五年,裴矩的苦心经营尚未完全开展便随着隋朝的灭亡而中断。这对君臣在后世史书中备受诟病,也与其开疆拓土和对外政策有关。关于隋朝的官修史《隋书》,成书于唐太宗年间,当时新王朝急于树立其合法地位,对炀帝时期的重大事情均加以否定。炀帝的缺点被突出,不仅因其腐败统治可以给唐朝的创建者提供夺取皇位的借口,而且主持编撰的魏徵也希望以炀帝为例,劝诫太宗不要效尤。在这样的"昏君"治下,裴矩的贡献也逐渐被抹杀。《隋书》之评价尚算公允:"裴矩学涉经史,颇有干局,至于恪勤匪懈,夙夜在公,求诸古人,殆未之有。与闻政事,多历岁年,虽处危乱之中,未亏廉谨之节,美矣。然承望风旨,与时消息,使高昌入朝,伊吾献地,聚粮且末,师出玉门,关右骚然,颇亦矩之由也。"①而自宋代以后,裴矩似乎变成了一位亡国的奸臣,直接影响了后世对其的评判。《新唐书》称"其奸足以亡隋"②,司马光在《资治通鉴》中也认为"卒令中国疲弊以至于亡,皆矩之唱导也"③。当然,这与宋朝当时国内矛盾尖锐,只得向边患妥协,不愿开边的方略有关。

无论如何,唐、宋史书出于自身目的以偏概全的论断,并不能妨碍我们今天从中西文化交流史的角度重新审视裴矩及其在中西文化交流上的贡献。经此数年的经营和努力,东、西突厥被分化,吐谷浑被吞并,确保了边境的安全,丝绸之路因此被重新打通,中原与西域各族的联系得以加强。青海等地归入中原王朝版图,在中华民族和中国疆域发展史上具有重大的意义。更重要的是,隋朝虽然国祚不长,但其对中西交通的推动,为后世唐朝在中外文化交流上的辉煌奠定了良好的基础。隋朝大规模地开拓西域是有积极作用的,裴矩在其中的功绩也应该被充分肯定。

---

① (唐)魏徵.隋书·裴矩传[M].中华书局,2010:1065.
② (宋)欧阳修,宋祁.新唐书·裴矩传[M].中华书局,2010:3160.
③ (宋)司马光.资治通鉴·隋纪四[M].岳麓书社,2009:349.

参考文献

[1]（汉）班固.汉书.二十四史[M].中华书局,2010.

[2]（西晋）陈寿.三国志.二十四史[M].中华书局,2010:1062.

[3]（唐）魏徵.隋书.二十四史[M].中华书局,2010.

[4]（唐）李延寿.北史.二十四史[M].中华书局,2010:914.

[5]（宋）欧阳修,宋祁.新唐书.二十四史[M].中华书局,2010.

[6]（宋）司马光.资治通鉴[M].岳麓书社,2009.

[7]孙昌武.隋唐五代文化史[M].东方出版中心,2007.

[8]雷家骥.隋史十二讲[M].清华大学出版社,2012.

浦安迪《中国叙事学》的方法论意义①

王学功

【内容摘要】 浦安迪的《中国叙事学》展现了很多方法论优长也有一些不可回避的方法论局限。方法论优长包括，建立中国叙事学的理论体系，兼用中国理论形成自己的理论话语，比较的方法和宏大的研究视野；方法论局限有中国叙事谱系不恰当，先验地演绎出理论再加以证明，以及对中国文学的过度阐释。分析其方法论优长和局限可以带来很多启示：系统严密的理论意识，内在汇通的比较意识，宏大视野的历史意识和接受屏幕的陷阱。尽管存在一些不足，《中国叙事学》的贡献和价值还是应该加以肯定与赞扬。

【关键词】 浦安迪 《中国叙事学》 方法论 优长 局限

引 言

浦安迪（Andrew H. Plaks）作为美国明清文学的研究者，"公推为同辈中最卓越的学者"。②其主要作品有《〈红楼梦〉中原型和寓意》《明代小说四大奇书》《中国叙事学》《浦安迪自选集》等。《中国叙事学》在 1996 年出版后并没有引起强烈反响，在中国本土受到了冷遇。江守义指出了西方汉学成果遇冷的原因："中国学界感兴趣的是法国结构主义叙事学，而不是中国小说叙事的特点。"③进入 21 世纪，浦安迪获得了中国古典小说学者的普遍关注，其著作成为各研究综述中不可或缺的

---

① 2017 内蒙古社科规划外语专项课题"《三国演义》在英语世界的译介与研究"（项目编号：2017ZWY012），2017 年包头医学院科学研究基金项目"英语世界的《三国演义》研究"（项目编号：BYJJ－YF 201786)部分研究成果。
② 钱钟书. 钱钟书集. 三联书店, 2002：183.
③ 江守义. "热"学与"冷"建——叙事学在中国的境遇. 文艺理论研究, 2000(1)：65.

内容,《中国叙事学》成为学者们引用、对话、反驳的对象。但是,国内相关研究主要集中在重新阐述浦安迪的叙事理论:结构、修辞、反讽,而对于《中国叙事学》的方法论意义鲜有论及。对于国内学者而言,海外汉学家的研究成果未必完全符合中国文学的实际,但其研究思路和研究方法却是可资借鉴的他山之石。

一、《中国叙事学》的方法论优长

《中国叙事学》的方法论意义首先在于开创性地建立了中国叙事学的理论体系。中国古典文论缺乏理论体系已成为中外学者的共识:"中国古代文论有自己的一套术语系统和思想系统,可它并没有以严密的逻辑系统表现出来,就是说,古代文论没有现成的理论体系。"[①]中国文学批评以片段式、随感式评点为主,缺乏西方文论严密的逻辑体系,浦安迪建立了逻辑严密的理论体系弥补了中国文论的弱项。他开门见山地指出:"需要声明的是,我的研究方法侧重于理论分析和逻辑推理。"[②]《中国叙事学》的理论体系受西方神话原型和西方叙事学的影响,尤其是诺思罗普·弗莱的《批评的剖析》和布斯的《小说修辞学》,浦安迪在探究中国叙事学谱系的基础上,按照西方叙事学的理论体系:结构、修辞、寓意而建构起中国叙事学的理论框架。西方自柏拉图以来有两种思想模式:"刺猬型"和"狐狸型",前者有一套大的理论架构,从一个关键问题推究到极致;后者观察入微,思想微妙,不建筑大的理论架构,也没有始终如一的思路。中国古代的文学批评属于"狐狸型",如张竹坡、金圣叹、毛宗岗、脂砚斋的各种评点,没有统一的思路,浦安迪弥补了中国文学评论的这一弱项,擅长"刺猬型"研究,以一个大的理论架构统摄所有材料,围绕着文本中的关键问题深入研究,具有开创意义。

《中国叙事学》的另一方法论优长,体现在浦安迪兼用中国理论,从中吸取营养,形成了自己的理论话语。关于西方汉学家借用中国理论,周发祥指出:"西方理论一般是从自己的文学创作或其实践活动中总结出来的,用之于性质迥异的中国文学的研究时,往往会出现绠短汲深的矛盾。为此,西方汉学家还常常兼用中国传统的理论或方法,以适应中国文学的特殊性。"[③]浦安迪不断借鉴中国古代评点家的观点,因为他认为尽管古代批评不免主观臆度和偏颇离谱之处,但其准确性毕竟比现代批评更胜一筹;并且,这些评论更接近当时读者所表达的原意。《中国叙事学》借鉴古代评点随处可见,奇书文体的提法借用毛宗岗、张竹坡"奇绝之书"的说法,以"阴阳""五行"对《红楼梦》的解读,明显受到张新之的影响,对《金瓶梅》的解

---

① 祁志祥. 中国古代文学原理. 学林出版社,1993:2.
② 浦安迪. 中国叙事学. 北京大学出版社,1995:4.
③ 周发祥. 试论西方汉学界的"西论中用"现象. 文学评论,1997(6):134.

读吸收张竹坡的观点和《弄珠客序》《廿公序跋》、崇祯本评语等。尤为突出的是,浦安迪不是单纯套用古代评点,而是和西方理论相结合,创造了自己的理论话语。浦安迪把"原型批评"和中国的"阴阳""五行"相结合,创建了"二元衬补""多项周旋""原型格式"等理论话语,为明清章回小说的人物塑造及主题理解提供了全新视角。

《中国叙事学》又一方法论优长在于始终运用比较的方法。比较的方法不是简单的比附,而是融会贯通,不是生搬硬套西方的理论,而是找到中西文学实实在在的契合点。浦安迪开篇指出:"该课程的目标旨在从比较文学理论的角度,探讨中国古典小说的叙事方式,并且进一步阐明它与世界其他各国叙事文学的关联。"①比较的方法是比较文学的基本方法,关键在于汇通而不是生搬硬套西方理论,浦安迪注意到把西方的叙事理论套用于明清小说研究,会有很多悖谬之处,"因此,要运用比较文学的方法,来研究明清的章回小说,尚有待于中间理论环节的建立"。②浦安迪利用叙述人口吻和文人小说构建了中间环节,叙述人口吻区分了"故事"和"话语"使得叙事研究得以展开;明清章回小说为文人小说,与高才文人创作的正史一脉相承,体现了中国叙事学的发展进程。中间环节的构建使中西叙事文学对话的平台得以完成,奇书文体与西方 novel 得以作跨时空的横向比较。此外,浦安迪在运用西方理论解决中国问题时,非常注意理论的适切性和互涵性,合适的就用,不合适的就弃而不用。比如解决奇书文体的寓意问题时,寓意文学在西方是争议较大的概念,用来研究中国文学,浦安迪首先要解决的问题是找到中西寓意文学的契合点,即背后的共同思维基础。浦安迪发现"言此意彼"是中西寓意文学的共同思维基础,问题自然就解决了,"当言此意彼从局部的修辞用法到全篇通贯运用时便成了立意谋篇和立主脑的方法了"。③一旦发现理论不适切,浦安迪会另寻他途,"西方文学作品中,主要的修辞手法——隐喻通常可以组织情节,而寓意手法尤然。在中国的传统文学中,情况却很不一样。因此,讨论中国叙事文学的寓意特点,看来只好别寻他途"。④

《中国叙事学》将数部明清小说放在一起研究,并且把它们放置到自身的历史语境,显示了宏大的研究视野。张西平教授认为学术研究需要大视野,没有一定的理论高度,就看不到纷繁复杂材料背后的规律,找不到问题的切入点,甚至看不到问题。浦安迪提出了迥异于中国学术权威鲁迅、胡适、郑振铎等学者的观点,即明清章回小说是文人小说,但他的研究视野非常宏大,不仅仅为了证明这一观点,而是"特别指出它是一种在文类意义上前无古人的崭新文体。它在本质上完全不同

---

① 浦安迪. 中国叙事学. 北京大学出版社,1995:3.
② 浦安迪. 中国叙事学. 北京大学出版社,1995:13.
③ 浦安迪. 中国叙事学. 北京大学出版社,1995:127.
④ 浦安迪. 中国叙事学. 北京大学出版社,1995:128.

于宋元的通俗话本。它是当时文人精致文化的伟大代表,是明清之际的思想史发展在艺苑里投下的一个影子,是以王阳明为代表的宋明理学潜移默化渗入文坛而创造出的崭新虚构文体"。①显然浦安迪把明清小说放到当时历史背景中考察,结合当时的社会思想,即兼容佛道思想的新儒学,才能得出令人耳目一新的结论:《西游记》不正其心不诚其意,《金瓶梅》不修其身不齐其家,《水浒传》不治其国,《三国演义》不平天下。结合明末的文化思想考察,这种结论是有说服力的。三教合一是明清之际的主流思想,杨庆堃以"一主两从"的关系,②来说明儒家与佛道两教的关系,居于主导地位的仍然是儒家思想。任何文本都会受环境、时间、地点的影响,任何社会、文化、政治、宗教都是文本不可逃脱的先在网络。明清小说文本中虽然佛道话语随处可见,反映的还是一主两从的新儒学思想。

二、《中国叙事学》的方法论局限

《中国叙事学》最突出的优长在于试图建立完整的中国叙事学理论体系,这也是其最大的局限。尽管浦安迪处处谨慎,不简单套用西方的理论,处处提醒自己回到中国文化和文学传统自身,但是西方的理论毕竟是从西方的作品和文学实践中总结出来的,运用到中国文学实践中难免出现这样那样的矛盾。以西方叙事传统epic—romance—novel为参照,浦安迪建立起来的中国叙事谱系:神话—史文—明清奇书文体就未必站得住脚。首先,神话能不能作为中国叙事的源头,是值得怀疑的问题。浦安迪自己都承认中国神话本身就缺乏一个完整的系统:"中国古代神话,零零碎碎散见于《诗经》《尚书》《庄子》《列子》《楚辞》《淮南子》《山海经》等典籍中。"③中国神话与西方史诗(epic)迥然不同,西方史诗与神话有着天然不可分割的关系,而中国神话散见于后来的典籍中,其零散性消解了浦安迪用"原型批评"把神话当作美学范式的意义。西方史诗,如《荷马史诗》自然地呈现出来完整的美学范式;相反,中国神话是浦安迪苦心孤诣综合各种典籍构建起来的美学范式。例如,浦安迪追溯中国叙事学的最初文本《尚书》,即使其中有神话记录,也不能否认《尚书》是一部历史。显然,神话应让位于史文,史文应为中国叙事的源头。其次,史文和奇书文体之间,还缺少中间环节,这个中间环节必须扎根于中国文学的发展历史。除去中国的抒情传统:诗—骚—赋—乐府—律诗—词曲外,中国自古就有史的传统,史分正史、野史、外史。正史重实录,真实是其内在的特点;野史也称稗史,特

---

① 浦安迪. 中国叙事学. 北京大学出版社,1995:25.
② 杨庆堃. 儒家思想与中国宗教之间的功能关系. 史华兹等. 中国思想与制度论集[C]. 段昌国等译,联经,1979:336.
③ 浦安迪. 中国叙事学. 北京大学出版社,1995:39.

点是虚实结合;外史则全部虚构。在史文和奇书文体之间,兴于唐,盛于宋的"说话"正好将二者上下连贯起来。明清小说中的"看官""欲知后事如何,且听下回分解"都是"说话"遗留的痕迹。"说话"有四科:小说、讲史、说经、合生。小说家者流,盖出稗官,街谈巷语,道听途说之所造也(《汉书·艺文志》);说经是讲解佛经故事;合生是艺人当场指物赋诗,也称唱题目,其内容滑稽并含讽劝意味;讲史就是讲演历史故事,后来成了演义。至此,中国叙事学的谱系显而易见了,史文—讲史—明清章回小说。

上文提到,浦氏擅长"刺猬型"的研究方法,这种方法容易先验地演绎出理论,再寻找具体例证去证明理论。夏志清注意到了浦安迪偏重理论的问题:"浦安迪在这一研究中的理论野心太大,想要阐明整个叙事传统,因此过于关注小说的抽象形式,却架空了小说中的具体人类情感。"[①]关于理论与作品的关系,张洪波教授有过精当的论述:"对作品与理论之间的关系的理解应有新维度——以前我们往往极易倾向于强调理论的'指导'意义和作品的'例证'意义,这导致了二者关系的倾斜和不对等;因此我们应充分认识到,作品的感悟是理论的源泉和生发地,是应用并检验理论之合法性、有效性和生命力的真正本体性依据;在此意义上我们应充分强调作品的原生性、感发性与理论的概括抽象性之间是互相依恃、相互照亮的平衡关系。"[②]浦安迪过于注重理论的抽象性、概括性,而忽略了作品的原生性和感发性。他太急于建构自己完整的理论体系,概括出了百回定型结构,十回主结构,主结构中逢三、五、七、九回的次结构等。浦安迪认为结构是一种"形式规则和美学特征",这种结构观割裂形式与内容,产生了结构与内容不统一的问题。这与西方叙事学重"话语"(discourse/how)轻"故事"(story/what)的通病密切相关。结构不仅仅是形式问题,结构与内容密不可分。谈结构不能离开小说产生的背景、题材。比如,世情小说《金瓶梅》讲述家族的兴衰,完全符合浦安迪百回定型、主结构、次结构的结构观,但未必适用于《三国》《水浒》等其他小说。其实,浦安迪正是发现了《金瓶梅》的结构特点,而推及其他小说,就难免出现削足适履的问题。比如浦安迪认为《三国演义》明显地采用了十回主结构的章法,前四十回每十回一个单元,分别为董卓传、吕布传、曹操传、刘备传。这种划分难以让人信服,前十回中,三国英雄刘备、关羽、张飞、孙坚、曹操等悉数登场亮相,董卓只是其中之一,并不是主角;第二个十回,不仅曹操与袁绍争霸使吕布居于配角的地位,太史慈、孙策、夏侯惇的英勇事迹也使吕布黯然失色,根本算不上吕布传,后面也谈不上是曹操传和刘备传。此外,中国神话的"非叙述性"+空间化是浦氏结构观的基础,他认为中国神话的空间性

---

① C. T. Hsia. (Untitled Review) Archetype and Allegory in the Dream of the Red Chamber. Harvard Journal of Asiatic Studies. Vol. 39, No. 1 (June,1979), pp. 190-210.

② 张洪波.《红楼梦评论》的现代方法论意义. 红楼梦学刊,2001(4):153-154.

是先秦重礼文化原型和殷商文化把行礼的顺序空间化了,由此而产生了中国特有的审美范式。如果神话不再是中国叙事学的源头,浦安迪结构观的基础就土崩瓦解了,他苦心构建的叙事学理论大厦也就岌岌可危了。

浦安迪的"期待视野"和"接受屏幕"使他难以逃脱过度阐释的局限。反讽自于西方叙事学,是浦安迪分析明清章回小说叙事的重要概念。"反讽意指心口是非之间各种可能存在的差异现象,以及形形色色的文学性隐喻、典故、对话和情境方面的每一点脱节。因此,名字的双关,文字游戏,以及任何表里不一都归为反讽。"①浦安迪运用反讽分析《水浒传》中的英雄绰号出现了过度阐释的问题,这是他的期待视野所导致的。浦安迪认为:"一系列《水浒》英雄前常有'小'或'病'的标签,那是说他们酷肖先前的某某英雄而不及格,因而似乎挖苦讥笑他们差之远矣的微贱处境。"②这种解读虽然增加了人物形象的丰富性,但也可以清晰地看到浦安迪源于西方文化的前结构。小李广花荣,重点在于突出花荣像李广将军一样武艺非凡,尤其具有百步穿杨的射箭本领,"小"只是起到区别作用。病尉迟孙立也是一样,强调孙立和尉迟两人具备相同的英雄特质,"病"只是区别作用,因为还有小尉迟孙新。通观一百零八将,浦安迪列举带"小"和"病"的绰号总共有六个:病尉迟,病关索,病大虫,小李广,小温侯,小尉迟,而小旋风,小霸王,小遮拦,"小"后面不是英雄名不属此列。但绰号中带"天""神""地""龙""虎"的占压倒性多数。可见浦安迪的"接受屏幕"让他只选择了自己愿意看到的反讽意味。再如,浦安迪认为吴用的名字不见于早先的故事,大约在嘉靖年间由吴加亮或吴学究改动而来,这是一种人名双关的反讽,期待视野中的反讽使他忽略了无用、无为在道家思想里乃是至高境界,和前面所提到的人名一样都是正面地赞扬和肯定,而不是反讽、讥笑他们的微贱处境。另外,《金瓶梅》中运用"山坡羊"的曲牌名,浦安迪解读为:"但是这一曲牌演唱的频率之繁,不免使人感到它似乎是整部作品的主题歌,常讽刺挖苦西门庆庭院里的妇女中的那几只迷路的小绵羊。"③只有浦安迪这样的西方汉学家才会做出这样的解读,这反映了西方文化的人生经验和审美体验。"羊"是《圣经》中鲜明的文化意象,常与迷途、罪恶等意义相关,如"我们都如羊走迷,各人偏行己路"(赛53:6),"看哪,神的羔羊,除去世人罪孽的。"(约1:29)耶稣将山羊和绵羊分开比喻将恶人与善人分开(太25:31—33)。看到《金瓶梅》中的妇女耽于邪淫的罪恶而不自知,浦安迪自然而然产生了共鸣,但却走得太远了,从中国古代情色小说穿越到了西方神圣崇高的《圣经》。

---

① 浦安迪.中国叙事学.北京大学出版社,1995:102.
② 浦安迪.中国叙事学.北京大学出版社,1995:106.
③ 浦安迪.中国叙事学.北京大学出版社,1995:109.

三、《中国叙事学》的方法论启示

系统地梳理了《中国叙事学》的方法论优长和局限之后,《中国叙事学》给我们带来了哪些启示呢？总结如下：

(一)系统严密的理论意识

学术研究的意义在于创新,创新在于发人之未发,填补研究的空白。浦安迪深知"中国奇书文体的修辞研究,虽然有人零星做过,但就理论层次而言,至今还是一个空白"。[①] 浦安迪致力于把自己的阅读概念理论化,提出了"文人小说"理论,并进行了系统的讨论,将西方理论系统严密的逻辑思辨演绎得淋漓尽致。但是西方理论抽象自足趋于封闭的弊病也显露无遗,浦安迪的理论过于注重概括性和抽象性,忽略了文学的感受性和体验性。建立中国系统理论应该强调理论对传统文学注重体验与感受的文学思想的整合作用,因此,"在中国理论思想背景下发展的'系统',应该融生动活泼的具体感受与严密的思辨架构于一体,是指血脉贯通而又骨架严整的新的意义上的'系统'"。[②]

(二)内在汇通的比较意识

《中国叙事学》对于比较方法的运用堪称比较文学学科的典范,自始至终浦安迪不是简单的比附,敷衍了事,而是不辞辛苦地搭建中西文学对话的平台,达到内在的汇通。完成汇通关键在于分析中西概念和文学现象的同异,论证彼此的互涵性。比如 novel 和小说,浦安迪先从社会历史背景分析了两者的同,又从文类发展的角度研究了两者的异,从而构建中国叙事学谱系。再如,对中国古典小说结构的叙事分析,借用西方理论,浦安迪没有简单套用,而是耐心细致地区分同与异,不厌其烦地找出与中国文学的契合点。浦安迪区分了西方结构的时间性、统一连贯性和中国结构的反复循环和纹理,批评了以西方线性标准对中国文学"缀段"结构的讥评,认为"缀段性"并不是中国文学的缺点而是特点。汇通中西文学有赖于浦安迪的两个"学贯",学贯中西,学贯古今。《中国叙事学》中,浦安迪旁征博引,从古至今中西各种典籍材料,信手拈来,如数家珍,中国古典小说及各家评点更是烂熟于心,为比较文学研究树立了典范。

(三)宏大视野的历史意识

如果说比较意识是横向的,那么历史意识就是纵向的,学术研究不是突发奇想,空穴来风,一定是站在前人的肩膀上,对以往的成果进行系统的清理和总结,吸

---

① 浦安迪. 中国叙事学. 北京大学出版社,1995:98.
② 张洪波.《红楼梦评论》的现代方法论意义. 红楼梦学刊,2001(4):157.

收长处,克服局限,才能"照着说""接着说"或"反着说"。浦安迪提出奇书文体是文人小说,同样是清理总结中国文学史的成果,反着说胡适、鲁迅、郑振铎的观点,接着说毛宗岗、张竹坡的观点,并有所推进,使文人小说理论化、系统化。浦安迪的历史意识还突出表现在把明清章回小说放在当时的历史语境中,考察奇书文体与16世纪(晚明)政治、经济、思想、文学的关系。晚明政治上的"三大征""三大案",经济上的"一条鞭法",思想上的王阳明心学,文学上的传奇剧和白话短篇小说,共同构成了奇书文体的历史背景,凭借着宏大的视野,浦安迪敏锐地捕捉到了当时的时代精神:文人的自我意识所体现的批判精神,从而抓住了明清章回小说研究的焦点:反讽,建构了文人小说的系统理论,而又扩展至中国叙事学理论。

(四)接受屏幕的陷阱

著名汉学家宇文所安说:"我们唯一能够奉献给中国同事的是:我们处于学术传统之外的位置,以及我们从不同角度观察文学的能力。"[①]这种"他者"视角为中国文学的阐释和批评带来了迥异于中国文学传统的解读,充满了新意。但在锐意求新的过程中,汉学家们往往剑走偏锋,颠覆经典,关注边缘,或者说,由于他们自身的位置、思维习惯、意识形态、思想文化,使他们不可避免地做出背离中国文学传统的过度阐释。上文关于方法论局限的分析,可见浦安迪没能完全避免接受屏幕的陷阱。魏崇新教授针对宇文所安、孙康宜编写的《剑桥中国文学史》,批评了海外汉学家这种"去经典化"的倾向,"如果仅仅是为了'去经典化'而去经典,就会发生使文学史堕入平庸化的危险"[②]。所以,应该时刻警惕,优势本身可能也恰恰是新的问题所在。

结　语

海外汉学家关注中国文学,"表示中国文学研究已不复是闭关自守的'汉学',而是和美国对世界文学的普遍研究通了气,发生了联系,中国文学作品也不仅是专家的研究对象,而逐渐可以和荷马、但丁、莎士比亚、歌德、巴尔扎克、托尔斯泰等的作品成为一般人的文化修养了"[③]。浦安迪为中国文学研究做出了重要贡献,尤其是对中国文学评论理论化开展了筚路蓝缕的工作,其研究方法和路径具有典范的借鉴意义。世界上没有任何完备的理论,上文提到的研究方法局限,瑕不掩瑜。除却这些微瑕,浦安迪的《中国叙事学》系统严密、逻辑清晰、理论自洽,对于浦安迪所取得的研究成果,应给予肯定与赞扬。

[①] 蒋寅.在宇文所安之后,如何写唐诗史? 读书,2005(4):71.
[②] 魏崇新.《剑桥中国文学史》编纂思想评析.国际汉学,2015(1):40.
[③] 钱钟书.钱钟书集.三联书店,2002:184.